Rechtsordnung und Wirtschaftsgeschichte

Herausgegeben von
Albrecht Ritschl, Mathias Schmoeckel,
Frank Schorkopf und Günther Schulz

6

Gestaltung der Freiheit

Regulierung von Wirtschaft zwischen historischer Prägung und Normierung

Herausgegeben von

Frank Schorkopf, Mathias Schmoeckel,
Günther Schulz und Albrecht Ritschl

Mohr Siebeck

Frank Schorkopf ist Professor für Öffentliches Recht und Europarecht an der Georg-August-Universität Göttingen.

Mathias Schmoeckel ist Professor für Deutsche und Rheinische Rechtsgeschichte an der Universität Bonn und Geschäftsführender Direktor des Rheinischen Instituts für Notarrecht.

Günther Schulz ist Professor für Verfassungs-, Sozial- und Wirtschaftsgeschichte an der Universität Bonn.

Albrecht Ritschl ist Professor an der London School of Economics, Economics History Department.

ISBN 978-3-16-152453-0
ISSN 2191-0014 (Rechtsordnung und Wirtschaftsgeschichte)

Die Deutsche Nationalbibliothek verzeichnet diese Publikation in der Deutschen Nationalbibliographie; detaillierte bibliographische Daten sind im Internet über *http://dnb.dnb.de* abrufbar.

Das Buch wurde von Gulde-Druck in Tübingen auf alterungsbeständiges Werkdruckpapier gedruckt und gebunden.

Vorwort

Das gemeinsame Forschungsvorhaben „Gestaltung der Freiheit" begann vor drei Jahren. Dieses Buch ist das Ergebnis des Symposiums vom Juni 2012 in Köln, mit dem wir dieses Forschungsvorhaben abgeschlossen haben. Während sich die Teilnehmer an dem Verbundprojekt mit Regulierung von Wirtschaft in ihrer historischen Prägung seit dem 19. Jahrhundert und der Normierung besonders seit dem 20. Jahrhundert beschäftigt haben, verändern sich parallel die Rahmenbedingungen für Regulierung in der Europäischen Union. Die Finanzmarkt- und Staatsschuldenkrise lenkt unsere Aufmerksamkeit noch stärker auf die Vorverständnisse, darauf, dass der Markt für einen regulierten Wirtschaftssektor in einer bestimmten Weise beschaffen sein muss. Regulierung in dem qualifizierten Verständnis, das dem Forschungsvorhaben zugrunde liegt, scheint in der Krise in Frage gestellt zu sein.

Ausgangspunkt für Regulierung ist die Erkenntnis, dass die Leistungserbringung in zentralen Wirtschaftssektoren durch ein staatliches Monopol mit flächendeckender Versorgungspflicht überholt ist. Ein staatliches Unternehmen ist, so die ganz herrschende Ansicht, nicht in der Lage, ein der Nachfrage entsprechendes optimales Angebot entgegenzusetzen. Im Bereich der Kommunikation wird zusätzlich auf die fehlende Möglichkeit des öffentlichen Monopolunternehmens hingewiesen, das im Zuge der technischen Entwicklung entstandene Innovationspotential auszuschöpfen. Die mit der Monopolstellung insgesamt einhergehende Einschränkung der Berufs- und Gewerbefreiheit sei deshalb nicht länger zu rechtfertigen. Stattdessen setzt der Gesetzgeber auf das Entdeckungsverfahren Wettbewerb, „in dem innovatives und marktorientiertes Verhalten durch eine entsprechend hohe Nachfrage und hieraus resultierende Vorsprungsgewinne der kreativsten und kundenfreundlichsten Anbieter belohnt wird." (BT-Drucks. 13/7774, 17).

Spätestens seit das Wort „Regulierung" in das Sekundärrecht der Europäischen Union aufgenommen wurde, ist das Wort als *Rechts*begriff etabliert. Trotz – oder möglicherweise gerade wegen – dieser 20-jährigen Entwicklungslinie sind die Begriffskonturen unscharf geblieben. Soweit „Regulierung" die klassischen Netzwirtschaften wie Energie und Telekommunikation betrifft, besteht immerhin ein Konsens über den Begriffskern.

Nach diesem Verständnis wird Regulierung instrumentell verstanden, als Mittel um öffentliche Zwecke zu verwirklichen. Regulierung zielt auf die hoheitlich gesteuerte Einführung von Wettbewerb auf Infrastrukturmärkten, auf denen dieser sich unter gegebenen Umständen, so vermuten die Gesetzgeber, nicht von selbst einstellen würde. Der durch Regulierung zu errichtende Wettbewerb wird von vornherein auf bestimmte Gemeinwohlbelange hin orientiert. Regulierungsrecht legt dabei einen Entscheidungspfad an, auf dem widersprüchliche Zielvorstellungen ausgeglichen werden sollen.

Dabei zeigt sich, dass der ursprüngliche Gedanke, in netzgebundenen Infrastrukturen Wettbewerb einzuführen, nur ein Teil der politischen Gesamtstrategie ist. Mit Regulierung soll nach ihrem Grundkonzept in vormals von Staaten verwalteten und bis in die Gegenwart als öffentliche Unternehmen geführten netzgebundenen Infrastrukturen ein Umfeld geschaffen werden, das über einen mittleren Zeithorizont hinweg zu selbstragenden Wettbewerbsstrukturen führt. Vor diesem Hintergrund, d.h. soweit Regulierung im Ergebnis „selbsttragenden" Wettbewerb schafft, wird mit Regulierung Freiheit gestaltet – der Haupttitel unseres Forschungsvorhabens knüpft daran an. Der Regulierungsakt greift final in die Grundrechte des regulierten Unternehmens ein, ermöglicht oder zumindest erleichtert damit aber zugleich die Grundrechtsausübung seiner Wettbewerber: ohne die Öffnung des „Transportnetzes" im Energie- und Festnetzbereich, kein Wettbewerb der Stromanbieter um Endkunden.

Der Blick in die Praxis der regulierten Wirtschaftssektoren und auf die entsprechende Rechtsetzung zeigt jedoch, dass Regulierung nicht – wie Ende der 1990er Jahre noch konzeptionell angenommen – transitorisch ist, d.h. sich ab einem gewissen Zeitpunkt des Erfolges selbst überflüssig machen würde. In dem von uns veranstalteten Workshop zur Regulierung im Telekommunikationssektor (Matthias Kurth/Mathias Schmoeckel (Hrsg.), Regulierung im Telekommunikationssektor, Tübingen 2012) ist deutlich geworden, das über diese Grundvorstellung, über den zeitlichen Rahmen und damit auch über die Ziele von Regulierung, ein prinzipieller Dissens zwischen Politik und regulierter Wirtschaft besteht. Die Praxis zeigt, dass die Erwartung an den transitorischen Charakter von Regulierung sich nicht erfüllen wird.

Bei Regulierung geht es nämlich nicht mehr nur um die effiziente Zuordnung von Ressourcen. Seit einigen Jahren verfolgt die europäische Ebene ein alternatives Modell, in dem die Konsumentenwohlfahrt maßgebend ist. Der Wettbewerb ist also dann in einem normativen Sinn hergestellt, wenn das Konkurrenzverhältnis die Wohlfahrt der Verbraucher insgesamt anhebt. Bei diesem Modell wird die mit Regulierung verbundene Indienstnahme der Unternehmen für öffentliche Zwecke besonders deutlich. Regulierung steht zudem anderen politischen Zielvorstellungen als Instrument zur Verfügung. Die letzten Jahre, besonders seit dem Inkrafttreten des Vertrages von Lissabon, zeigen, dass eine wettbewerbliche Ordnung nur eine von mehreren Zielen ist, die „Europa" anstrebt. Die Primärziele des wirtschaftslenkenden Instrumentariums – wie Wettbewerb – müssen sich im Nebeneinander mit anderen Zielen behaupten.

Mit anderen Worten, Regulierung könnte das Instrumentarium des modernen Industriestaates sein, mit dem politisch-soziale Funktionen für die Gesellschaft erfüllt werden, die vormals in staatlicher Eigenverantwortung erfüllt wurden. Dass nunmehr diese Funktion in privatwirtschaftlicher Form aber unter hoheitlicher Aufsicht und Mikrosteuerung erfolgt, würde in das gegenwärtige Bild eines Amalgams zwischen Staat und Gesellschaft einfügen. Regulierung könnte also der Sammelbegriff für die rechtstechnische Lösung „daseinsrichtiger Organisation" sein.

Versteht man Regulierung in diesem Sinn als ein Wirtschaftsmodell, dann bedeutet sie gegenüber einer freien Marktwirtschaft eine erhebliche Einschränkung. Sie ist daher auch nicht ohne eine Gefährdung des Innovationspotentials einer nationalen Wirtschaft erhältlich. Gegenüber einer klassischen Politik, die durch Aktionen und Kompromisse allgemein verbindliche Normen schafft, bedeutet die moderne Regulierung eine nähere Anleitung von Unternehmen und Wirtschaftssegmenten insbesondere durch die Bestimmung des Preises. Durch solche prognostischen Entscheidungen wird seit den 1990er Jahren eine Mikrosteuerung von Wirtschaftsabläufen vorgenommen. Durch die Lokalisierung dieser Wirtschaftsunternehmen im großen Bereich der Daseinsvorsorge wird nicht nur die umfassende Reglementierung des Wirtschaftsablaufs, sondern auch die anhaltende Notwendigkeit einer staatlichen Steuerung begründet. Im Hinblick darauf kann es tatsächlich nur ein „Missverständnis" sein, die Regulierung als kurzfristige Erscheinung des Übergangs zur Gewährleistung von Marktwirtschaft und Wettbewerb zu verstehen.

Damit einher geht tatsächlich eine nachhaltige Veränderung im Verhältnis von Staat und Wirtschaft. Während es herkömmlich um die „Eingriffe" des Staates in die Wirtschaftsabläufe ging, wird mittlerweile durch die Regulierung von der „Gewährleistung" geredet. Dabei scheint es, dass der Staat erst die Marktabläufe schafft und insoweit nicht begrenzt. Dennoch handelt es sich jedoch insoweit um eine Sprachverwirrung, als die Regulierung längst nicht mehr auf nur netzgebundene Sachverhalte angewendet wird. Während also im Hinblick auf Bahn und Telekom durchaus von einer Herstellung des Wettbewerbs gesprochen werden kann, ist die Übertragung des Bildes auf den Finanzsektor irreführend. Denn in diesen Wirtschaftssektoren gab es längst einen freien Wettbewerb, bevor der Staat überhaupt eingriff.

Mit der staatlichen Gestaltung der Geschäftsabläufe durch eine wachsende Bürokratie ist nicht nur die wirtschaftliche Freiheit in Frage gestellt. Vielmehr fragt sich auch, inwieweit eine solche Bürokratie noch durch die Volksvertreter angeleitet und insoweit demokratietheoretisch gerechtfertigt ist. Dies betrifft nicht nur die Frage, inwieweit jedenfalls die wesentlichen Entscheidungen der Regulierung von den Parlamenten zu treffen sind. Vielmehr bezieht sich die Frage auch auf die Rückbindung der Regulierungsbehörde auf ein demokratisch legitimiertes Organ. Insoweit wird man erhebliche Unterschiede zwischen der herkömmlichen Unabhängigkeit der Notenbanken und den modernen unabhängigen Regulierungsbehörden auf der europäischen Ebene wahrnehmen müssen, insofern diese kaum durch das europäische Parlament gebildet oder legitimiert werden und auch das europäische Parlament längst keine gleichberechtigte Repräsentanz aller Marktbürger wie die nationalen Parlamente bildet.

Dabei sind Sprachverwirrungen festzustellen. Wir beobachten dabei, dass insbesondere die europäischen Organe mit Sprachbedeutungen bewusst hantieren. So zeigt beispielsweise der Beitrag von Christian Maurer, dass unter dem Ziel des Wettbewerbs ganz Unterschiedliches verstanden werden kann. Soweit die europäischen Organe hiermit die Verwirklichung des Binnenmarkts im Auge haben, wird letztlich nicht die individuelle Freiheit gefördert, sondern es werden politische Ziele an deren Stelle gesetzt. Wirtschaftliche Ziele und Ergebnisse müssen also von vorneherein in die Sprache der Politik und damit in das Zielraster der Politik übertragen werden. Bereits die Ebene der Nomenklatur wird genutzt, um eine selbstständige Artikulation wirtschaftlicher Angelegenheiten zu behindern. Daran schließt die Frage an, wie überhaupt ein Dialog zwischen wirtschaftlichen Interessen und politischen Vorgaben stattfinden kann, wenn bereits die Artikulation solcher Ziele ausgeschlossen und damit die allgemeine Wahrnehmung verhindert wird. Marktwirtschaft erscheint in dieser Perspektive nur noch eine Ausführung staatlicher Vorgaben zu sein. Die Teilnehmer des Wettbewerbs handeln nicht mehr ihren wirtschaftlichen Interessen entsprechend, sondern agieren nur noch als „Beliehene" zur Verwirklichung der staatlichen Ziele.

Aus juristischer Sicht ist dabei vordergründig zunächst wenig Neues zu entdecken. Schon immer hat sich der Einzelne gegenüber dem Staat mit dessen Fülle an Gesetzen und Institutionen in einer benachteiligten Situation befunden. Die Zunahme staatlicher Bevormundung für die Wirtschaft scheint dem zu entsprechen. Fraglich ist jedoch, wann eine gesteigerte Quantität von Vorgaben in eine Qualitätsstufe umschlägt. Kann sich Wirtschaft aus ihrer Rationalität heraus nicht mehr artikulieren, wird sie entweder zum Schweigen gebracht oder muss sich wirtschaftsfremden Rationalitäten beugen. So gibt es viele Gründe dafür, die profitorientierte Stimme der Wirtschaft zu Gehör zu bringen, um ihr andere Interessen gegenüberstellen zu können – der Staat und die Europäische Union brauchen solche Informationen, selbst wenn sie den Wirtschaftsinteressen nicht folgen. Wenn eine Allgemeinheit von wirtschaftlich informierten Marktakteuren in einem Geschäftsmodell keine wirtschaftliche Perspektive erkennt, ist das eine ernst zu nehmende Prognose, die auch öffentliche Entscheidungsträger anleiten kann.

Vom historischen Standpunkt aus wird man immer wieder Beispiele für die negative Folgen einer ungebremsten Wirtschaftsfreiheit finden. Ebenso lassen sich jedoch auch Fälle aufzeigen, in denen der Ausschluss wirtschaftlicher Freiheit negative Konsequenzen für Wirtschaft und Gesellschaft zeitigte. So konnte man im Alten Reich zwar aus dem wohlgeordneten Köln nach Mülheim, auf die andere Rheinseite ausweichen, aus Aachen nach Monschau, und am neuen Ort prosperierende neue Unternehmen gründen. Im Rahmen einer „Festung Europa" führt das allerdings dazu, dass weit außerhalb dieses Raums neue Industriezweige wachsen und gedeihen. Die Frage ist, ob es sich die europäische Wirtschaft tatsächlich erlauben kann, auf die abstrakt erwünschten und notwendigen Innovationen zu verzichten.

Es hat uns deshalb erstaunt, dass der Titel des Forschungsvorhabens, den auch dieser Band trägt, von keinem Beteiligten kritisch aufgegriffen wurde. „Gestaltung der Freiheit" suggeriert zwar sprachlich eine freie Aktivität – setzt Freiheit aber nicht gerade voraus, dass keine Gestaltung von außen vorgenommen wird? Insoweit, so sind sich die Herausgeber von Beginn an einig gewesen, wohnte diesem Titel von vorneherein eine ironische Note inne. Sie soll, wie die Beiträge in diesem Band, zum Nachdenken anregen. Wir sind als Bürger hoffentlich nicht daran gewöhnt, den uns zugewiesenen Platz zu übernehmen und dies als Artikulation unserer Freiheit zu akzeptieren. Das wäre keine Freiheit, sondern Gehorsam.

Bonn/Göttingen, im November 2012

Mathias Schmoeckel
Frank Schorkopf

Inhaltsverzeichnis

Sektion IV
Öffentlich-rechtliche Perspektiven

Sektion V
Abschlussdiskussion

Einführung und Dank*

Günther Schulz

Meine sehr geehrten Damen und Herren, liebe Kolleginnen und Kollegen,

zu unserem Abschluss-Symposium begrüße ich Sie herzlich, namentlich unseren Hausherrn und Gastgeber, Herrn Professor Dr. *Michael Hüther*, den Direktor des Instituts der deutschen Wirtschaft, heute vertreten durch Herrn Dr. *Hans-Peter Fröhlich*, verbunden mit einem herzlichen Dankeschön, dass er uns in seinem Haus seine Gastfreundschaft zuteilwerden lässt; und namentlich unseren Eröffnungs-Redner, Herrn Bundesminister a. D. *Wolfgang Clement*, mit einem herzlichen Dank für die Bereitschaft, den Eröffnungsvortrag zu übernehmen; und namentlich nicht zuletzt Herrn Dr. *Rolf Geserick* als Vertreter des Projektträgers im Deutschen Zentrum für Luft- und Raumfahrt, der im Auftrag des Bundesministeriums für Bildung und Forschung das Projekt überaus konstruktiv begleitet hat. Ihnen und uns allen wünsche ich – zugleich auch im Namen meiner Kollegen *Albrecht Ritschl*, *Mathias Schmoeckel* und *Frank Schorkopf* – eine interessante, angenehme und wissenschaftlich ergiebige Tagung.

Beim Thema „Regulierungsforschung“ vermutet man zunächst, dass es aus wirtschaftspolitischer und wirtschaftstheoretischer Perspektive gestellt und diskutiert wird, weniger, dass die Frage nach einem ausgewogenen Verhältnis von Staat und Wirtschaft Gegenstand eines geisteswissenschaftlich inspirierten und maßgeblich auch von historischem Interesse geprägten Projekts ist. So stellt sich die Frage, was Staatsrechtler, Rechts- und Wirtschaftshistoriker bewogen hat, der „Gestaltung von Freiheit“ nachzugehen.

Wir haben dieses Forschungsprojekt mit dem Ziel durchgeführt, Erkenntnisse über das Konzept von Regulierung zu gewinnen, ihre geistes-, kultur- und dogmengeschichtlichen Kontexte und Hintergründe sowie ihre ordnungspolitischen Wirkungen zu analysieren. Dabei stand die Frage im Vordergrund, wie es dem Staat gelingen kann, öffentliches Wohl durch

* Frau Maier-Rigaud danke ich für die Erstellung eines Entwurfs für den vorliegenden Text, Herrn Dr. Boris Gehlen für hilfreiche Hinweise.

Steuerung oder Stimulation von Wettbewerb in jenen Märkten zu fördern, die von selbst nicht oder nur defizitär funktionieren. Aus der Auseinandersetzung mit der Vergangenheit haben wir gelernt, welche Instrumente der Regulierung zur Verfügung stehen, wie sie genutzt wurden und welche dieser Instrumente unter welchen Bedingungen auch in Zukunft eingesetzt werden könnten. Unser Ausgangspunkt war die Frage, wo die Idee der Regulierung von Wirtschaft ihren Ursprung nahm, wie sie sich über die Zeit verändert hat und was solche Pfadabhängigkeit für die Zukunft bedeutet – also problembezogene Rekonstruktion, Beschreibung, Analyse und Prognose.

Solche Fragen lassen sich nicht aus der isolierten Sicht einer einzelnen Fachrichtung beantworten, sondern erfordern einen interdisziplinären Zugriff. Ein solcher interdisziplinärer Dialog zwischen Geschichte, Jurisprudenz und Ökonomie war von Beginn an institutionalisiert durch die Verbindung von vier Kollegen und Fachrichtungen: Herrn *Schmoeckel* (Institut für Deutsche und Rheinische Rechtsgeschichte der rechts- und staatswissenschaftlichen Fakultät der Universität Bonn), Herrn *Schorkopf* (Institut für Völkerrecht und Europarecht der Universität Göttingen) Herrn *Ritschl* (Economic History Department der London School of Economics) und mir (Abteilung Verfassungs-, Sozial- und Wirtschaftsgeschichte des Instituts für Geschichtswissenschaft der Universität Bonn).

Die Stärke eines primär geisteswissenschaftlich angelegten Vorhabens liegt dabei auf der Hand: In den Förderrichtlinien des Bundesministeriums für Bildung und Forschung, die unserem Projektantrag zugrunde liegen, heißt es, dass „gerade die abstrakten, hoch formalisierten Wissenschaften [...] einer wesentlich von den Geisteswissenschaften getragenen Veranschaulichung" bedürfen. Wenn wir heute und in den beiden nächsten Tagen mit Regulierungsexperten aus Theorie und Praxis sprechen, unsere Resultate darlegen und diskutieren, wünschen wir uns, dass wir diesem Anspruch gerecht werden konnten.

Unser heutiges Abschluss-Symposium bildet den Schlusspunkt einer Reihe von Veranstaltungen, die wir in den vergangenen drei Jahren durchgeführt haben. Wir haben uns dabei – neben Grundfragen – aus der Vielzahl der Regulierungsthemen auf zwei empirische Felder konzentriert: auf Bahn und Kommunikation. Unsere Veranstaltungen begannen am 28./29. Januar 2010 mit einem Workshop „‚Regulierungsmuster' in Deutschland und den USA seit dem 19. Jahrhundert. Formen, Institutionen, Wirkungen", bei dem wir einen überwiegend wirtschaftshistorischen Schwerpunkt legten. Am 23./24. September 2010 trafen wir uns zum schwerpunktmäßig rechtshistorischen Workshop „Ökonomische Freiheitsrechte: Deutsche, europäische und amerikanische Normen (und ihre Wirkungen) im Vergleich". Am 27. Januar 2011 kamen wir in Bonn zu einem

Themenschwerpunkt-Workshop zusammen mit dem Titel „Regulierung im Telekommunikationssektor: Chancen und Risiken im historischen Prozess“, aus dem ein eigener Tagungsband hervorging, der Anfang 2012 erschien. Ferner entstand daraus eine intensive Diskussion mit Vertretern der Telekom, der Deutschen Bahn und der Bundesnetzagentur. Am 1./2. März 2012 haben wir in Göttingen die beiden Workshops „Demokratie und Wirtschaft“ und „Das lange dritte Reich: Kontinuitäten von Wirtschaftsordnung und Wirtschaftspolitik zwischen der Weltwirtschaftskrise und den 60er Jahren“ veranstaltet; die Beiträge werden ebenfalls demnächst in Sammelbänden publiziert. Von besonderer Wichtigkeit war das internationale Symposium „Regulation between Legal Norms and Economic Reality. Intentions, Effects, and Adaption: The German and American Experiences“, das wir vom 28. bis 30. April 2011 in Washington D.C. gemeinsam mit dem dortigen Deutschen Historischen Institut und dem amerikanischen Kollegen *William J. Hausman* ausrichteten und das uns Gelegenheit zum Gedankenaustausch mit wichtigen Vertretern der amerikanischen Regulierungsforschung gab. Auch die Ergebnisse dieser Tagung werden in Kürze in einem eigenen Band veröffentlicht.

Diese Aktivitäten wurden in den vergangenen beiden Wintersemestern von einer Vortragsreihe an der Universität Bonn begleitet. Dort haben einschlägig ausgewiesene Kollegen ihre wissenschaftlichen Ergebnisse und praxisrelevanten Erkenntnisse präsentiert, mit uns diskutiert und sie einer interessierten Öffentlichkeit zugänglich gemacht.

Ein Forschungsthema wie „Regulierung“ erfordert es auch, den regelmäßigen Anschluss an die Tagesaktualität und den Bezug zur Praxis zu suchen. Wir sind dankbar, dass wir insbesondere mit Herrn *Matthias Kurth*, dem damaligen Präsidenten der Bundesnetzagentur für Elektrizität, Gas, Telekommunikation, Post und Eisenbahnen, und Herrn *Wolfgang Kopf* von der Deutschen Telekom AG zwei Vertreter aus der Regulierungspraxis als Projektpartner gewinnen konnten. Im Sinne praxisbezogener Forschung freuen wir uns ganz besonders, dass uns heute Herr Bundesminister *Wolfgang Clement* als Keynote-Redner über Erfahrungen aus der praktischen Politik informieren wird und dass Herr Dr. *Jan Krancke*, Leiter Regulierungsstrategie und Ökonomie der Deutschen Telekom, sowie Herr *Frank Miram*, Leiter Wettbewerb und Regulierung der Deutschen Bahn, an unserem heutigen Symposium mitwirken.

Herr *Clement* ist ausgebildeter Journalist und war unter anderem von 1986 bis 1989 Chefredakteur der Hamburger Morgenpost. Er hat in der Politik nicht nur einschlägige Erfahrungen zum Thema „Regulierung“ gesammelt, sondern er hat sie auch maßgeblich gestaltet. 1995 trat er als nordrhein-westfälischer Minister für Wirtschaft und Mittelstand, Technologie und Verkehr in das Kabinett von Ministerpräsident *Johannes Rau* ein. Von 1998 bis 2002 war er Ministerpräsident des Landes Nordrhein-Westfalen und von 2002 bis 2005 Bundesminister für Wirtschaft und Arbeit. Er ist für zahlreiche Unternehmen als Aufsichtsratsmitglied tätig, ich nenne nur die Essener RWE Power AG [RWE-Konzerntochter für Kraftwerke], ferner den Telekommunikationsanbieter Versatel, den Bohr- und Umweltdienstleister Daldrup & Söhne sowie das Zeitarbeitsunternehmen Deutscher Industrie Service (DIS). Im September 2008 wurde Herr *Clement* Vorsitzender des EU-Russland-Forums. Im August 2010 unterzeichnete er zusammen mit 40 weiteren Prominenten den „Energiepolitischen Appell" der vier großen Stromkonzerne, um auf eine Laufzeitverlängerung für Kernkraftwerke hinzuwirken. Herr *Clement* engagiert sich nachdrücklich für die Initiative Neue Soziale Marktwirtschaft und war für sie bis 2002 als Kurator tätig. Im Zuge der Diskussionen um seine als energiekonzernfreundlich wahrgenommene Positionierung im hessischen Landtagswahlkampf trat er 2008 aus der SPD aus. Seit seiner Geburt ist Herr *Clement* Mitglied im Verein für deutliche Aussprache. Wir dürfen uns deshalb nicht nur auf einen wirtschaftspolitisch bestens informierten und praxisbezogenen, sondern auch pointierten, vielleicht – hoffentlich – kontroversen Vortrag freuen.

Bevor als Vertreter des Hauses nun der Stellvertretende Direktor des IW Köln, Herr Dr. *Hans-Peter Fröhlich*, zu uns spricht, möchte ich die Gelegenheit nutzen, im Namen des Projekts Dank zu sagen. Zunächst möchte ich noch einmal herzlich für die Gastfreundschaft des Instituts der Deutschen Wirtschaft danken, das uns für unsere Abschluss-Tagung nicht nur die Räumlichkeiten zur Verfügung stellt, sondern mit Herrn Prof. *Hüther* und Herrn Dr. *Fröhlich* heute und morgen auch personell die Tagung bereichert. Ferner danke ich allen, die sich bereiterklärt haben, als Referenten und Kommentatoren mitzuwirken. Ihrer Würdigung und Kritik dessen, was wir tun, verdankten und verdanken wir viel. Kritik, Zurechtrücken und Einwände ebenso wie Anregungen und Ermunterung aus unterschiedlichen Fachrichtungen und Perspektiven, waren und sind stets ein konstitutiver Bestandteil unserer „Projektkultur".

Ich möchte dem Bundesministerium für Bildung und Forschung für die finanzielle Förderung und dem Projektträger im Deutschen Zentrum für Luft- und Raumfahrt, namentlich Herrn Dr. *Rolf Geserick*, herzlich für die Begleitung und ideelle Förderung unserer Arbeit danken. Herr *Geserick* war bei unseren Veranstaltungen stets präsent, hat uns mit Rat und Tat vielfältig unterstützt und war für uns in allen Stadien des Projekts immer ein fachkundiger, zuverlässiger und außergewöhnlich engagierter und kooperativer Ansprechpartner. Den Kollegen *Mathias Schmoeckel*, *Albrecht Ritschl* und *Frank Schorkopf* danke ich für die vorzügliche interdisziplinäre und interlokale Kooperation. Das Zusammenwirken der unterschiedlichen Disziplinen mit unterschiedlichen methodischen Zugriffen und fachlichen Perspektiven, Begrifflichkeiten und Gewichtungen hat den Charakter des Projekts entscheidend geprägt. Ganz besonderer Dank gilt zudem Herrn Dr. *Boris Gehlen*, der maßgeblich an der Beantragung und am Aufbau des Projekts mitgewirkt hat, und Herrn Dr. *Roman Michalczyk*, der immer wieder koordinierend und irenisch zwischen unterschiedlichen Temperamenten vermittelt hat. Herr Dr. *Gehlen* hat namentlich als Verbundkoordinator die inhaltliche Ausrichtung des Projekts von Beginn an nachhaltig mitgeprägt, organisatorisch gestaltet und mit wissenschaftlicher Kreativität bereichert. Schließlich danke ich den beiden Projektkoordinatorinnen: für die Frühphase Frau *Cathrin Gehlen*, die damals noch Frau *Kronenberg* hieß, und für die zweite Phase ihrer Nachfolgerin, Frau *Julia Maier-Rigaud*. Beide haben das Projekt mit großem Engagement und großer Empathie und Geduld koordiniert und ihrerseits mitunter eine „Übersetzungsfunktion" zwischen den beteiligten Lehrstühlen, der Universitätsverwaltung und dem Ministerium wahrgenommen. Herr *Marcel Reichling* hat sie dabei tatkräftig unterstützt, besonders bei der Pflege der Homepage. Die Berge an administrativen Aufgaben, die sich bei einem solchen Forschungsprojekt auftürmen, haben auch Frau *Sylvia Schmidt* und Frau *Bärbel Bodendörfer* mit abgetragen, denen wir ebenfalls herzlich danken.

Aus der gemeinsamen Arbeit sind zum einen viele fruchtbare wissenschaftliche Kontakte, Austausch und fortdauernde Kooperation entstanden. Zweitens ging aus dem Projekt die gemeinsame Publikationsreihe „Rechtsordnung und Wirtschaftsgeschichte" beim Verlag Mohr Siebeck hervor. Dort ist die Dissertation von *Roman Michalczyk* über europäische Ursprünge der Regulierung von Wettbewerb am Beispiel der Eisenbahn in England, Preußen und den USA bereits erschienen, ferner der Ertrag des Workshops über Regulierung im Telekommunikationssektor, über den ich schon berichtet habe, und viele weitere Bände sind auf dem Weg. Neben solcher *hardware* hat das Projekt auch bemerkenswerte *software-spinoffs* hervorgebracht – nicht nur Freundschaften, sondern überhaupt einen bemerkenswerten außerwissenschaftlichen Ertrag: Während der Projektlaufzeit haben vier Projektmitarbeiter/innen drei Ehen geschlossen, von denen eine – zwischen Herrn und Frau *Gehlen* – gleichsam projektintern zu Buche schlägt. In diesem Sinne ist zu hoffen, dass die Zusammenarbeit der vergangenen drei Jahre für alle Beteiligten nicht nur eine intellektuelle, sondern auch eine persönlich bereichernde Erfahrung war. Ich danke allen Projektmitarbeiter/inne/n für ihr engagiertes Mitwirken an diesem Forschungsvorhaben und wünsche denjenigen, die an der Fertigstellung ihrer wissenschaftlichen Arbeiten sitzen, an den letzten Recherchen und an der Niederschrift, viel Erfolg für den Schlussspurt. Möge unser jetziges Symposium dazu weitere Anregungen vermitteln und die Argumente und Analysen schärfen. In diesem Sinne eröffne ich unser Abschluss-Symposium und bitte nun Herrn Dr. *Fröhlich*, zu uns zu sprechen.

Regulierung

Wolfgang Clement

Um gleich mit der Tür ins Haus zu fallen: Wer sich mit der „Regulierung von Wirtschaft“ unter dem Diktum der „Gestaltung von Freiheit“ befasst, kann in meinem Verständnis den Blick schwerlich auf die sogenannten natürlichen Monopole begrenzen. Er muss sein Augenmerk auf das Verhältnis von Staat und Wirtschaft richten. Und das ist heutzutage auch dringend erforderlich.

Soweit meine persönliche Erinnerung zurück reicht, ist dieses Verhältnis von Staat und Wirtschaft seit der Abdankung des Kommunismus als ökonomischer Idee nie mehr so strapaziert worden wie derzeit. Das gilt auf allen Niveaus, global wie europäisch wie national.

- Das Verhältnis von Staat und Wirtschaft steht beispielsweise in Frage, wo autoritäre Systeme von erheblichen Ausmaßen auf der einen Seite immer wieder oder immer noch ihren protektionistischen Neigungen folgen und auf der anderen Seite als marktwirtschaftliche Wesen anerkannt werden wollen, um letztlich ungehindert auf den freien Märkten der Welt agieren zu können. Wohin tendiert aber die Weltwirtschaftsordnung, wenn Staatsfonds – von Staats wegen auf den Weg gebracht – mit ihren oft immensen Reichtümern sich irgendwann keine Zurückhaltung mehr auferlegen sollten? Meine Frage soll nur darauf aufmerksam machen, wie wichtig eine globale Regulierung – in diesem Fall über die dringend gebotene Weiterentwicklung der WTO – zur Gewährleistung freier Märkte ist. Und wie unverzichtbar eine möglichst kräftige Stimme Europas in diesem Prozess sein wird, wobei ich unterstelle, dass dieses Europa als eine – wirklich!? – außer Zweifel stehende Verfechterin der freien Märkte handelt.
- Oder, um eine andere der gegenwärtigen globalen Herausforderungen anzusprechen: Natürlich erwarten wir hier auf dem europäischen Kontinent anscheinend mehr noch als Andere der sogenannten „westlichen Welt“ – nachdem die „Kernschmelze“ der globalen Finanzmärkte mit Müh und Not und unter Einsatz von Hunderten von Milliarden Euro und

noch mehr Dollar aus öffentlichen Kassen verhindert wurde –, dass die Kapitalinstitute dieser Welt unter Kuratel gestellt werden, und zwar derart, dass sie wirklich wieder zu Dienern der realen Ökonomie werden können, also: das Primat des „Pumpkapitalismus“, des Handels von Geld mit Geld statt des Geschäfts mit realen Gütern, zurückgefahren wird. Aber wie weit sind wir von diesem Ziel heute noch entfernt? Und wie erreichen wir es, wenn eben die Staaten dieser „westlichen Welt“, die die Finanzindustrie schließlich auf Trab gehalten haben, sich nicht auch Zurückhaltung auferlegen? Will sagen: Wir müssen von Staaten, die selbst weit über ihre Verhältnisse gelebt haben, erwarten, dass sie denen Zügel in Form von Regulierungen anlegen, die sie gemeinsam mit Anderen animiert haben, dieses finanzwirtschaftlich beinahe zügellose Leben zu führen, ohne dabei – versteht sich – selbst darben zu müssen. Sind Demokratien solcher Selbstdisziplin fähig, frage ich als ein ehedem auch Beteiligter?

– Und ein drittes Thema globaler Dimension: Verständlicherweise befürworten wir mehrheitlich eine globale Regulierung, die zur Eindämmung einer – wie die Wissenschaft sagt – ansonsten auf gefahrvolle Weise drohenden Erderwärmung auf möglichst kohlenstoff-freies Wirtschaften hinwirkt. Aber wie tief muss, soll oder darf der Staat/die Staatengemeinschaft regulierend in die Freiheit der Märkte und damit in die unternehmerische Freiheit eingreifen, um diesem Ziel so bald als nötig und so effektiv und so effizient wie möglich nahe zu kommen?

In meinem Verständnis war und ist die deutsche „Energiewende“ das bisher krasseste Beispiel einer weit über das Ziel hinausschießenden Regulierung in einem der marktwirtschaftlichen Ordnung verpflichteten Staat wie dem unseren. Man nehme nur die von beinahe dem gesamten Deutschen Bundestag getragene ad hoc-Stilllegung von acht nuklearen Produktionsanlagen, die offensichtlich weder die öffentliche Sicherheit noch die Ordnung akut gefährdeten, was – wie der vorherige Präsident des Bundesverfassungsgerichts in erfrischender Deutlichkeit feststellte – eine unserer freiheitlichen Wirtschaftsverfassung (und unserem Grundgesetz) wirklich nicht gerecht werdende Vorgehensweise war.

Aber auch, wer die Atomindustrie für des Teufels hält und sich mit dem so angesprochenen Thema nicht weiter beschäftigen mag, wird nicht umhin können, sich fragen zu müssen, ob die durchgehend staatsinterventionistische Anlage dieser „Energiewende“, die an keiner Kehre mehr ohne öffentliche Subventionen auskommt, wirklich erfolgversprechender, also zielführender sein wird als eine Vorgehensweise, die auf unternehmerische Verantwortung, auf unternehmerische Initiative und Innovation, auf Markt und Wettbewerb setzt. Erfreulicherweise hat ja kürzlich auch unser Bundespräsident diese Frage aufgeworfen, er verfügt ganz offensichtlich über das erforderliche Sensorium, Risiken für die verantwortete Freiheit rechtzeitig zu erkennen und auch anzusprechen. Und es ist nun einmal so, dass staatlich über Jahrzehnte garantierte Einspeisevergütungen in Verbindung mit einer uneingeschränkten Abnahmepflicht für regenerativ erzeugten Strom S. dazu führen, dass der Markt immer mehr ausgeschaltet wird und die Preise immer weiter in die Höhe getrieben werden. Demgegenüber gibt es selbstverständlich effizientere, kostengünstigere, eben marktnähere Wege, die Entwicklung neuer Technologien zu unterstützen, etwa durch Forschungsförderung statt purer und dann auch noch dauerhafter Absatzsubvention und/oder spezielle, europaweit angelegte Quotensysteme, die die erneuerbaren Energien dem Wettbewerb untereinander aussetzen, also auch fordern, statt sie prinzipiell alle gleich – und ohne Rücksicht auf Verluste – nur zu fördern.

Worauf es mir hier und heute ankommt – ohne die Selbstverständlichkeit weiter strapazieren zu müssen, dass das Zusammenleben von Menschen und ebenso das gemeinsame Wirtschaftsleben der Ordnung, einer ordnenden Hand des Staates oder der Staatengemeinschaft bedarf, wobei stets die Frage war und ist, wie weit und wie tief diese ordnende Hand regulierend in die verantwortete Freiheit des oder der Einzelnen einzugreifen berechtigt sein soll –, ist nunmehr deutlich zu machen,

erstens, dass es insbesondere im globalen Maßstab geboten ist, die Finanzmärkte, die Weltwirtschaft, die CO_2-Emissionen und Weiteres im Sinne der Nachhaltigkeit, also der Verantwortung gegenüber kommenden Generationen zu regulieren – Von „gemeinsamen Menschheitsaufgaben" hat der frühere Bundespräsident *Horst Köhler* in diesem Zusammenhang gesprochen, für deren Lösung wir eine „Ordnung in der Globalisierung, anerkannte Regeln und effektive Institutionen brauchen". Diese Ordnung müsse dafür sorgen, dass globale öffentliche Güter wie internationale Finanzstabilität, Begrenzung der Erderwärmung und die Gewährleistung eines freien, fairen Handels „gemeinsam definiert und bereitgestellt werden";

zweitens, dass diese globalen Herausforderungen grundsätzlich auch mit globaler, mindestens aber kontinentaler Wirkung angegangen werden sollten, weil ansonsten erhebliche ökonomische Schieflagen zu entstehen drohen;

und drittens, dass aus der Sicht demokratischer und deshalb der Marktwirtschaft verpflichteter Staaten und Staatengemeinschaften auch Regulierungen nur so weit wie nötig, aber auch nicht mehr als nötig in bürgerschaftliche und unternehmerische Freiheitsrechte eingreifen sollten. Mit anderen Worten: Die marktwirtschaftliche Ordnung – Eigenverantwortung, Eigeninitiative, Subsidiarität, Wettbewerb – verträgt sich nur mit solchen staatlichen Eingriffen in Form von Regulierungen, die aus höherrangigen Gründen – Sicherung von Freiheit, Schutz vor Kartellen, aus sozialen Gründen, der Nachhaltigkeit wegen – geboten sind.

Die „deutsch-nationale" Energiewende wird diesen Maßstäben sicher nicht gerecht.

Und Ähnliches wie für die deutsche Energiewirtschaft gilt übrigens auch für die europäischen Dienstleistungs-, Digital- und vor allem die Gesundheitsmärkte. Sie sind allesamt überwiegend national gesteuert und über-schützt, also über-reguliert und harren im Interesse von Wirtschaft, Arbeitsmärkten und Verbrauchern einer europaweiten De-Regulierung. Eine solche Öffnung dieser Märkte brächte mehr Wettbewerb, Investitionen und Innovationen.

Stattdessen allerdings registriere ich derzeit einen gegenläufigen Trend. Ich registriere eine zunehmende politische Bereitschaft, mittels viel zu vieler europäischer Richtlinien und nationaler Gesetze oder Verordnungen immer tiefer und tiefer in den Verantwortungsbereich des Einzelnen, der Unternehmen, der Institutionen einzugreifen. Es ist anhand vieler Exempel offenkundig, dass die Gesetzgebungsarbeit immer unverhohlener an die Stelle von politischer Überzeugungsarbeit tritt.

Manchmal drängt sich unsereinem auch der Eindruck auf, diese Tendenz sei der Tatsache geschuldet, dass die europäischen oder nationalen Rechtsetzer wegen der zunehmenden Globalisierung der Themen und Herausforderungen eine Kompensation gewissermaßen im Kleingedruckten suchten – etwa in unsinnigen Regeln zur Ausschaltung von Glühbirnen oder in der Besteuerung von Fettstoffen oder in der Quotierung von Lebenssachverhalten, die ebenso in die unternehmerische Verantwortung gehören wie das Personalmanagement oder wie die Tarifpolitik in die Verantwortung der Sozialpartner gehört.

Nicht ganz nebenbei bemerkt: Kürzlich las ich im Handelsblatt einen Beitrag des DGB-Vorsitzenden *Michael Sommer*, in dem er die De-Regulierung der Finanzmärkte, die ja übrigens mit der Aufhebung der Konvertierbarkeit des Dollar in Gold begann, mit der im wesentlichen von mir verantworteten teilweisen De-Regulierung des deutschen Arbeitsmarktes auf eine Stufe stellte und beklagte. Seine Klage galt namentlich auch der Ausweitung von Leiharbeit, der er allerdings – wie auch die seinerzeitigen Vorsitzenden der Einzelgewerkschaften – in einem Gespräch mit mir, das der Vorbereitung der Gesetzgebung diente, ausdrücklich zugestimmt hatte. Doch darum geht es jetzt nicht mehr. „Es ist an der Zeit", schreibt *Michael Sommer* in jenem Beitrag, „auch in der Arbeitsmarktpolitik wieder den Mut zur Regulierung zu finden, Es mag sinnlose Gesetze und Vorschriften geben, das bestreitet ja niemand. Aber grundsätzlich sind Regeln gut. Sie schaffen Verbindlichkeit, sie geben Ordnung, und sie schützen gerade die Schwächeren in der Gesellschaft". – Ende des Zitats. – Ist das wirklich so? Ist nicht in Wirklichkeit das Gegenteil richtig, nämlich: dass erst die Öffnung der Arbeitsmärkte für die, die vor der Tür standen (wie es heute noch in ganz Südeuropa einschließlich Frankreichs und bis dato namentlich in Italien der Fall ist), die Möglichkeit eröffnet hat, das Niveau der Arbeitslosigkeit in Deutschland in einer Weise abzusenken, um die wir heute allerorten, jedenfalls außerhalb unserer Grenzen, beneidet werden? Und, noch nachdrücklicher gefragt: Wie ist es eigentlich um die Zukunft der Tarifautonomie als wesentlichem Teil einer freien Marktwirtschaft bestellt, wenn der Chef der Einheitsgewerkschaft nach dem Gesetzgeber ruft, statt zuallererst – wie es inzwischen IG Metall und IG Chemie mit ihren Branchentarifverträgen unter anderem zum Thema Leiharbeit getan haben – auf die eigene Verantwortung und auch die zu mobilisierende Kraft zur Durchsetzung der behaupteten Arbeitnehmerinteressen zu setzen? Mein Appell: Man verachte nicht, was verantwortete Freiheit wert ist, und zwar auch vor dem demokratischen Gesetzgeber, seinen Regeln und Regulierungen!

Ich sage das so deutlich, weil ich erstaunt bin, wie tief „die Politik" inzwischen hierzulande ins unternehmerische Geschehen eingreift, ohne dass nennenswerte Widerworte gegen solche, einer freiheitlichen Wirtschaftsordnung nicht gerecht werdende Vorgehensweisen zu hören wären. Dafür gibt es viele Einzelbeispiele. Dafür war die schon abgehandelte sofortige Abschaltungsverfügung für acht deutsche Atomkraftwerke nur ein exzessives Beispiel.

Wehret den Anfängen, auch wenn es schwer fällt! Eine offene und immer transparenter und noch kommunikativer werdende Gesellschaft wie die unsere droht an marktwirtschaftlicher Substanz zu verlieren, wenn die, die um den Wert dieser Ordnung wissen und sie in jeglichem internationalen Vergleich bestätigt sehen, sich zu weitgehend dem öffentlichen Disput verweigern.

Ich war und bin der Überzeugung, dass es richtig war und ist, die Monopole und auch die Oligopole der Netzindustrien aufzuheben, und ich bin ebenso der Überzeugung, dass es vernünftig war, die Steuerung dieser Prozesse im Wege der Regulierung einer eigenen Behörde, nämlich der heutigen Bundesnetzagentur für Elektrizität, Gas, Telekommunikation, Post und Eisenbahnen zu überantworten.

Mir war und ist dabei natürlich die Konkurrenz zwischen der herkömmlichen Wirtschaftsaufsicht, also zwischen dem Bundeskartellamt und der vordem neu geschaffenen Bundesnetzagentur bewusst. Das spricht ja auch für das Selbstbewusstsein und den Ehrgeiz der Beteiligten und gegen keinen von Beiden. Allerdings wäre nach meiner Überzeugung auch das Bundeskartellamt ohne einen zusätzlichen Verwaltungsaufbau zum Regulierungsbereich nicht ausgekommen. Da erschien und erscheint mir die klare Trennung zwischen den klassisch kartellrechtlichen Aufgaben und denen, die ausschließlich den bisher ganz überwiegend in staatlicher Hand befindlichen Netzindustrien gelten sollten, angesichts der technologisch wie ökonomisch wie politisch wie administrativ gegebenen Spezialität und Bedeutung dieser Aufgabenstellung naheliegender. Und ich fühle mich in dieser Einschätzung bis heute bestätigt. Die Regulierungsverwaltung hat sich aus meiner Sicht als eine neue Verwaltungsaufgabe etabliert.

Diese Spezialität war aus meiner Sicht auch geboten, weil es – worauf *Matthias Kurth* in einem Beitrag zu Ihrem Forschungsprojekt hingewiesen hat[1] – keinen allgemeinen Ordnungsrahmen für die sehr verschiedenen Netzindustrien gab und Wettbewerb auf den in Rede stehenden Feldern somit nur durch eine schrittweise vom Gesetzgeber zu entwickelnde Regulierung und eine Umsetzung dieser Regulierung in einem dem unmittelbar folgenden Prozess möglich gemacht werden musste.

Dabei konnte und kann das Ziel der Öffnung dieser Märkte sinnvollerweise nicht sein, die bisherigen Staatsmonopolisten oder Oligopolisten schlicht zu zerschlagen, sondern es muss darum gehen, sie für die Zukunft ebenso einer Wettbewerbswirtschaft auszusetzen wie es auf der anderen Seite ihren Konkurrenten ermöglicht werden muss, auf den bisher monopolistisch oder oligopolistisch genutzten Netzen in einen chancengleichen Wettbewerb auf allen relevanten Feldern einzusteigen und zu agieren.

An dem Telekommunikationssektor, dem aus meiner Sicht bisher erfolgreichsten Fall der Liberalisierung einer Netzindustrie, kann man studieren, wie komplex ein solcher Prozess abläuft und dass er eine Realisierung der gesetzlich vorgegebenen Regulierung in Form von diskriminierungsfreien Zugangsrechten und Entgeltvorgaben verlangt, die nur schrittweise erfolgen kann, um ein möglichst allgemein ökonomisch erfolgversprechendes Marktmodell zu entwickeln.

Matthias Kurth nennt das eine „wettbewerbsfördernde Regulierung“, die auch aus meiner Sicht erfordert, dass der Gesetzgeber wie die Gerichte, ohne deren Anrufung im Prozess der Liberalisierung der Telekommunikation ja kaum ein Schritt voran gegangen wurde – es war und ist ja ein bis heute mit nahezu allen juristischen Waffen ausgetragener Prozess –, der Behörde ein erhebliches Maß an Eigenständigkeit und an Regulierungsermessen zugestanden haben. Und das ist meines Erachtens auf einem Markt, der sich vor allem technologisch und damit ökonomisch wie letztlich auch

[1] *Kurth*, *Matthias*, in: ders./Schmoeckel, Mathias (Hg.), Regulierung im Telekommunikationssektor. Chancen und Risiken im historischen Prozess (Rechtsordnung und Wirtschaftsgeschichte 2), Tübingen 2012, S. 101–125.

politisch, nicht zuletzt europapolitisch, in einem derartigen Tempo permanent weiter entwickelt wie der der Telekommunikation, auch richtig so.

Der Vorwurf der „Expertokratie", der zudem von der Europäischen Union zu Lasten des nationalen Gesetzgebers gefördert werde, wie ihn *Klaus Ferdinand Gärditz* in seinem „Werkstattbericht" zur Rolle des parlamentarischen Gesetzgebers im Regulierungsrecht formuliert[2], überzeugt mich dagegen nicht. Das europäische TK-Regulierungsmodell hat sich vielmehr konsequent vom ehedem nationalen Fernmelderecht entfernt und bemüht sich zielgerichtet um die Verwirklichung eines gemeinsamen europäischen Telekommunikationsmarktes. Demzufolge handeln die hier unabhängig gestellten nationalen Regulierungsbehörden in der Wahrnehmung dieser ihnen im Rahmen des europäischen Rechts übertragenen Aufgaben; nicht sie, sondern die europäische Rechtsetzung schließt insoweit eine Einwirkung der nationalen Parlamente auf die transnationalen, auf die wechselseitige Durchlässigkeit für grenzüberschreitende Interessen angelegten Abstimmungsprozesse aus. Das ist deshalb meines Erachtens auch nicht Ausdruck eines „latenten Mißtrauens" in den nationalen Gesetzgeber, sondern Konsequenz der von Europäischem Parlament und Rat gewollten Europäisierung des Telekommunikationsmarktes.

Und wenn, wie *Gärditz* im Blick auf die innerstaatliche Handhabung schreibt, die Öffnung des Telekommunikationsmarktes mit ökonomischen Zielkonflikten zwischen Wettbewerbsförderung, Verbraucherschutz, Versorgungssicherheit und Investitionssicherheit zu „komplexesten Abwägungsvorgängen" führe, die – ich zitiere – „weder normativ hinreichend zu steuern noch gerichtlich angemessen zu kontrollieren" seien, dann liegt es eigentlich nahe, eine gleichwohl notwendige Lösung in einem stufenweisen Vorgehen auf der Basis zumeist gesetzlicher Generalklauseln und in administrativen Ermessensentscheidungen bei permanenter gerichtlicher Kontrolle und so gegebener Transparenz zu suchen. Das amüsante Bild von den „Kohorten bürokratisch effizienter Volkstribune, meist mit Assessorexamen, die zunehmend die Eigengesetzlichkeit ihrer Entscheidungen selbst bestimmen", wird so zur hübschen Karikatur. Das enorme Wachstum des TK-Marktes und die ebenso enorm gefallenen Preise für TK-Dienstleistungen sprechen zudem nicht gegen die, die in der Regulierungsbehörde unter den Augen der beteiligten Wettbewerber wie der unabhängigen Gerichte zu handeln und zu entscheiden hatten.

Ob allerdings die Bundesnetzagentur bei der Realisierung der bundesdeutschen „Energiewende" ebenso erfolgreich wird agieren können wie

[2] *Gärditz, Klaus Ferdinand*, in: Kurth, Matthias/Schmoeckel, Mathias (Hg.), Regulierung im Telekommunikationssektor. Chancen und Risiken im historischen Prozess (Rechtsordnung und Wirtschaftsgeschichte 2), Tübingen 2012, S. 67–82.

beim Umbau des Telekommunikationssektors, steht dahin. Ich habe größte Zweifel. Das Kernproblem habe ich vorweg angedeutet: Diese Energiewende ist in ihrer bisherigen Anlage geradezu die Umkehrung der bis vor gut einem Jahr noch auf dem Weg befindlichen Liberalisierung und Europäisierung der Energiemärkte. Stattdessen haben wir es nun hierzulande mit dem Versuch zu tun, eine nationale Energiepolitik mit massivsten staatlichen Eingriffen und „Einspeisevergütungen" genannten Subventionen und unabgestimmt mit den europäischen Nachbarn in die Tat umzusetzen. Marktwirtschaftliche Elemente kommen in dem so angelegten Prozess faktisch nicht zur Geltung. Der Bundesnetzagentur sollen – es ist noch umstritten – Kompetenzen zum die Ländergrenzen überschreitenden Ausbau der Netze übertragen werden, dessen Durchsetzung sie jedenfalls kaum wird gewährleisten können. Die Rolle des Regulierers würde sich so nicht zum Vorteil in Richtung eines politischen Akteurs wandeln.

Demgegenüber möchte ich im Blick auf eine Energiewende, die in der Sache zweifelsfrei notwendig ist, in ihrer derzeitigen Auslegung aber dringend geerdet werden muss, festhalten: Wir brauchen auch auf diesem Feld nicht mehr Regulierung genannte Staatsintervention in die Wirtschaftsabläufe als unbedingt nötig. Wir brauchen auch auf diesem Feld so viel Marktwirtschaft, also Wettbewerb und Innovation sowie private Investition wie möglich. Und wir brauchen dringend eine Europäisierung der Energiewende, also vor allem einen gemeinsamen europäischen Netzausbau und eine gemeinsame europäische Markteinführung und Förderung der Erneuerbaren Energien da, wo sie je größtmöglichen ökonomischen Nutzen erbringen können.

Kurzum: Eine Europäische Energie-Union ist nicht minder wichtig als eine Europäische Währungsunion!

Zum guten Schluss ein Hinweis, der mir im Zuge einer allgemeinen Regulierungseuphorie, die ich zu spüren glaube, wichtig erscheint. Er stützt sich auf ein Essay, das *Ralf Dahrendorf* im Jahre 2009, kurz vor seinem Tod, schrieb und der – wie es darin im Blick auf die globale Finanzkrise hieß – „mit einer gehörigen Portion Staatsskepsis" zu Papier gebracht wurde.[3] *Dahrendorf* schrieb dort, dass – ich zitiere – „die wichtigsten Veränderungen, die Not tun, Mentalitäten betreffen. Dass Unternehmer verantwortlich handeln, ist nur indirekt durch staatliches Handeln zu bewerkstelligen. So wie das vorherrschende soziale Klima sich vor zwanzig Jahren verändert hat" – *Dahrendorf* hatte damals schon vor einer Fortsetzung des-

[3] *Dahrendorf, Ralf*, Die verlorene Ehre des Kaufmanns, in: Der Tagesspiegel vom 12. Juli 2009, erhältlich im Internet: <http://www.tagesspiegel.de/wirtschaft/dahrendorf-essay-die-verlorene-ehre-des-kaufmanns/1555814.html> [zuletzt besucht am 6. September 2012].

sen gewarnt, was er den „Pumpkapitalismus" nannte –, müsse es sich heute erneut verändern. Hier liege „die Aufgabe für alle tonangebenden Gruppen".

Das ist es, woran mir in den gegenwärtigen nationalen wie europäischen wie globalen Diskussionen rund um die uns aufgegebenen Herausforderungen liegt: dass wir nicht von einem Extrem ins andere verfallen, gewissermaßen vom bis dato fast zügellosen Finanzkapitalismus schnurstracks in eine Art Staatskapitalismus. Deshalb heißt es, acht zu geben: Den „Raubtier-Kapitalismus", wie *Helmut Schmidt* ihn seit langem nennt, zu bändigen, ist dringend erforderlich. Aber die Regulierung zu nennende Bändigung muss mit Augenmaß geschehen, d.h. sie sollte sich aus meiner Sicht an den Grundwerten der sozialen Marktwirtschaft orientieren.

Dahrendorf sprach in seinem Essay vom „verantwortlichen Kapitalismus". Ich fürchte: Zwischen diesem verantwortlichen Kapitalismus und jenem staatsautoritären Kapitalismus, der derzeit in der Weltwirtschaft gewaltig nach vorn drängt, könnte es demnächst noch „Spitz auf Knopf" stehen. Und das verlangt zweierlei, nämlich zum einen, sich der wichtigen und immer noch gewichtigen, aus meiner Sicht unverzichtbaren Rolle Europas in der weltwirtschaftlichen Umbruchphase, wie wir sie derzeit erleben, bewusst zu sein, und zum anderen, das Thema Regulierung im Innern wie in supranationalen Angelegenheiten stets so umsichtig und – ich sage es – so feinfühlig anzugehen, wie es unserem Verfassungsverständnis von verantworteter Freiheit entspricht.

Wirtschaftspolitik zwischen Regulierung und Paternalismus

Stehen wir vor einer Renaissance des Staates?

Michael Hüther

I. Veränderte Rollenzuweisung an den Staat: Ein Überblick

„In fast allen hoch entwickelten Industrieländern von Schweden bis Neuseeland geraten die überkommenen Gewissheiten des ‚Wohlfahrtsstaates' unter Beschuss, unterliegen sozialstaatliche Sicherungssysteme tief greifenden Veränderungen: Wohin man blickt geht es um Privatisierung der öffentlichen Versorgungseinrichtungen und des sozialstaatlichen Gesundheitssystems … ."[1]

Was vor zehn bis fünfzehn Jahren selbstverständlich schien, hat sich aus mehreren Gründen als fragwürdig erwiesen. Verschiedene Entwicklungen haben viel von der Selbstgewissheit schwinden lassen, die seinerzeit Ökonomen, zunehmend aber auch Politiker erfasst hatte, wenn es um die „Revision der Staatstätigkeit"[2] ging. Damals stand dahinter eine Debatte, die mit der Entwicklung der Angebotspolitik ab Mitte der 1970er Jahre verbunden war und die Voraussetzungen für wirtschaftliche Dynamik fokussierte. Damit wurden der staatlich gesetzte Ordnungsrahmen, die Art und Intensität wirtschaftspolitischer Interventionen, aber auch die unternehmerischen Aktivitäten des Staates kritisch beleuchtet. Es sollte so erreicht werden, dass „unnötige Hemmnisse wirtschaftlicher Aktivität (weggeräumt)", „durch mehr Konstanz der Wirtschaftspolitik und Zurückhaltung bei Eingriffen in den Markt Risiken (gesenkt)", „Reserven an privater Risikobereitschaft (mobilisiert)" und „die wirtschaftliche Dynamik von unten (gestärkt), insbesondere die Chancen zur Gründung einer selbständigen Existenz (verbessert)" werden.[3]

---

[1] *Rose*, Tod des Sozialen.
[2] *Sachverständigenrat*, Vor dem Aufschwung, S. 137–145.
[3] *Sachverständigenrat*, Investieren, S. 143.

Das Ergebnis war bereits nach 1980 eine breite Initiative zur Privatisierung von Bundesbesitz sowie zur Deregulierung. Nachdem 1988 von der Bundesregierung eine Deregulierungskommission eingesetzt worden war, deren Bericht 1991 vorlag[4], wurde 1995 ein Sachverständigenrat „Schlanker Staat" berufen, der sich der Vereinfachung und Reduzierung staatlichen Handelns widmen sollte. Das Ergebnis war ein umfangreicher Ergebnisbericht sowie ein Leitfaden zur Modernisierung von Behörden.[5] All dies ist – entsprechende Anstrengungen der Bundesländer gar nicht berücksichtigt – nicht ohne Wirkung geblieben.

Große Privatisierungen – man denke an Bundesbahn und Bundespost – haben die Öffentlichkeit unterhalten, Marktöffnungen – man denke an die Telekommunikation, den Versicherungsmarkt, die Energieversorgung – sind für jeden mit greifbaren Folgen verbunden. Das gilt ebenso für die Liberalisierung der Ladenöffnungszeiten. Die Liste lässt sich beliebig verlängern. Dennoch hat sich grundlegend etwas geändert, die Bereitschaft zur Privatisierung und zur Deregulierung hat sich spürbar verringert. Dies ist Teil einer wiederum veränderten Sicht auf den Staat und sein Leistungsversprechen. Die Gründe dafür sind vielfältig:

- Natürlich hat die Erfahrung der großen Wirtschaftskrise seit dem Jahr 2008 an dieser Entwicklung einen erheblichen Anteil. Die globalisierungskritisch grundgelegt skeptische Haltung gegenüber Märkten und der Marktsteuerung fand in dem für viele wie selbstverständlich offenkundigen Systemversagen der marktwirtschaftlichen Ordnung eine starke Bestätigung. Besonders das Verhalten der Banken und die ihnen öffentlich zugewiesene Bedeutung für die Eskalation der Krise tragen daran einen erheblichen Anteil.
- Ebenso darf nicht übersehen werden, dass die infolge der Staatsschuldenkrise und der Selbstverpflichtung in Form der verfassungsrechtlichen Schuldenbremse unausweichliche Konsolidierung der öffentlichen Haushalte den Fokus der Politik grundsätzlich auf Interventionen und Regulierung verlagert.[6] Besonders deutlich wird die veränderte finanzielle Lage am Zustand der Kommunalfinanzen, die zwar nicht generell prekär ist, aber doch eine viel größere Spannweite aufweist als früher. Die Unterfinanzierung vieler Kommunen – testiert durch die Haushaltsnotlage – stellt das Konzept der Daseinsvorsorge[7] zumindest in Frage und verlangt nach einer Neugewichtung.

---

[4] *Deregulierungskommission*, Marktöffnung und Wettbewerb.

[5] *Sachverständigenrat „Schlanker Staat"*, Abschlussbericht; *ders.*, Leifaden.

[6] *Horn/Hüther*, Überforderter Staat.

[7] *Forsthoff*, Verwaltung als Leistungsträger; *ders.*, Daseinsvorsorge und Kommunen.

- Diese aktuelle Kritik der Marktwirtschaft findet deshalb so viel Resonanz, weil der Wettbewerb mit seinen ständigen Sanktionsandrohungen, aber auch seiner unerbittlichen Intensität schon für sich genommen wenig Sympathie genießt. Das bekannte Zitat von *Kenneth E. Boulding* „the only thing wrong with capitalism is that nobody loves it“ gilt heute mehr denn je, weil der demografische Wandel in sich den Keim der Verunsicherung über die Bewältigung der großen Lebensrisiken trägt.
- Nicht alle Erwartungen, die an Privatisierung und Deregulierung geknüpft worden waren, haben sich erfüllt. Insbesondere die misslungene erste Marktöffnung der Energiewirtschaft auf Basis einer Verbändevereinbarung hat nicht die gewünschten Ergebnisse gebracht. Auch stellen wir fest, dass die vielfach beworbene Öffnung von Netzinfrastrukturen für den Wettbewerb leichter theoretisch begründbar als realisierbar ist. Vor allem beim Schienenverkehr ist die Trennung von Netz und Fahrbetrieb an technische Hürden gestoßen, aber auch das von der EU-Kommission erwirkte „Unbundling“ in der Elektrizitätswirtschaft führt nun im Zuge der Energiewende zu Problemen, die diese Trennung von Netz und Betrieb in ein kritisches Licht rückt.
- Interessant ist ebenso der Befund, dass die Ökonomik schon ohne die Krisenerfahrungen über verhaltensökonomische Studien grundsätzlich eine Schneise zu mehr staatlicher Intervention geschlagen hatte.[8] Ein neuer Paternalismus ist in den vielfältigen empirischen Belegen für die mangelnde Rationalität der Wirtschaftssubjekte und damit die für Fragwürdigkeit des in der als traditionell bewerteten Ökonomik vorherrschenden Menschenbildes des *Homo oeconomicus* angelegt. Das Potenzial an Irrationalität begründet über die Annahme größerer kollektiver Rationalität „Nudging“-Strategien, es eröffnet durchaus aber auch neue Felder staatlicher Intervention. Allgemein gilt für die Wirtschaftswissenschaften, dass die Erfahrung der Finanz- und Wirtschaftskrise zu weiter verbreiteten kritischeren Debatten über die Sinnhaftigkeit von Deregulierung und Privatisierung geführt hat. Auch hier sind die Gewissheiten geschwunden, anders gewendet: die Gewissheit der Neoklassik trifft heute umfänglicher auf Skepsis, als dies vor der Krise der Fall war.

Die Frage nach einer „Revision der Staatstätigkeit“ drängt sich damit förmlich auf. Anders als bislang liegt es nahe, dies als „Renaissance des Staates“ zu deuten. Die Erwartung ist angesichts der skizzierten Trends nicht unbegründet, dass der Staat auf differenzierte Weise versucht, Eintritt in die Privatheit zu finden. Der alles regulierende und überall intervenie-

[8] *Enste/Hüther*, Verhaltensökonomik und Ordnungspolitik.

rende Staat kollektiver Einsichtsfähigkeit ruft förmlich danach, zumal mit wirtschaftswissenschaftlicher Unterstützung.

Man kann diese Entwicklung freilich auch anders verorten. Unter dem Begriff „Transformation des Staates" verbirgt sich eine Sichtweise, die zwar davon ausgeht, dass „die Staatskonstellation des Goldenen Zeitalters", die sich nach dem zweiten Weltkrieg ausgebildet hat, vorbei ist, aber eher die Erwartung einer Zerfaserung und damit eines „Zeitalter(s) der strukturellen Unsicherheit" begründet.[9] Doch das beschreibt nur scheinbar einen Widerspruch. Denn der Versuch, effektive Staatlichkeit unter den Bedingungen der Staatsschuldenkrise neu zu definieren, läuft angesichts der ungeordneten Bemühungen zu einer Revision der Staatstätigkeit Gefahr, ein zerfasertes Gebilde zu schaffen. Das Ergebnis wäre dann in der Tat eine „strukturelle Unsicherheit", weil die durch Globalisierung und beschleunigten Wandel verursachte Unsicherheit jedenfalls nicht durch einen verlässlich agierenden Staat kompensiert werden kann.

Die nachfolgenden Ausführungen versuchen zunächst, kursorische Befunde zum Stand der Staatstätigkeit anzuführen (II.). Anschließend geht es darum, die Herausforderungen für das Miteinander von Vertrauen, Kooperation und Regulierung unter den besonderen Bedingungen des demografischen Wandels zu beleuchten (III.). Schließlich wird ein Blick auf verhaltensökonomische Argumente für staatliche Interventionen gerichtet (IV.), bevor ein Fazit die Argumente zu verbinden sucht (V.).

II. Befunde zur Deregulierung und zur Entwicklung der Staatstätigkeit

Während die Deregulierungskommission in ihrem Bericht „Regulierung als jede staatlich oder staatlich sanktionierte Beschränkung der Handlungsmöglichkeiten, der Verfügungsmöglichkeiten des Menschen"[10] definierte und die freiheitsbeschränkende Wirkung betonte, scheint im politischen Raum, aber auch in der Öffentlichkeit heute eher die positive Konnotation von staatlicher Regulierung zu dominieren. Auch die Deregulierungskommission sprach davon, dass „Regulierung … unumgänglich oder jedenfalls erwünscht (ist),

- wo die Handlungen des einen die schutzwürdigen Interessen des anderen beeinträchtigen,

[9] *Leibfried/Zürn*, Vorwort, S. 12 f.
[10] *Deregulierungskommission*, Marktöffnung und Wettbewerb, S. 1.

- wo der Einzelne vor sich selbst geschützt werden sollte, weil anzunehmen ist, dass er im allgemeinen solchermaßen geschützt werden will,
- wo die Beschränkung von Verfügungsrechten von Vorteil für alle ist, weil sie den Umgang miteinander, namentlich den tauschwirtschaftlichen Verkehr in einer arbeitsteiligen Gesellschaft erleichtert, also Kosten spart,
- wo ein dominantes Interesse des Gemeinwesens sie erfordert."[11]

Aus diesen Überlegungen ergaben sich für die Kommission klare Prüfkriterien für die Deregulierung: Eine Regulierung ist abzuschaffen oder zu modifizieren,
- wenn sie nicht durch öffentliches Interesse oder durch Marktversagen begründet ist,
- wenn der Regulierungszweck die Kosten nicht rechtfertigt,
- wenn eine weniger wettbewerbsbehindernde Lösung möglich ist,
- wenn sozialpolitische Ziele über Marktregulierung erreicht werden sollen. Denn „die Erledigung wirtschafts- und sozialpolitischer Aufgaben ist zu entzerren".[12]

Wenn man die verschiedenen Politikfelder – Versicherungswesen, Verkehrswesen, Stromwirtschaft, technisches Prüfungs- und Sachverständigenwesen, Rechtsberatung und Wirtschaftsberatung, Handwerk, Arbeitsmarkt – betrachtet, die von der Deregulierungskommission behandelt wurden, dann haben sich viele der Vorschläge in den folgenden Jahren in der praktischen Politik niedergeschlagen.[13] Hilfreich waren dabei die Beihilfenkontrolle und die Marktöffnungsprogramme der Europäischen Union. Andere Schritte wurden durch den volkswirtschaftlichen Strukturwandel und den internationalen Standortwettbewerb befördert. Dies gilt insbesondere für die Veränderungen in der Lohnfindung – beispielhaft erwähnt sei der Pforzheimer Abschluss in der Metall- und Elektroindustrie vom Frühjahr 2004 – mit einer stärkeren betrieblichen Öffnung. Es gilt ebenso für die Arbeitsmarktreformen der Agenda 2010, die heute weithin als eine wichtige Voraussetzung für den Beschäftigungsaufbau seit 2005 bewertet werden.[14]

Mit diesen Reformen, das ist weder der Politik noch der Öffentlichkeit geläufig, kamen vor allem Regulierungen auf den Prüfstand, welche die

---

[11] *Deregulierungskommission*, Marktöffnung und Wettbewerb, S. 1.
[12] *Deregulierungskommission*, Marktöffnung und Wettbewerb S. 11.
[13] *Deutscher Bundestag*, BT-Drs. 12/7468.
[14] *Sachverständigenrat*, Erreichtes nicht verspielen, S. 209–343; *ders.*, Finanzkrise meistern, S. 284–293.

nationalsozialistische Wirtschaftspolitik in den 1930er Jahren etabliert hatte und die durch die kriegsbedingte Bewirtschaftung nur überdeckt worden waren. Mit der Regulierung des Kreditwesens, des Versicherungswesens, der Handwerksordnung, der industriellen Berufsausbildung im dualen System, des Kammerwesens der freien Berufe, der Energiewirtschaft, der Personen- und Güterbeförderung, des Ladenschlusses, des Monopols der kassenärztlichen Vereinigungen oder der Kostenkalkulation bei öffentlicher Auftragsvergabe in den dreißiger Jahren des vergangenen Jahrhunderts war die eigentliche Reform der Wirtschaftsordnung gegenüber dem Kaiserreich vollzogen worden.[15] Insofern hatte das Dritte Reich die Wirtschaftsordnung der Bundesrepublik vorgeformt, konkret die so genannten Ausnahmebereiche des Gesetzes gegen Wettbewerbsbeschränkungen von 1957. Die Regulierungspolitik des Dritten Reiches war keinesfalls voraussetzungslos, sie folgte aus Industrialisierungskritik und Globalisierungsangst, sie war geprägt durch die Erfahrungen der Weltwirtschaftskrise. Damit stand sie durchaus nicht im Widerspruch zu den Vorstellungen jener wirtschaftsliberaler Ökonomen, die zur Durchsetzung ihrer Ordnungspolitik den „starken Staat“ als Voraussetzung sahen. Vor diesem Hintergrund kann man die Veränderungen der Staatstätigkeit im Vergleich zu anderen europäischen Staaten als nachholenden Prozess deuten.

Der Sachverständigenrat „Schlanker Staat“ sah seine Aufgabe durch die Tatsache begründet, dass sich die „Staatlichkeit an der Kapazitätsgrenze“ befinde.[16] Dabei ging es nicht um Regulierung einzelner Wirtschaftsbereiche, sondern die Effizienzsteigerung der Staatstätigkeit: Die Normenflut sei zu begrenzen, das europäische Recht an die Subsidiarität zu binden, Privatisierungspotenziale auszuschöpfen, Verwaltungsvorschriften zu reduzieren, die Leistungsfähigkeit der Behördenstruktur und Behördenorganisation zu steigern – um nur die wichtigsten Themen zu nennen. Seine systematische Nachfolge hat dieser Sachverständigenrat in dem mit Gesetz vom 14. August 2006 errichteten Nationalen Normenkontrollrat gefunden. Anders als früher wird durch ein „Ex ante-Verfahren“ vor dem parlamentarischen Gesetzgebungsverfahren prophylaktisch gehandelt, um effektiv unnötige Bürokratie zu vermeiden. Dazu gehörte freilich eine Nullmessung, um den Bestand an Regeln entsprechend durchforsten zu können. „Die Umsetzung aller dem Nationalen Normenkontrollrat bislang (d.h. seit

---

[15] *Ritschl*, Später Fluch; *Prollius*, Wirtschaftssystem der Nationalsozialisten, S. 171–175.

[16] *Sachverständigenrat „Schlanker Staat“*, Abschlussbericht, S. 7.

dem 1. Dezember 2006) vorgelegten Regelungsentwürfe hätte per Saldo eine Entlastung der Wirtschaft um 7,45 Milliarden Euro zur Folge."[17]

Versucht man neben diese qualitative Skizze veränderter Staatstätigkeit einen empirischen Befund zu stellen, dann ist man auf unzureichende Indikatoren verwiesen. Hilfsweise wird auf die Staatsquote und die Beschäftigung im öffentlichen Sektor zurückgegriffen. Dies dient nur einer ergänzenden Erfassung des Befundes und verzichtet deshalb auf die bekannte Problematisierung dieser Indikatoren. Die Staatsquote reflektiert im längerfristigen Vergleich seit dem zweiten Weltkrieg zunächst jene Ausbildung des „goldenen Zeitalters" der Staatstätigkeit, die Anfang der 1980er Jahre ihren Hochpunkt fand. Seitdem verringerte sich diese Quote im Trend, und zwar trotz der Wiedervereinigung sowie der Finanz- und Wirtschaftskrise – beides Vorgänge, die zunächst ein Mehr an Staatsausgaben verursachten (Abbildung 1). Heute liegt die Staatsquote in Deutschland mit aktuell unter 45 Prozent auch im internationalen Vergleich niedrig. Dahinter steht eine insofern gewandelte Sicht, als die Erhöhung der Staatsquote – anders als in den 1970er Jahren – keine strategische Option der Politik mehr ist.[18]

Abbildung 1: Staatsquote in Deutschland (Staatsausgaben in von Hundert des nominalen Bruttoinlandsprodukts)

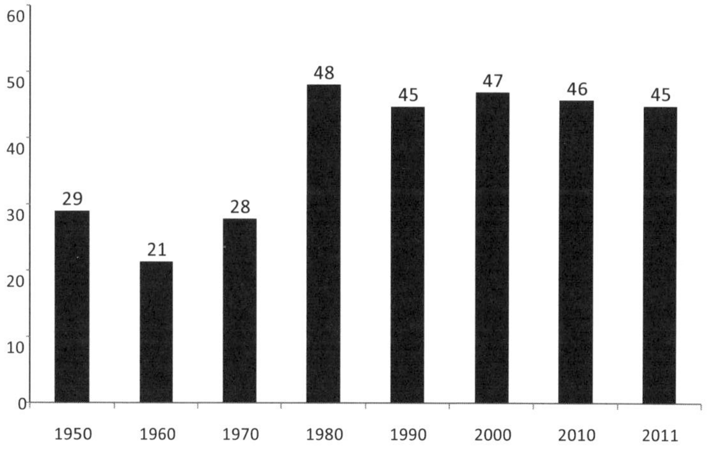

Quelle: Statistisches Bundesamt, eigene Berechnungen.

[17] Stand September 2012; erhältlich im Internet: <http://www.normenkontrollrat.bund.de/Webs/NKR/DE/MonitorBuerokratiekosten/monitor-buerokratiekosten.html> [zuletzt besucht am 30. September 2012].

[18] *Rahmeyer*, Hemmnisse.

Das Personal im öffentlichen Dienst wurde entsprechend in den vergangenen Jahrzehnten reduziert (Tabelle 1). Ausgehend von der durch die Wiedervereinigung nach oben getriebenen Anzahl von öffentlich Bediensteten ist auf allen föderalen Ebenen das Personal reduziert worden, und zwar seit dem Jahr 1991 um rund 18 Prozent bzw. um über 1 Million Beschäftigte. Dahinter stehen unterschiedliche Faktoren. Der Überbesatz in der ehemaligen DDR war freilich schnell bereinigt; die infolge des 2+4-Vertrags zur Herstellung der deutschen Einheit vereinbarte Verringerung der Bundeswehr trug nur für 71.600 Stellen Rechnung. Interessant sind zwei strukturelle Veränderungen: Einerseits nahm bei Bund, Ländern und Gemeinden die Anzahl der Beamten zu, die der Tarifangestellten ab; das dürfte mit den – kurzfristig betrachtet – geringeren Arbeitskosten der Beamten zu tun haben, da für die Absicherung gegen Arbeitslosigkeit definitiv keine und für die spezifischen Sicherungssysteme für Alter und Krankheit keine direkten Beiträge zu entrichten sind bzw. die Kosten zeitlich oder sachlich entzerrt verbucht werden. Andererseits zeigt sich eine Verschiebung von Vollzeitstellen zu Teilzeitstellen, was sowohl den Präferenzen der Beschäftigten entsprechen mag als auch die Personalausgaben senkt. Insgesamt ist der Anteil der Teilzeitbeschäftigten von gut 15 Prozent 1991 auf heute über 30 Prozent gestiegen.

Tabelle 1: Entwicklung des Personals im öffentlichen Dienst* seit 1991

Jahr / Beschäftigte	1991	1995	2000	2005	2010	Veränderung 1991-2010 Absolut	Veränderung 1991-2010 in Prozent
Bund	**652.000**	**546.300**	**502.100**	**481.400**	**457.300**	**−194.700**	**−29,9%**
Beamte/Richter	115.300	134.100	132.600	130.600	129.600	14.300	+12,4%
Tarifbeschäftigte	279.400	217.900	182.900	165.700	142.000	−137.400	−49,2%
Soldaten	257.300	194.300	186.600	185.100	185.700	−71.600	−27,8%
Vollzeit	628.800	521.600	465.600	427.500	405.200	−223.600	−35,6%
Teilzeit	23.200	24.700	36.400	53.800	52.000	28.800	+124,1%
Länder	**2.572.000**	**2.453.400**	**2.273.300**	**2.076.900**	**1.940.700**	**−631.300**	**−24,5%**
Beamte/Richter	1.072.400	1.227.100	1.252.500	1.261.800	1.253.500	181.100	+16,9%
Tarifbeschäftigte	1.499.500	1.226.400	1.020.800	815.000	687.200	−812.300	−54,2%
Gemeinden/Zweckverbände	**2.051.400**	**1.801.500**	**1.572.000**	**1.337.800**	**1.298.700**	**−752.700**	**−36,7%**
Beamte	170.500	178.900	178.600	183.200	184.600	14.100	+8,3%
Tarifbeschäftigte	1.881.000	1.622.600	1.393.300	1.154.500	1.114.000	−767.000	−40,8'%
Mittelbarer öffentlicher Dienst	**325.100**	**449.900**	**488.000**	**652.400**	**844.700**	**519.600**	**+159,8%**
Beamte	31.800	47.300	52.300	67.900	76.700	44.900	+141,2%
Tarifbeschäftigte	293.400	492,600	435.500	584.500	768.000	474.600	+161,8'%
insgesamt	**5.600.400**	**5.251.200**	**4.835.300**	**4.548.400**	**4.586.100**	**−1.014.300**	**−18,1%**
Beamte/Richter	1.390.100	1.587.400	1.615.900	1.643.600	1.687.100	297.000	+21.4%
Tarifbeschäftigte	3.953.100	3.469.500	3.032.700	2.719.700	2.713.400	−1.239.700	−31,4%
Soldaten	257.300	194.300	186.600	185.100	185.700	−71.600	−27,8%

* ohne Post

Quelle: *Bundesministerium des Innern*, Öffentlicher Dienst, S. 10.

Der mittelbare öffentliche Dienst, der die Bundesagentur für Arbeit, die Deutsche Bundesbank, die Sozialversicherungsträger und die rechtlich selbstständigen Einrichtungen in öffentlich-rechtlicher Rechtsform umfasst, ist gegen den Trend bei den Gebietskörperschaften angestiegen, und zwar seit 1991 um fast 200.000 Personen.

Im internationalen Vergleich erscheint der öffentliche Sektor in Deutschland trotz des Abbaus der vergangenen zwei Jahrzehnte nicht besonders klein (Abbildung 2); mit der EU-Definition werden 2,81 Millionen Beschäftigte von insgesamt 4,6 Millionen erfasst. Mit einer Relation von 3,5 Prozent zur Gesamtbevölkerung liegt Deutschland am Ende des oberen Mittelfeldes, nur fünf EU-Staaten haben einen höheren Anteil, der EU-Durchschnitt liegt bei 3,1 Prozent. Von einer Unterversorgung mit öffentlichen Verwaltungskapazitäten kann man deshalb schwerlich sprechen. Die oft vorgetragene Klage, der öffentliche Sektor sei mittlerweile viel zu weit reduziert worden, lässt sich zumindest mit Blick auf die Beschäftigung nicht bestätigen. Ähnlich sieht es bei der Relation öffentliche Verwaltung zu Erwerbstätigen aus, hier liegt Deutschland mit 7,2 Prozent leicht über dem EU-Durchschnitt (7,1 Prozent).[19]

[19] *Bundesministerium des Innern*, Öffentlicher Dienst, S. 11.

Abbildung 2: Anteil der Beschäftigten der öffentlichen Verwaltung (einschließlich Verteidigung und Sozialversicherung) an der Gesamtbevölkerung nach EU-Mitgliedstaaten im Jahr 2010 in Prozent

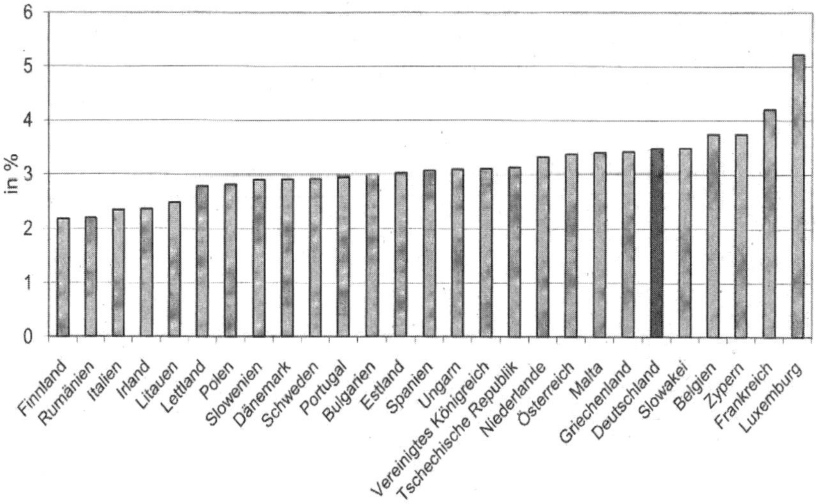

Quelle: *Bundesministerium des Innern*, Öffentlicher Dienst, S. 11.

III. Vertrauen, Kooperation und Regulierung: Veränderte Herausforderung im demografischen Wandel

„Ein Mangel an Vertrauen ist geradezu eine der Ursachen wirtschaftlicher Unterentwicklung.“[20]

„Es ist für den Menschen vorteilhaft, ein gewisses Vertrauen in das Wort des anderen zu setzen. Bei fehlendem Vertrauen wäre es sehr kostspielig, ersatzweise Sanktionen und Sicherungen zu schaffen, und viele Gelegenheiten zu wechselseitig vorteilhafter Zusammenarbeit müssten ungenutzt bleiben.“[21]

Vertrauen und Regulierung stehen in einem vielschichtigen Verhältnis zueinander. Erstens wird man dort, wo Menschen im Miteinander Vertrauen haben, mit weniger Regeln auskommen können. Es besteht insofern eine Substitutionsbeziehung, denn es muss nicht sanktionsbewehrt abgesichert werden, was Gegenstand verlässlich erlernter und geübter Gemeinsamkeiten ist. Zweitens setzt gerade in komplexeren Strukturen ein auskömmli-

[20] *Banfield*, Moral Basis.
[21] *Arrow*, Organization.

ches Miteinander verlässliche Regeln voraus. Die Angemessenheit, Konsistenz, Sicherheit und Glaubwürdigkeit einer Regulierung eröffnet über ihre Entlastungswirkung neue Möglichkeiten des Vertrauens. Insofern besteht eine Korrelation zwischen Vertrauen und Regulierung.

Der Zusammenhang von Vertrauen und Regulierung wird einsichtiger, wenn man die verschiedenen Lebensbereiche differenziert.

- Im täglichen Austausch – ökonomisch betrachtet: einzelwirtschaftlich – verschafft Vertrauen die Möglichkeit auf die Kontrolle der Gegenpartei, des Verhandlungskontrahenten und des Tauschpartners zu verzichten. Transaktionskosten werden eingespart. Vertrauen beruht auf symmetrischer Information, die Ausbeutungsstrategien verhindert. Dann unterliegen den täglichen Aktionen implizite Verträge, die wechselseitig vorteilhaft, ungeschrieben und in der Regel langfristig sind.[22] Von herausragender Bedeutung ist dabei weniger das Vertrauen in Institutionen (Regelwerke und Sanktionsmechanismen) als vielmehr der personale Vertrauen.
- Die Optionen des Einzelnen hängen freilich ebenso davon ab, ob und inwieweit die Regelwerke und gesellschaftliche Einrichtungen verlässlich und stabil sind, um Vertrauen auch dort zu ermöglichen, wo die personale Beziehung und Erfahrung nicht trägt. Moderne und komplexe Gesellschaften benötigen deshalb ein institutionelles Vertrauen des Einzelnen. Dabei geht es angesichts der Veränderungsdynamik von Makrosystemen darum, dass ein institutionelles Gleichgewicht die formalen, expliziten Regeln durch informelle und flexibilisierende Regeln ergänzbar macht.[23] Denn es hilft wenig, wenn die etablierten Institutionen keinerlei inkrementale Anpassung an veränderte Umweltbedingungen zulassen.

Während auf einzelwirtschaftlicher Ebene das personale Vertrauen Handlungsfähigkeit transaktionskostensenkend ermöglicht, geht es im gesellschaftlichen Raum um Kooperation. Der Tausch oder der individuelle Vertrag begründet Schuldrechtsverhältnisse und reflektiert damit auf Haftung sowie Selbstverantwortung. Die Kooperation im „öffentlichen Raum“ (*Hannah Ahrendt*) führt zusätzlich die Kategorie Mitverantwortung ein. Damit wird deutlich, dass Vertrauen sehr grundsätzlich mit Verantwortung verbunden ist: Erst durch Vertrauen – personales und institutionelles – wird es möglich, Verantwortung im Sinne der positiven Freiheit, also für etwas, zu tragen.[24]

[22] *Richter/Furubotn*, Neue Institutionenökonomik, S. 266 f.
[23] *Richter/Furubotn*, Neue Institutionenökonomik, S. 32 f.
[24] *Hüther*, Vertrauen, S. 224.

Die Kategorie Mitverantwortung weist darauf hin, dass in der freiheitlichen und demokratischen Ordnung die Erwartungen an den Einzelnen umfassender formuliert werden. Denn Regeln können stets nur den Durchschnittsfall und den Durchschnittsvorgang adressieren, während – wie im Unternehmen die Unternehmenskultur – die durch Sozialisation geprägten Üblichkeiten und Traditionen als impliziter Gesellschaftsvertrag die Steuerung im Konkreten ermöglichen.[25] Die Wirtschaftsethik hat entsprechend ihre Perspektive von den Spielzügen im Markt auf die Mitwirkung bei der Entwicklung der Spielregeln für den Markt und die Deutung des Spielverständnisses erweitert. Damit wird über die einzelwirtschaftliche Logik hinausgegangen, was Trittbrettfahrerverhalten ermöglicht und damit soziale Dilemmata konstruiert. Der Verlässlichkeit und der Fairness der Rechtsordnung und der Institutionen generell kommt dabei große Bedeutung zu.[26] Grundsätzlich aber haben wir es heute mit einer „Pluralität von Gemeinwohlakteuren“[27] zu tun.

Für die Frage nach den notwendigen Voraussetzungen bei staatlichen Regulierungen und Sanktionsmechanismen ist es bedeutsam, wie es zur Mitverantwortung, zur Kooperationsbereitschaft unterhalb der Regelungsebene im öffentlichen Raum kommt. Zwei Erklärungen lassen sich anfügen[28]:

- Kooperation als Folge freiwilliger Entscheidung setzt ein Grundvertrauen in die Verantwortungsbereitschaft der Mitbürgerinnen und Mitbürger voraus. Die Gefahr der Ausbeutung dieses Vertrauens schwindet in dem Maße, wie die gegenseitige Erfahrung und Bindung durch jedwede Form des Austauschs und der wechselseitigen Beziehung gestärkt wird. Nur wer glaubt, er sei auf den gesellschaftlichen Kontext nicht angewiesen, er könne Nischen der Intransparenz über Ausbeutungsstrategien zu seinem Vorteil nachhaltig nutzen oder er sei ohne jede Chance der Partizipation in den gesellschaftlichen Zusammenhängen, der wird sich den Anstrengungen der Kooperation nicht unterziehen.
- Derartige Möglichkeiten können aber nur bestehen, wenn Regeln und Verfahren nicht neutral und wenn sie nicht frei von Privilegien zur Anwendung kommen sowie soziale und politische Ungleichheiten nachhaltig bestehen. Deshalb sind nicht nur jene Voraussetzungen für Kooperation bedeutsam, die durch Recht und Verfahren gesetzt werden, sondern ebenso die Vorleistungsverpflichtung des Staates, um den Einzelnen zur freiheitlichen Entscheidung und zur Übernahme von Verantwortung zu

---

[25] *Mayntz*, Handlungsfähigkeit, S. 267.
[26] *Enste/Hüther*, Bürgerschaftliches Engagement.
[27] *Schuppert*, Expertise.
[28] *Enste/Hüther*, Bürgerschaftliches Engagement.

befähigen. Dies erfordert insbesondere eine entsprechend orientierte Bildungspolitik und Sozialpolitik.

- Bürgerschaftliches Engagement kann auch als eine Antwort auf die für den Menschen unvermeidbare Einsicht in die Begrenztheit des eigenen Handelns gedeutet werden. Die „Grenzsituationen des Lebens“[29] lassen sich durch den Betroffenen selbst nicht mehr substantiell gestalten, korrigieren, übergehen oder gar aufheben. Solche Grenzsituationen – aufgrund eines Leidens, einer Krankheit, einer Schuld, eines Schicksals, eines Versagens oder aufgrund der Todesaussicht – führen den Menschen nicht nur auf den Kern seiner Existenz, sondern eröffnen zugleich den Blick über diese eigene Existenz hinaus. Diese Grenzsituationen verweisen den Einzelnen auf die Familie, die Nachbarschaft, die nahe Gemeinschaft, auf die Gesellschaft, generell auf das Angebot der Hilfe und der Unterstützung.
- Während Grenzsituationen des Lebens, die im Zusammenhang mit den großen Lebensrisiken stehen, über staatliche Institutionen der sozialen Sicherung berücksichtigt werden können, werden die mit der Fürsorge, der Pflege, der Begleitung von Krankheit und speziell der Verletzlichkeit im hohen Alter verbundenen Aufgaben nie ohne ein starkes bürgerschaftliches Engagement im Ehrenamt, in Verbänden und Vereinen oder im nachbarschaftlichen Miteinander zu bewältigen sein.

Daraus lässt sich keine „Renaissance des Staates“ ableiten. Denn es geht vor allem um die Verlässlichkeit von Institutionen und darum, dass etablierte Politikbereiche angemessen orientiert sind. Das verlangt jedoch, im Sinne einer konsistenten „Revision der Staatstätigkeit“, deren Zerfaserung und damit eine „strukturelle Unsicherheit“[30] zu vermeiden. Eine besondere Herausforderung resultiert aus dem demografischen Wandel, und zwar zu allererst nicht bezogen auf die im Vordergrund der öffentlichen Wahrnehmung und der politischen Debatte stehenden Aspekte der Alterung und der Schrumpfung der Bevölkerung, sondern auf die individuelle Perspektive in einer Gesellschaft des langen Lebens. „Der Mensch vollzieht im individuellen Lebensverlauf eine Entwicklung, die über die Befähigung zur Selbstsorge die Mitverantwortung im Kollektiv ermöglicht und ihn so als soziales und politisches Wesen auszeichnet, das Respekt verdient.“[31]

Diese positive, auf die Potenziale des Einzelnen gerichtete Sicht unterstellt, dass es im Lebensverlauf gelingt, Vertrauen auszubilden, um konsequent Verantwortung tragen zu können. Dies begründet eine staatliche

[29] *Jaspers*, Philosophie II, S. 201–254.
[30] *Leibfried/Zürn*, Vorwort, S. 12.
[31] *Hüther/Naegele*, Demografiepolitik, S. 368.

Vorleistungsverpflichtung, damit eine lebenslange Verantwortungsfähigkeit des Einzelnen möglich wird. Eine solche Sichtweise verlangt nach einer umfassenden Demografiepolitik, die das Prinzip der Daseinsvorsorge verlässlich weiterentwickelt:

„Die Gesellschaft des längeren Lebens fordert nun nicht prinzipiell mehr Daseinsvorsorge, wohl aber eine andere, denn der beherrschte und der effektive Lebensraum können im Prozess des Alterns in besonderer Weise divergieren (Lebensverlaufsperspektive). Zudem muss geklärt werden, wie über die Generationen hinweg die Daseinsvorsorge bei prinzipiell diskriminierungsfreier Bewertung der Generationen zu gestalten ist (Generationenperspektive). ... Diese Komplexität rechtfertigt es, Demografie als eigenständiges Politikfeld zu etablieren.“[32]

[32] *Hüther/Naegele*, Demografiepolitik, S. 371 f.

Übersicht 1: Konzeptionelle Einbettung einer Demografiepolitik

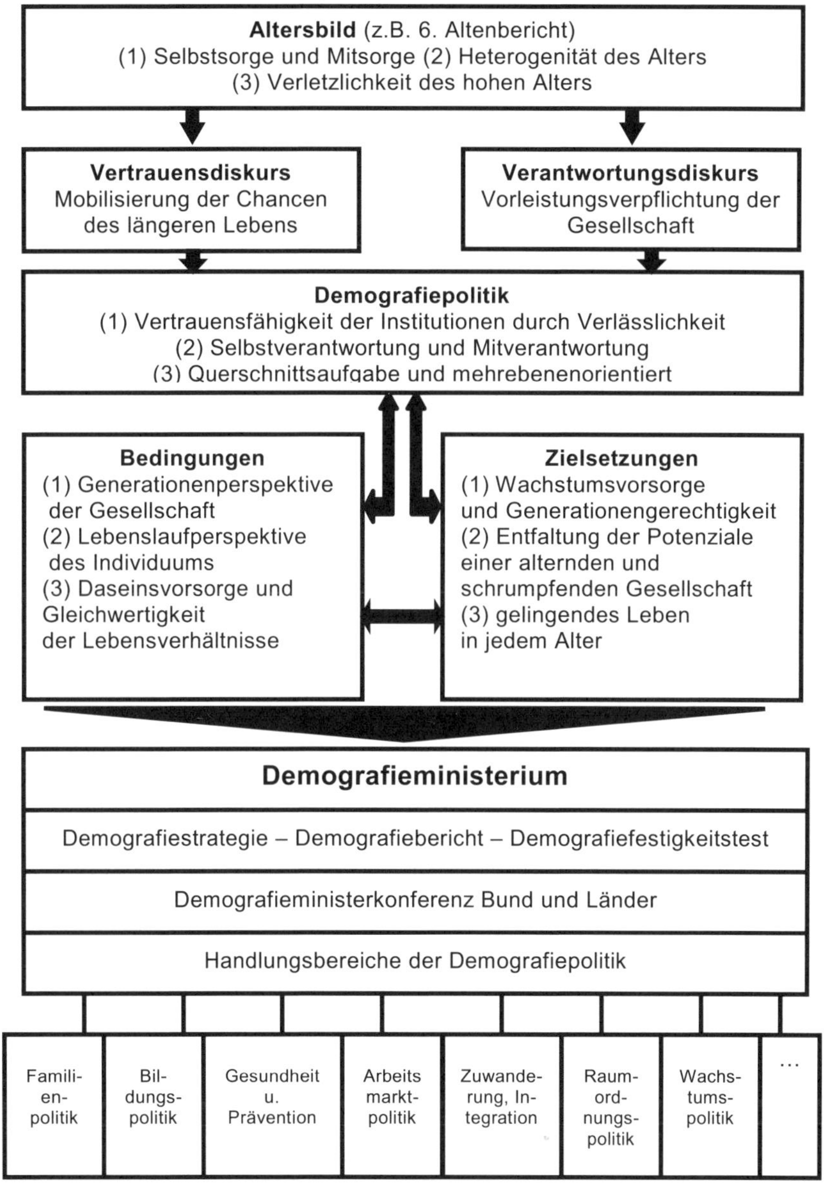

Quelle: *Hüther/Naegele*, Demografiepolitik, S. 375.

Der demografische Wandel stellt damit gerade für die freiheitliche Gesellschaft eine besondere Herausforderung (Übersicht 1). Deren Bewältigung verlangt deshalb nach einer Klärung des relevanten Altersbildes, welche die Potenziale des Alters in den Vordergrund rückt ohne dessen Heterogenität zu übersehen und die Verletzlichkeit des hohen Alters zu verkennen. Darauf muss der Vertrauens- wie der Verantwortungsdiskurs gründen, der die Demografiepolitik prägen sollte.

IV. Mehr Rationalität durch „Nudging“?

Es ist eine mittlerweile weit verbreitete und keineswegs junge Einsicht, dass die Verhaltensannahmen der ökonomischen Theorie für das einzelne Wirtschaftssubjekt – den *Homo oeconomicus* – mehr oder weniger fragwürdig, jedenfalls nicht überragend realitätsnah sind. Der *Homo oeconomicus* ist nur vom Eigennutz getrieben, maximiert seinen Nutzen, handelt rational auf der Grundlage transaktionskostenfreier vollständiger Information. Menschen sind dann „von gegenseitig desinteressierter Vernünftigkeit“ und sie haben keine Selbstkontrollprobleme.[33] Verhaltensökonomische Forschung lehrt nun, dass Menschen sich systematisch anders verhalten, insbesondere anders als es vom Standardmodell der neoklassischen Theorie vorausgesagt wird. Diese Fälle sind nicht nur seltene Ausnahmen: Begrenzte Rationalität, Abweichungen vom Eigennutzaxiom und eingeschränkte Nutzenmaximierung zeigen sich in vielfältigen Schattierungen und Situationen und erhöhen den Druck, das Standardmodell zu modifizieren. Hinzu kommt, dass die Lehre vom *Homo oeconomicus* von vielen für die Finanzkrise zumindest mitverantwortlich gemacht wird. Die moralischen Risiken von nahezu ausschließlich auf extrinsisch und vielfach kurzfristig orientierte Belohnungssysteme (Bonuszahlungen) ausgerichteten Unternehmensphilosophien wurden im ökonomischen Denken unterschätzt. So wurden massiv Anreize für kurzfristige Gewinnmaximierung gesetzt.

Die von der Verhaltensökonomik thematisierten kognitiven Verzerrungen – die Stichworte lauten: *Satisficing, Bounded Rationality, Gambler's Fallacy, Hot Hand Fallacy, Ankerheuristik, Verlustaversion, motivationale Biases* (mangelnde Selbstkontrolle)[34] – führen zweifellos zu substantiellen Fragen hinsichtlich wirtschaftspolitischer Schlussfolgerungen aus einer

[33] *Enste/Hüther*, Verhaltensökonomik und Ordnungspolitik, S. 10.
[34] *Enste/Hüther*, Verhaltensökonomik und Ordnungspolitik, S. 12 ff.

formal eng gefassten neoklassischen Theoriewelt. Gerne bemüht wird dazu das „Linda-Problem", das wie folgt beschrieben wird[35]:

> „Linda ist ledig, 31 Jahre alt, sehr intelligent und nimmt kein Blatt vor den Mund. Sie hat Philosophie studiert. Als Studentin hat sie sich intensiv mit Fragen der sozialen Gerechtigkeit und der Diskriminierung beschäftigt. Außerdem hat sie an Anti-Atomkraft-Demonstrationen teilgenommen. Welche der folgenden Aussagen ist wahrscheinlicher?
> (A): Linda ist Bankangestellte.
> (B): Linda ist Bankangestellte und aktiv in der Frauenbewegung!"

Tversky und Kahneman ermitteln, dass 87 Prozent der Befragten antworteten, die zweite Aussage sei wahrscheinlicher.[36] Wahrscheinlichkeitstheoretisch ist dies jedoch ein Trugschluss, da es bedeutet, ein verbundenes Ereignis als wahrscheinlicher zu bewerten als die beiden eigenständigen Ereignisse. Die eingeschränkte Menge (Bankangestellte plus Feministin) kann logisch unmöglich wahrscheinlicher sein als die größere Menge (Bankangestellte). Indes führen andere Autoren dagegen an, dass in diesem und in anderen Beispielen künstlich Konstellationen und Situationen konstruiert werden, die zwar der Logik folgen, aber dem Sprachverständnis, besonders aber auch dem Alltagserleben der Menschen widersprechen.[37] Aufgrund umfassenderer Erfahrungen kann es unter bestimmten Bedingungen sinnvoll sein, die zweite Aussage für wahrscheinlicher zu halten und damit ein Gesamtbild zu betrachten. Mit dieser Daumenregel, die sich lebensweltlich evolutionär entwickelt und bewährt hat, handelt man im Alltag vielfach besser als nach streng logischen Regeln. „Logische Normen sind blind für Inhalt und Kultur, lassen evolvierte Fähigkeiten und Umweltstrukturen außer Acht. Häufig erweist sich das, was vom rein logischen Standpunkt wie ein Denkfehler aussieht, in der wirklichen Welt als intelligentes soziales Urteil."[38] Dieser kurze Ausflug in die Verhaltensökonomik verdeutlicht die Grenzen dieser Argumentationsrichtung. Denn einerseits wird offenkundig gegen die Maßstäbe der Logik im Alltag oft verstoßen, doch dies ist nicht Folge einer bewussten Unlogik, sondern des Versuchs, lebensweltlich zu Recht zu kommen. Der Verstoß gegen die Logik indiziert noch keine Inkonsistenz oder gar eine Verantwortungslosigkeit der Entscheider. Andererseits ist mit diesen Einschränkungen die enge Theoriewelt der Neoklassik nicht sanktioniert, denn sie bleibt blind für institutionelle und kulturelle Fragen. So geht die neoklassische Welt als Heimstatt des *Homo oeconomicus* implizit davon aus, dass die Transaktionskosten regelmäßig null sind, und sie arbeitet deshalb mit der Annahme,

---

[35] *Enste/Hüther*, Verhaltensökonomik und Ordnungspolitik, S. 14.
[36] *Tversky/Kahneman*, Belief.
[37] *Gigerenzer*, Rationality, S. 104 f.
[38] *Gigerenzer*, Rationality, S. 113.

dass Institutionen allokationsneutral seien.[39] Wie aber kommen Institutionen zustande? Wie werden Regeln, Verfahren, Ordnungen und Verfassungen entwickelt und etabliert? Welche Bedeutung kommt dabei den Werten zu, die in einer Gesellschaft geteilt werden? Welche Werte mit welcher Historie und welcher kulturellen Verankerung sind besonders wirkmächtig? In welcher Form gelingt es durch Mitverantwortung die Effektivität staatlicher Organisation zu erhöhen, und zwar sowohl durch Begleitung, Veränderung als auch Widerspruch und Protest? Die Beantwortung all dieser Fragen hängt entscheidend davon ab, welche Freiheitsbereitschaft und welche Verantwortungsfähigkeit dem Einzelnen zugesprochen werden kann.

Ausgehend von der ordnungspolitischen Grundannahme, dass der Einzelne freiheitsberechtigt und der Staat freiheitsverpflichtet ist, stellen sich vor dem Hintergrund der verhaltensökonomisch begründeten Zweifel an der Rationalität – und damit an der Verantwortungsfähigkeit – des Einzelnen drei Fragen als Herausforderung der Ordnungsökonomik:

- „Wie kann eine rationale Wirtschaftspolitik für irrationale Menschen aussehen?
- Wie können Menschen unter Berücksichtigung von Erkenntnissen der Verhaltensökonomik besser zur Nutzung der Freiheit befähigt werden?
- Welche Instrumente können dafür genutzt werden?“[40]

Es muss unter den Bedingungen der freiheitlichen und demokratischen Ordnung der Grundsatz gelten, dass der Mensch auch dann Verantwortung trägt, wenn seine Entscheidungen nicht den Annahmen des *Homo oeconomicus* folgen. Dieser Satz erscheint lapidar, doch er verknüpft auf keineswegs selbstverständliche Weise Ordnungsökonomik und Verhaltensökonomik. Zudem wird deutlich, dass die Erkenntnisse der experimentellen Verhaltensforschung der Bewertung und Einordnung bedürfen, um wirtschaftspolitisch nicht auf naive Weise wirkungsmächtig zu werden. Jedenfalls ist die Identifikation von unlogischem, irrationalem Entscheiden und Handeln bei den Menschen kein hinreichender Grund, neue oder umfassendere Zuständigkeiten des Staates zu prüfen. Dem möglichen Rationalitätsversagen des Einzelnen steht das potentielle Staatsversagen gegenüber. Es bleibt indes zu prüfen, wo dokumentierte kognitive Verzerrungen die Entscheidungskompetenz und damit die Haftungsfolgen vermeidbar einschränken. Mögliche Politikinterventionen lassen sich aus entsprechenden Studien ableiten.[41] Jeweils geht es darum, die für die Steuerung der markt-

[39] *Richter/Furubotn*, Neue Institutionenökonomik, S. 14–17.
[40] *Enste/Hüther*, Verhaltensökonomik und Ordnungspolitik, S. 65.
[41] *Enste/Hüther*, Verhaltensökonomik und Ordnungspolitik, S. 46–63.

wirtschaftlichen Ordnungen zentrale Konsumentensouveränität zu stärken oder erst realistisch werden zu lassen. Die denkbaren staatlichen Interventionen haben Fragen (und Sorgen) zu einem neuen Paternalismus angeregt. Damit wird die in der Ökonomik eher distanziert geführte Diskussion über Meritorik[42] neu belebt.

– *Informationsasymmetrien*: Die Menschen sind offenkundig nicht selbstverständlich dann in einer besseren Entscheidungssituation, wenn sie umfassend über alle relevanten Informationen verfügen. Bei Finanzprodukten wurde durch die Neuregelung der Allgemeinen Geschäftsbedingungen darauf abgezielt, den Kunden mehr Rechte zu geben und bessere Informationen bereitzustellen. Tatsächlich hat dies nicht zum gewünschten Ergebnis geführt, wie entsprechende Kundenbefragungen ergaben.[43] Statt ausschließlich an der Informationsbringschuld der Anbieter anzusetzen und dadurch bei den Kunden den Eindruck eines Haftungsschutzes zu nähren, sollte ein fairer Ausgleich zwischen Holschuld und Bringschuld bei Informationen begründet werden. Statt einseitig dem Anbieter Informationsvorgaben zu machen, könnten durch eine eindeutige Zuweisung der Haftung dem Kunden ein klarer Anreiz gegeben werden, sich zu informieren. Bei langfristigen Vertrauens- und Kontraktgütern besteht freilich eine besondere Schwierigkeit, da die Kunden nicht durch Versuch und Irrtum zu der für sie besten Entscheidung gelangen können; es bleiben Qualitätsunsicherheiten bestehen. Dann werden Informationsasymmetrien mit Zertifizierungen, Garantien oder Mindestleistungsversprechen beantwortet. Hier begründen transparente staatliche Regulierungen Verlässlichkeit und Glaubwürdigkeit.
– *Entscheidungsüberforderung*: Ein großes Angebot – für sich genommen ein Beleg für eine vielfältige und lebendige Marktsteuerung – kann dann zu Problemen führen, wenn es infolge der Intransparenz und mangelnder Vergleichbarkeit die Konsumentscheidung verzerrt oder die Kaufneigung mindert.[44] Ein Mehr an Optionen bedeutet stets auch, dass Konfliktpotentiale und Opportunitätskosten zunehmen. Die hierbei wirksamen Informationsprobleme werden ordnungspolitisch begründbar durch Verbraucherschutz, entsprechende Informationsportale und Qualitätsstandardisierungen beantwortet. Es mag auch sinnvoll sein, Entscheidungssituationen zu entlasten, indem die Wahlmöglichkeiten vereinfacht werden. Das eröffnet ein zugleich kritisches Feld, in dem daraus die Legitimation des Staates abgeleitet werden kann, den Konsum gezielt zu steuern. Damit verbindet sich die Diskussion um „Nudging", ei-

---

[42] *Tietzel/Müller*, Mehr zur Meritorik.
[43] *Enste/Hüther*, Verhaltensökonomik und Ordnungspolitik, S. 37.
[44] *Enste/Hüther*, Verhaltensökonomik und Ordnungspolitik, S. 39 f.

ner Politik, die gezielt durch Regulierungen wie beispielsweise Voreinstellungen Anstöße gibt, um die vermeintliche oder tatsächliche langfristige Irrationalität der Konsumenten zu heilen.

Die Strategie „Nudging" erhebt den Anspruch, über sanfte Eingriffe des Staates die Konsumenten zu jenen Entscheidungen zu bringen, die eigentlich ihren – längerfristigen – Präferenzen entsprechen.[45] Damit ist unvermeidbar die Frage verbunden, woher der Staat – Politik und Verwaltung – das dafür notwendige Wissen hat und ob sich damit nicht eine enorme „Anmaßung von Wissen" (*F. A. von Hayek*) verbindet, zumindest eine Tarnung von Werturteilen. Insofern kann das „Nudging" einen neuen Paternalismus begründen, der den Staat auf scheinbar unzweifelhaft begründete Weise in die Verantwortung bringt. Der Staat erhielte so mit wissenschaftlichem Testat Zutritt zur Privatheit des einzelnen. Deshalb ist es so wichtig, diese verhaltensökonomische Argumentation mit der Ordnungspolitik zu verbinden.[46] Es wäre ansonsten eine schleichende Renaissance des Staates, die allerdings eher zur Zerfaserung des Staates führt als zu einer Konzentration auf die im öffentlichen Diskurs ermittelten Staatsaufgaben. Die tatsächliche politische Bedeutung des „Nudging" ist durch die entsprechende Strategie der britischen Regierung belegt (Übersicht 2).

Übersicht 2: Nudging in UK

Cameron Nudges people to do right thing

By *George Parker*, Political Editor, in: Financial Times Deutschland, vom 9. September 2010.

The Independent, vom 17. August 2010

"Nudge theory is an attempt to resolve a classic Conservative dilemma: since they believe in the small state and low taxation, should the Conservatives just leave us to our bad habits, and accept the undesirable social consequences that will follow, or use the levers of state to try to improve our behaviour?

There is a powerful libertarian wing within the party whose general prejudice is to allow people to do as they please provided they do not break the law. There are also paternalists who believe that the fortunate in society have a duty to protect the less fortunate from the consequences of their own folly. Libertarianism and paternalism are assumed to be necessarily in conflict."

[45] *Thaler/Sunstein*, Nudge.

[46] *Enste/Hüther*, Verhaltensökonomik und Ordnungspolitik, S. 65–69.

V. Wirtschaftspolitische Schlussfolgerungen: Renaissance oder Revision des Staates?

Der Blick auf den Staat war in den vergangenen 25 Jahren deutlichen Wandlungen unterworfen. Die Hochkonjunktur der Deregulierung und Privatisierung ist aus vielen Gründen einer Ernüchterung gewichen. Doch die damit angelegte Neubestimmung des Staates unter den Bedingungen der Globalisierung, des beschleunigten volkswirtschaftlichen Strukturwandels, der Individualisierung, sich verändernder Formen politischer Partizipation sowie des demografischen Wandels hat bislang zu keinem schlüssigen Konzept geführt. Die Überprüfung vieler Bereiche staatlicher Tätigkeit im letzten Vierteljahrhundert hat im Zusammenspiel mit manchen Re-Revisionen dazu geführt, dass die „Staatskonstellation … zerfasert".[47] Die Verschlankung des Staates hat zwar stattgefunden – messbar an der Entwicklung der Staatsquote, an verstärktem Bedarf privater Absicherung der großen Lebensrisiken, an Privatisierungen und Marktöffnungen –, doch hat dies anders als vielfach beschrieben und bewertet nicht zu einem gänzlich anderen staatlichen Gebilde geführt. Dagegen sprechen schon der begrenzte Rückgang der Staatsquote und die robuste Sozialleistungsquote (unverändert um die 30 Prozent). Tatsächlich ist auch das Ansehen der Wirtschaftsordnung trotz Krisenerleben wieder deutlich positiver (Abbildung 3).

Abbildung 3: Wachsender Rückhalt für das Wirtschaftssystem. Es haben von dem Wirtschaftssystem in Deutschland eine gute Meinung (in Prozent)

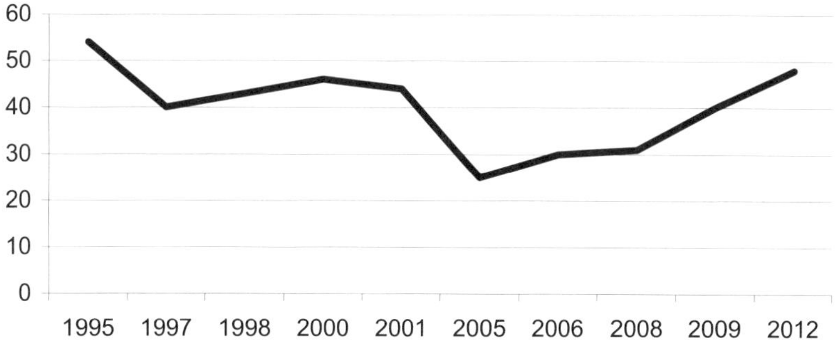

Basis: Bundesrepublik Deutschland, Bevölkerung ab 16 Jahre.
Quelle: *Institut für Demoskopie Allensbach*, Wirtschaftliches Verständnis und ordnungspolitische Positionen, S. 47.

---

47 *Leibfried/Zürn*, Vorwort, S. 13.

Zugleich gilt für die Deutschen heute Sicherheit als das dominante Ziel bei der Frage nach den künftigen Lebensumständen.[48] Damit verbindet sich die Sorge um eine übermäßig auseinanderdriftende Einkommensverteilung. Sicherheit entsteht am wenigsten, wenn die staatlichen Aufgaben nicht klar definiert sind, wenn die Staatlichkeit zu zerfasern droht. Dies dürfte für eine Gesellschaft des langen Lebens noch mehr Bedeutung haben.

Deshalb gibt es unverändert starke Argumente für eine Revision der Staatstätigkeit, die nicht als Renaissance wirkt, sondern umstrukturiert, um Vertrauen und Verantwortung – Selbstverantwortung und Mitverantwortung – im langen Leben tatsächlich zu ermöglichen. Die Demografiestrategie der Bundesregierung bildet dafür erst den Anfang.[49] Fragwürdig erscheinen in diesem Kontext jene wissenschaftlichen Argumentationsstränge, die aus dem unkritischen Befund beschränkter individueller Rationalität politikfremd den Staat auf den Plan rufen.

Stattdessen könnte die Lebensverlaufsperspektive jene Anknüpfungspunkte markieren, die für eine der freiheitlichen Ordnung angemessene Politik herausfordernd sind: Bildung, Integration, Wettbewerb, Strategien der zweiten Chance. Dies darf – wie bemerkt – nicht mit einer Zerfaserung einhergehen, es ist vielmehr Verlässlichkeit über die staatliche Daseinsvorsorge in der Gesellschaft des langen Lebens zu gewährleisten. Das sichert nicht nur die Freiheitsräume, es mobilisiert auch ihre Nutzung.

Literaturverzeichnis

Arrow, Kenneth J.: The Organization of Economic Activity, London/New York 1969.

Banfield, Edward C.: The Moral Basis of a Backward Society, New York 1958.

Bundesministerium des Innern: Jedes Alter zählt. Demografiestrategie der Bundesregierung, Berlin 2012, erhältlich im Internet: <http://www.bundesregierung.de/Webs/Breg/DE/Themen/Demografiestrategie/Artikel/Anlagen/demografiestrategie-langfassung.pdf?__blob=publicationFile&v=2> [zuletzt besucht am 5. Oktober 2012].

–: Der öffentliche Dienst des Bundes. Daten zur Personalstruktur 2011. Aktualisierte Fassung (Stand: 22. August 2011), Berlin 2011, erhältlich im Internet: <http://www.bmi.bund.de/SharedDocs/Downloads/DE/Broschueren/2011/personalstruktur.pdf;jsessionid=EA5BC423FAD8902696DE22425AA1C592.2_cid295?__blob=publicationFile> [zuletzt besucht am 5. Oktober 2012].

Deregulierungskommission: Marktöffnung und Wettbewerb. Berichte 1990 und 1991, Stuttgart 1991.

Deutscher Bundestag: Unterrichtung durch die Bundesregierung. „Schlanker Staat": Die nächsten Schritte, BT-Drs. 13/10145, Bonn 1998.

48 *Köcher*, Denk ich an Deutschland.

49 *Bundesministerium des Innern*, Jedes Alter zählt.

–: Unterrichtung durch die Bundesregierung. Bericht über die Deregulierungsmaßnahmen der Bundesregierung, BT-Drs. 12/7468, Bonn 1994.

Enste, Dominik H./Hüther, Michael: Bürgerschaftliches Engagement der Unternehmen im öffentlichen Raum, in: Ordo. Jahrbuch für die Ordnung von Wirtschaft und Gesellschaft 63, Stuttgart 2012.

–/–: Verhaltensökonomik und Ordnungspolitik. Zur Psychologie der Freiheit (IW Positionen 50), Köln 2011.

Forsthoff, Ernst: Die Daseinsvorsorge und die Kommunen, Köln-Marienburg 1958.

–: Die Verwaltung als Leistungsträger, Stuttgart 1938.

Gigerenzer, Gerd: Rationality for mortals. How people cope with uncertainty, Oxford 2008.

Horn, Karen/Hüther, Michael: Der überforderte Staat: Daseinsvorsorge und Eigeninitiative, in: Institut der deutschen Wirtschaft Köln (Hg.): Politik ohne Geld. Was trotz knapper öffentlicher Kassen getan werden kann, Köln 2011, S. 263–278.

Hüther, Michael: Vertrauen im Wandel und Vertrauen in den Wandel – die Bedeutung des langen Lebens für den politischen Diskurs, in: Kruse, Andreas (Hg.): Leben im Alter. Eigen- und Mitverantwortlichkeit in Gesellschaft, Kultur und Politik, Heidelberg 2010, S. 219–230.

Hüther, Michael/Naegele, Gerhard: Demografiepolitik und Demografiestrategie – Was notwendig ist, in: Hüther, Michael/Naegele, Gerhard (Hg.): Demografiepolitik – Herausforderungen und Handlungsfelder, Wiesbaden 2012, S. 365–378.

Institut für Demoskopie Allensbach: Wirtschaftliches Verständnis und ordnungspolitische Positionen der Bevölkerung, 20. März 2012 Allensbach, erhältlich im Internet: <http://www.ifd-allensbach.de/uploads/tx_studies/Bericht__Wirtschaftliches_Verstaendnis.pdf> [zuletzt besucht am 5. Oktober 2012].

Jaspers, Karl: Philosophie II. Existenzerhellung, 4. Aufl., Berlin/Heidelberg/New York 1973 (zuerst 1932).

Köcher, Renate: Denk ich an Deutschland. Jetzt bloß kein Risiko, Leute!, in: Frankfurter Allgemeine Zeitung vom 24. September 2012, erhältlich im Internet: <http://www.faz.net/aktuell/politik/inland/denk-ich-an-deutschland/denk-ich-an-deutschland-jetzt-bloss-kein-risiko-leute-11901996.html> [zuletzt besucht am 5. Oktober 2012].

Leibfried, Stephan/Zürn, Michael, Vorwort, in: dies. (Hg.): Transformation des Staates? (Edition Zweite Moderne), Frankfurt a.M. 2006, S. 11–18.

Mayntz, Renate: Die Handlungsfähigkeit des Nationalstaats in Zeiten der Globalisierung, in: Heidbrink, Ludger/Hirsch, Alfred (Hg.): Staat ohne Verantwortung?. Zum Wandel der Aufgaben von Staat und Politik, Frankfurt a.M. 2007, S. 267–281.

Prollius, Michael von: Das Wirtschaftssystem der Nationalsozialisten 1933–1939. Steuerung durch Emergente Organisation und Politische Prozesse, Paderborn 2003.

Rahmeyer, Fritz: Ökonomische und politische Hemmnisse einer Erhöhung der Staatsquote, Köln 1975.

Richter, Rudolf/Furubotn, Eirik G.: Neue Institutionenökonomik, 4. Aufl., Tübingen 2010.

Ritschl, Albrecht: Der späte Fluch des Dritten Reichs. Pfadabhängigkeiten in der Entstehung der bundesdeutschen Wirtschaftsordnung, in: Perspektiven der Wirtschaftspolitik 6, 2005, S. 151–170.

Rose, Nikolas: Tod des Sozialen?. Eine Neubestimmung der Grenzen des Regierens, in: Ulrich Bröckling et al. (Hg.): Gouvernementalität der Gegenwart. Studien zur Ökonomisierung des Sozialen, Frankfurt a.M. 2000, S. 72–109 (zuerst erschienen in: Economy and Society 25, 1996, S. 327–356).

Sachverständigenrat zur Begutachtung der gesamtwirtschaftlichen Entwicklung: Die Finanzkrise meistern – Wachstumskräfte stärken. Jahresgutachten 2008/09, Paderborn 2008.

–: Das Erreichte nicht verspielen. Jahresgutachten 2007/08, Paderborn 2007.

–: Investieren für mehr Beschäftigung. Jahresgutachten 1981/82, Stuttgart/Mainz 1981.

–: Vor dem Aufschwung. Jahresgutachten 1975/76, Stuttgart/Mainz 1975.

Sachverständigenrat „Schlanker Staat": Abschlussbericht, 2. Aufl., Bonn 1998.

Sachverständigenrat „Schlanker Staat": Leitfaden zur Modernisierung von Behörden, 2. Aufl., Bonn 1998.

Schuppert, Gunnar Folke: Expertise für die Sachverständigenkommission „Erster Engagementbericht der Bundesregierung", Berlin 2011.

Thaler, Richard H./Sunstein, Cass R.: Nudge: Improving Decisions about Health, Wealth and Happiness, New Haven 2008.

Tietzel, Manfred/*Müller, Christian*: Noch mehr zur Meritorik, in: Zeitschrift für Wirtschafts- und Sozialwissenschaften 118, 1998, S. 87–127.

Tversky, Amos/Kahneman, Daniel: Belief in the law of small numbers, in: Psychological Bulletin 76, 1971, S. 105–110.

Sektion I

Rechtshistorische Perspektiven

Reform der Entgeltregulierung im Eisenbahnsektor

Preisbestimmung im historischen Zielkonflikt

Markus Patt

I. Einleitung

1. „Anreizregulierung" als nächster Schritt der Geschichte der Preisbestimmung im Eisenbahnsektor?

Auf der aktuellen politischen Agenda steht eine Weiterentwicklung des sektorspezifischen Eisenbahnregulierungsrechts. Eine Regulierung der Geschäftstätigkeit der Betreiber von Eisenbahninfrastrukturen soll ermöglichen und fördern, dass Wettbewerb im Markt für Transportdienstleistungen auf der Schiene bestehen kann. Dies beinhaltet die Aufgabe, eine diskriminierungsfreie Nutzungsmöglichkeit solcher Vorleistungen für Dritte sicherzustellen, die aufgrund ihrer „versunkenen Kosten" als natürliches Monopol gekennzeichnet sind.[1] Regulierung soll damit die Chancengleichheit von Wettbewerbern garantieren, welche auf Trassen, Bahnhöfe und weitere Serviceeinrichtungen angewiesen sind. Eine besondere Rolle nimmt dabei die Entgeltregulierung ein, welche an die Freiheit des Infrastrukturbetreibers in der Preisgestaltung anknüpft. Da das Unternehmen beim Betrieb der Infrastruktur eine monopolistische Stellung einnimmt, sieht man zum einen die Gefahr, dass es gegenüber seinen Leistungsabnehmern als absolut zu hoch angesehene Preise festsetzt. Gleichzeitig möchte man verhindern, dass das Unternehmen, welches innerhalb der Konzernstruktur ebenfalls Transportunternehmen betreiben kann, durch die Gestaltung der Preisstruktur mögliche Wettbewerber gegenüber diesen Schwesterunternehmungen benachteiligt. Beiden Befürchtungen versucht das geltende Entgeltregulierungsregime zur Gewährleistung eines chancengleichen Wettbewerbs Rechnung zu tragen. Für die Frage der absoluten

---

[1] Zu der Problematik der versunkenen Kosten, vgl. etwa bei *Müller/Vogelsang*, Regulierung, S. 36; *Knieps*, Regulierung, S. 44 f.

Höhe bei der Trassenpreisbildung besteht *de lege lata* nach dem „Allgemeinen Eisenbahngesetz“ (AEG) und der konkretisierenden „Eisenbahninfrastrukturbenutzungsverordnung“ (EIBV) eine Obergrenze:[2] Möglich ist es danach, die insgesamt entstehenden Kosten des Betriebs zuzüglich der Erzielung einer angemessenen Rendite zur Grundlage der Preisbildung zu machen. Vorgaben bestehen darüber hinaus auch hinsichtlich der Frage nach der Gestaltung der Preisstruktur. Ein Spezifikum der Eisenbahninfrastruktur besteht darin, dass die unmittelbar aufgrund des Betriebs entstehenden Kosten wesentlich geringer sind als die Fixkosten, welche unabhängig von der jeweiligen Nutzungsintensität anfallen. Die Zuordnung dieses hohen Kostenanteils kann grundsätzlich differenziert durchgeführt werden.[3] Danach muss schließlich kein Einheitspreis festgelegt werden, sondern eine unterschiedliche Behandlung etwa von Trassennutzern des Güterverkehrs oder des Personenverkehrs ist grundsätzlich möglich. Die von der Regulierungsbehörde überprüften Grenzen sind dabei, dass durch die Preisbildung die Wettbewerbsfähigkeit des Schienenverkehrs gegenüber anderen Transportmöglichkeiten in den verschiedenen Marktsegmenten gewährleistet sein muss. Gleichzeitig darf keine Diskriminierung bestimmter Nutzer stattfinden.[4] Eine *ex-ante* Genehmigung des gesamten Preissystems durch die Regulierungsbehörde Bundesnetzagentur (BNetzA) ist dabei bislang nicht erforderlich. Während das Unternehmen damit maßgebliche Gestaltungsfreiheiten hat, dient der Regulierungsrahmen somit der Sicherstellung eines chancengleichen Wettbewerbs ohne aktiv auf die Preisentwicklung Einfluss zu nehmen.[5]

An dieser Stelle setzt jedoch gleichzeitig die Reformbestrebung auf dem Gebiet der Entgeltregulierung an. Die Höhe der für die Infrastrukturnutzung zu zahlenden Entgelte nimmt schließlich im Gesamtkomplex der Eisenbahnwirtschaft eine zentrale Stellung ein. Für die Transportunternehmen, die sich der Infrastruktur bedienen, erreichen diese einen Anteil von 30 Prozent an den insgesamt entstehenden Kosten.[6] Dadurch fallen der Höhe der Entgelte direkte Auswirkungen auf das Interesse potentieller Wettbewerber zum Markteintritt in den Schienenpersonen- und Güterverkehr zu, sie beeinflusst das Grenzkostenniveau für die Bildung der End-

[2] Die Ausführungen konzentrieren sich im Folgenden auf diesen Bereich. Für die Entgeltregulierung von Bahnhöfen und sonstigen Serviceeinrichtungen bestehen abweichende Regelungen.

[3] § 14 Abs. 4 AEG, §§ 20–23 EIBV; *Schnitker*, Stations- und Trassenpreise, S. 20 f.

[4] §§ 14e Abs. 2, 14f Abs. 1, 14c AEG; *Schmitt/Staebe*, Eisenbahnregulierungsrecht, S. 242 f., 261 f.

[5] Insbesondere besteht *de lege lata* im Eisenbahnrecht kein Effizienzkostenansatz, *Schmitt/Staebe*, Eisenbahnregulierungsrecht, S. 237 f.

[6] *BNetzA*, Marktuntersuchung Eisenbahnen 2011, S. 34.

kundenpreise und damit letztendlich die intermodale Wettbewerbsfähigkeit der Eisenbahn gegenüber anderen Verkehrsträgern. Der tatsächlich festzustellende Befund einer sich nur langsam entwickelnden Wettbewerbsherausforderung der Verkehrsdienstleister des DB Konzerns durch Mitnutzer der Infrastruktur[7] rief bei verschiedenen Akteuren, insbesondere der BNetzA,[8] der Monopolkommission,[9] als auch der aktuellen Regierungskoalition[10] die Forderung nach einer Änderung der staatlichen Einflussnahme auf die Preisbildung der Infrastrukturbetreiber hervor.[11]

Die Idee einer Reform der Entgeltregulierung hat dabei im November 2011 Eingang in einen Regierungsentwurf für ein Eisenbahnregulierungsgesetz gefunden.[12] Die Potentiale einer Entgeltregulierung sieht man dabei nicht mehr ausschließlich in der Missbrauchsverhinderung sondern mittelfristig durch die Einführung einer „Anreizregulierung" im gezielten Abbau bestehender Kostenineffizienzen. Die bestehende Rechtslage, bei welcher der Infrastrukturbetreiber jegliche ihm entstehenden Kosten einpreisen kann, wird entsprechend als Förderung einer ineffizienten Betriebsführung bewertet. Danach könnte der Infrastrukturbetreiber heute weder von Kostenersparnissen profitieren, noch hätte er bei Verschwendungen direkte Nachteile zu befürchten. Mittelfristig[13] soll die Entgeltre-

---

[7] 2010 hatten die Mitbewerber lediglich einen Anteil von 25 Prozent im Güterverkehr (SGV), 12 Prozent im Personennah- (SPNV) und unter einem Prozent im Personenfernverkehr (SPFV), *BNetzA*, Marktuntersuchung Eisenbahnen 2011, S. 19.

[8] *BNetzA*, Abschlussbericht Anreizregulierung.

[9] Monopolkommission, Bahn 2011.

[10] *CDU/CSU/FDP*, Wachstum, Bildung, Zusammenhalt, S. 38.

[11] Man stützt sich dabei auf die europäischen Vorgaben, die einen „effizienzorientierten Maßstab" in der Entgeltregulierung vorsehen, EG-Richtlinie 2001/14/EG. Dass die entsprechende Norm des Art. 6 der RL eine Anreizregulierung vorschreibe, wird zutreffend bestritten, da eine vertragliche Lösung über die staatliche Finanzierung der Infrastruktur zwischen Bund und den Infrastrukturunternehmen des Bundes geschlossen wurde, vgl. *Gersdorf*, Mehrjahresverträge, S. 944 f. Dennoch wurde 2008 von der Europäischen Kommission auch bezüglich des Maßstabs ein Vertragsverletzungsverfahren gegen die Bundesrepublik Deutschland eingeleitet, K (2008) 2864, S. 11.

[12] Entwurf eines Gesetzes zur Neuordnung der Regulierung, Stand 21. November 2011.

[13] Die Pläne der Regierung zielen daher zunächst auf eine Umstellung auf ein *ex-ante* Genehmigungsverfahren für zukünftige Infrastrukturpreissysteme, bei welchem die BNetzA die Kosten auf ihre Effizienz überprüfen soll. Mit einer vorgegebenen Methodik soll so bereits durch die Regulierungsbehörde die Ausschaltung als unnötig angesehener Kosten bewirkt werden, vgl. den Entwurf eines Gesetzes zur Neuordnung der Regulierung, Begründung, S. 3. Der Maßstab der Kosten der effizienten Leistungsbereitstellung versucht dabei durch Zugrundelegung einer hypothetischen Betrachtungsweise den Kostenumfang zu ermitteln, der bei funktionierendem Wettbewerb bestünde. Vgl. dazu etwa *Kühling*, Sektorspezifische Regulierung, S. 290 f.; *Koenig/Loetz/Neumann*, Telekommu-

gulierung daher einen Anreiz zur Verhinderung von, wenn auch nicht diskriminierenden, so doch als unnötig und unerwünscht angesehenen Preissteigerungen und schließlich zur relativen Senkung des Preisniveaus bieten. Die Idee einer Preisobergrenzenregulierung geht dabei davon aus, dass die Regulierungsbehörde für eine bestimmte Periode von einigen Jahren feste Preispfade für verschiedene Produktkörbe vorgibt.[14] Für die Preishöhe bedeutet dies vereinfacht, dass die Regulierungsbehörde durch die Einrechnung einer erwarteten Produktivitätszuwachsrate eine Steigerung der Betriebseffizienz beim Unternehmen voraussetzt. Für den Infrastrukturbetreiber bewirkt dies eine Drucksituation, da unabhängig von den Unternehmensentscheidungen ein Absinken des relativen Preisniveaus eintritt. Da die Preisentwicklung für mehrere Jahre im Voraus festgelegt wird, besteht zwar die Möglichkeit durch Kosteneinsparungen oder Mehrung der Auslastung über den erwarteten Punkt hinaus zusätzliche Gewinne zu erwirtschaften. Gleichzeitig wird damit andererseits die Gefahr eröffnet, dass bei ungenügender Kostensenkung Gewinne ausbleiben oder Defizite eintreten.

Eine Preisobergrenzenregulierung würde zudem auch die Freiheit des Unternehmens in der Gestaltung der Preisstruktur begrenzen. Dies ist der Fall, da die Regulierungsbehörde Preisobergrenzen für verschiedene Produktkörbe – etwa Marktsegmente wie dem Güter- oder dem Personennahverkehr – unterschiedlich festlegen und dabei auch die Entscheidung übernehmen würde, wie die Fixkosten den einzelnen Bereichen zuzuordnen sind. Die Möglichkeit des Unternehmens, diese Zuordnung durch Differenzierungen selbst vorzunehmen, würde damit weiter eingeschränkt.[15] Eine Preisgestaltung des Infrastrukturunternehmens wäre damit lediglich innerhalb der einzelnen Produktkörbe möglich. Die Idee der Anreizregulierung verschiebt damit in Abhängigkeit von der Anzahl und Struktur der Produktkörbe maßgebliche Grundentscheidungen der Preisbestimmung vom Unternehmen auf die Regulierungsbehörde.

---

nikationsrecht, S. 146 f. Durch die Genehmigung soll zudem die Rechtssicherheit für Infrastrukturbetreiber und Abnehmer erhöht werden. Insofern soll wohl auch die kürzlich vom Kartell-Senat des BGHs angenommene Billigkeitskontrolle nach § 315 BGB ausgeschlossen werden, Urteil vom 18. Oktober 2011, WM 2012, S. 622 f. Der Entwurf fingiert das Ergebnis des Prozesses von EIU und BNetzA nun als „billig“ im Sinne dieser Vorschrift des Zivilrechts.

[14] *BNetzA*, Abschlussbericht Anreizregulierung, S. 105.

[15] Hierzu *Schmitt/Staebe*, Eisenbahnregulierungsrecht, S. 373. Ein möglichst weiter unternehmerischer Handlungsspielraum wird dabei als Ausgleich für die administrative Vorgabe der Entwicklung des Preisniveaus grundsätzlich auch anerkannt, *Mitusch et al.*, Ökonomische Grundsatzfragen, S. 15, 117; *BNetzA*, Abschlussbericht Anreizregulierung, S. 101.

2. Fragestellung und Gang der Untersuchung

Nach den aktuellen Reformvorstellungen soll die künftige Entgeltregulierung damit in bedeutendem Ausmaß in die Freiheit der Eisenbahninfrastrukturbetreiber bei der Preisgestaltung eingreifen. Dies betrifft sowohl die Steuerung der Preishöhe als auch die Ausgestaltung des Preissystems. Die Kompetenzen sollen dabei stattdessen in diesem Umfang an eine staatliche Regulierungsbehörde übertragen werden. Wenn das geltende Recht geändert werden soll,[16] lädt dies dazu ein, sich bewusst zu machen, inwiefern diese Fragen in der Vergangenheit bereits aufgeworfen wurden und welche Behandlung sie erfuhren. Die Ausweitung direkt hoheitlicher Kompetenzen im Bereich der Preisbestimmung erscheint in der historischen Gesamtschau des Eisenbahnrechts schließlich lediglich als neue Variante vergangener Diskussionen. Insofern soll aus Anlass der Reformüberlegungen der Frage nachgegangen werden, inwiefern Eingriffe in die Freiheit der Preisbildung im Eisenbahnwesen bereits im 19. Jahrhundert maßgebliche Zielkonflikte enthielten. Dies soll keinesfalls dazu dienen, die vorhandenen grundlegenden Unterschiede zwischen beiden Phasen der Eisenbahnrechtsgeschichte zu verleugnen. Vielmehr geht es darum, ähnliche Problemlagen und daraus resultierende Zielkonflikte für die heutige Reformdiskussion aufzuzeigen.

Anhand der Erfahrungen des bedeutendsten deutschen Staates des späteren Deutschen Reichs im 19. Jahrhundert, dem Königreich Preußen, werden dafür die zwei Elemente der heutigen Reformüberlegung im historischen Preisbestimmungsrecht betrachtet. In den Blick genommen werden daher zunächst die Gestaltung und Anwendung hoheitlicher Mitwirkungsrechte für die Festlegung der Höhe der Preise der Eisenbahnen (II.). In einem zweiten Teil folgt eine Betrachtung der Entwicklung der hoheitlichen Einstellung hinsichtlich der Möglichkeiten der Eisenbahnunternehmen, ihre Preise zu differenzieren (III.). Beide Teile dienen dabei dazu, die spezifischen Zielkonflikte der Rechtsmaterie herauszustellen. Schließlich werden die Ergebnisse zusammengestellt und die aktuelle Reformdiskussion auf dieser Grundlage erneut betrachtet (IV.).

---

[16] Eine Übertragung aus anderen Sektoren, welche die Anreizregulierung bereits kennen, wie Telekommunikation, Post oder Energie ist aufgrund der Besonderheiten des Eisenbahnsektors nicht ohne weiteres möglich, so auch etwa *Gersdorf*, Mehrjahresverträge, S. 950 ff.

II. Staatliche Mitwirkungsrechte des preußischen Staates in der Preisbestimmung im 19. Jahrhundert zwischen Vergünstigung und Investitionsförderung

1. Vorbemerkung

Zur Identifizierung der Zielkonflikte, welche rechtlichen Einflussnahmen auf die Preisbestimmung in der Vergangenheit innewohnten, ist es zunächst notwendig, diese Normen danach zu bewerten, inwiefern sie ein bestimmtes Verhalten der Beteiligten nahelegten. In einem zweiten Schritt muss dann betrachtet werden, wie die Staatsverwaltung hierauf in der Anwendung der Normen reagierte. Betrachtet werden hierzu einerseits diejenigen Möglichkeiten, welche die Verwaltung hinsichtlich der Festlegung der Infrastrukturentgelte hatte (2.), sowie die Restriktionen, welche für die Bestimmung der Endkundentransportpreise vorgesehen waren (3.), um schließlich den Zielkonflikt in diesem Bereich beschreiben zu können (4.).

2. Staatliche Festlegung der Trassenpreise (Bahngeld)

Die Frage nach der gesetzlichen Ausgestaltung des Preisfindungsprozesses für Infrastrukturnutzungsentgelte stellte sich mit der Bahnreform nicht zum ersten Mal. Sie bestand vielmehr in ähnlicher Weise bereits bei der Entstehung des Verkehrsmittels im ersten Drittel des 19. Jahrhunderts.[17] Das umfassendste Regelungswerk des frühen Eisenbahnzeitalters auf deutschem Gebiet, das Preußische Eisenbahngesetz von 1838 (PrEG)[18], beinhaltete bereits die Vorstellung, dass Dritten die Nutzung einer privat errichteten Eisenbahnstrecke gestattet werden könnte. Hierdurch sollte ein diskriminierungsfreier Wettbewerb auf der Strecke für den Transport von Gütern und Personen entstehen. Dass diese Idee in den ersten Jahrzehnten freilich kaum Realität wurde, wird regelmäßig bereits mit technischen und Sicherheitsbedenken gegenüber der Möglichkeit der Mitbenutzung fremder Schienenwege begründet.[19] Die Analyse der Regelungen, welche zur Be-

---

[17] *Michalczyk*, Europäische Ursprünge, S. 119 ff.

[18] Gesetz über die Eisenbahn-Unternehmungen vom 3. November 1838, PrGS 1838, S. 505 ff. Dieses bildete die von Staatsseite zur Ermöglichung der Nutzbarmachung der Technologie als notwendig angesehene rechtliche Grundlage und den Ausgleich zwischen den Belangen der Eisenbahnunternehmen, des Staats, der Abnehmer und der Allgemeinheit. Vgl. zu den einzelnen Regelungskomplexen etwa *Schubert*, Eisenbahngesetz, S. 152–203.

[19] *Ziegler*, Verstaatlichung, S. 112; *Ulrich*, Eisenbahntarifwesen, S. 177 f. Die technischen Probleme hatte dabei bereits etwa *Hansemann*, Eisenbahnen, S. 80 ff. vor dem Erlass des PrEG betont.

stimmung des Entgelts für die Trassennutzung vorgesehen waren, wird jedoch zeigen, dass auch dieses Verfahren eine Mitbenutzung nicht unbedingt förderte.

Drei Jahre nach Eröffnung einer Bahn[20] konnten Dritte „gegen Entrichtung des Bahngeldes...die Befugnis erlangen“, Transportleistungen auf diesen fremden Gleisen auszuführen.[21] Das Bahngeld bildete damit das damalige Äquivalent heutiger Trassenpreise. Die Bestimmung dieser Entgelte oblag dabei der Staatsverwaltung auf Grundlage der von der Eisenbahngesellschaft übermittelten Buchführung. Das nach dem PrEG vorgesehene Festsetzungsverfahren lässt sich folgendermaßen beschreiben: Die Bemessungsgrundlage für die Entgelthöhe basierte auf den beim Betrieb der letzten Jahre durchschnittlich angefallenen Kosten.[22] Hinzu kam eine Rendite auf das investierte Anlagekapital in der Höhe, die während der letzten Periode erzielt worden war. Auf diese Weise sollte eine Deckung der tatsächlich entstandenen Kosten erreicht werden. Für die Rendite sah das Gesetz ausdrücklich vor, dass sie zumindest sechs und höchstens zehn Prozent des Anlagekapitals betragen sollte. Die staatliche periodische Neufestsetzung der Preise sollte damit so stattfinden, dass das Unternehmen einen angemessen Gewinn erzielen konnte und die Transportunternehmer gleichzeitig keine zu hohen Preise zu zahlen hatten. Das auf diesem Wege gefundene Preissystem hätte dann für einen festen Zeitraum zwischen drei und zehn Jahren als Maximalpreis Gültigkeit behalten.

Sollte diese Konzeption den Wettbewerb ermöglichen, so liefert die Analyse der Anreizwirkungen jedoch ein hiervon abweichendes Bild: Aus Sicht des Unternehmens mochte die feste Gültigkeit des Bahngelds zwar für einige Jahre als Möglichkeit angesehen werden, während dieser Periode den Gewinn zu erhöhen. Dies wäre einerseits durch eine Senkung der Kosten oder durch eine Steigerung der Auslastung bei Verminderung des Bahngelds unter den Maximalpreis zu erreichen gewesen.[23]

Gegen diese Optionen sprachen jedoch die zu erwartenden Konsequenzen bei der späteren staatlichen Neufestsetzung des Bahngeldes. Zum ei-

---

[20] § 26 PrEG. Eine Ausnahme bestand hier hinsichtlich der Durchgangsnutzung von anschließenden Bahnen. Eine Mitnutzung war hier auch vor Ablauf der drei Jahre zu gewähren, wobei der Handelsminister die Infrastrukturnutzungsvergütung festsetzen sollte, § 45 PrEG.

[21] § 27 PrEG. Hierzu war freilich aufgrund der vorhandenen Sicherheitsbedenken ebenfalls eine spezielle Konzession erforderlich.

[22] § 29 PrEG.

[23] Einen Anreiz zur Preissenkung mag man wohl darin gesehen haben, dass bei einer geringeren Rendite im Infrastrukturbereich nach § 33 PrEG jedenfalls der Ertrag aus dem Transportgeschäft zusätzlich zur Erreichung einer Gesamtkapitalrendite von zehn Prozent herangezogen werden konnte.

nen wäre diese auf Grundlage einer Kürzung bis zur zehnprozentigen Rendite durchgeführt worden. Da die anzusetzenden Kosten zudem anhand der in den letzten Jahren angefallenen Durchschnittswerte berechnet wurden, hätte eine Kostensenkung zu einer Minderung der Preisermittlungsgrundlage für die nächste Periode geführt. Mittelfristig bestand damit kein Anreiz, Kosten einzusparen, da dies schließlich ebenfalls zur Preissenkung für die nächste Periode geführt hätte. In Hinblick auf Kosten- oder Preissenkungen fehlte der Idee ein positives Anreizelement. Eine Förderung der Wettbewerber im Transportmarkt auf der eigenen Strecke war zudem selbstverständlich ebenfalls nicht im Interesse der Unternehmen. Hinzu kam, dass die rechtliche Konzeption vorsah, dass der Bezugswert zur Bewertung der Rendite, das Anlagekapital, genehmigungsbedürftigen Kapitalerhöhungen offenstand.[24] Dies bedeutete jedoch, dass aus Sicht möglicher Interessenten keine hohe Attraktivität für eine Mitbenutzung bestehen konnte. Zwar hätte die staatliche *ex-ante* Feststellung eine Sicherheit vor Preissteigerungen für eine Periode bedeutet. Mittelfristig konnten die Betriebskosten jedoch theoretisch ungehindert und das Anlagekapital mit Genehmigung steigen. Eine einschätzbare Planungssicherheit für Nutzer der Infrastruktur versprach die Konzeption damit nicht.[25] Es ist deutlich geworden, dass die Konzeption der Bahngeldbestimmung damit in erster Linie dem Ziel Rechnung trug, die Kapitalinvestitionen Privater in den Infrastrukturausbau zu sichern. Tatsächlich blieb die staatsseitige Feststellung des „Bahngeldes" in der preußischen Eisenbahngeschichte auch die absolute Ausnahme.[26] Selbst soweit man später in 1870er Jahren bei dem Versuch einer Reichsgesetzgebung[27] das Modell von Mitbenutzung und Bahngeldfeststellung wieder aufnahm, achtete man daher besonders darauf, dass die Investitionen der privaten Eisenbahngesellschaften geschont würden.[28]

---

[24] Kritisch gegenüber der damit einhergehenden Versperrung zweckmäßiger anleihefinanzierter Investitionen, *Hansemann*, Kritik, S. 76 ff.

[25] Daneben wird man auch allein die Idee, als Mitbewerber einer fremden Eisenbahngesellschaft auf deren Strecke aktiv zu werden als fernliegend ansehen können, soweit genug Kapitalien zusammengebracht und hinreichend lukrative neue Routen erschlossen werden konnten. So auch *Laaser*, Wettbewerb, S. 267.

[26] Nach *Koch*, Eisenbahnen, S. 497 waren diese gar nicht angewendet worden. Tatsächlich gab es wohl in den 1850er Jahren drei praktische Anläufe der Bahngeldfeststellung, die nach Ablauf der Periode jedoch ebenfalls nicht verlängert wurden, *Jonas*, Preise, S. 8.

[27] *Reichs-Eisenbahn-Amt*, Entwurf eines Reichseisenbahngesetzes; *dass.*, Vorläufiger Entwurf eines Reichseisenbahngesetzes; Dritter Entwurf, in: Drucksachen zu den Verhandlungen des Bundesraths, 1878/1879, Nr. 92; vgl. zu Genese und Inhalt der Entwürfe im Einzelnen *Albrecht*, Eisenbahngesetzgebung, S. 31 ff.

[28] Im Entwurf von 1874 wurde schließlich die Idee vertreten, dass zur Vereinfachung der Bahngeldbestimmung auf Wunsch des Infrastrukturbetreibers die Grundlage der auf

3. Preishöhenkontrolle bei der Transportpreisbildung der Eisenbahnen

In der tatsächlichen Entwicklung des Eisenbahnwesens zeigte sich schon bald nach dem Erlass des Eisenbahngesetzes, dass zum einen eine Mitbenutzung nicht stattfand.[29] Zum anderen setzte sich die Eisenbahn schnell im intermodalen Wettbewerb mit dem Schiffs- und Landstraßentransportgewerbe durch und gewann damit eine hohe Marktmacht im Transportgeschäft.[30] Erste Gedanken über eine Beschränkung und Kontrolle der Endkundenpreisbestimmung für die Transportdienstleistungen der Eisenbahnen waren insofern bereits aus der Diskussion ums PrEG entsprungen. Diese Ideen waren die Folge von Zweifeln, ob eine Mitbenutzung und Wettbewerb auf der Schiene überhaupt eintreten würden.[31] In den Fokus genommen werden daher nun diejenigen Instrumente, welche zur staatlichen Kontrolle der Preishöhe bei den Transportpreisen vorgesehen wurden.[32]

Als den Kern des zeitgenössischen Preisbestimmungsrechts muss man dabei den Umstand ansehen, dass Änderungen – insbesondere Erhöhungen – der Preise genehmigungspflichtig waren.[33] Aus Sicht der Anreizwirkun-

---

der Teilstrecke erzielte Reingewinn bei Selbstbetrieb darstellen sollte. Der Entwurf wollte damit dem Problem gerecht werden, dass sich Wettbewerb bei einer einheitlichen Bahngeldfestlegung auf den lukrativen Strecken ergeben könnte während die Gesellschaft die unrentablen Teilstrecken entsprechend allein bedienen musste. *Reichs-Eisenbahn-Amt*, Entwurf eines Reichseisenbahngesetzes, S. 5 f.

[29] *Michalczyk*, Europäische Ursprünge, S. 176 ff. sieht sowohl die Fähigkeit als auch den politischen Willen zur Durchsetzung von Mitbenutzung und Bahngeldregulierung als nicht gegeben an.

[30] Der Aufstieg der Eisenbahn als Verkehrsmittel führte schließlich bald zum Niedergang des Landstraßenspeditionsgewerbes, *Spiess*, Selbstkostentarif, S. 709 f. Die Eisenbahn war bezüglich ihrer Schnelligkeit, der Raumverkürzung, Regelmäßigkeit, Pünktlichkeit, Anpassungsfähigkeit und nicht zuletzt der Verbilligung des Transports den anderen Verkehrsträgern im 19. Jahrhundert überlegen, *Hesse*, Nationalökonomie, S. 244 f.

[31] So äußerte insbesondere der preußische Finanzminister *von Alvensleben* in den Diskussionen seine Skepsis über die Idee der Mitbenutzung der Strecke und betrachtete eine Einflussnahme auf die Endkundenpreise, etwa in Form von Maximaltarifen, als zweckmäßig, *Stumpf*, Entstehung, S. 1066, 1072.

[32] Eine mögliche Fokussierung der Preisregulierung auf den Endkundenmarkt ist heute etwa angedeutet bei *Mitusch et al.*, Anreizregulierung, S. 50.

[33] § 32 PrEG. Die Tarife und ihre Änderungen waren ohne die staatliche Mitwirkung damit nicht wirksam. *Koch*, Eisenbahnen, S. 497, Fn. 27. Die Entwicklung dieses Instruments war jedoch uneinheitlich, da die Vorbehalte in den einzelnen Konzessionen der unterschiedlichen Gesellschaften festgelegt wurden, *Ulrich*, Eisenbahntarifwesen, S. 192. Die Problematik des Genehmigungsvorbehalts war schließlich, dass das geltende Recht keine Vorgaben lieferte, welche Aufschluss über die Genehmigungsfähigkeit eines Antrags gab. Aus Sicht der Eisenbahngesellschaften waren sie bei Tarifmaßnahmen daher praktisch vom Wohlwollen der Eisenbahnpolitik des zuständigen Ministeriums abhängig,

gen des historischen Eisenbahnrechts mochte man jedoch besonders eine andere Vorgabe des Eisenbahngesetzes als problematisch ansehen. Diese sah vor, dass die Transporttarife frei zu bilden waren, soweit sie später diskriminierungsfrei angewendet wurden und keine Rendite über zehn Prozent des Anlagekapitals versprachen.[34] In letzterem Fall konnte das Ministerium aktiv die Ermäßigung der Preise verlangen. Diese Norm setzte damit tatsächlich Anreize, die weniger geeignet waren, auf eine Kosten- oder Preissenkung sondern auf eine Kostenerhöhung hinzuwirken. Da sich der Gewinn als Differenz aus Einnahmen und Ausgaben des Eisenbahnbetriebs zusammensetze, hatte es die Gesellschaft selbst in der Hand, durch Erhöhung der Ausgaben den Bedingungseintritt zu verhindern.[35] Darüber hinaus konnte man in der Norm sogar einen negativen Anreiz erkennen, der gegen unternehmerisch sinnvolle Preisermäßigungen wirkte. Dies bezog sich auf solche Preissenkungen, welche durch eine Erhöhung der Auslastung der Bahn insgesamt einen höheren Gewinn versprachen. Sobald diese Rendite jedoch über zehn Prozent angestiegen wäre, hätte man sich der Forderung einer zusätzlichen unkontrollierten Tarifermäßigung durch die Staatsverwaltung ausgesetzt. Dies hätte für das Unternehmen mittelfristig ein Risiko für die Ertragsfähigkeit bedeutet.[36] Die als Missbrauchsschutz vor einer monopolistischen Tarifpolitik erdachte Regelung erschien damit zu Beginn des Eisenbahnwesens als Paradebeispiel einer Anreizsituation, die geeignet war, eine erwünschte Ermäßigung der Preise zu verhindern statt sie zu fördern.

Hansemann, Kritik, S. 28. Da dieser Umstand insofern auch der Motivation der Eisenbahnen zur Preisermäßigung entgegenwirkte, als sie befürchten mussten, diese später nicht entsprechend wieder erhöhen zu können, ging man in den 60er Jahren dazu über, schlichtweg auf administrativem Wege den Genehmigungsvorbehalt in eine *ex-post* Prüfung umzuwandeln. Vgl. den Erlass vom 18. Februar 1863, abgedruckt bei *Ulrich*, Eisenbahntarifwesen, S. 194. Zum Vorbehalt der *ex-post* Kontrolle vgl. *Reichs-Eisenbahn-Amt*, Entwurf eines Reichseisenbahngesetzes, S. 61.

[34] § 32 PrEG. Die Regelung baute auf der Trennung zwischen Infrastruktur- und Transportentgelt auf und war so bei tatsächlichem Zusammenfallen des Betriebs nicht direkt anwendbar. Jedoch konnte insgesamt die Wertung des Gesetzes herangezogen werden, dass durch die Eisenbahngesellschaft eine Kapitalrendite über zehn Prozent nicht erzielt werden sollte. Dass die Renditegrenze in Ermangelung der hoheitlichen Feststellung dennoch anwendbar sei, vertrat schließlich auch das zuständige Ministerium, *Jonas*, Preise, S. 7. A.A. waren jedoch *Bessel/Kühlwetter*, Eisenbahnrecht, S. 204.

[35] *Hansemann*, Kritik, S. 85. Ebenso argumentierte auch *Camphausen*, Eisenbahn-Gesetzgebung, S. 60.

[36] Aus der Perspektive der Gesellschaftsvorstände bestehe sogar die „Pflicht, den Aktionären den möglich größten Nutzen dauernd zu verschaffen, und sie darf also nicht den Fall selbst herbeiführen, den Gewinn durch Herabsetzung des Transport-Preises zu schmälern. So *Hansemann*, Kritik, S. 85.

Entscheidend ist letztlich auch in diesem Falle der Bedeutungsverlust, welcher durch die konkrete Anwendung bzw. Nichtanwendung der Vorschriften eintrat. Parallel zu den Feststellungen bei der Bahngeldbestimmung genehmigte das Ministerium regelmäßig Kapitalerweiterungen und legte deren Definition später weit aus, sodass der Bezugspunkt der Renditegrenze trotz hoher Dividenden nicht erreicht wurde.[37] Im Zielkonflikt zwischen Preissenkungen und der Aufrechterhaltung der Investitionsanreize hatte man sich damit erneut für letzteres entschieden. Diese Vorstellung, dass die Rentabilität privater Unternehmungen nicht gefährdet werden dürfe, verhinderte schließlich auch, dass sich grundsätzliche aktive Forderungsrechte des Staates für bestimmte Tarifmaßnahmen durchsetzen konnten.[38] Die für Errichtung und Betrieb einer Eisenbahn notwendigen Konzessionen wurden in dieser Beziehung schließlich zwischen den Interessenten und der Staatsverwaltung ausgehandelt, sodass die Grenze für Pflichten und staatsseitige Rechte die Konsensfähigkeit mit den Gründungsgesellschaften darstellte. Auch die Redakteure eines ersten Reichseisenbahngesetzentwurfs von 1874 waren sich dieser Problemlage bewusst und verzichteten ausdrücklich auf die Kodifizierung von Möglichkeiten, auf Tarifsenkungen hinzuwirken.[39] Dies muss insofern als besonders bezeichnend angesehen werden, als es die Reichsverfassung von 1867/71 ausdrücklich zur Aufgabe der Reichsverwaltung gemacht hatte, auf günstige Preise hinzuwirken.[40] Die Grenze der Rentabilitätsgefährdung für staatliche Einflussmöglichkeiten in die Preisbestimmung wurde so schließlich auch als Begründung herangezogen, um das Privatbahnwesen insgesamt staatlicherseits zu verdrängen. In der großen preußischen Verstaatlichungsvorlage von 1879[41] erklärte man die Unvereinbarkeit staatlicher Anforderungen an die Preisgestaltung mit dem Recht jeder Gesellschaft auf eine angemessene Rendite zum unlösbaren Systemproblem des privatwirtschaftlichen Eisenbahnsystems.[42]

---

[37] *Augustin*, Handels-Ministerium, S. 35; *Ulrich*, Eisenbahntarifwesen, S. 179.

[38] *Hansemann*, Eisenbahnen, S. 71 beschrieb dies als Musterfall der Abschreckung von Interessenten.

[39] *Reichs-Eisenbahn-Amt*, Entwurf eines Reichseisenbahngesetzes, S. 65.

[40] Art. 45 der Reichsverfassung des Deutschen Reiches vom 16. April 1871, RGBl. 1871, S. 63 ff.

[41] Preußische Verstaatlichungsvorlage, Anlagen zu den Stenographischen Berichten des Hauses der Abgeordneten, 1879/80, Nr. 5.

[42] Preußische Verstaatlichungsvorlage, S. 59, 62.

4. Der Zielkonflikt des Preisbestimmungsrecht

Die rechtliche Konzeption staatlicher Einflussnahme auf die Preise der Eisenbahnen spiegelte in dieser Form den Gegensatz zweier übergeordneter Ziele wider. Zum einen ließ sich seit dem Ende des 18. Jahrhunderts eine Änderung der staatlichen Vorstellung über die Preise der Verkehrswege feststellen. Wegegelder hatten dabei in der Vergangenheit maßgeblich der Einnahmeerzielung durch die Obrigkeit gedient.[43] Man erkannte jedoch, dass die Vergünstigung der Transportmöglichkeiten für die Entwicklung der Wirtschaft und des Gesamtwohlstandes des Landes förderlich war. Die staatseigenen Wegegelder tarifierte man daher bald in der Weise, dass sie lediglich kostendeckend und ohne Gewinnerzielung erhoben wurden.[44] Handel und Industrie sollten so die Transportmöglichkeiten besser nutzen können. Diese Vorstellung bestand insbesondere zum Zeitpunkt der Einführung des Eisenbahnwesens. Hier senkte Preußen etwa 1828[45] und 1840[46] die Preise für die Nutzung der staatseigenen Chausseen erheblich ab. Das wirtschaftspolitische Ziel, die Nutzung der Transportwege möglichst günstig zu gestalten, wurde im Eisenbahngesetz jedoch in erster Linie auf indirektem Wege verfolgt. Durch die Erhebung einer Eisenbahnabgabe sollte das private Kapital amortisiert werden, damit das Bahngeld schließlich explizit auf „die Kosten der Unterhaltung der Bahn und der Verwaltung“ begrenzt werden könnte.[47]

Der Grund, warum ein Preisminderungsziel kaum verfolgt wurde, fand sich schließlich in hiermit konfligierenden Absichten. Aufgrund eines Versprechens des Königs konnte beim Aufkommen der Eisenbahnen das notwendige Kapital für den Eisenbahnbau staatlicherseits nicht aufgebracht werden ohne eine von der Obrigkeit unerwünschte Konstitutionalisierungsbewegung anzustoßen.[48] Private Investitionen in das Eisenbahnwesen waren damit nicht nur erwünscht, sondern auch erforderlich. Dies begrenzte die Möglichkeit staatlicher Eingriffe, welche geeignet waren, die Rentabilität einer Eisenbahnunternehmung zu gefährden. Man musste davon ausgehen, dass sich bei Vorbehalten dieser Art keine Interessenten für die Errichtung von Eisenbahnen finden ließen. Das Ziel der Senkung der Infra-

[43] *Rüfner*, Formen öffentlicher Verwaltung, S. 23.

[44] *Salzwedel*, Wege, Straßen und Wasserwege, S. 225 f.

[45] *Wischermann*, Chausseebau, S. 87 ff.

[46] *Rönne*, Wege-Polizei, S. 292 f.

[47] § 40 PrEG.

[48] Der König hatte sich in einer „Allerhöchsten Verordnung wegen der künftigen Behandlung des gesamten Staatsschulden-Wesens“, PrGS, 1820, S. 9 dazu verpflichtet, die Aufnahme neuer Staatsanleihen von der Zustimmung einer künftigen reichsständischen Versammlung abhängig zu machen.

strukturpreise stand damit bereits von Beginn an im Konflikt mit der staatlichen Finanzierungszurückhaltung und dem Wunsch des Ausbaus qualitativ hochwertiger Verkehrswege. Die Ermöglichung von Wettbewerb war in diesem Rahmen nur von zweitrangiger Relevanz.

Darüber hinausgehend zeigte die Untersuchung der vorhandenen rechtlichen Instrumente zur Beeinflussung der Preise im Eisenbahnwesen ein durchgängiges Muster. Staatliche Mitwirkungsrechte richteten sich teilweise direkt gegen Preiserhöhungen oder gegen eine zu starke Gewinnerwirtschaftung durch die Eisenbahngesellschaften. Diese Mittel boten dabei jedoch regelmäßig Anreize für eine Betriebsführung, die zu unerwünschten Folgen tendierte. Die aus Sicht der Unternehmen zu vermeidenden Eingriffe in die Preisbestimmung konnten dadurch verhindert werden, dass gezielt unnötige Kosten erzeugt oder auf betriebswirtschaftlich sinnvolle Tarifermäßigungen verzichtet wurde. Was bei allen Instrumenten fehlte, war eine deutlich ausgestaltete positive Anreizwirkung für im Interesse der Kunden und der Allgemeinheit erwünschter Kosten- und Preissenkungen.

Die staatlichen Mitwirkungsrechte standen jedoch gleichzeitig bereits in ihrer Form und Intensität Investitionen in neue Eisenbahnstrecken entgegen. Die Erkenntnis dieser Umstände führte dazu, dass durch eine liberale Auslegung und Anwendung der Mitwirkungsrechte ihre Bedeutung mit der Zeit stark relativiert wurde. Die Schonung der Rentabilitätsinteressen der Gesellschaften diente dabei der Förderung von Investitionen und damit von Beginn an mittelbar zudem der Schonung der Staatsfinanzen.[49] Das konfligierende Ziel möglichst günstiger Preise musste hinter dieser Entscheidung zurückstehen. Bis zur Verstaatlichung in Preußen wurde daher ein maßgeblicher Entzug der unternehmerischen Kompetenzen bei der Preishöhe bewusst nicht implementiert.[50]

[49] Soweit der Staat sich finanziell an Eisenbahnunternehmungen beteiligte, behielt er sich auch spezielle hohe Dividenden vor, vgl. *Mayer*, Eisenbahnen, S. 112 f. und partizipierte an hohen Einnahmen der Eisenbahngesellschaften durch die Erhebung einer progressiven Abgabe, *Roell*, Eisenbahnwesen, S. 185.

[50] Mit der Verstaatlichung in Preußen war der Konflikt zwischen günstigen Preisen und Haushaltsbelangen auch nicht überwunden worden. Vielmehr wurden in der weiteren Entwicklung die Einnahmen der Staatseisenbahnen bewusst zur Finanzierung anderer Staatsaufgaben genutzt. Hierzu etwa *Cohn*, Eisenbahnüberschüsse, S. 682 ff., *Leyen*, Erträge der Eisenbahnen, S. 995 ff.

III. Differenzierung der Transportpreise zwischen betriebswirtschaftlicher und politischer Kompatibilität

Im Hinblick auf die Reformüberlegungen fehlt nun noch eine Betrachtung der Zielkonflikte bei der Teilfrage, inwiefern die unternehmerische Freiheit bei der Ausgestaltung der Preisstruktur eingeschränkt werden sollte. Dabei entwickelte sich während des 19. Jahrhunderts Kritik an der Preisbestimmung der Eisenbahnen tatsächlich weniger hinsichtlich der absoluten Höhe des Preisniveaus. Vielmehr störte man sich an der Gestaltungsfreiheit, mit welcher die Unternehmen über die relativen Preishöhen von Gütern oder Strecken im Vergleich zu anderen bestimmten.

Den Ausgangspunkt dieser Entwicklung bildete dabei der Umstand, dass weder das Eisenbahngesetz noch die Konzessionen inhaltliche Vorgaben oder Richtlinien für die Art und Weise aufgestellt hatten, wie die Preissysteme – die Eisenbahntarife – ausgestaltet werden mussten. Als Einschränkung der Preissetzungsfreiheit war schließlich nur vorgesehen, dass solche verbindlichen Preissysteme erstellt und ohne Abweichung angewendet wurden.[51] Auch der kodifizierte Genehmigungsvorbehalt bezog sich zunächst lediglich auf Erhöhungen der Preise in den Tarifen. Daraus ergab sich ein weiter unternehmerischer Spielraum unterhalb der genehmigten Maximalpreisgrenze. Die Konsequenz war, dass die Tarifgestaltung der Eisenbahngesellschaften schlicht den Vorstellungen der einzelnen Gesellschaftsvorstände über ein zweckmäßiges Preissystem folgte.[52]

Zusammen mit der liberalen Auslegung der Instrumente durch die Staatsverwaltung sowie dem teilweise bestehenden Intermodal- und dem sich entwickelnden Intramodalwettbewerb ergab sich so doch ein Anreiz für gezielte Preissenkungen.[53] Zum maßgeblichen Ziel der Preisgestaltung wurde es, eine möglichst hohe Nutzung und Auslastung der Eisenbahn zu erreichen. Mit dem Ziel der Optimierung der Einnahmen begannen die Gesellschaften, die Preise unterhalb des Maximums zu differenzieren. Dazu schufen sie einzelne Beförderungsklassen mit abweichenden Frachtsätzen und ordneten die verschiedenen Transportgüter in diese ein. Zusätzlich

---

[51] § 32 PrEG. Die Transportunternehmen hatten zuvor solche Tarife lediglich freiwillig aus Gründen der Zweckmäßigkeit im Massenverkehr verwendet, ohne einem Bindungszwang zu unterliegen, *Spiess*, Tarif, S. 105.

[52] Vgl. etwa Königlich Preussischer Minister der Öffentlichen Arbeiten (Hg.), Berlin und seine Eisenbahnen, S. 156 ff.

[53] In der liberalen Phase in den 1860ern wurde später auch gezielt durch die Konzessionierung von Parallellinien und einer Konkurrenz in Knotenpunkten versucht, Wettbewerb im Eisenbahnwesen zu fördern. Vgl. hierzu *Becker*, Entwicklung, S. 898; *Lehr*, Eisenbahntarifwesen, S. 60.

wurde teilweise die Aufgabe großer Mengen oder langer Transportstrecken gefördert. Die Unternehmen orientierten sich insgesamt bei der Preisgestaltung in erster Linie am Wert, den der Transport für die jeweilige Abnehmergruppe hatte. Die Preise wurden somit anhand der Nachfrageelastizitäten angepasst.[54] Dies bedeutete, dass die einzelnen Güter jeweils zu dem Preis befördert wurden, bei dem der Transport für die Endkunden noch bezahlbar und wirtschaftlich war. Rohstoffe beförderte man daher günstiger als hochwertige Fabrikate. Die hohen Fixkosten, welche beim Eisenbahnbetrieb bestehen, wurden hierbei zu größeren Teilen von den Versendern von Luxusgütern und industrieller Fertigwaren getragen. Diese Preisgestaltung führte damit zu differenzierenden Vergünstigungen vieler Transporte und schließlich auch überhaupt zur Ermöglichung der Nutzbarkeit der Eisenbahn für verschiedenste Güter.[55] Die von den Eisenbahngesellschaften als betriebswirtschaftlich zweckmäßig angesehene Preisbildung lief also grundsätzlich mit den staatlichen Zielen sinkender Preise und der umfassenden Nutzbarkeit des Transportmittels Eisenbahn gleich. Die Staatsverwaltung hatte insbesondere ein Interesse an der relativ höheren Belastung lukrativer Transportbeziehungen zugunsten der Erleichterung von Rohstoff- oder Lebensmitteltransporten, welche aus wirtschafts- und strukturpolitischen Gründen gefördert werden sollten.[56] Im Ergebnis sank in diesem System das Preisniveau im Güterverkehr auch kontinuierlich.[57]

Diese Freiheit in der Ausgestaltung der Preisstruktur lag jedoch langfristig keinesfalls im Interesse der Staatsverwaltung. Dies offenbarte sich insbesondere in den 1870er Jahren. Die Differenzierung in Bezug auf den Wert des Transportgegenstands konnte zum einen als bewusster Versuch der privaten Gesellschaften gedeutet werden, auf Grundlage ihrer Monopolstellung zur Renditeerhöhung von den einzelnen Abnehmern jeweils den höchstmöglichen Preis zu verlangen. Entscheidender war jedoch die Erkenntnis, dass die Eisenbahngesellschaften durch ihre Freiheit in der Preisstrukturierung maßgebliche Gestaltungsmacht über die vom Transport abhängigen Abnehmermärkte an sich zogen.[58] Durch die Entscheidung über die Einordnung einzelner Güter in eine bestimmte Klasse oder über die Vergünstigung des Transports über längere Strecken bestimmten sie

---

[54] *Burmeister*, Geschichtliche Entwicklung, S. 2; *Wyszomirski*, Entwicklung, S. 324.

[55] Die Gesellschaften tendierten somit gleichfalls zu einer Preisbildung, die heute als Ramsey-Preise bezeichnet werden. Vgl. etwa bei *Spulber*, Regulation, S. 159 ff., 200 ff.

[56] Die entsprechende Vorschrift des Art. 45 der Reichsverfassung von 1871 zählte insofern eine Reihe von Produkten auf, für die staatlicherseits besonders auf eine Ermäßigung hingewirkt werden sollte.

[57] *Fremdling*, Eisenbahnen, S. 57.

[58] *Ulrich*, Eisenbahntarifwesen, S. 230.

schließlich, dass einzelne Industrien und Regionen gefördert wurden. Dies bedeutete jedoch gleichzeitig eine relative Schlechterstellung anderer Verkehrsbeziehungen und damit anderer Regionen und Industrien. Aus dieser Perspektive wurde die Gestaltungsfreiheit als Willkür[59] und als eine Ausführung von Steuerungsfunktionen angesehen, welche den Eisenbahngesellschaften nicht zustehen würde. Diese Vorstellung ist bereits in den 1830ern beim rheinische Industriellen *David Hansemann* zu finden.[60] Dieser war zwar ein bewusster Gegner der bereits untersuchten Eingriffe in die absolute Preishöhe, forderte jedoch ausdrücklich eine inhaltliche Kontrolle über die Preisstruktur. Nach seinen Vorstellungen sollte in einem vorgeschriebenen Prozess insbesondere *ex-ante* von den Verkehrsinteressenten geprüft werden, ob einzelne Güter nicht willkürlich unterschiedlich behandelt wurden oder ob ihre Preise relativ zu hoch waren. Die wirtschafts- und raumordnungspolitischen Wirkungen der Preisgestaltung standen danach einer Gestaltungsfreiheit entgegen. Auch die Gesetzgebungsversuche auf Reichsebene in den 1870ern versuchten daher insbesondere, diesen Handlungsspielraum einzuschränken.[61] Politische Anforderungen an die Preisgestaltung bildeten schließlich ebenso einen Hauptaspekt, der zur Verstaatlichung der Eisenbahnen in Preußen führte.[62] So wurden etwa ausdrücklich solche Preisgestaltungen abgelehnt, die im Widerspruch zur Ende der 1870er Jahre eingeführten Schutzzollpolitik Bismarcks standen.[63] Diese sollte durch die Erhebung von Einfuhrzöllen gerade die einheimische Wirtschaft vor ausländischer Konkurrenz schützen. Tarife, welche Transporte über lange Strecken aus betriebswirtschaftlichen Erwägungen besserstellten oder schlicht zusätzlichen Verkehr aus dem Ausland anlocken wollten, gerieten hierzu in Konflikt. Auch die Entscheidung über die Förderung einzelner Industrien und Regionen sollte der politischen Entscheidung der Staatsverwaltung vorbehalten sein. Es verwundert insofern nicht, dass allein durch das Eintreten des Staates in die Position der privaten Eisenbahngesellschaften diejenigen Steuerungs- und Dif-

---

[59] So bezeichnete *Schäffle*, Materialien, S. 355 die Tarifierung durch die privaten Gesellschaften als „historische Willkür-Classifikation".

[60] *Hansemann*, Eisenbahnen, S. 71 f.

[61] Neben den drei Entwürfen für ein Reichseisenbahngesetz kam schließlich auch der Entwurf eines Gütertarifgesetzes hinzu, nach dem das Reich durch den Bundesrath selbst die Tarife festgelegt hätte, Drucksachen zu den Verhandlungen des Bundesraths, 1878/79, Nr. 101.

[62] Vgl. zur Begründung und zum Ablauf der Verstaatlichung bei *Alberty*, Übergang zum Staatsbahnsystem, sowie zu den vorherigen Staatsbahnplänen seit Beginn des Eisenbahnwesen bei *Becker*, Entwicklung.

[63] Preußische Verstaatlichungsvorlage, Anlagen zu den Stenographischen Berichten des Hauses der Abgeordneten, 1879/80, Nr. 5, S. 62.

ferenzierungselemente, welche bei den Privaten kritisiert worden waren, in der öffentlichen Meinung als richtig angesehen wurden[64] und in der weiteren Eisenbahngeschichte überdauerten.

Die Gestaltungsfreiheit hatte damit im 19. Jahrhundert einerseits eine Preisgestaltung ermöglicht, die auf Grundlage ökonomischer Zweckmäßigkeit durch eine Zuordnung der hohen Fixkosten unter Orientierung an den Nachfrageverhältnissen zu Vergünstigungen und der Transportfähigkeit vieler Güter geführt hatte. Gleichzeitig konnten die Gesellschaften so aus ihrer Sicht eine hohe Auslastung der Bahn erreichen und die notwendigen Entgelte erwirtschaften. In einen offenen Zielkonflikt geriet dieser Zustand jedoch spätestens als die Staatsverwaltung sich solche Maßnahmen vorbehalten wollte, die Auswirkungen auf Wirtschaft und Gesellschaft hatten. Die Verstaatlichung diente hier als Möglichkeit im Gegensatz zu betriebswirtschaftlich induzierten Preisgestaltungen weitere wirtschafts-, sozial- oder raumordnungspolitische Funktionen in die Preisstruktur zu implementieren. Diese Überführung der Differenzierungsmöglichkeiten auf Staatsorgane kann daher als ein zentrales Anliegen der Verstaatlichung begriffen werden. Die freie Preisgestaltung war über eine Diskriminierungsverhinderung hinaus in einem Konflikt zum Wunsch nach durchgängiger politischer Kompatibilität der Transportpreise ersetzt worden.

IV. Fazit

Die Untersuchung der verschiedenen Instrumente staatlicher Beeinflussung der Preisbestimmung zeigte, dass bereits die Frage nach dem „ob“ eines Eingriffs im 19. Jahrhundert in hohem Maße in einem Zielkonflikt stand. Vorbehalte, die gegenüber der Preishöhe vorgesehen wurden, waren dabei geeignet, Ineffizienzen zu fördern. So konnten die Gesellschaften durch Kostenerhöhungen extern durch die Staatverwaltung auferlegte Ermäßigungen vermeiden. Hoheitliche Eingriffsvorbehalte wurden jedoch ebenfalls als geeignet angesehen, eine Investition in den Eisenbahnsektor insgesamt zu verhindern. Die Lösung in Preußen bestand daher praktisch in einem Verzicht oder einer liberalen Auslegung dieser Vorschriften, damit das private Engagement im Eisenbahnwesen nicht erdrückt würde. Hierdurch sollten letztlich auch staatliche Finanzen möglichst geschont werden. Preis- und Kostensenkung sowie Wettbewerbsförderung mussten hinter dem Ziel der Investitionsförderung zurückstehen. Eine besondere Spannungslage konnte schließlich auch im Hinblick auf die Preisgestaltungs-

[64] So etwa *Cohn*, Untersuchungen, S. 480. *Cauer*, Betrieb, S. 506, 514.

freiheit der Unternehmen nachgezeichnet werden. Hier wurde die an betriebswirtschaftlichen Gesichtspunkten orientierte differenzierende Preisbildung zunächst gutgeheißen, da sie zu Preisermäßigungen und zur besseren Nutzbarkeit der Verkehrsanstalt führte. Die Verstaatlichung setzte dahingegen den Gedanken durch, dass die Entgelte der Eisenbahn maßgeblich weiteren hoheitlich gesetzten Zielen aus verschiedenen Politikfeldern dienen sollten. Eine Gestaltungsherrschaft Privater in diesem Bereich wurde damit nicht als vereinbar angesehen.

Soweit die aktuellen Reformbestrebungen mit dem Konzept der Anreizregulierung sowohl auf eine Erhöhung der Intensität des Eingriffs als auch auf eine weitere Einschränkung der Preisgestaltungsmöglichkeiten der Unternehmen zielen, ist die heutige Entwicklung im Hinblick auf die Vorgänge im 19. Jahrhundert daher tatsächlich als neue Episode einer langen Geschichte des Preisbestimmungsrechts im Eisenbahnsektor anzusehen.

Die Anreizwirkungen einer geplanten Preisobergrenzenregulierung zielen heute auf eine Senkung der Kosten und Preise und damit gleichzeitig auf eine Förderung des Wettbewerbs. Aus der Perspektive dieser Ziele scheint sie damit die „Mängel" der preußischen Bahngeldbestimmungskonzeption zu vermeiden. Gleichzeitig wurde jedoch deutlich, dass einer äußeren Einwirkung auf die Preisbildung in der angestrebten Intensität im Beobachtungszeitraum grundsätzlich der Einwand einer Rentabilitätsgefährdung entgegengehalten worden wäre. Die heute diskutierten Regelungen wären in dieser Form daher im 19. Jahrhundert gar nicht als Option angesehen worden. Tatsächlich hätte man auf dieser Grundlage für Investitionen wohl keine Interessenten gefunden.

Ohne die grundlegenden Veränderungen in der Eisenbahnpolitik zu übersehen und die tatsächlichen Umbrüche im Verkehrsmarkt seit dem 19. Jahrhundert zu leugnen, sollte man die historischen Erkenntnisse dennoch in der Diskussion wahrnehmen, um den Risiken einer solchen Gestaltung gerecht werden zu können. Ein Druck zur Kostensenkung könnte auch heute für bestehende Unternehmen einen Fehlanreiz setzten, Ausgaben für Qualität und Ausbau einzusparen, um die vorgegebenen Ziele zu erreichen. Große Teile der Investitionskosten werden dabei heute über den Haushalt von der Allgemeinheit getragen. Tatsächlich wurde mit der Bahnreform jedoch das Ziel verfolgt, den öffentlichen Haushalt im Bezug auf das Eisenbahnwesen zu schonen. Dies sollte gerade auch dadurch geschehen, dass die öffentlichen Zuschüsse für Investitionskosten schrittweise durch solche der Infrastrukturunternehmen ersetzt werden. Das Problem hat sich damit letztendlich lediglich – wie zu Beginn des Eisenbahnwesens – erneut in den Bereich der Staatsfinanzen verlagert. Der Zielkonflikt zwischen Vergünstigung, Investitionsförderung und Haushaltsschonung erscheint damit als zeitlos. Aus dieser Sichtweise lässt sich die Idee einer Anreizregulierung mit ihrem Ziel der Preissenkung gegebenenfalls auch als Verschiebung der finanziellen Belastung des Eisenbahnwesens auf den Bundeshaushalt zugunsten der Abnehmer der Transportdienstleistungen und der Länder verstehen, welche den Personennahverkehr finanzieren.

Auch im Hinblick auf die Gestaltungsfreiheit des Unternehmens bei der Erstellung des Preissystems sieht man sich bei der Frage der Ausgestaltung der Preisobergrenzenregulierung an die Entwicklungen im 19. Jahrhundert erinnert. Mit der Bildung einer Anzahl von Produktkörben würde die Regulierungsbehörde heute maßgebliche Möglichkeiten der Unternehmen, Preise zu differenzieren, über eine Verhinderung von Diskriminierungen hinaus durch eigenes Handeln ersetzen. Da jedem Korb eine eigene Preisgrenze zugeordnet würde, müsste die Behörde auch den Anteil der Fixkosten für diese festlegen. Damit wäre es dem Unternehmen im Umfang der Korbbildung nicht mehr möglich, die hohen Fixkosten so zuzuordnen, dass eine bestmögliche Nutzung der Infrastruktur erreicht würde. Im Hinblick auf intermodale Wettbewerber besteht jedoch heute sogar eine Pflicht, diese Nachfrageelastizitäten in der Preisstruktur zur Erhaltung der Wettbewerbsfähigkeit des Eisenbahnverkehrs zu berücksichtigen. Anstelle einer betriebswirtschaftlich zweckmäßigen Preisgestaltung durch das Unternehmen eröffnet die Frage nach Anzahl und Differenzierung der einzelnen Körbe erneut ein Einfallstor, um theoretisch weitere raumordnende oder sozialpolitische Belange für das Preissystem vorzugeben. Die Versuchung könnte auch hier darin bestehen, eine Korbbildung in sehr feingliedriger Weise vorzunehmen, um eine unterschiedliche Belastung verschiedener Regionen staatlich zu diktieren. Auch wenn dies – soweit erkennbar – nicht vorgesehen ist, tendiert die Reformidee dennoch in Richtung der Entwicklungen, welche für den Bereich der Endkundenpreisbestimmung der preußischen Privatbahnen identifiziert werden konnten. Hier war man der Differenzierungsfreiheit der Unternehmen mit der Verstaatlichung insbesondere entgegengetreten als die anhand der Elastizitäten orientierte Preisbildung politisch unerwünschte Ergebnisse lieferte. Nachdem die DB-Infrastrukturunternehmen jedoch heute bewusst in eine private Form überführt worden sind, erscheint die Idee der Anreizregulierung im Eisenbahnsektor und die damit einhergehende Überführung von Aufgaben der Preisgestaltung auf die Regulierungsbehörde von diesem Standpunkt aus betrachtet teilweise auch als Rückschritt. Ein Entgeltregulierungskonzept muss sich auch hier schließlich zumindest deutlich zum Ausmaß politisch vorgegebener Schranken einer betriebswirtschaftlichen Orientierung der Preisgestaltung bekennen und entscheiden, welche Institutionen über die Preispolitik zu befinden haben.

Literaturverzeichnis

Alberty, Matthias: Der Übergang zum Staatsbahnsystem in Preussen. Seine Begründung, seine Durchführung und seine Folgen, Jena 1911.

Albrecht, Claudia: Bismarcks Eisenbahngesetzgebung. Ein Beitrag zur „inneren" Reichsgründung in den Jahren 1871–1879 (Rechtsgeschichtliche Schriften 6), Köln 1994.

Augustin, H. f. L.: Das preußische Handels-Ministerium in seinem Verhältnisse zu den Privat-Eisenbahn-Gesellschaften, Potsdam 1859.

Becker, Wilhelm: Die Entwicklung des Gedankens der Verstaatlichung der Eisenbahnen in Deutschland und seine Durchführung in der deutschen Eisenbahnpolitik, in: Archiv für Eisenbahnwesen 1942, S. 875–918.

Bessel, August/Kühlwetter, Eduard: Das preußische Eisenbahnrecht. Zweiter Theil, Köln 1857.

Bundesnetzagentur für Elektrizität, Gas, Telekommunikation, Post und Eisenbahnen (BNetzA): Marktuntersuchung Eisenbahnen 2011, Bonn 2011.

–: Abschlussbericht der Bundesnetzagentur zur Einführung einer Anreizregulierung im Eisenbahnsektor. Revidierte Fassung, 2008, erhältlich im Internet: <http://www.bundesnetzagentur.de/SharedDocs/Downloads/DE/BNetzA/Sachgebiete/Eisenbahnen/VeroeffentlichungenGutachten/AbschlussberichtId15476pdf.pdf?__blob=publicationFile> [zuletzt besucht am 3. September 2012].

Burmeister, Hans: Geschichtliche Entwickelung des Gütertarifwesens der Eisenbahnen Deutschlands. Ein Beitrag zum Verständnis der Tariffrage der Gegenwart. Vortrag gehalten im Staatswissenschaftlichen Seminar der Universität Halle a.S., Leipzig 1899.

Camphausen, Ludolf: Versuch eines Beitrages zur Eisenbahn-Gesetzgebung, Köln 1838.

Cauer, Wilhelm: Betrieb und Verkehr der Preußischen Staatsbahnen. Ein Handbuch für Behörden und Beamte. Zweiter Teil. Personen- und Güterverkehr der vereinigten Preußischen und Hessischen Staatsbahnen, Berlin 1903.

CDU/CSU/FDP: Wachstum, Bildung, Zusammenhalt. Koalitionsvertrag zwischen CDU, CSU und FDP. 17. Legislaturperiode, 2009, erhältlich im Internet: <http://www.bmi.bund.de/SharedDocs/Downloads/DE/Ministerium/koalitionsvertrag.pdf?__blob=publicationFile> [zuletzt besucht am 5. September 2012].

Cohn, Gustav: Eisenbahnüberschüsse und Steuern im preussischen Haushalte, in: Zeitschrift für die gesamte Staatswissenschaft 63, 1907, S. 682–709.

–: Untersuchungen über die englische Eisenbahnpolitik, Leipzig 1875.

Fremdling, Rainer: Eisenbahnen und deutsches Wirtschaftswachstum, 1840–1879. Ein Beitrag zur Entwicklungstheorie und zur Theorie der Infrastruktur (Untersuchungen zur Wirtschafts-, Sozial- und Technikgeschichte 2), Dortmund 1975.

Gersdorf, Hubertus: Mehrjahresverträge und Anreizregulierung als Steuerungsinstrumente im Eisenbahnsektor, in: Deutsches Verwaltungsblatt 124, 2009, S. 942–953.

Hansemann, David: Kritik des preußischen Eisenbahn-Gesetzes vom 3. November 1838, Aachen 1841.

–: Die Eisenbahnen und deren Aktionäre in ihrem Verhältniß zum Staat, Leipzig 1837.

Hesse, Albert: Lehrbuch der Nationalökonomie, Erster Band. Einführung in die Volkswirtschaftslehre, 4. Aufl., Offenburg 1949.

Horn, Manfred/Knieps, Günter/Müller, Jürgen (Hg.): Deregulierungsmaßnahmen in den USA. Schlussfolgerungen für die Bundesrepublik Deutschland. Gutachten des Deutschen Instituts für Wirtschaftsforschung, Berlin, im Auftrag des Bundesministers für Wirtschaft (Wirtschaftsrecht und Wirtschaftspolitik 94), Baden-Baden 1988.

Jeserich, Kurt G. A./Pohl, Hans/Unruh, Georg-Christoph von (Hg.): Deutsche Verwaltungsgeschichte, Band 2. Vom Reichsdeputationshauptschluß bis zur Auflösung des Deutschen Bundes, Stuttgart 1983.

Jonas: Über die Stellung der Preise für die Leistungen der Eisenbahnen. Vortrag gehalten im Verein für Eisenbahnkunde am 10. März 1874 von Regierungsrat J. Vorsitz. Main Weser Bahn, Berlin 1874.

Knieps, Günter: Theorie der Regulierung und Entregulierung, in: Horn, Manfred/Knieps, Günter/Müller, Jürgen (Hg.): Deregulierungsmaßnahmen in den USA. Schlussfolgerungen für die Bundesrepublik Deutschland. Gutachten des Deutschen Instituts für Wirtschaftsforschung, Berlin, im Auftrag des Bundesministers für Wirtschaft (Wirtschaftsrecht und Wirtschaftspolitik 94), Baden-Baden 1988, S. 39–82.

Koch, Wilhelm: Deutschlands Eisenbahnen. Versuch einer systematischen Darstellung der Rechtsverhältnisse aus der Anlage und dem Betriebe derselben. Zweiter Theil. Die Rechtsverhältnisse aus dem Betriebe der deutschen Eisenbahnen. Marburg 1858.

Koenig, Christian/Loetz, Sascha/Neumann, Andreas: Telekommunikationsrecht, Heidelberg 2004.

Königlich Preussischer Minister der Öffentlichen Arbeiten (Hg.): Berlin und seine Eisenbahnen. 1846–1896, Berlin 1896.

Kühling, Jürgen: Sektorspezifische Regulierung in den Netzwirtschaften. Typologie, Wirtschaftsverwaltungsrecht, Wirtschaftsverfassungsrecht (Schriftenreihe Energie- und Infrastrukturrecht 4), München 2004.

Laaser, Claus-Friedrich: Wettbewerb im Verkehrswesen. Chancen für eine Deregulierung in der Bundesrepublik (Kieler Studien. Forschungsberichte des Instituts für Weltwirtschaft an der Universität Kiel 236), Tübingen 1991.

Lehr, Julius: Eisenbahntarifwesen und Eisenbahnmonopol, Berlin 1879.

Leyen, Alfred von der: Die Erträge der Eisenbahnen und der Staatshaushalt, in: Jahrbuch für Gesetzgebung, Verwaltung und Volkswirtschaft im Deutschen Reich 1892, S. 995–1036.

Mayer, Arthur von: Geschichte und Geographie der deutschen Eisenbahnen von ihrer Entstehung bis auf die Gegenwart, Band I, Berlin 1891.

Michalczyk, Roman: Europäische Ursprünge der Regulierung von Wettbewerb. Eine rechtshistorische interdisziplinäre Suche nach einer europäischen Regulierungstradition am Beispiel der Entwicklung der Eisenbahn in England, Preußen und den USA (Rechtsordnung und Wirtschaftsgeschichte 1), Tübingen 2010.

Mitusch, Kay et al.: Ökonomische Grundsatzfragen zur Ausgestaltung einer Anreizregulierung der Eisenbahninfrastruktur. Gutachten im Auftrag der Bundesnetzagentur, 2011, erhältlich im Internet: <http://www.bundesnetzagentur.de/SharedDocs/Downloads/DE/BNetzA/Sachgebiete/Eisenbahnen/VeroeffentlichungenGutachten/GutachtenAnreizregulierungpdf.pdf?__blob=publicationFile> [zuletzt besucht am 3. September 2012].

Monopolkommission: Bahn 2011: Wettbewerbspolitik unter Zugzwang. Sondergutachten der Monopolkommission gemäß § 36 AEG (Sondergutachten 60), Baden-Baden 2011, erhältlich im Internet: <http://www.monopolkommission.de/sg_60/s60_volltext.pdf> [zuletzt besucht am 5. September 2012].

Müller, Jürgen/Vogelsang, Ingo: Staatliche Regulierung. Regulated industries in den USA und Gemeinwohlbindung in wettbewerblichen Ausnahmebereichen in der Bundesrepublik Deutschland (Wirtschaftsrecht und Wirtschaftspolitik 56), Baden-Baden 1979.

Pollard, Sidney/Ziegler, Dieter (Hg.): Markt, Staat, Planung. Historische Erfahrungen mit Regulierungs- und Deregulierungsversuchen der Wirtschaft, St. Katharinen 1992.

Reichs-Eisenbahn-Amt: Vorläufiger Entwurf eines Reichs-Eisenbahn-Gesetzes (Datiert Berlin, im April 1875), Berlin 1875.

–: Entwurf eines Reichs-Eisenbahn-Gesetzes. Aufgestellt im Reichs-Eisenbahn-Amt, Berlin 1874.

Reininghaus, Wilfried K. (Hg.): Verkehr und Region im 19. und 20. Jahrhundert. Westfälische Beispiele (Forschungen zur Regionalgeschichte 29), Paderborn 1999.

Roell, Victor: Enzyklopädie des Eisenbahnwesens. Neunter Band. Seehafentarife – Übergangsbogen, 2. Aufl., Berlin 1921.

Ronellenfitsch, Michael/Schweinsberg, Ralf/Henseler-Unger, Iris (Hg.): Aktuelle Probleme des Eisenbahnrechts XVI. Vorträge im Rahmen der Tagung am 1. und 2. September 2010 in Tübingen (Schriften zum Planungs-, Verkehrs- und Technikrecht 37), Hamburg 2011.

Rönne, Ludwig von: Die Wege-Polizei und das Wege-Recht des Preußischen Staates, Breslau 1852.

Rüfner, Wolfgang: Formen öffentlicher Verwaltung im Bereich der Wirtschaft. Untersuchungen zum Problem der leistenden Verwaltung (Schriften zum öffentlichen Recht 44), Berlin 1967.

Salzwedel, Jürgen: Wege, Straßen und Wasserwege, in: Jeserich, Kurt G. A./Pohl, Hans/Unruh, Georg-Christoph von (Hg.): Deutsche Verwaltungsgeschichte, Band 2. Vom Reichsdeputationshauptschluß bis zur Auflösung des Deutschen Bundes, Stuttgart 1983, S. 199–226.

Schäffle, Albert: Materialien zur Eisenbahnfrage, in: Zeitschrift für die gesamte Staatswissenschaft 32, 1876, S. 352–385.

Schmitt, Thomas/Staebe, Erik: Einführung in das Eisenbahn-Regulierungsrecht (Schriftenreihe Energie- und Infrastrukturrecht 9), München 2010.

Schnitker, Christiane B.: Bildung von Stations- und Trassenpreisen, in: Ronellenfitsch, Michael/Schweinsberg, Ralf/Henseler-Unger, Iris (Hg.): Aktuelle Probleme des Eisenbahnrechts XVI. Vorträge im Rahmen der Tagung am 1. und 2. September 2010 in Tübingen (Schriften zum Planungs-, Verkehrs- und Technikrecht 37), Hamburg 2011, S. 19–37.

Schubert, Werner: Das preußische Eisenbahngesetz von 1838, in: Zeitschrift der Savigny Stiftung für Rechtsgeschichte. Germanistische Abteilung 116, 1999, S. 152–203.

Spiess, Wilhelm: Tarif. Eine enzyklopädische Studie, Berlin 1931.

–: Vom privaten und Selbstkostentarif zum gemeinwirtschaftlichen und Hoheits-Tarif. Hundert Jahre Eisenbahntarifgeschichte, in: Archiv für Eisenbahnwesen 47, 1937, S. 701–728.

Spulber, Daniel f.: Regulation and markets, Cambridge, Mass 1989.

Stumpf, Berthold: Die Entstehung des preußischen Eisenbahngesetzes vom 3. November 1838. Ein Beitrag zur preußischen Eisenbahngeschichte, in: Die Reichsbahn, 15, 1938, S. 1056–1097.

Ulrich, Franz: Das Eisenbahntarifwesen im Allgemeinen. Und nach seiner besonderen Entwickelung in Deutschland, Österreich-Ungarn, der Schweiz, Italien, Frankreich, Belgien, den Niederlanden u. England, Berlin/Leipzig 1886.

Wischermann, Clemens: Chausseebau und Landverkehr in Westfalen während der Frühindustrialisierung, in: Reininghaus, Wilfried K. (Hg.): Verkehr und Region im 19. und 20. Jahrhundert. Westfälische Beispiele (Forschungen zur Regionalgeschichte 29), Paderborn 1999, S. 71–94.

Wyszomirski, Curt: Die Entwicklung des Deutschen Eisenbahn-Gütertarifs. Chronologische Darstellung mit Fundstellennachweis, in: Archiv für Eisenbahnwesen 67, 1957, S. 322–363.

Ziegler, Dieter: Verstaatlichung oder staatliche Regulierung. Eisenbahnpolitik in Preußen und England im Vergleich, in: Pollard, Sidney/Ziegler, Dieter (Hg.): Markt, Staat, Planung. Historische Erfahrungen mit Regulierungs- und Deregulierungsversuchen der Wirtschaft, St. Katharinen 1992, S. 98–127.

Kapazitätsengpässe vs. Netzneutralität

Dienstgüte- und Preisdiversifikation im deutschen Fernmeldewesen des 19. und 20. Jahrhunderts

Johannes Rüberg

I. Einleitung

Die Emanzipation des Internets vom militärischen und wissenschaftlichen Instrument hin zu *dem* Massenkommunikationsmittel des 21. Jahrhunderts führte auch zu einer Veränderung des persönlichen Kommunikationsverhaltens eines jeden Einzelnen und weckte neue Informationsbedürfnisse. Diese rasante Entwicklung ist das Ergebnis eines noch nicht einmal zwei Jahrzehnte andauernden Prozesses, in dem sich der Markt für Internet-Anschlussdienste von einem nahezu bedeutungslosen Geschäftsbereich zu einem milliardenschweren Sektor entwickelte. Die hier erwirtschaften Umsätze entsprechen in ihren Größenordnungen längst denen „klassischer" Güterindustrien. So erscheint es auch nur als logische Konsequenz, wenn heutzutage Google eine mehr als doppelt so hohe Marktkapitalisierung aufweist wie das größte deutsche Unternehmen, die Siemens AG.[1] Das Internet gerät zum Motor der weltweiten Wirtschaft und ermöglicht ein bisher nie dagewesenes Innovationsniveau.[2]

Die Politik in Gestalt des Gesetzgebers sah und sieht sich einer nahezu unerschöpflichen Vielzahl neuer gesellschaftlicher und sozialer Entwicklungen und einhergehenden Problemlagen ausgesetzt. In Folge entstanden im Telekommunikationssektor immer neue Regelungs- oder auch Regulierungsbedürfnisse[3], die nicht zuletzt auch in wirtschaftlicher Hinsicht eine immer größere Bedeutung erlangten.

---

[1] Per 11. Juni 2012 wies die Google Inc. eine Marktkapitalisierung von 119,1 Mrd. Euro auf, während der Börsenwert der Siemens AG „nur" 59,4 Mrd. Euro betrug.

[2] *Kommission*, Offenes Internet und Netzneutralität, S. 3.

[3] Zur Genealogie des Regulierungsbegriffs vgl. nur *Schmoeckel*, Engpassfreie Märkte.

Die Kehrseite unseres wachsenden Appetits auf digitale Vernetzung bildet dabei ein Problem, das jeder Netzinfrastruktur immanent ist: die beschränkte Kapazität. Angesichts des sich weiter ändernden Nutzungs- und Konsumverhaltens der *User* und des daraus resultierenden steigenden Datenvolumens ist zu befürchten, dass Teile des Netzes zukünftig an Kapazitätsgrenzen stoßen werden.[4] Die zur Lösung dieses Problems vorgeschlagenen Regelungsmodelle werden dabei unter dem Schlagwort der „Netzneutralität" diskutiert.

1. Begriff und Problematik der Netzneutralität

Der Begriff der *„Netzneutralität"* entzieht sich bislang einer einheitlichen Definition. Als einigendes Element der aktuellen Diskussion steht hierbei der diskriminierungsfreie Transport von Daten im Netz im Mittelpunkt.[5] Schließlich ist der Erfolg des Internets vor allem auf seine Offenheit und leichte Zugänglichkeit zurückzuführen, da für den Zugang lediglich ein Internet-Anschluss erforderlich ist. Die zentralen Themen betreffen im Kern die Frage, wie die Offenheit des Internets als Plattform am besten erhalten und wie sichergestellt werden kann, dass auch weiterhin hochwertige und frei zugängliche Dienste erbracht und Innovationen unterstützt werden können. Gleichzeitig gilt es Grundrechte wie die Freiheit der Meinungsäußerung und die unternehmerische Freiheit zu wahren und zu fördern. Einen Schwerpunkt der Debatte über die Netzneutralität bilden die Steuerung des Datenverkehrs und die Frage, wie diese angemessen realisiert werden kann.

Der Transport von Daten erfolgt bislang ohne Rücksicht auf Qualität, Quantität oder Inhalt. Das Netz ist insofern „blind". Die Netzbetreiber legen dem Datentransfer im Regelfall das so genannte „Best Effort-Prinzip"[6] zugrunde. Im Rahmen einer rein technisch orientierten Dienstleistung sichert der Betreiber damit zu, die Übermittlungsanfragen schnellstmöglich zu bedienen. Die Reihenfolge der Datenübertragung orientiert sich dabei am „First-In/First-Out-Prinzip".[7] Die völlig gleichrangige Behandlung aller Datenpakete, unabhängig von ihrem Inhalt und ihrem Ursprung, wird dabei als die reinste Form der Netzneutralität verstanden.[8] Ein möglicher gesetzlicher Verankerungspunkt wäre somit die Verpflichtung zur bedin-

---

[4] Vierter Zwischenbericht der Enquete-Kommission „Internet und digitale Gesellschaft", BT-Drs. 17/8536, S. 10.

[5] BT-Drs. 17/8536, S. 5.

[6] Sinngemäß „größtmögliches Bemühen".

[7] Bei diesem Verfahren der Speicherung werden diejenigen Elemente (hier: Datenpakete), die zuerst gespeichert wurden, auch zuerst wieder aus dem Speicher entnommen.

[8] BT-Drs. 17/8536, S. 11.

gungslosen Gleichbehandlung des Datenverkehrs.[9] Aus europarechtlicher Perspektive werden die nationalen Regulierungsbehörden in Artikel 8 Absatz 4 Buchstabe g der Rahmenrichtlinie[10] dazu verpflichtet, die Interessen der Bürger der Europäischen Union zu fördern, indem sie die Endnutzer in die Lage versetzen, Informationen abzurufen und zu verbreiten oder beliebige Anwendungen und Dienste zu nutzen.

2. Kapazitätsengpässe als Anlass zur Dienstgüte- und Preisdiversifikation

Als Reaktion auf mögliche Kapazitätsengpässe gibt es Überlegungen, den Transport besonders zeitsensibler Daten, wie sie zum Beispiel im Rahmen der Internet-Telefonie oder Video-Konferenzen entstehen, zu Lasten weniger zeitempfindlicher Daten, wie der Email-Übertragung, generell bevorzugt zu behandeln oder aber den einzelnen Kunden die Wahl zu geben, anstelle einer Einheitsflatrate einen priorisierten Datentransport gegen entsprechende Bezahlung zu erwerben („Quality of Service"). Durch neue technische Möglichkeiten11 wäre nunmehr eine Ungleichbehandlung oder gar Diskriminierung hinsichtlich des Inhalts, der zu transportierenden Datenmenge oder des vom Nutzer oder Serviceanbieter gewählten Qualitätsstandards möglich.

Im Ergebnis entstünden auf diese Weise mehrere Transportklassen mit einer unterscheidbaren Dienstgüte. Der wirtschaftliche Wert eines stö-

---

[9] Eine eher abwartende Position hat hierbei der deutsche Gesetzgeber in der am 1. Juni 2012 in Kraft getretenen Regelung des § 41a TKG bezogen, in der er die „Bundesregierung [...] ermächtigt, in einer Rechtsverordnung mit Zustimmung des Bundestages und des Bundesrates gegenüber Unternehmen, die Telekommunikationsnetze betreiben, die grundsätzlichen Anforderungen an eine diskriminierungsfreie Datenübermittlung und den diskriminierungsfreien Zugang zu Inhalten und Anwendungen festzulegen, um eine willkürliche Verschlechterung von Diensten und eine ungerechtfertigte Behinderung oder Verlangsamung des Datenverkehrs in den Netzen zu verhindern."

[10] Richtlinie 2002/21/EG des Europäischen Parlaments und des Rates vom 7. März 2002 über einen gemeinsamen Rechtsrahmen für elektronische Kommunikationsnetze und -dienste (Rahmenrichtlinie), ABl. EG Nr. L 108/33 vom 24. April 2002 in der durch Richtlinie 2009/240 des Europäischen Parlaments und des Rates zur Änderung der Richtlinie 2002/21/EG über einen gemeinsamen Rechtsrahmen für elektronische Kommunikationsnetze und -dienste, der Richtlinie 2002/19/EG über den Zugang zu elektronischen Kommunikationsnetzen und zugehörigen Einrichtungen sowie deren Zusammenschaltung und der Richtlinie 2002/20/EG über die Genehmigung elektronischer Kommunikationsnetze und -dienste (Bessere Regulierung), ABl. EG Nr. L 337/37 vom 18. Dezember 2009 geänderten Fassung.

[11] Insbesondere durch die „Deep Packet Inspection" (etwa: „tief gehende Paketanalyse") ist es möglich, übertragene Internetpakete in Echtzeit näher zu untersuchen, um festzustellen, welche konkreten Inhalte über die Infrastruktur übertragen werden, vgl. nur *Bender*, „Deep Packet Inspection", S. 1.

rungsfreien Transportes des Datenpaketes würde sich dabei in der einhergehenden Preisdiversifikation widerspiegeln.

3. Fragestellung und Thesen

Im Mittelpunkt steht daher die Frage, ob und unter welchen Auflagen dem Netzbetreiber eine solche Diversifikation seines Angebotsportfolios gestattet werden sollte und ab wann ein solches Vorgehen den gleichberechtigten Zugang zu den Netzen gefährden kann. Somit werden zentrale Themen der Netzzugangs- und Netzentgeltregulierung berührt. Antworten auf die aufgeworfenen Fragen müssen dabei im Rahmen des bestehenden Regulierungsregimes gefunden werden. Hierbei gilt es auch, zu Prüfen, ob nicht auch wettbewerbsrechtliche Schutzvorschriften genügend Sicherheit vor Missbrauch liefern würden.

Aus (rechts-)historischer Sicht ist jedoch klar: Die zugrundeliegende Problematik begrenzter Netzkapazitäten ist mitnichten ein exklusives Phänomen des 21. Jahrhunderts. Die Betreiber der Kommunikationsnetze waren von Beginn an herausgefordert, Lösungen zur Beseitigung von Kapazitätsengpässen zu finden. Somit rückte nicht erst mit dem Aufkommen der modernen digitalen Kommunikationsmöglichkeiten die Frage nach der Ausgestaltung eines effizienten Dienstleistungs- und Preisgefüges in den Mittelpunkt der wissenschaftlichen und politischen Diskussion. Dabei geriet die technische Entwicklung im Telekommunikationssektor zum Taktgeber gesetzgeberischer Innovation.[12] Bestehende Preissysteme, die sich auf althergebrachte Leistungsangebote bezogen, traten nun in Konkurrenz zu innovativen Produkten, deren Preisbestimmung wiederum auf zum Teil neuen Grundlagen fußte. Anders gewendet lässt sich daher fragen:

Lassen sich im Telekommunikationssektor bereits frühere Ansätze einer Dienstgüte- und Preisdiversifikation identifizieren? Gab es in der Rückschau Situationen, in denen der Staat als Betreiber der Kommunikationsnetze auf Kapazitätsengpässe reagieren und zu Ausnahmen von „Best-Effort" und „First-in-First-out" greifen musste? Und schließlich: Kann man aus den gesammelten Erfahrungen Rückschlüsse für die aktuelle Diskussion um die „Netzneutralität" ziehen?

Der Untersuchung dieser Fragestellungen sollen dabei vier Thesen vorangestellt werden:

- Die Telekommunikation im Allgemeinen und die jeweiligen Entscheidungsträger im Besonderen mussten seit jeher Kapazitätsengpässe durch das Mittel der Dienstgüte- und Preisdiversifikation bekämpfen.

---

[12] Vgl. *Rüberg*, Innovation und Tradition, S. 64 ff.

- Eine Tradition der „Netzneutralität" im Sinne einer undifferenzierten Übertragung von Daten lässt sich nicht nachweisen – das Netz war nie vollkommen „blind".
- Innovationen im Preisgefüge standen oftmals unter dem Vorbehalt politischer Opportunität.
- Dienstgüte- und Preisdiversifikationen waren stets diskriminierungsfrei angelegt.

4. Gang der Untersuchung

Im Rahmen von Untersuchungen dieser Art gilt es zu beachten, dass es nicht ohne weiteres möglich ist, aktuelle Definitionen und Begrifflichkeiten uneingeschränkt im historischen Kontext zu verwenden. Ziel kann es daher nur sein, die hier identifizierten Sachverhalte und Problemlagen und deren Behandlung im rechtshistorischen Kontext nachzuweisen. Zudem darf nicht verkannt werden, dass im Preisbestimmungsmechanismus und der Festlegung und Veränderung der einzelnen Tarife in der Telekommunikation naturgemäß Unterschiede zwischen staatlicher Reichs- und Bundespost auf der einen und den rein privatwirtschaftlich agierenden Unternehmen im regulierten Markt auf der anderen Seite bestehen. Trotz grundlegender struktureller Eigenheiten war jedoch auch dem Staat als Betreiber der Kommunikationsnetze eine unternehmerische Preis- und Absatzpolitik nicht vollkommen fremd.

Die Thesen sollen im Folgenden anhand von drei Fallbeispielen in jeweils zwei Schritten überprüft werden. Zunächst soll im Rahmen eines Überblicks die Entwicklung des institutionellen Preisbestimmungsmechanismus nachgezeichnet werden. Hier gilt es zu klären, „*wer*" zur angesprochenen Dienstgüte- und Preisdiversifikation berufen war und „*wie*" diese Entscheidungen zu Stande kamen. In einem zweiten Schritt soll dann anhand der Fallbeispiele die gesetzgeberische Reaktion auf Kapazitätsengpässe bei der Übertragung von Daten im Netz nachgezeichnet werden.

II. Kapazitätsengpässe und ihre Folgen: Drei Fallbeispiele

Dieser kurze (und sicherlich holzschnittartige) Überflug über mehr als 150 Jahre Telekommunikationsgeschichte, wird zeigen, dass die Entwicklung im deutschen[13] Telekommunikationssektor einen weitaus mannigfaltigeren Verlauf genommen hat als dessen äußere Struktur auf den ersten Blick

---

[13] Für die Zeit vor der Reichsgründung soll sich die Untersuchung auf die preußische Entwicklung konzentrieren.

vermuten lässt. Trotz der frühen Entscheidung für die Errichtung eines Staatsmonopols und der damit einhergehenden Prärogative staatlicher Verwaltungsorganisation(en) unterlag die Wirtschaftsführung insbesondere im Hinblick auf die Frage der Preisbestimmung einem stetigen Wandel. Hierbei wechselten sich Phasen der gewinnorientierten Preissetzung aus fiskalischen Motiven mit solchen der gemeinwohlorientierten und politisierten Tarifierung ab. Bereits Ende des 19. Jahrhunderts stellte der Postrat *Gustav Schöttle*[14] daher zu Recht fest: „Ein für alle Zeiten und Verhältnisse passendes Tarifsystem zu finden, ist ein Ding der Unmöglichkeit."[15]

Vor diesem Hintergrund soll im Folgenden anhand von Beispielen aus dem Bereich der Telegraphie, der Telefonie und aus der frühen Ära der Datenübertragung untersucht werden, wie die Unternehmensführung auf Kapazitätsengpässe im Netz reagierte.

1. Telegraphie

1.1 Entstehung einer institutionellen Rahmung der Telekommunikation

Bis in die 50er Jahre des 19. Jahrhunderts befand sich die elektrische Telekommunikation in einer Experimentierphase, in der hauptsächlich technische Fragestellungen und Machbarkeiten im Mittelpunkt des Interesses standen. Eine weitergehende (gesellschafts-)politische Befassung mit dieser neuen Technologie fand indes nicht statt. Dementsprechend sah sich auch die Gesetzgebung der einzelnen deutschen Staaten nicht dazu bewegt, Fragen der Kompetenzverteilung überhaupt zu thematisieren. Einmal getroffene Grundsatzentscheidungen, wie beispielsweise die in Preußen erfolgte Zuordnung der Telegraphie in den Aufgabenbereich der Militärverwaltung wurden nicht öffentlich hinterfragt oder gar von anderen Akteuren in Zweifel gezogen.[16] Erst durch eine Kabinettsorder vom 9. Februar 1849 wurde die elektrische Telegraphie dem Minister für Handel, Gewerbe und öffentliche Arbeiten unterstellt und dem allgemeinen Publikumsverkehr zugänglich gemacht. Dabei ging man nahezu einhellig davon aus, dass das bestehende „Postregal", also die staatliche Hoheit über die Beförderung körperlicher Nachrichten über den Landweg, als tradiertes Modell der gesetzlichen Regulierung eines Marktes, auch Vorbild für das Telegraphenwesen sein musste und man die Existenz eines „Telegraphenregals" annehmen konnte.[17]

---

[14] *22. Februar 1846 in Stuttgart, †ca. 1932.

[15] *Schöttle*, Der Telegraph, S. 273.

[16] Vgl. zur Entwicklung des Telegraphenregals in Preußen statt vieler *Kilger*, Entwicklung des Telegraphenrechts, S. 81 ff.

[17] Vgl. *Hesse*, Netz der Kommunikation, S. 52 f.

Es war ein direkter Ausfluss merkantilistischer Auffassungen, dass die Aufgabe der Nachrichtenübermittlung – gleich, welcher Art – eine vorrangige Sache des Staates sei. Nur so könne man Handel und Gewerbe des jeweiligen Machtbereiches zur Blüte bringen.[18]

Den ökonomischen Eigenheiten einer netzbasierten Infrastruktur war man sich dabei durchaus bewusst. Wenngleich diese auch noch nicht unter den Begriffen „Economies of Scale, Scope oder Density“ firmierten, gab es eine ausgeprägte Diskussion der dahinter stehenden Phänomene, die ihre Ursprünge in der Frage um die Regulierung des Eisenbahnsektors fand.[19]

Mit dem Ende des Deutschen Bundes kam es zu einer grundlegenden Neuordnung des deutschen Post- und Telegraphenwesens. In Anbetracht der kurzen Zeitspanne von 1866 bis zur Reichsgründung 1871 erwies sich die neu entstandene „Norddeutsche Bundespost“ als Übergangsmodell bis zum Entstehen eines größeren Zusammenschlusses zu einer Reichs-Post- und Telegraphenverwaltung.[20] Unter anderen bestimmten die Art. 48 ff. RV 1871 das Post- und Telegraphenwesen als Gegenstand der unmittelbaren Reichsverwaltung.[21] Am 1. Januar 1876 wurde die Telegraphie endgültig mit der Post verschmolzen. Durch diesen Schritt wollte man die Kosten für doppelte Infrastruktur reduzieren und Synergien im Verwaltungsverfahren freilegen.[22]

Gegen Ende der 1880er Jahre nahm die Reichs-Post- und Telegraphenverwaltung eine eigentümliche Doppelrolle ein. Zum einen war sie als dominanter und monopolistischer Anbieter für Telekommunikationsdienstleistungen gewillt, diese Alleinstellung nach wie vor gegenüber jeder Art privatwirtschaftlicher Initiative zu verteidigen. Auf der anderen Seite, wehrte sie sich gleichzeitig vor der gesetzlichen Verankerung eines Staatsmonopols, da man – wie sich herausstellen sollte zu Recht – davon ausging, dass jede Form der gesetzlichen Regulierung zwangsläufig mit Einschränkungen der Handlungsfreiheit der Verwaltung und gleichzeitiger Übertragung von unternehmerischen Entscheidungsbefugnissen auf den Gesetzgeber einhergehen musste. Dies hatte auch direkte Auswirkungen auf die Preisbestimmung. Gebühren, die über Gesetze erlassen wurden,

---

[18] *Herrmann*, Deutsche Bundespost, S. 82.

[19] Die Frage nach einer deutschen Regulierungstradition im Eisenbahnsektor beantwortet *Michalczyk*, Europäische Ursprünge.

[20] *Schilly*, Nachrichtenwesen, S. 386.

[21] Andere Sachgebiete waren der Auswärtige Dienst (Art. 11, 56 RV 1871), die Marineverwaltung (Art. 53 RV 1871), das Eisenbahnwesen (Art. 41 RV 1871) und wohl auch das Zollwesen (Art. 36 Abs. 1 RV 1871); vgl. hierzu die Darstellungen bei *Dittmann*, Bundesverwaltung, S. 19 ff.

[22] *Heidecker*, Telegraphentarif, S. 277 f.

konnten auch nur auf dem Gesetzgebungsweg wieder verändert werden, d.h. eine Verschiebung oder eine Anpassung des Preissystems musste nicht nur die Zustimmung des Reichskanzlers, sondern auch die des Bundesrats und Reichstags finden. Mit Erlass des Telegraphengesetzes von 1892 zählten hierzu auch die Telefon- und Telegraphengebühren. Die Preisbestimmung unterlag fortan dem Primat der Politik.

1.2 Reaktionen auf Kapazitätsengpässe

Noch vor dem Einstieg in das Zeitalter der elektrischen Telegraphie, sah sich die preußische Verwaltung der optischen Telegraphenlinie zwischen Berlin und Koblenz zu einer bemerkenswerten – heute würde man sagen – *Public Private Partnership* veranlasst. Angesichts der ausgesprochen geringen betriebsbedingten[23] Kapazität des optischen Telegraphen – ein Signal von Berlin nach Koblenz benötigte 7,5 Minuten; die Übertragung einer Nachricht mit 30 Worten bis zu 1,5 Stunden – war die Benutzung auf dringende Staatsdepeschen beschränkt. Dennoch entschied man sich vor dem Hintergrund der Unruhen 1848 dazu, der Kölnischen Zeitung telegraphische Nachrichten aus Berlin zur Verfügung zu stellen, um im Gegenzug mit Informationen ausländischer Nachrichtenbüros versorgt zu werden. Wegen der propagandistischen Prägung der zur Verfügung gestellten Meldungen, blieb der große Erfolg jedoch aus.[24] Dennoch wurde hier der Grundstein für die Schaffung besonderer Dienstgüteklassen für Presseorgane gelegt, der dann zur Zeit der elektrischen Telegraphie in Gestalt von bevorzugter Behandlung entsprechender Telegramme bis zur Überlassung von Mietleitungen zur exklusiven Nutzung seine volle Blüte erfuhr.

Doch auch der „normale“ Nutzer konnte bald nach Öffnung der Telegraphie für den öffentlichen (meist gewerblichen) Verkehr, zwischen verschiedenen Dienstklassen wählen. Ein an den Express-Brief angelehntes Express-Telegramm wurde gegen Zahlung eines entsprechenden Zuschlags einer bevorzugten Bearbeitung zugeführt. Staatsdepeschen und private Nachrichten der Königshäuser, durch deren Hoheitsgebiet die Telegraphenkabel verlegt wurden, genossen ohnehin eine priorisierte Abfertigung ihrer „Datenpakete“.

Innerhalb der einzelnen Dienstgüteklassen erfolgte der Transport der Daten – unabhängig von ihrem jeweiligen Inhalt – diskriminierungsfrei streng nach dem First-In/First-Out Prinzip: Der jeweilige Telegraphist war angewiesen, die Telegramme in der Reihenfolge der Aufgabe abzuarbeiten.

---

[23] Der Betrieb war auf Tageslicht und gute Sicht angewiesen.

[24] *Wilke*, Medien- und Kommunikationsgeschichte, S. 163.

2. Telefonie

2.1 Institutionelle Festigung: Endgültige Formung des Staatsmonopols

Den Streit um die Regalität des Telegraphen und des Telefons, mithin also um die Zuständigkeit und die Rolle des Staates im Telekommunikationssektor, beendete das Telegraphengesetz von 1892[25] endgültig, indem es feststellte:

§ 1 TG (1892): „Das Recht, Telegraphenanlagen für die Vermittlung von Nachrichten zu errichten und betreiben, steht ausschließlich dem Reich zu. Unter Telegraphenanlagen sind die Fernsprechanlagen mitbegriffen."

Im Telegraphengesetz von 1892 wurde bestimmt, dass die Gebühren für Telekommunikationsdienstleistungen zwar weiterhin vom Reichskanzler erlassen werden konnten, eine Erhöhung der Gebühren aber der Zustimmung des Reichstages in Gestalt eines entsprechenden Gesetzes bedurfte. Die Möglichkeit einer kostenorientierten Veränderung des Preissystems und einer unternehmerischen Preispolitik wurde hierdurch nahezu vollständig vereitelt.[26]

Mit der Verabschiedung der Fernsprechgebührenordnung vom 20. Dezember 1899 hatte der Nutzer im Ortsverkehr fortan die Wahl zwischen zwei Tarifen. Neben der bereits bestehenden und von der Größe des Ortsnetzes abhängigen Pauschgebühr konnte nun eine Kombination aus Grund- und Einzelgesprächsgebühr gewählt werden. Während der erstgenannte Tarif besonders bei gewerblichen Nutzern große Zustimmung fand, zielte der letztere eher auf private Wenigtelefonierer ab.

Im Jahr 1919 schuf man im Wege der Neugestaltung der obersten Reichsbehörden aus dem Reichspostamt das Reichspostministerium unter der Leitung des Reichspostministers.[27] In verfassungsrechtlicher Hinsicht beließ man das Post- und Fernmeldewesen im Aufgabenbereich der Reichsverwaltung und wies dem Reichstag die ausschließliche Gesetzgebungskompetenz in dieser Materie zu.[28] Die Unternehmensführung der Reichspost orientierte sich – nach wie vor – an allgemeinen verwaltungsrechtlichen Grundsätzen. Bei der Bewirtschaftung ihrer sachlichen Mittel war diese daher rein kameralistischen Grundsätzen der Reichshaushaltsordnung[29] unterworfen und der zu erstellende Haushaltsplan, der die vor-

---

[25] Gesetz über das Telegraphenwesen des Deutschen Reichs vom 6. April 1892; RGBl. 1892, S. 467.

[26] *Gehlen*, Deutsche Telekommunikationsmärkte, S. 51.

[27] Art. 56 S. 2 WRV.

[28] Art. 6 Nr. 7 WRV.

[29] Gesetz über die Reichshaushaltsordnung vom 31. Dezember 1922, RGBl. II S. 17.

aussichtlichen Einnahmen und Ausgaben auszuweisen hatte, wurde im Rahmen der Verhandlungen des Reichshaushalts diskutiert und durch Reichsrat und Reichstag in Gesetzesform verabschiedet.

Änderungen der Benutzungsgebühren wurden weiterhin im Verordnungswege durch die Reichsregierung unter Zustimmung des Reichsrats festgesetzt.[30] Durch diese institutionelle Ausgestaltung wies die Reichspost eine ausgeprägte Schwerfälligkeit in Betriebsführung und Gebührenpolitik auf und konnte nur ungenügend auf unvorhergesehene Änderungen der Wirtschaftsbedingungen und technische Neuerungen reagieren.

Durch die Folgen der Weltwirtschaftskrise der 1920er Jahre und die durch Kriegseinwirkung technisch und finanziell entwerteten Betriebseinrichtungen wurden die Nachteile des langatmigen Preisbestimmungsmechanismus besonders deutlich. Steigenden – auch inflationsbedingten – Kosten auf der Ausgabenseite standen stagnierende Einnahmen aus Gebühreneinnahmen entgegen, da man versuchte, das Gebührenniveau aus politischen Gründen zum Wohl der Allgemeinheit möglichst niedrig zu halten.

Die Notwendigkeit einer selbständigen und mit weitgehender Dispositionsfreiheit ausgestatteten Postverwaltung wurde schließlich auch seitens des Gesetzgebers erkannt. Den Weg zu einer kaufmännisch geprägten Wirtschaftsführung ebnete schließlich das Reichspostfinanzgesetz vom 18. März 1924[31].

Die Reichs-Post- und Telegraphenverwaltung sollte gem. § 1 Abs. 1 RPFG fortan als „selbständiges Unternehmen unter der Bezeichnung ‚Deutsche Reichspost'" geführt werden, das zur Erfüllung seiner Aufgaben mit einem vom übrigen Reichsvermögen getrennten Sondervermögen ausgestattet wurde. Im Unterscheid zur Rechtslage bei der Reichsbahn war mit der finanzwirtschaftlichen Abtrennung des Sondervermögens die Schaffung einer eigenen juristischen Rechtspersönlichkeit nicht beabsichtigt. Geleitet wurde die Deutsche Reichspost vom Reichspostminister unter Mitwirkung eines Verwaltungsrats. Die Rechtsaufsicht verblieb in den Händen des der parlamentarischen Verantwortung unterliegenden Ministers. Einer stärkeren föderalistischen Tendenz trug dabei § 6 Abs. 3 RPFG Rechnung, wonach der Reichspostminister gegen einen Beschluss des Verwaltungsrates die Entscheidung der Reichsregierung anrufen konnte. Die Entscheidung der Reichsregierung war aufzuheben, wenn Reichsrat und Reichstag dies binnen drei Monaten durch übereinstimmende Beschlüsse forderten. Diese Regelung und die Tatsache, dass die diskutierte Trennung von geschäftlicher Leitung und parlamentarischer Kontrolle

---

[30] Art. 88 Abs. 3 S. 1 WRV.

[31] RGBl. I, S. 287.

schließlich keine Umsetzung fand, ermöglichten weiterhin den Einfluss tages- und parteipolitischer Erwägungen auf die Unternehmensführung.

Doch insbesondere durch die Installation eines Verwaltungsrats, der in Fragen der Betriebsführung und insbesondere der Gebührenbemessung an die bis dahin verfassungsgemäß von Reichstag und Reichsrat eingenommene Stelle trat, wurde der unternehmerische Handlungsspielraum im finanzwirtschaftlichen Bereich stark erweitert. Die Reichspost war fortan in der Lage, marktorientierte Verfügungen und Wirtschaftsmaßnahmen zu erlassen.[32] Trotz dieses belegbaren Erfolgs wurde die gefundene institutionelle Struktur durch das Gesetz zur Vereinfachung und Verbilligung der Verwaltung vom 27. Februar 1934[33] erneut umgestaltet: Gemäß § 7 Vereinfachungsgesetz wurde das Reichspostfinanzgesetz aufgehoben, die Regelungen über das dem Betrieb der Post gewidmete und vom sonstigen Reichshaushalt getrennte Sondervermögen blieben jedoch bestehen[34]. Insbesondere wurde der Verwaltungsrat in seiner bestehenden Form abgeschafft und damit auch die parlamentarische Kontrolle der Deutschen Reichspost, die bis dahin gerade auch über die Besetzung des Gremiums ausgeübt worden war.[35]

2.2 Reaktionen auf Kapazitätsengpässe

Wie bereits dargestellt, bestand bis in die 1920er Jahre hinein die Möglichkeit, für Telefonate im Ortsbereich einen Pauschtarif zu wählen. Die Umsetzung dieser Regelung führte in der Praxis zu einigen Schwierigkeiten: Problematisch am Kostenverlauf des Pauschtarifs war zum einen die Nichtübereinstimmung mit dem Verlauf der Anlagekosten. Die Kosten für einen Anschluss in kleinen Ortsnetzen waren bis zu doppelt so hoch wie in den großen Netzen. Treibender Kostenfaktor war hierbei die Teilnehmeranschlussleitung, also die Verbindung zwischen dem einzelnen Telefon und der ersten Vermittlungseinrichtung. Fataler Weise steigerte die ermäßigte Pauschgebühr gerade in ländlichen Bereichen die Nachfrage nach – aus Sicht der Verwaltung – defizitären Anschlüssen.[36]

Auch zeigte sich ein weiterer, mit der heutigen „Flat-Rate-Tarifierung“ unmittelbar vergleichbarer Problemkreis: Die Kosten der Telefonie im Ortsverkehr beschränkten sich auf die monatlichen Fixkosten in Gestalt der Pauschgebühr. Für jedes geführte Telefonat lagen die Grenzkosten dann bei null. Damals wie heute konnte jeder Teilnehmer seinen ökonomi-

---

[32] *Luttermann*, Wirtschaftsführung und Rechnungslegung, S. 12 f.

[33] RGBl. I, S. 130; im Folgenden Vereinfachungsgesetz.

[34] Vgl. § 2 Abs. 1 Vereinfachungsgesetz.

[35] *Lotz*, Geschichte der Reichspost, S. 73.

[36] *Eckenberger*, Fernsprechtarif, S. 42.

schen Nutzen maximieren indem er also möglichst viele Telefonate führte. In Anbetracht begrenzter Netzkapazitäten führte dies schnell zu einer Überlastung der Netze.

Die ungleichmäßige Auslastung lässt sich dabei auch an der Statistik ablesen: Innerhalb der ersten Jahre konnte man eine klare Zunahme des Anteils der Anschlüsse mit einer nutzungsabhängigen Gebührenerfassung feststellen. Im Jahr 1900 betrug dieser gemessen an der Gesamtzahl der Anschlüsse im Reich etwa 25 Prozent. Dieser Anteil erhöhte sich bis in das Jahr 1907 auf mehr als 44 Prozent.[37] Hinsichtlich der Nutzungsgewohnheiten ergab sich ein anderes Bild. Während von einem Grundgebührenanschluss im Durchschnitt 643 Telefonate pro Jahr geführt wurden, tätigte der Nutzer eines Pauschgebührenanschlusses im selben Zeitraum im Schnitt 3.114 Anrufe.[38] Insbesondere zu den Stoßzeiten (besonders innerhalb der werktäglichen Geschäftszeiten) kam es somit zu langen Wartezeiten, bis die gewünschte Verbindung hergestellt werden konnte. Problematisch wurde dies dann, wenn durch die Überlastung die Übermittlung zeitsensibler und damit meist wirtschaftlich „wertvoller" Informationen vereitelt wurde. Trotz dieser offensichtlichen Fehlanreize wurde diese Gebührenausgestaltung erst im Jahr 1920 aufgegeben.

Die Deutsche Reichspost reagierte stattdessen mit einer Vielzahl von Innovationen im Dienstgütebereich. Bereits im Jahr 1889 kam es zur Einführung sog. „dringender Gespräche", bei denen für eine bevorzugte Weitervermittlung die dreifache Gebühr erhoben wurde.[39] Mit den sog. „Blitzgesprächen" die durch das Fernsprechgebührengesetz vom 17. August 1923[40] eingeführt wurden, wollte man in der Hochphase des Währungsverfalls dem Handel die Möglichkeit der vorrangigen Vermittlung geben, nachdem auch bei dringenden Gesprächen mittlerweile lange Wartezeiten zu verzeichnen waren. Für Gespräche wurde das 100fache der normalen Gebühr verlangt, die nach 1924 auf das 30fache und von 1927 an auf das Zehnfache ermäßigt wurde. Das sog. „dringende Pressegespräch" ermöglichte der Presse ab 1920 die Herstellung einer privilegierten Verbindung zu den Gebühren eines gewöhnlichen Gesprächs.[41] Auch hier war der Service zunächst kontingentiert. Daneben gab es seit 1901 zusätzlich die Möglichkeit, dass in sog. „Monats- und Wochengesprächen" „Gespräche,

---

[37] Anlage zu den stenographischen Berichten des RT 12. LP, Nr. 1176, S. 4.

[38] Beobachtungszeitraum vom 1. Juli 1906 bis 30. Juni 1907, vgl. Anlage zu den stenographischen Berichten des RT 12. LP, Nr. 1176, S. 5.

[39] *Wittiber*, Grundlagen des Fernsprechtarifs, S. 129.

[40] RGBl. I S. 802.

[41] Eingeführt durch das Gesetz betreffend die Telegraphen- und Fernsprechgebühren vom 9. Mai 1920 (RGBl. I, S. 894).

die sich zwischen denselben Teilnehmern täglich oder werktäglich zu derselben Zeit wiederholen sollen, ein für allemal angemeldet“[42] werden konnten. Vor dem Hintergrund anhaltender – oftmals kriegsbedingter – Kapazitätsprobleme im deutschen Fernsprechnetz blieben diese Dienste bis weit in 1960er Jahre hinein ein wichtiges Instrument gewerblicher Nutzer.[43]

3. Datenverarbeitung

3.1 Die Deutsche Bundespost – Rückkehr zu den Wurzeln

Mit dem Erlass des Postverwaltungsgesetzes von 1953 wurde die Übergangsverwaltung in den alliierten Besatzungszonen endgültig beendet und der Deutschen Bundespost eine neue Rechtsgrundlage gegeben.[44] Der Status als Sondervermögen mit eigener Haushalts- und Rechnungsführung wurde beibehalten und somit der Brückenschlag in die Regelungen der Vorkriegszeit vollzogen. Es kam zur Wiedereinführung eines Verwaltungsrats, bei dessen Zusammensetzung und Entscheidungskompetenzen man sich eng am RPFG orientierte. Allerdings erschöpfte sich die Anlehnung an „alte Zeiten“ weitgehend auf derartige formelle Regelungen.

Während das RPFG noch ausdrücklich den Unternehmenscharakter der Reichspost unterstrich, war die Intention des Post*verwaltungs*gesetzes eine andere: § 2 Abs. 1 S. 1 PostVerwG führte unmissverständlich aus, dass die Deutsche Bundespost „verwaltet“ wird und somit „nicht als ein Unternehmen mit besonderer Spitze, sondern als echte Bundesverwaltung [...] geführt werden“[45] sollte.[46]

Durch diese Feststellung und die formelhaft auferlegte „Pflicht zu einer gemeinwirtschaftlich ausgerichteten Leitung“ (§ 2 PostVerwG), war die Bestimmung der Höhe und des Zuschnitts der Gebühr und die Festlegung das Dienstleistungsportfolios (nach wie vor) einer Vielzahl von divergierenden politischen, (betriebs-)wirtschaftlichen und gesellschaftlichen Motiven und Zielen ausgesetzt. Stets mussten unterschiedliche Problemfelder, Interessen und Ansichten miteinander in einen gerechten Ausgleich gebracht werden. Gleichzeitig und trotz dieses bestehenden Lastenhefts sollte die Bundespost eigenwirtschaftlich agieren.[47] Durch die stärkere Orientierung hin zur „Staatsverwaltung“ und die interessenpolitische Einflussnah-

---

[42] Verfügung vom 4. Oktober 1905, S. 311.
[43] *Horstmann*, 75 Jahre Fernsprecher, S. 207 ff.
[44] *Luttermann*, Wirtschaftsführung und Rechnungslegung, S. 27 f.
[45] BT-Drs. 1/3479, S. 10.
[46] *Schneider*, Staat und Kommunikation. S. 174.
[47] *Luttermann*, Wirtschaftsführung und Rechnungslegung, S. 28.

me durch den wieder eingeführten Verwaltungsrat trat eine Hemmungswirkung ein, die eine tatsächliche Autonomie und wirtschaftliche Handlungsweise nicht entstehen ließ und die Post ab den 1960er Jahren in eine finanzielle Schieflage führte.[48]

Trotz zahlreicher Reformbemühungen erfolgte eine Änderung des institutionellen Designs dann erst durch die Folgen der Digitalisierung und des damit verbundenen Aufbrechens der monopolistischen Marktstrukturen zu Beginn der 1990er Jahre.[49]

3.2 Reaktionen auf Kapazitätsengpässe

Ein letztes Beispiel für die Entstehung neuer Diensteklassen liefern die zu Beginn der 60 Jahre entstehenden Datenverarbeitungsanlagen. Seit dem Jahre 1965 stellte die Deutsche Bundespost für die Datenübertragung zunächst das öffentliche Fernsprechnetz, später das Telexnetz und ein schließlich besonderes öffentliches Wählnetz zur Übertragung digitaler Daten („Datex“) zur Verfügung; daneben genehmigte sie anfangs auch private Fernmeldeanlagen zum Zweck der Übertragung von Daten in Fällen, in denen die öffentlichen Netze speziellen Bedürfnissen nicht voll genügen konnten, da die vorhandenen Fernmeldenetze in erster Linie für andere Zwecke, z. B. für das Fernsprechen oder das Fernschreiben belegt waren. Mit dieser sog. „Überlassung von Stromwegen“ wurde den gewerblichen Nachfragern, insbesondere Banken und der Tourismusbranche, durch die Bereitstellung spezieller Mietleitungen die Möglichkeit einer vernetzten Datenverarbeitung gegeben. Vor dem Hintergrund der wachsenden Bedeutung der Datenübertragung bestand allerdings eine große Sorge der Deutschen Bundespost schließlich darin, zu einem bloßen „Transportunternehmen degradiert“ zu werden.[50] Es ging also auch schon zu Zeiten des staatlichen Monopolunternehmens um die Frage, ob weitere Felder der Wertschöpfung neben der reinen Überlassung von Netzinfrastrukturen erschlossen werden können. Die dahinter stehenden Einnahmeinteressen und die

---

[48] *Schneider*, Staat und Kommunikation. S. 175.

[49] Wenngleich bereits im Jahr 1965 das „Gutachten der Sachverständigen-Kommission für die Deutsche Bundespost“ von dem Motiv geleitet wurde, dass es sich bei der Deutschen Bundespost um ein wirtschaftliches Unternehmen handele, für das eine Besserung der Ertragslage und die Einhaltung des gesetzlichen Auftrags zur Eigenwirtschaftlichkeit nur dann erreichbar schienen, wenn dementsprechend auch ihre Strukturen weitgehend privatwirtschaftlichen Maßstäben angeglichen würden, vgl. BT-Drs. 5/203, S. 93, 130 ff. Auf Seiten des Gesetzgebers blieben diese Erkenntnisse trotz einiger Bemühungen ohne Widerhall, vgl. nur *Florian*, Das Gutachten der Sachverständigen-Kommission für die Deutsche Bundespost, S. 9 ff.

[50] *Schneider*, Staat und Kommunikation. S. 178.

Legitimation der Integration neuer Märkte in das bestehende Fernmeldemonopol des Bundes wurden insbesondere durch die Wahrung der gemeinwohlorientierten Aufgabenbestimmung der Deutschen Bundespost gerechtfertigt. Nur so konnten die aus der Zielvorgabe einer flächendeckenden Versorgung („Universal Service") und der „Tarifeinheit im Raum" entstehenden erheblichen wirtschaftlichen Belastungen abgefedert werden. Anders gewendet war die Post gezwungen, ihre Monopolrechte voll auszuschöpfen und auf weitere Bereiche der Endgeräte auszudehnen.[51]

III. Ergebnis

Das Post- und Telegraphenwesen wurde von den meisten deutschen Territorialstaaten bis zum Ende des 19. Jahrhunderts mit einer dreifachen Zielrichtung betrieben: Die Kommunikation sollte den eigenen staatlichen Bedürfnissen genügen, die wirtschaftliche Entwicklung des Landes fördern und der Staatskasse eine stetige Einnahmequelle sichern.[52] Vor diesem Hintergrund verwundert es nicht, dass angesichts knapper Kapazitäten nach einer Lösung gesucht wurde, Daten möglichst effizient zu übermitteln und die Attraktivität des Netzes insbesondere für gewerbliche Nutzer zu steigern. Als nahezu natürlicher Reflex kam es zu einer Ausdifferenzierung unterschiedlicher Dienstgüte- und Preisklassen bei Telegraphie und Telefonie, die sich streng an den Anforderungen der Anwender orientierte. Es entstanden Nutzergruppen, für die nicht nur der Datentransport als solcher, sondern auch die unverzügliche Vornahme desselben, wesentlicher Bestandteil des Geschäftsmodells wurden. Am Beispiel der entstehenden Nachrichtenbüros, zeigt sich, dass es durchaus eine Zielgruppe gab, die in der Lage und dazu bereit war, den bevorzugten Transport ihrer Daten durch erhöhte Entgelte zu sichern.

Die Schwerfälligkeit, mit der man im Bereich der Telefonie auf die offensichtlichen – seit spätestens 1907 auch vom Gesetzgeber erkannten – Nachteile des Pauschgebührentarifs reagierte, zeigt auch, wie schwer es bereits vor mehr als 100 Jahren fiel, die Nutzer von der Notwendigkeit der Abschaffung eines „tradierten" Tarifmodells zu Gunsten eines neues Preissystems zu überzeugen. Dies ist zugleich ein hervorragendes Beispiel für die Dominanz politischer Motive, die zu Lasten der wirtschaftlichen Effi-

[51] *Werle*, Telekommunikation, S. 230 f. Auch wenn diese Vorgehensweise vom Bundesverfassungsgericht in der sog. „Direktrufentscheidung" (BVerfGE 64, S. 120) noch gebilligt wurde, war es der Endgerätemarkt, mit dessen Liberalisierung das Ende der Staatsmonopole im europäischen Telekommunikationssektor eingeläutet wurde.

[52] *Badura*, Verwaltungsmonopol, S. 198 f.

zienz bestand: Eine Abkehr von einer streng an den Kosten orientierten Preisbildung führte (auch) in der Vergangenheit oftmals zu einer Einwirkung betriebsfremder Interventionen.[53] Ein Problem, das sich auch in der tagesaktuellen Diskussion durchaus nachweisen lässt.

Das Beispiel der Datenverarbeitung zeigt, dass auch in Zeiten des monopolistischen Staatsbetriebs das Unternehmen Deutsche Bundespost stets darauf bedacht war, an der Wertschöpfungskette der entstehenden Datenverarbeitungsindustrie zu partizipieren. Mangels technischer Alternativen konzentrierten sich die damaligen Bemühungen nicht auf die Klassifizierung einzelner Datenpakete, sondern auf die Ausweitung des Monopolanspruchs in den Markt für Datenverarbeitungsendgeräte.

Die Untersuchung hat gezeigt, dass sich Infrastruktur und angebotene Dienstleistungen gegenseitig bedingen.[54] Im Laufe der Geschichte stand der Gesetzgeber ständig vor der Aufgabe, eine Kapazitätsknappheit des Netzes insbesondere durch die Schaffung von entsprechenden Preissystemen abzumildern. Das Beispiel der Pauschgebühren im Fernsprechwesen beweist, dass falsche Anreizwirkungen durch veraltete Preismodelle die Leistungsfähigkeit des gesamten Netzes gefährden können. Es zeigt auch, dass in rein politisch motivierten Preisbestimmungsverfahren ökonomische Argumentationen nicht immer ausreichend Gehör finden.

Die Erfahrung der Vergangenheit aber lehrt, dass es im Telekommunikationssektor zu keinem Zeitpunkt der Geschichte gelungen ist, eine tragfähige Lösung zu finden, mit der Telekommunikationsmärkte ihre ideale Steuerung dauerhaft erfuhren.[55] Allein schon wegen des hohen Innovationstempos wird sich dies auch in der Zukunft nicht ändern. Aufgabe des Gesetzgebers muss es daher sein, veränderten Rahmenbedingungen flexibel zu begegnen. Damals wie heute entstehen durch die Weiterentwicklung der Technologie immer neue Problemfelder, die weiteren Regulierungsbedarf generieren.[56] In Bezug auf die hier gegenständliche Diskussion liefert der Blick in die Vergangenheit Zuversicht, dass sich Dienstgüte- und Preisdiversifikationen als ein probates Mittel zur Beseitigung von Kapazitätsengpässen bewährt haben.

---

[53] *Feigenbutz*, Bindungen, S. 43.

[54] BT-Drs. 17/8536, S. 17.

[55] *Gehlen*, Deutsche Telekommunikationsmärkte, S. 50.

[56] Es erscheint also nur folgerichtig, wenn *Kopf*, Transitorische oder unendliche Regulierung?, aus praktischer Sicht die Existenz eines zumindest ursprünglich intendierten Übergangscharakters der Regulierung im Telekommunikationssektor hinterfragt.

Literaturverzeichnis

Badura, Peter: Das Verwaltungsmonopol, Berlin 1963.

Bender, Mark: Rechtmäßigkeit der „Deep Packet Inspection", erhältlich im Internet: <http://kobra.bibliothek.uni-kassel.de/bitstream/urn:nbn:de:hebis:34200911303l192/5/BednerDeepPacketInspection.pdf> [zuletzt besucht am 31. Oktober 2012].

Eckenberger, Gustav: Der Fernsprechtarif, in: Zeitschrift für das Post- und Fernmeldewesen 2, 1950, S. 41–45.

Feigenbutz, Gerhard: Die Bindungen des Post- und Fernmeldewesens an und durch das Rechtsinstitut der Gebühr. Versuch eines Beitrags zu den Post- und Fernmeldegebühren, Berlin 1977.

Florian, Winfried: Das Gutachten der Sachverständigen-Kommission für die Deutsche Bundespost, in: Jahrbuch des Postwesens 17, 1966, S. 9–85.

Gehlen, Boris: Die deutschen Telekommunikationsmärkte im „langen" 19. Jahrhundert: Marktordnung, Investitionen, Preisbildung, in: Kurth, Matthias/Schmoeckel, Mathias (Hg.): Regulierung im Telekommunikationssektor. Chancen und Risiken im historischen Prozess (Rechtsordnung und Wirtschaftsgeschichte 2), Tübingen 2012, S. 27–52.

Herrmann, Ernst: Die Deutsche Bundespost. Kommunikationsunternehmen zwischen Staat und Wirtschaft, Baden-Baden 1986.

Hesse, Jan-Otmar: Im Netz der Kommunikation. Die Reichs-Post- und Telegraphenverwaltung 1876–1914 (Schriftenreihe zur Zeitschrift für Unternehmensgeschichte 8), München 2002.

Horstmann, Erwin: 75 Jahre Fernsprecher in Deutschland 1877–1952, Frankfurt a.M. 1952.

Kilger, Franz: Die Entwicklung des Telegraphenrechts im 19. Jahrhundert mit besonderer Berücksichtigung der technischen Entwicklung. Telegraphenrecht im 19. Jahrhundert (Rechtshistorische Reihe 111), Frankfurt a.M. et al. 1992.

Kommission, Mitteilung der Kommission an das Europäische Parlament, den Rat, den Europäischen Wirtschafts- und Sozialausschuss und de Ausschuss der Regionen, Offenes Internet und Netzneutralität in Europa, KOM (2011) 222.

Kopf, Wolfgang: Transitorische oder unendliche Regulierung?, in: Kurth, Matthias/Schmoeckel, Mathias (Hg.): Regulierung im Telekommunikationssektor. Chancen und Risiken im historischen Prozess (Rechtsordnung und Wirtschaftsgeschichte 2), Tübingen 2012, S. 127–141.

Lotz, Wolfgang: Die Deutsche Reichspost 1933–1945. Eine politische Verwaltungsgeschichte, Band I. 1933–1939, Berlin 1999.

Luttermann, Claus: Die Wirtschaftsführung und Rechnungslegung der Deutschen Bundespost. Ein Beitrag zur Rechtslage nach dem Postverfassungsgesetz vom 8. Juni 1989 (Studien zum öffentlichen Wirtschaftsrecht 18), Köln et al. 1991.

Michalczyk, Roman: Europäische Ursprünge der Regulierung von Wettbewerb. Eine rechtshistorische interdisziplinäre Suche nach einer europäischen Regulierungstradition am Beispiel der Entwicklung der Eisenbahn in England, Preußen und den USA (Rechtsordnung und Wirtschaftsgeschichte 1), Tübingen 2010.

Rüberg, Johannes: Gesetzgebung zwischen Innovation und Tradition: „Neue Märkte" im rechtshistorischen Vergleich, in: Kurth, Matthias/Schmoeckel, Mathias (Hg.): Regulierung im Telekommunikationssektor. Chancen und Risiken im historischen Prozess (Rechtsordnung und Wirtschaftsgeschichte 2), Tübingen 2012, S. 53–66.

Schilly, Ernst: Nachrichtenwesen, in: Jeserich, Kurt G. A./Pohl, Hans/Unruh, Georg-Christoph von (Hg.): Deutsche Verwaltungsgeschichte, Band 3. Das Deutsche Reich bis zum Ende der Monarchie, Stuttgart 1984, S. 385–406.

Schmoeckel, Mathias:Dauerhaft engpassfreie Märkte durch „Regulierung"? Erfolgsgeschichte eines Begriffs, erhältlich im Internet: <http://www.forhistiur.de/zitat/0902schmoeckel.htm> [zuletzt besucht am 31. Oktober 2012].

Schneider, Volker: Staat und technische Kommunikation. Eine politische Entwicklung der Telekommunikation in den USA, Japan, Großbritannien, Deutschland, Frankreich und Italien. Opladen/Wiesbaden 1999.

Schöttle, Gustav: Der Telegraph in administrativer und finanzieller Hinsicht, Stuttgart 1883.

Werle, Raymund: Telekommunikation in der Bundesrepublik. Expansion, Differenzierung, Transformation. Frankfurt a.M./New York 1990.

Wilke, Jürgen: Grundzüge der Medien- und Kommunikationsgeschichte, Köln/Weimar/Wien 2008.

Wittiber, Hugo: Die Grundlagen des Fernsprechtarifs unter besonderer Berücksichtigung der deutschen Verhältnisse, Berlin 1929.

Preisregelung und Preisregulierung zwischen Gerechtigkeit und Effizienz

Rechtshistorische Anmerkungen zu den Beiträgen von Markus Patt und Johannes Rüberg

Peter Collin

I. Einführung

Die Vorträge von *Markus Patt* und *Johannes Rüberg* kreisen um zentrale Regelungsprobleme moderner Wirtschaftsordnungen: Wie soll das wertmäßige Verhältnis von Leistung und Gegenleistung in ökonomischen Interaktionen ausgestaltet sein? Soll dessen Bestimmung lediglich den Vertragspartnern überlassen bleiben oder ist auch eine Intervention von außen zulässig? Welche Maßstäbe sind für die Legitimität externer Einflussnahmen auf die Vertragsbeziehungen zugrundezulegen? Auf welche Rationalitäten lassen sich externe Einflussnahmen auf das Preisgefüge gründen?

Bei der Bearbeitung dieser Fragen gehen beide Referenten auf eine ansprechende Weise innovativ vor. Ihre Beiträge öffnen sich Preisregelungsfeldern und Preisregelungsintentionen, die in der Rechtsgeschichte bisher kaum Beachtung gefunden haben. Andererseits hat man es mit einem Bestand an rechtshistorischer (aber auch wirtschaftshistorischer) Literatur zu tun, die für andere Gebiete die Entwicklungslinien hoheitlicher Preisintervention herausgearbeitet und die Herausbildung von Rechtsfiguren der Preisregelung nachgezeichnet hat. Dies bietet Anlass, die in den beiden Referaten präsentierten Forschungsergebnisse in systematische Überlegungen einzubetten, die allerdings – auch aufgrund der Kürze meines Beitrags – in vieler Hinsicht tentativ bleiben müssen.

An erster Stelle soll ein kurzer Überblick einige rechtshistorische Hauptstationen und Hauptlinien von Preisregelung sichtbar machen. Zunächst wird dabei unterschieden – die Verbindungslinien sind später zu ziehen – zwischen obrigkeitlicher, sozusagen politisch-administrativer, und privatrechtlicher Preisgestaltung. Das spezielle Gebiet strafrechtlicher

Preisregelung, vor allem durch die Strafnormen gegen Wucher, soll dagegen aus Platzgründen außer Betracht bleiben.

II. Rechtshistorische Entwicklungslinien

1. Entwicklungslinien obrigkeitlicher Preisregelung

Einzelne herrschaftliche Preisfestsetzungen sind bereits aus der Antike bekannt.[1] Sie sind schon in Babylonien anzutreffen, in der klassischen römischen Zeit findet man sie eher seltener, erst in der Spätzeit vermehrt.[2] Im historischen Gedächtnis verankert ist vor allem das Höchstpreisedikt *Diokletians*, das sich auf eine Vielzahl von Waren und Dienstleistungen erstreckte.[3] Für das Frühmittelalter hat *Harald Siems* herausgearbeitet, wie man in zahlreichen Kapitularien besonders in Hungerszeiten die Getreidepreise regulierte.[4] Preisfestsetzungen finden sich dann in großer Zahl in den städtischen Statuten des Hoch- und Spätmittelalters.[5] Nach *Winfried Trusen* beschränkten sie sich meist auf die wichtigsten Nahrungsmittel, also vor allem auf Brot, Fleisch, Wein und Bier aus der einheimischen Produktion, letztlich auf Waren, bei denen die Ausnutzung von Knappheit existenziell sein konnte.[6] Derartige Preistaxen finden sich dann auch in der frühen Neuzeit, auch hier wieder konzentriert auf Grundnahrungsmittel, z.T. auch im Textilgewerbe, später auch das Apotheker- und Buchgewerbe erfassend[7]; ferner enthielten die Reichspolizeiordnungen[8] und die territorialen Polizeiordnungen[9] Preistaxen.

Ab Beginn des 19. Jahrhunderts und mit der Durchsetzung des Gedankens der Gewerbefreiheit verschwanden die obrigkeitlichen Preistaxen, wenn auch weiterhin die Preise durch Zölle und Verbrauchssteuern beeinflusst wurden[10]; lediglich noch einige Rudimente finden sich in der Gewerbeordnung, dort vor allem für Droschkenkutscher, Stellenvermittler, Schornsteinfeger, Feldvermesser – also z.T. öffentlich gebundene Berufe.[11]

---

[1] Überblick bei *Steiner*, Einleitung, S. 12 ff.
[2] *Genzmer*, Lehre vom gerechten Preis, S. 31 ff.
[3] *Genzmer*, Lehre vom gerechten Preis, S. 48 f.
[4] *Siems*, Handel und Wucher, S. 486, 701 ff.
[5] Siehe nur *Kelter*, Geschichte, S. 15 ff.
[6] *Trusen*, Äquivalenzprinzip, S. 540.
[7] Siehe nur Gerhard/Kaufhold (Hg.), Preise, S. 36 ff.
[8] Im Einzelnen aufgeführt bei *Isopescul-Grecul*, Wucherstrafrecht, S. 125.
[9] Siehe z.B. *Schulze*, Polizeigesetzgebung, S. 51, 66.
[10] *Steiner*, Einleitung, S. 14 f.
[11] *Sass*, Taxen, S. 1065 ff.

Der Beginn des Ersten Weltkrieges bedeutete eine Zäsur. Einsetzend mit dem Höchstpreisgesetz vom 4. August 1914[12] ordnete man den Markt durch umfassende behördliche Preisfestsetzungen. Ende 1916 waren 763 Produkte davon erfasst, allerdings auch hier konzentriert auf Gegenstände des täglichen Bedarfs, Nahrungs- und Futtermittel, Heizmaterialien usw. Eine konsequente Durchsetzung misslang allerdings, was auch damit zu tun hatte, dass die Festsetzungen meist auf lokaler Ebene erfolgten. Im Allgemeinen wird die deutsche Preispolitik des Ersten Weltkrieges nicht als Erfolg eingestuft.[13]

Diese Preispolitik fand in der Nachkriegszeit zunächst ihre Fortsetzung, allerdings ging man dann dazu über, auf überwachte Selbstregulierung der Anbieter zu setzen. D.h. die Gewerbetreibenden durften die Preise selbst bestimmen, mussten sie aber aushängen und sich dann daran halten; daneben standen scharfe Strafbestimmungen gegen Preistreiberei.[14] Erst in der krisenhaften Endzeit gewann die Preispolitik wieder an Fahrt, zunächst mit einer Schärfung des Kartellrechts, mit welcher man das Preisgefüge beherrschen wollte.[15] § 1 des V. Abschnitts der Notverordnung vom 26. Juli 1930 konkretisierte die allgemeine Klausel zur Unwirksamkeitserklärung für Kartellverträge aus der Kartellverordnung von 1923 dahingehend, dass Preisabsprachen für unwirksam erklärt werden konnten, wenn „die Wirtschaftlichkeit der Erzeugung oder des Verkehrs mit Waren oder Leistungen beeinträchtigt oder die wirtschaftliche Handlungsfreiheit in volkswirtschaftlich nicht gerechtfertigter Weise eingeschränkt wird“.[16] Beabsichtigt war eine allgemeine Senkung des Preisniveaus zur Sicherung der Inlandskaufkraft – allerdings wurden die Instrumente kaum angewandt, wohl weil man eine irreparable Schädigung der Kartelle fürchtete.[17] Auf einer zweiten Stufe dann, nämlich durch die Notverordnung vom 8. Dezember 1931, schrieb man eine allgemeine Absenkung bestimmter Grundstoffpreise und Markenartikel um 10 Prozent vor.[18] Aber auch dieser Maßnahme wurde nur wenig Erfolg attestiert, auch weil Preissenkungen in

---

[12] RGBl. S. 339 ff.

[13] *Steiner*, Einleitung, S. 15 f.; umfassend zu den staatlichen Maßnahmen und deren Scheitern *Azzolini*, Frauenalltag, S. 41 ff.

[14] *Rohrscheidt*, Preistaxen, S. 1072.

[15] *Maier-Ring*, Kartellrecht, S. 44 ff.

[16] Verordnung des Reichspräsidenten zur Behebung finanzieller, wirtschaftlicher und sozialer Notstände vom 26. Juli 1930 (RGBl. I S. 311).

[17] *Maier-Ring*, Kartellrecht, S. 161.

[18] Erster Teil, Kap. 1, § 1 Abs. 1 Vierte Verordnung des Reichspräsidenten zur Sicherung von Wirtschaft und Finanzen und zum Schutze des inneren Friedens vom 8. Dezember 1931 (RGBl. I S. 699).

einem Bereich durch Preiserhöhungen in einem anderen ausgeglichen wurden.[19]

Wesentliche Elemente der nationalsozialistischen Vorkriegs- und Kriegspreispolitik[20] hatten zunächst auch noch in den westlichen Besatzungszonen Bestand.[21] Auch die Hinwendung zur Marktwirtschaft ab 1948 führte nicht zu einer allgemeinen Freigabe der Preise. Festpreise galten für Getreideerzeugnisse, Kartoffeln, Zucker, Butter sowie für Verkehrstarife, Höchstpreise für bestimmte andere Lebensmittel sowie für den Bezug von Kohle, Elektrizität, Gas, Wasser und für Mieten; ca. 30 Prozent der Preise für Waren des privaten Verbrauchs waren in den 1950er Jahren noch staatlich administriert.[22] Bekanntlich wurden dann die Preisfestsetzungen sukzessive abgebaut. Allgemeine Preis- und Lohnstopps als Form der Stabilitätspolitik, wie in den USA in der ersten Hälfte der 1970er Jahre[23], aber auch in anderen westlichen Staaten, fanden in der Bundesrepublik nicht statt.

2. Entwicklungslinien „privatrechtlicher" Preisregelung

Neben dieser obrigkeitlichen Preisregelung lassen sich Entwicklungslinien „privatrechtlicher" Preisregelung ausmachen – obgleich dieses „neben", wie noch später ausgeführt wird, keine Unverbundenheit suggerieren möchte. Auch soll die Setzung des Worts „privatrechtlich" in Anführungszeichen deutlich machen, dass die nachfolgenden Ausführungen nicht von der Idee trennscharfer teildisziplinärer Abgrenzung ausgehen; die hier geschilderten Entwicklungen strahlten über das enge Gebiet des Privatrechts hinaus. Kenntlich gemacht werden soll aber eine andere rechtshistorische Perspektive – nämlich eine solche, für die nicht die administrative Preisintervention, sondern die Genese privatrechtsdogmatischer Denkfiguren im Vordergrund steht. Diese lassen sich unter den Bezeichnungen „iustum pretium" und „laesio enormis" ausmachen.

Im Gedanken des gerechten Preises ließen sich grundlegende philosophische Gerechtigkeitsüberlegungen, aber auch rechtliche Konsequenzen unterbringen. Als philosophischen Topos findet man ihn schon in der griechischen Tradition, *Cicero* vor allem griff ihn auf. Und über eine jahrhun-

---

[19] *Maier-Ring*, Kartellrecht, S. 138.

[20] Überblick dazu bei *Steiner*, Preispolitik, S. 171–203; speziell zur Preispolitik im nationalsozialistischen Deutschland der Vorkriegszeit *Steiner*, Preisüberwachung, S. 23–85.

[21] Zur Preispolitik in der frühen DDR: *Schevardo*, Wert des Notwendigen.

[22] *Zündorf*, Preis der Marktwirtschaft, S. 9, 35 ff.

[23] Dazu mit einem instruktiven Überblick: *Schmidt-Preuß*, Verfassungsrechtliche Zentralfragen, S. 45 ff.

dertelange Entwicklung bis zum Dominat wurde er rechtlich positiviert und fand über das Justinianische Gesetzeswerk Eingang in die europäische Privatrechtrechtstradition, und zwar – und das betrifft die rechtlichen Konsequenzen – in Form der „laesio enormis[24]“: eine dem Vertragspartner zur Verfügung gestellte Möglichkeit, Rechtsbeziehungen zu korrigieren, wenn der zugrunde gelegte Preis eben nicht gerecht war. Welche Rechtsfolge jeweils einschlägig war, änderte sich im Laufe der Zeit, ebenso in welchem Umfang subjektive Voraussetzungen gegeben sein mussten.[25] Allgemeine Voraussetzung war jedenfalls, dass der Wert der Gegenleistung weniger als die Hälfte der Leistung betrug, so wie es heute noch in § 934 des österreichischen ABGB geregelt ist.

Der juristische und rechtsphilosophische „Knackpunkt“ des „iustum pretium“ war seine Ermittelbarkeit und damit seine rechtspraktische Operationalisierbarkeit. Sollte man ihn nach dem Wert der in ihm steckenden Arbeit und Rohstoffe bemessen, nach dem Interesse des Käufers, nach den üblichen Marktpreisen? Sollte man das, was gerecht ist, den Preisfestsetzungen einer am Gemeinwohl orientierten Obrigkeit überlassen, die z.B. Mängellagen, Bevölkerungsbedürfnisse u.ä. berücksichtigte? Darum drehte sich letztlich die Diskussion. Und damit sind auch die Verbindungslinien zur oben geschilderten obrigkeitlichen Preispolitik gezogen. Denn auch diese konnte nicht frei bei der Preisfestsetzung sein.

Man kann sagen, dass sich diese Diskussion durch das Mittelalter und die frühe Neuzeit zog, wobei die unterschiedlichsten Positionen vertreten wurden: eher marktorientierte, die aber auf den Ausschluss marktverzerrender Faktoren, wie z.B. Monopole, und unziemlicher Beeinflussungen, wie Ausnutzung von Unwissen oder Notlagen, zielten, oder eher objektivwertorientierte. Zwischen diesen Polen bewegte sich die Diskussion, in verschiedenen Variationen.[26] Jedenfalls verlor die Auffassung, dass ein Preis nur gerechtfertigt sei, wenn er (innerhalb einer gewissen Spannbreite) dem Wert der Gegenleistung entsprach, zunehmend an Gewicht – die „laesio enormis“ verschwand im Lauf des 19. Jahrhunderts immer mehr aus den privatrechtlichen Kodifikationen.[27]

---

[24] Umfassend dazu jetzt *Göttlicher*, Suche nach dem gerechten Preis.

[25] Umfassend dazu *Becker*, Laesio enormis.

[26] Siehe dazu *Goez*, Ringen um den „gerechten Preis“, S. 23 ff.; *Trusen*, Äquivalenzprinzip, S. 534 ff.

[27] *Koch*, Gerechter Preis, Sp. 125.

III. Systematisierungsüberlegungen

Wenn wir jetzt die Beiträge von *Patt* und *Rüberg* im Kontext dieser eben skizzierten Entwicklungslinien behandeln, stellen wir fest, dass die Referenten ganz spezifische Formen von Preisregelung behandeln – Formen, deren Berücksichtigung uns aber dabei helfen kann, den Blick auf die rechtlichen Strukturen der Preisbeeinflussung insgesamt stärker systematisch zu schärfen. Das betrifft 1. das Regelungsverständnis, 2. die Regelungsakteure, 3. die Regelungsintentionen und 4. die Leitrationalitäten von Preisregelungen.

1. Preisregelung und Preisregulierung

Die zu kommentierenden Beiträge ordnen sich ein in die übergreifende Fragestellung des Gesamtprojekts „Gestaltung der Freiheit – Regulierung von Wirtschaft zwischen historischer Prägung und Normierung". Dieses geht von einem bestimmten Verständnis von Regulierung aus. Regulierung bezeichnet demnach jene Maßnahmen, die auf die Herstellung von Wettbewerbsbedingungen in einem bestimmten Wirtschaftssektor gerichtet sind oder zumindest auf die Herbeiführung von Bedingungen, die bestünden, würde dieser Sektor wettbewerblich betrieben. Dieses Regulierungsverständnis ist im Beitrag von *Patt* vorangestellt, im Beitrag von *Rüberg* findet sich keine derart dezidierte Stellungnahme, jedoch lässt der Bezug auf die jüngere Reform des Telekommunikationssektors und die sich daran orientierende Untersuchungsrichtung vermuten, dass auch dieser von einem entsprechenden Regulierungsverständnis ausgeht. Preisgestaltungen als Bestandteil dieser Maßnahmenpakete lassen sich dann als Preisregulierung bezeichnen.

Eine derartige Terminologie auf Preisgestaltungsmaßnahmen in anderen Sektoren und/oder in anderen (vorliberalen) Epochen der Rechtsgeschichte zu erstrecken, bereitet erhebliche Schwierigkeiten. Sicher – das Ziel der Herstellung von Wettbewerb taucht nicht erst bei *Adam Smith* und seinen Anhängern auf. Schon bei den von den Smithianern verächtlich dem „Merkantilsystem" zugewiesenen Kameralisten finden sich entsprechende Postulate.[28] Gerade die Existenz verschiedener Anbieter ist es, die ein ausgewogenes Preisgefüge garantieren soll.[29] Aber die Vielgestaltigkeit der im Abschnitt II. aufscheinenden Regelungsintentionen – dazu vertieft später –

[28] *Lindenfeld*, Practical Imagination, S. 59.

[29] So der „klassische" Kameralist und Anti-Smithianer *Pfeiffer*, Grundsätze der Universal-Cameral-Wissenschaft, S. 440; zur Einordnung von *Pfeiffer* siehe *Dittrich*, Kameralisten, S. 97 ff.

macht doch deutlich, dass die Reduktion auf das Ziel der Wettbewerbsermöglichung an der Sache vorbeigehen würde. Der Versuch, dem Problem dadurch aus dem Wege zu gehen, dass man ein weiteres Regulierungsverständnis zugrundelegt, wie es etwa von Autoren aus der Wirtschaftsgeschichte vertreten wird (Regulierung als „direkter hoheitlich-administrativer Eingriff in die unternehmerische Disposition bei der Gestaltung von Produkten und Produktionsprozessen[30]"), soll hier nicht unternommen werden. Denn auch unter eine derartige Definition ließen sich nicht alle historisch erfassbaren Preisgestaltungsmaßnahmen subsumieren. Damit bleibt es beim bisher benutzten Wort „Preisregelung", weil sich in diesem zielneutralen Terminus die gesamte Bandbreite von Preisgestaltungen unterbringen lässt.

Damit wird aber auch der Wert der Beiträge von *Patt* und *Rüberg* für eine rechtshistorische Betrachtungsweise erkennbar. Sie verweisen auf einen Komplex von Preisregelungsmaßnahmen, der sich einem bestimmten Regelungsziel zuordnen lassen soll. Dass sich ihre Kategorisierung in *historisch-empirischer* Sichtweise, wie beide Beiträge auch herausarbeiten, nicht voll durchhalten lässt, weil auch andere Regelungsziele als jene der Wettbewerbsermöglichung zum Tragen kommen, tut dem Verdienst keinen Abbruch, in *historisch-analytischer* Sichtweise auf kategoriale Differenzierungen hingewiesen zu haben, denen man in der bisherigen Rechtsgeschichte noch zu wenig Aufmerksamkeit geschenkt hat.

2. Akteure der Preisregelung

Standardakteure der Preisregelung sind in der gängigen rechtshistorischen Forschung staatliche oder – wenn man sich mit der Annahme von Staatlichkeit für die Zeit vor der frühen Neuzeit nicht anfreundet – jedenfalls herrschaftliche Instanzen: als Regelungsgeber für konkrete Preisfestsetzungen oder als die Geltung des gemeinen Rechts garantierende Institutionen, als administrative Behörden, die Preiskontrollen durchführten, oder als Gerichte, die Verträge kontrollierten (hierzu würden dann auch kirchliche Gerichte zählen).

Allerdings zeigt sich schon bei bisherigen Untersuchungen die Präsenz anderer Akteure. Die „laesio enormis" findet sich auch in bäuerlichen Weistümern[31] – wie sie dahin gelangt ist und welchen nichtherrschaftlichen Charakter man Weistümern zubilligen will, sei hier dahingestellt.[32] Jedenfalls weist das auf Rechtsbildungs- oder zumindest Rechtstransfer-

[30] *Ambrosius*, Regulativer Wettbewerb, S. 8.
[31] *Goez*, Ringen um den „gerechten Preis", S. 24.
[32] Zur Diskussion *Werkmüller*, Weistümer, Sp. 1242 f.

faktoren außerhalb des herrschaftlichen Bereichs im engeren Sinne hin. Preisfestsetzungen in städtischen Satzungen fanden oft in Reaktion auf Preisfestsetzungen durch einzelne Zünfte statt[33], man hat es also mit konkurrierenden Akteuren der Preisregelung zu tun. Gerade das Handwerk kämpfte bis zum Beginn des 20. Jahrhunderts, wenn auch letztlich erfolglos, um ein eigenes Preisfestsetzungsrecht.[34]

Das führt zu einer grundsätzlichen systematischen Überlegung: Denn auch die beiden Referate nehmen Bezug auf Preisregulierungsakteure, die sich nicht eindeutig dem staatlichen oder dem privatem Bereich zuordnen lassen. Oder anders gesagt: Das Schema einer Gegenüberstellung von privater individueller Preisvereinbarung und staatlicher Preisregulierung greift zu kurz. Die von *Patt* behandelten privaten Eisenbahngesellschaften waren – bis sie im Zuge der Verstaatlichungswelle in den 1870er Jahren fast verschwanden – staatlich konzessionierte Gesellschaften, die nicht lediglich dem Privatsektor angehörten. Sie waren mit der Bahnpolizei beliehen, bei der Gründung unterlag ihr Konzept intensiver staatlicher (Ermessens-)Prüfung, die auch verkehrspolitische, militärische und fiskalische Gesichtspunkte umfasste,[35] sie standen auch während ihrer Tätigkeit unter umfassender behördlicher Kontrolle – ungeachtet dessen, ob diese immer effektiv war. Und auch nach der Bildung der Reichsbahn lässt sich der Charakter der Bahn nicht leicht bestimmen: Das Reichsbahngesetz von 1924 schuf eine „Gesellschaft eigenen Rechts mit privatwirtschaftlichem Charakter, aber mit starkem öffentlich-rechtlichen Einschlag“[36], eine Institution mit Aktienkapital[37], aber keine handelsrechtliche Gesellschaft, ausgestattet mit hoheitlichen Befugnissen, aber keine Behörde.[38]

---

[33] *Kelter*, Geschichte, S. 34 ff.; *Trusen*, Äquivalenzprinzip, S. 542; *Schulze*, Polizeigesetzgebung, S. 51.

[34] So legte § 100q Gewerbeordnung in der Fassung des Gesetzes vom 26. Juli 1897 (RGBl. S. 663) fest: „Die Innung darf ihre Mitglieder in der Festsetzung der Preise ihrer Waren oder Leistungen oder in der Annahme von Kunden nicht beschränken. Entgegenstehende Beschlüsse sind ungültig.“ Dass sich die Handwerkerschaft damit nicht zufriedengab, beweist noch ein Entwurf einer Reichshandwerksordnung von 1921 des Reichsverbands des deutschen Handwerks, der dieses Preisfestsetzungsrecht forderte; siehe dazu *John*, Handwerk, S. 386.

[35] *Then*, Eisenbahnen, S. 90; *Kießling*, Eisenbahngesetz, S. 154. Insgesamt zum Regelungskontext siehe *Michalczyk*, Europäische Ursprünge.

[36] So die Formulierung in den Motiven zum Reichsbahngesetz, zitiert nach *Kolb*, Reichsbahn, S. 109.

[37] § 3 Gesetz über die Deutsche Reichsbahn-Gesellschaft vom 30. August 1924 (RGBl. II S. 372).

[38] § 17 Gesetz über die Deutsche Reichsbahn-Gesellschaft vom 30. August 1924 (RGBl. II S. 372).

Ähnliches lässt sich für die von *Rüberg* behandelten Postinstitutionen sagen: Zwar im staatlichen Organisationsgehäuse agierend, fungierten sie doch auch als Betriebe zum Zweck der Einnahmeerzielung, somit changierend zwischen Erwerbsinteressen und Gemeinwohlverwirklichung. In beiden Fällen, bei der verstaatlichten Eisenbahn und bei der Post, traten Akteure auf, die einerseits zum staatlichen Sektor gehörten, andererseits selbst als Markteilnehmer agierten. Hinzu kommt: In beiden Fällen ging es um Preise unter den Bedingungen einer monopolisierten Bewirtschaftung. Überhaupt lässt sich sagen, dass staatliche (bzw. obrigkeitliche) Preisregelung oft als Reaktion auf private Preisadministration mit Monopoleffekten zu charakterisieren ist.[39] Man kann also verschiedene Regelungsschichten schon anhand der Akteure unterscheiden, und zwar in zweierlei Hinsicht. Erstens in Bezug auf die Akteure als *Subjekte* von Preisregelung:
- Individualvertragliche Preisbestimmung
- Preisadministration durch kollektive gesellschaftliche Akteure[40], die ihrerseits mehr oder weniger Staatsnähe aufweisen können
- Preisadministration durch dem öffentlichen Sektor zugehörige Wirtschaftsakteure
- Preisregelung durch lokale oder zentrale Staatlichkeit

Zweitens in Bezug auf die Akteure als *Objekte* der Preisregelung:
- Staatliche Preisregelung in Bezug auf individualvertragliche Preisbestimmungen durch nichtkollektive private Akteure
- Staatliche Preisregelung in Bezug auf Preisbestimmungen durch individuelle Akteure mit Monopolstellung
- Staatliche Preisregelung in Bezug auf Preisbestimmungen durch kollektive private Akteure (z.B. Kartelle) (i.d.R. mit Monopolstellung)
- Staatliche Preisregelung in Bezug auf Preisbestimmungen durch zum staatlichen Sektor gehörige Wirtschaftsakteure (i.d.R. mit Monopolstellung).

3. Intentionen von Preisregelungen

Die Beiträge von *Markus Patt* und *Johannes Rüberg* schildern Fälle spezieller Preispolitik, die man von allgemeiner Preispolitik unterscheidet. Letztere zielt auf das Preisniveau in seiner Gesamtheit. Erstere betrifft die

---

[39] *Zinn*, Preissystem, S. 13 f.

[40] Dass die hier gewählte Bezeichnung „gesellschaftliche Akteure“ an sich nur in einem modernen Kontext und zudem nur dann konsequent ist, wenn man sich auf eine Dichotomie von „Staat“ und „Gesellschaft“ einlässt, sei zugegeben. In einer sich auf die „Vormoderne“ erstreckenden Perspektive ist sie dennoch nicht ohne Wert, insofern nämlich, als man diese Akteursgruppen absetzt von Instanzen territorialer oder lokaler Gewalt, welche Elemente von Staatlichkeit aufweisen.

Administration einzelner Preise.[41] Allgemeine Preispolitik lässt sich intentional bestimmten wirtschaftspolitischen Grundentscheidungen zuordnen. Für moderne Gesellschaften mag man – *Mayer-Maly* folgend – unterscheiden, ob allgemeine Preispolitik Ausdruck eines planwirtschaftlichen Wirtschaftsregimes ist, ob sie als Element der Stabilitätspolitik dient oder ob sie sich in kriegswirtschaftliche Zwecke einbettet.[42] Spezielle Preispolitik kann der Stützung bestimmter Wirtschaftszweige dienen, wie die Agrarmarktförderung oder die Förderung erneuerbarer Energien, oder der Ausbalancierung sozialer Unwuchten, wie z.B. die Regulierung von Mietpreisen, oder schließlich auch der Herstellung von Wettbewerbsbedingungen in bestimmten Sektoren. Zuweilen verwischen sich auch die Grenzen, wenn nämlich eine große Zahl von Waren von Preisfestsetzungen betroffen ist.

Wie die Gemengelage von Regulierungsintentionen ausfallen kann, zeigt zunächst der Beitrag von *Patt*. Die Gestaltung der Preise für die Trassennutzung, also für das Bahngeld nach dem Eisenbahngesetz von 1838, bettet sich zunächst ein in das Ziel der Herstellung von Wettbewerb. Potentiellen Trassenmitbenutzern sollte der Einstieg nicht allzu sehr erschwert oder gar unmöglich gemacht werden. Andererseits bot die preußische Regelung keinen Anreiz zu Bahngeldermäßigungen. Im Vordergrund stand staatlicherseits das Bestreben, die Investitionsbereitschaft der Eisenbahngesellschaften nicht zu entmutigen, der Wettbewerbsgedanke war in den Hintergrund geraten.

Motivdivergenzen lassen sich auch bei der Gebührenbemessung für die Telefonie beobachten, wie *Rüberg* herausarbeitet. Er zeigt, wie sich das Fernsprechwesen vom Kaiserreich zu Weimar von einer in die hierarchische Behördenpyramide integrierten Staatsverwaltung zu einer verselbständigten Dienstleistungsinstitution entwickelte: mit abgeschwächter Bindung an das ministerielle Weisungsgefüge – sichtbar durch den Verwaltungsrat – und in Weimar stärker ökonomischen Leitorientierungen unterworfen. Hier ist eigentlich der Platz für den Widerstreit zwischen – idealtypisch gesehen – administrativen Leitvorstellungen, die auf die Sicherung einer angemessen Daseinsvorsorge abzielen, und eher marktwirtschaftlichen (aber auch fiskalischen) Regulierungsmotiven, die auf Gewinnerzielung ausgerichtet sind.

Allerdings tritt hier noch ein weiterer Aspekt hervor, den der Referent nicht weiter untersucht, weil er eine andere Fragestellung verfolgt. Die von ihm untersuchten Gebührenabstufungen für dringende Gespräche bzw. Blitzgespräche ab Ende des 19. Jahrhunderts waren auf der einen Weise si-

---

[41] Zur Unterscheidung *Steiner*, Einleitung, S. 10 f.

[42] *Mayer-Maly*, Der gerechte Preis, S. 141.

cher ein Weg, mit begrenzten Kapazitäten umzugehen. Andererseits handelt es sich darum, dass für eine besondere Leistung, nämlich die schnellere Verbindung, eine besondere Gegenleistung verlangt wird, so wie dies auch in anderen Wirtschaftszweigen der Fall ist, in denen ein besonderes Entgegenkommen mit einer besseren Vergütung zu entgelten ist. Diese Abstufungen entsprechen aber auch Grundsätzen des Gebührenrechts. Hier tritt eine Besonderheit dieses regulierten Sektors hervor: Entgelte für die Telefonie waren keine Preise, die einer marktdeterminierten Bildung zugänglich waren, sondern administrative Gebühren. Heute gelten für das Gebührenrecht bestimmte Verwaltungsgrundsätze, wie das Äquivalenzprinzip und das Kostendeckungsprinzip. Sichtbar wird also ein grundlegender Unterschied zur Bildung von Marktpreisen, wenn – wie in diesem Fall – ein Sektor vom Rechtsregime des Gebührenrechts überformt wird. An dieser Stelle wäre es deshalb vielleicht interessant gewesen, weiter zu fragen – nämlich, inwiefern in Kaiserreich und Weimarer Republik die Qualifikation eines Entgelts als administrative Gebühr Regelungseffekte auslöste, die wiederum bestimmten Preisbestimmungsintentionen Grenzen setzten konnten.[43]

Prinzipiell ließe sich bei den Preisregelungsintentionen eine basale Unterscheidung anregen: Auf der ersten Stufe haben wir den „gerechten Preis“, der sich aus grundlegenden Gerechtigkeitsüberlegungen speist, aber immer noch eine gewisse Spannbreite aufweist. Das zeigen die Bestimmungen zur „laesio enormis“, aber auch das Wucherstrafrecht, das – wie heute in § 291 StGB – von einem „auffälligen Missverhältnis“ von Leistung und Gegenleistung ausgeht. Mit derartigen Regelungen werden die roten Linien gezogen. Diese Linienziehung wird getragen von der Intention „Gerechtigkeit“, aber auch von dem Bestreben, massive soziale Verwerfungen zu verhindern – oder anders gesagt, eine bestimmte Grundstabilität des Gemeinwesens zu sichern. Ohne Zweifel zählen hierzu auch Preisbestimmungen, die für den Fall von Missernten die Getreidepreise regelten, wie sie uns aus mittelalterlicher Zeit bekannt sind, aber auch Vorkehrungen dagegen, dass in Not geratene Menschen ihr Hab und Gut zu lächerlichen Preisen veräußern.[44]

Innerhalb der so gezogenen roten Linien ist dann Platz für Feinsteuerungen, die sowohl ordnungspolitischen Prinzipien zum Erfolg verhelfen als auch ganz spezielle Ziele verfolgen können. Es sind dann auch Anreizwirkungen (von denen *Patt* sprach) die hier zum Tragen kommen können. Gleichzeitig öffnet sich der Raum für mannigfaltige Gemeinwohlziele. Es

---

[43] Ansätze in Bezug auf das Kostendeckungs- und Äquivalenzprinzip z.B. bei *Maier*, Untersuchungen, S. 78.

[44] Hierzu für das Frühmittelalter *Siems*, Handel und Wucher, S. 766.

kann um Wettbewerbsermöglichung gehen, wenn Unternehmen oder Unternehmensgruppierungen mit monopolartigen Positionen die Preise administrieren, um Wettbewerbseinschränkungen, wenn bestimmte Gewerbezweige geschützt werden sollen, z.B. durch die Festsetzung von Mindestpreisen, oder auch um die Förderung von Investitionen und unternehmerischer Courage.

Dies lässt sich auch historisch verorten. So hielten es selbst *Adam Smith* und seine Anhänger im Deutschland des frühen 19. Jahrhunderts für zulässig, Monopolprivilegien und damit faktisch die Lizenz zur privaten Preisfestsetzung zu erteilen, wenn sie an Unternehmer ergingen, die wagemutig außereuropäische Handelsstützpunkte errichteten, oder wenn damit neuen Erfindungen zum Durchbruch verholfen werden sollte.[45] Damit zeigt sich auch: Das Operieren mit Anreizwirkungen bei der Preisregulierung ist zwar vor allem ein Thema modernen Regulierungsrechts, lässt sich aber auch bis in die Zeit vor der industrialisierten Moderne zurückverfolgen – freilich müsste dies noch vertieft werden.

Allerdings – und damit hat man die Stufe der Feinsteuerung schon wieder verlassen – vermag der Anreizgesichtspunkt auch herangezogen werden, um die durch das Stichwort „gerechter Preis“ umschriebene Grobsteuerung außer Kraft zu setzen – indem damit nämlich auch groteske Missverhältnisse von Leistung und Gegenleistung legitimiert werden: Ein Standardbeispiel ist jenes, dass A ermittelt, dass sich auf dem Grundstück von B Erdöl befindet. A kauft das Grundstück für 100 Geldeinheiten, was dem Grundstückswert ohne Öl entspricht, obwohl das Grundstück (mit Öl) 10.000 Einheiten wert ist. Einer unter Geltung der „laesio enormis“ folgenden Rückabwicklung des Vertrages wird entgegengehalten, dass hiervon negative Anreize ausgehen: „Die negativen Anreize der laesio enormis bestehen darin, dass man einen Informationsvorsprung nicht verwerten kann und der dadurch zu schaffende Wert der sozialen Wohlfahrt verloren geht.“[46] Hier hat man es mit einer Gemengelage wohlfahrtsökonomischer Richtmaße und individualbezogener Gerechtigkeitserwägungen zu tun, was uns zum nächsten Abschnitt führt, nämlich zu der Frage, nach welchen Rationalitätsmaßstäben Preisregelung zustande kommt bzw. bewertet wird.

4. Leitrationalitäten von Preisregelungen

Regelungsrationalitäten werden in Regelungsintentionen sichtbar. Besonders im Referat von *Patt* finden sich hierzu interessante Anknüpfungs-

---

[45] *Smith*, Wohlstand, S. 641; *Jakob*, Grundsätze, S. 281 f.; *Kraus*, Staatswirthschaft, S. 197.

[46] *Kristoffel*, Laesio enormis, S. 12.

punkte. Folgende Intentionen, die sich mit bestimmten Regelungsrationalitäten verbinden lassen, tauchen auf: a) Keine Diskriminierung einzelner Nutzer: Hier schimmert ein ordnungspolitisches Motiv durch: Wettbewerb soll ermöglicht werden für alle, die sich daran beteiligen wollen. Das Diskriminierungsverbot ist gleichzeitig aber auch ein grundlegendes Fairnessgebot. Dieses lässt sich der Ethik als Leitrationalität zuordnen. b) Förderung privatwirtschaftlicher Investitionen in die Eisenbahninfrastruktur: Hier zeigt sich ein genuin staatswirtschaftlicher Ansatz. c) Schaffung von Anreizen für kosteneffizientes Wirtschaften: Hier tauchen eher betriebswirtschaftliche Erwägungen auf. – Dies lässt sich verallgemeinern. Man hat es mit verschiedenen Leitrationalitäten von Preisregelung zu tun, die sich, wenn auch mit unterschiedlich starker Geltung und in verschiedenen Kombinationen, auch historisch verorten lassen.

Zunächst wird eine philosophische Traditionslinie erkennbar, in der um Maßstäbe für ein grundlegendes soziales Interaktionsverhältnis gerungen wird, wo also „*honestas-humanitas* einerseits und *utilitas* andererseits“[47] ein jeweils angemessener Platz zugewiesen werden musste. Diese philosophische Linie verbindet sich dann auch mit einer moraltheologischen Sinnfrage nach gottgemäßem Handeln.[48]

Zweitens lässt sich eine rechtswissenschaftliche Leitrationalität ausmachen, die ein bestimmtes Verständnis von gerechtem Preis nicht nur einfach transportiert, sondern nach ihrer eigenen Logik formt und operationalisiert: durch die Zurverfügungstellung von Rechtsfiguren zur Vertragskorrektur, aber auch indem sie ein konkretes Maß vorlegt, wie bei der „laesio enormis“, und subjektive Tatbestände normiert, wie die Ausnutzung von Zwangslagen oder Unerfahrenheit; aber auch durch die Pönalisierung des Wuchers.[49]

Und drittens haben wir es mit einer ökonomischen Leitrationalität zu tun, die für die Beurteilung der Angemessenheit von Preisen wirtschaftliche Kriterien zugrundelegt. Auch diese lässt sich weit in die Geschichte zurückverfolgen. Zwar lässt sich einwenden, dass die Ökonomie als eigenständige Leitrationalität erst mit ihrer Herausbildung als selbständige Wissenschaftsdisziplin in Erscheinung tritt.[50] Jedoch ist zu beachten, dass die mittelalterlichen und frühneuzeitlichen obrigkeitlichen Taxen größtenteils

---

[47] *Göttlicher*, Suche nach dem gerechten Preis, S. 158.

[48] *Goez*, Ringen um den „gerechten Preis“, S. 23.

[49] Siehe dazu umfassend *Isopescul-Grecul*, Wucherstrafrecht; an modernen Arbeiten sind unter anderen zu nennen: *Dilcher*, Zins-Wucher-Gesetzgebung; *Pohlkamp*, Entstehung des Wucherrechts.

[50] Dazu *Lexis*, Systematisierung, S. 1 ff.; *Maier*, Staats- und Verwaltungslehre, S. 235 ff.; *Winkel*, Adam Smith, S. 81–109.

„Marktbeobachtungspreise" waren – die Forschung geht davon aus, dass Marktpreise und Taxpreise kaum Unterschiede aufwiesen.[51] Auch derartige Preisfestsetzungen beruhten somit auf der Beachtung ökonomischer Gegebenheiten und damit in gewisser Weise auf einer ökonomischen Rationalität.

Über den Befund hinaus, dass es verschiedene Preisregelungsrationalitäten gab, erscheint die Frage interessant, wie sie sich in bestimmten Treffräumen begegneten und gegenseitig beeinflussten. Die Beobachtungen dieser Interaktionen könnten die rechtshistorische Perspektive in dreierlei Hinsicht erweitern.

Erstens könnte der wertgebundene Charakter äußerlich von ökonomischer Rationalität geprägter Preisregelungen präziser herausgearbeitet werden (und umgekehrt). So könnte man z.B. vertieft der Frage nachgehen, ob bzw. inwiefern die Behauptung gerechtfertigt war, den Weimarer Bestimmungen gegen den Sozialwucher[52], die sich formell an nationalökonomischen Preiskriterien ausrichteten[53], hätten in Wirklichkeit weiter mitgeschleppte moraltheologische Maßstäbe zugrunde gelegen.[54]

Zweitens ist nach den weitergehenden Effekten (auch Verdrängungseffekten) zu fragen, die daraus resultierten, dass sich der Regelungsgeber bei Preisfestsetzungen von einer bestimmten Rationalität leiten ließ, beispielsweise in Bezug auf die Anwendung der betreffenden Normen. Darauf weist z.B. eine Entscheidung des Reichsgerichts hin:

> „Diese Vorschriften (des Reichsgesetzes, betreffend die Höchstpreise, vom 4. August 1914, RGBl. S. 339) sind zwar Rechtsnormen und deswegen Gesetze im Sinne des Bürgerlichen Gesetzbuches; sie unterscheiden sich aber von den meisten Gesetzen dadurch, daß sie *nicht auf die Verwirklichung eines Rechtsgedankens, sondern ganz unmittelbar auf einen wirtschaftlichen Zweck abzielen.* Deswegen muß bei ihrem Verständnis und bei ihrer Anwendung vor allem der wirtschaftliche Zweck berücksichtigt werden."[55]

Und drittens schließlich lässt sich der Komplex Preisregelung auch disziplingeschichtlich als Referenzfeld ausbauen, nämlich als Referenzfeld einer integrierten Disziplingeschichte von Rechtswissenschaft, Wirtschaftswissenschaft und Philosophie. Wie nahmen Juristen, Ökonomen und Philosophen einander wahr, wenn sie sich mit der Frage der Angemessenheit von

---

[51] Für das Spätmittelalter: *Trusen*, Äquivalenzprinzip; für die frühe Neuzeit: *Gerhard/Kaufhold*, Preise, S. 36 ff.

[52] Umfassend zur rechtlichen Behandlung des „Sozialwuchers" in Weimar *Hohendorf*, Individualwucherstrafrecht, S. 52 ff.

[53] *Diehl*, Sozialrechtliche Richtung, S. 113.

[54] So die Stellungnahme von *Heymann*, Recht und Wirtschaft, S. 220.

[55] Urteil des Reichsgerichts vom 19. Mai 1916, RGZ 88, 250, 251 (Hervorhebung durch den Verfasser).

Preisen beschäftigten. Wie bildete sich dies beispielsweise in Rezensionen, auf Tagungen, in gemeinsamen Veröffentlichungen, in der Zitierpraxis oder in wissenschaftlichen Instituten mit interdisziplinären Ansätzen ab? Gerade das Gebiet der Preisregelung, wo mit solcher Deutlichkeit ökonomische Effizienzvorstellungen und Wohlfahrtspostulate, juristische Regelungsmodelle und philosophische Maximen um Geltung rangen, scheint doch wie kaum ein anderes hierfür geeignet.

Die Vorträge haben hierfür weiter zu verfolgende Impulse gegeben, schon dadurch, dass sie die Hauptlinien der üblichen rechtshistorischen Betrachtung von Preisregelung verlassen, sich auf die speziellen Regelungsprobleme eingelassen und die bisher doch etwas vernachlässigten ökonomischen Intentionen rechtlicher Preisgestaltung verdeutlicht haben.

Literaturverzeichnis

Ambrosius, Gerold: Regulativer Wettbewerb und koordinative Standardisierung zwischen Staaten. Theoretische Annahmen und historische Beispiele, Stuttgart 2005.

Azzolini, Manuela: „Not kennt kein Gebot“. Frauenalltag und Frauenkriminalität zwischen 1914 und 1924, München 1998.

Becker, Christoph: Die Lehre von der laesio enormis in der Sicht der heutigen Wucherproblematik. Ausgewogenheit als Vertragsinhalt und § 138 BGB (Beiträge zur neueren Privatrechtsgeschichte 10), Köln et al. 1993.

Diehl, Karl: Die sozialrechtliche Richtung in der Nationalökonomie, Jena 1941.

Dilcher, Jochen: Die Zins-Wucher-Gesetzgebung in Deutschland im 19. Jahrhundert. Eine entwicklungsgeschichtliche Betrachtung unter besonderer Berücksichtigung wirtschaftlicher und wirtschaftspolitischer Faktoren (Europäische Hochschulschriften. Reihe 2. Rechtswissenschaften 3394), Frankfurt et al. 2002.

Dittrich, Erhard: Die deutschen und österreichischen Kameralisten (Erträge der Forschung 23), Darmstadt 1974.

Genzmer, Erich: Die antiken Grundlagen der Lehre vom gerechten Preis und der laesio enormis, in: Heymann, Ernst (Hg.): Deutsche Landesreferate zum II. Internationen Kongreß für Rechtsvergleichung im Haag 1937, Berlin/Leipzig 1937, S. 25–64.

Gerhard, Hans-Jürgen/Kaufhold, Karl Heinrich (Hg.): Preise im vor- und frühindustriellen Deutschland. Nahrungsmittel – Getränke – Gewürze – Rohstoffe und Gewerbeprodukte, Stuttgart 2001.

Göttlicher, Doris Regine: Auf der Suche nach dem gerechten Preis. Vertragsgerechtigkeit und „humanitas“ als Daueraufgabe des römischen Rechts (Osnabrücker Schriften zur Rechtsgeschichte 6), Göttingen 2004.

Goez, Werner: Das Ringen um den „gerechten Preis“ in Spätmittelalter und Reformationszeit, in: Der „Gerechte Preis“. Beiträge zum „pretium iustum“. Vier Vorträge von Johannes Herrmann, Werner Goez, Helmut Winterstein und Wolfgang Blomeyer, Erlangen 1982, S. 21–32.

Heymann, Ernst: Recht und Wirtschaft in ihrer Bedeutung für die Ausbildung der Juristen, Nationalökonomen und Techniker, in: Tartarin-Tarnheyden, Edgar (Hg.): Festgabe für Rudolf Stammler zum 70. Geburtstag, Berlin/Leipzig 1926, S. 205–230.

Hohendorf, Andreas: Das Individualwucherstrafrecht nach dem ersten Gesetz zur Bekämpfung der Wirtschaftskriminalität von 1976 (Strafrechtliche Abhandlungen N.F. 48), Berlin 1982.

Isopescul-Grecul, Constantin: Das Wucherstrafrecht. Der Kredit- und Barwucher in vergleichender dogmenhistorischer, dogmatischer und kriminalpolitischer Darstellung, Band 1, Leipzig 1906.

Jakob, Ludwig Heinrich: Grundsätze der National-Oekonomie oder National-Wirthschaftslehre, Halle 1805.

John, Peter: Handwerk im Spannungsfeld zwischen Zunftordnung und Gewerbefreiheit. Entwicklung und Politik der Selbstverwaltungsorganisationen des deutschen Handwerks bis 1933 (WSI-Studie zur Wirtschafts- und Sozialforschung 62), Köln 1987.

Kelter, Ernst: Geschichte der obrigkeitlichen Preisregelung I: Die obrigkeitliche Preisregelung in der Zeit der mittelalterlichen Stadtwirtschaft, Jena 1935.

Kießling, Erik: Das preußische Eisenbahngesetz von 1838, in: Bayer, Walter/Habersack, Mathias (Hg.): Aktienrecht im Wandel, Band 1, Tübingen 2007, S. 126–167.

Koch, Elisabeth: Artikel „Gerechter Preis", in: Handwörterbuch zur deutschen Rechtsgeschichte, Band 2, 2. Aufl., Berlin 2012, Sp. 123–127.

Kolb, Eberhard: Die Reichsbahn vom Dawes-Plan bis zum Ende der Weimarer Republik, in: Gall, Lothar/Pohl, Manfred (Hg.): Die Eisenbahn in Deutschland, München 1999, S. 109–163.

Kraus, Christian Jacob: Staatswirthschaft, Fünfter Teil: Angewandte Staatswirthschaft, Königsberg 1811.

Kristoffel, Grechenig: Die laesio enormis als enorme Läsion der sozialen Wohlfahrt? Ein rechtsökonomischer Beitrag zur HGB-Reform, S. 12, verfügbar im Internet: <http://www.alexandria.unisg.ch/Publikationen/39355> [zuletzt besucht am 29. August 2012] (Preprint Journal für Rechtspolitik 1/2006).

Lexis, Wilhelm: Systematisierung, Richtungen und Methoden der Volkswirtschaftslehre, in: Die Entwicklung der deutschen Volkswirtschaftslehre im 19. Jahrhundert. Gustav Schmoller zur siebzigsten Wiederkehr seines Geburtstages, Band 2, Leipzig 1908, S. 1 ff.

Lindenfeld, David: Practical Imagination. The German Sciences of State in the Nineteenth Century, Chicago/London 1997.

Maier, Hans: Die ältere deutsche Staats- und Verwaltungslehre (Polizeiwissenschaft), 1. Aufl., Neuwied a.Rh. 1966.

Maier, Karl: Untersuchungen über das Wesen der Gebühr im Württ. Verwaltungsrecht, Tübingen 1936, S. 78.

Maier-Ring, Andreas E. P.: Deutsches Kartellrecht in der Weltwirtschaftskrise 1929–1932. Preispolitik und Kartellgesetzgebung der Regierung Brüning, Tübingen 1985.

Mayer-Maly, Theo: Der gerechte Preis, in: Frotz, Gerhard/Ogris, Werner (Hg.): Festschrift Heinrich Demelius zum 80. Geburtstag, Wien 1973, S. 139–154.

Michalczyk, Roman: Europäische Ursprünge der Regulierung von Wettbewerb. Eine rechtshistorische interdisziplinäre Suche nach einer europäischen Regulierungstradition am Beispiel der Entwicklung der Eisenbahn in England, Preußen und den USA (Rechtsordnung und Wirtschaftsgeschichte 1), Tübingen 2010.

Pfeiffer, Johann Friedrich von: Grundsätze der Universal-Cameral-Wissenschaft oder deren vier wichtigste Säulen, nämlich der Staats-Regierungskunst, der Policey-Wissenschaft, der allgemeinen Staats-Oekonomie, und der Finanzwissenschaft, Band 1, Frankfurt a.M. 1783.

Pohlkamp, Matthias: Die Entstehung des modernen Wucherrechts und die Wucherrechtsprechung des Reichsgerichts zwischen 1880 und 1933, Frankfurt et al. 2009.

Rohrscheidt, Kurt von: Preistaxen (II. Geschichtliches), in: Elster, Ludwig et al. (Hg.): Handwörterbuch der Staatswissenschaften, Band 6, 4. Aufl., Jena 1925, S. 1055–1074.
Sass, Hans: Taxen und Höchstpreise im Privatrecht, Berlin 1921.
Schevardo, Jennifer: Vom Wert des Notwendigen. Preispolitik und Lebensstandard in der DDR der fünfziger Jahre (Vierteljahresschrift für Sozial- und Wirtschaftsgeschichte. Beihefte. Geschichte 185), Stuttgart 2006.
Schmidt-Preuß, Matthias: Verfassungsrechtliche Zentralfragen staatlicher Lohn- und Preisdirigismen (Wirtschaftsrecht und Wirtschaftspolitik 51), Baden-Baden 1977.
Schulze, Reiner: Die Polizeigesetzgebung zur Wirtschafts- und Arbeitsordnung der Mark Brandenburg in der frühen Neuzeit, Aalen 1978.
Siems, Harald: Handel und Wucher im Spiegel frühmittelalterlicher Rechtsquellen (Schriften/Monumenta Germaniae Historica 35), Hannover 1992.
Smith, Adam: Der Wohlstand der Nationen, aus dem Engl. übertragen und herausgegeben von Recktenwald, Horst Claus, 12. Aufl., München 2009.
Steiner, André: Von der Preisüberwachung zur staatlichen Preisbildung. Verbraucherpreispolitik und ihre Konsequenzen für den Lebensstandard unter dem Nationalsozialismus in der Vorkriegszeit, in: ders. (Hg.): Preispolitik und Lebensstandard. Nationalsozialismus, DDR und Bundesrepublik im Vergleich, Köln et al. 2006, S. 23–85.
–: Einleitung: Staatliche Preispolitik und ihre historischen Wurzeln, in: ders. (Hg.): Preispolitik und Lebensstandard. Nationalsozialismus, DDR und Bundesrepublik im Vergleich, Köln et al. 2006, S. 9–21.
Then, Volker: Eisenbahnen und Eisenbahnunternehmer in der Industriellen Revolution (Kritische Studien zur Geschichtswissenschaft 120), Göttingen 1997.
Trusen, Winfried: Äquivalenzprinzip und gerechter Preis im Spätmittelalter, in: ders.: Gelehrtes Recht im Mittelalter und in der frühen Neuzeit (Bibliotheca eruditorum 23), Goldbach 1997, S. 531–547.
Werkmüller, Dieter: Artikel „Weistümer", in: Handwörterbuch zur deutschen Rechtsgeschichte, Band 5, 1. Aufl., Berlin 1998, Sp. 1239–1252.
Winkel, Harald: Adam Smith und die deutsche Nationalökonomie 1776–1820, in: ders. (Hg.): Studien zur Entwicklung der ökonomischen Theorie V, Berlin 1986, S. 81–109.
Zinn, Karl Georg: Preissystem und Staatsinterventionismus. Geschichte und Theorie der privaten Preisadministration und der Preiskontrolle in Großbritannien und den USA (Reihe Mitbestimmung, Arbeit, Wirtschaft 2), Köln 1978.
Zündorf, Irmgard: Der Preis der Marktwirtschaft. Staatliche Preispolitik und Lebensstandard in Westdeutschland 1948 bis 1963 (Vierteljahresschrift für Sozial- und Wirtschaftsgeschichte. Beihefte. Geschichte. 186), Stuttgart 2006.

Von der Relais- zur App-Ökonomie

Perspektiven für Wettbewerb und Regulierung in der Telekommunikation[*]

Jan Krancke und Miguel Vidal

I. Der deutsche Telekommunikationsmarkt: Auf dem Weg zur Gigabit-Gesellschaft

Die Telekommunikationsbranche steht vor großen Herausforderungen: Die rasant wachsende Nutzung des Internets in Wirtschaft und Freizeit lässt erkennen, dass absehbar Übertragungsraten von einem Gigabit pro Sekunde notwendig sein werden. Der Weg in die „Gigabit-Gesellschaft"[1] ist vorgezeichnet: Immer mehr Geschäftsprozesse in Wirtschaft und Verwaltung werden digitalisiert, immer mehr Software und Rechnerkapazität wird direkt aus dem Netz gezogen, immer mehr Multimedia-Anwendungen entstehen. Voraussetzung für die „Gigabit-Gesellschaft" sind schnelle und intelligente Hochleistungsnetze, die auf unterschiedlichen breitbandigen Anschlusstechnologien beruhen können.

Anders als etwa in den USA oder in führenden asiatischen Ländern hat Glasfaser als Breitbandanschlusstechnologie in Deutschland bisher noch keine große Verbreitung gefunden. Während in Japan bereits rund 22 Millionen Kunden einen Glasfaseranschluss nutzen, sind es in Deutschland nur ca. 340 Tausend.[2] Der Ausbau moderner Netzinfrastruktur, einschließlich Glasfaser, ist von großer Bedeutung, weil eine leistungsfähige Breitbandinfrastruktur ein Schlüsselfaktor für den Wirtschaftsstandort ist:

---

[*] Aktualisierte Fassung des ursprünglich in den Vierteljahrsheften zur Wirtschaftsforschung erschienenen gleichnamigen Beitrags (Vierteljahrshefte zur Wirtschaftsforschung, DIW Berlin, 81. Jahrgang, 01.2012, S. 23–39; Wiederabdruck mit freundlicher Genehmigung des DIW). Der Beitrag stellt die Meinung der Autoren, nicht notwendigerweise die der Deutschen Telekom AG, dar.

[1] *Fraunhofer*, Gigabit für Jeden; *Kretschmer et al.*, Life 2.

[2] *IDATE*, IDATE World FTTx Markets; *Dialog Consult/VATM*, 14. TK-Marktanalyse.

Innovationen, Produktivität, Wachstum und Beschäftigung hängen an der Breitbandinfrastruktur.

Auch die Politik hat die Bedeutung des Breitbandausbaus erkannt und ehrgeizige Ausbauziele gesetzt. Die Breitbandstrategie der Bundesregierung sieht vor, dass bis 2014 in Deutschland 75 Prozent aller Haushalte Breitbandanschlüsse mit Übertragungsraten von mindestens 50 Mbit/s zur Verfügung gestellt werden. Die Europäische Kommission hat in der Digitalen Agenda für Europa das Ziel gesetzt, dass bis 2020 alle Europäer Zugang zu Breitbandanschlüssen mit Übertragungsraten von 30 Mbit/s haben und mindestens 50 Prozent aller europäischen Haushalte Internetzugänge mit über 100 Mbit/s nutzen können.

Der Großteil des Breitbandausbaus soll über den Markt erfolgen, d.h. die Branche wird die Investitionen für den Aufbau weitgehend selbst leisten müssen. Die für den Ausbau einer modernen Telekommunikationsinfrastruktur erforderlichen Investitionen sind vergleichsweise hoch und haben ganz überwiegend einen irreversiblen Charakter (versunkene Kosten[3]). Das *Wissenschaftliche Institut für Infrastruktur und Kommunikationsdienste (WIK)* veranschlagt, dass ein flächendeckender Glasfaserausbau in Deutschland Investitionen in Höhe von 70 bis 80 Milliarden Euro erfordert.[4] Konservativere Schätzungen gehen von einem Investitionsbedarf von mindestens 40 Milliarden aus.

Vier Markttrends unterstreichen die Bedeutung einer ausreichenden Versorgung mit moderner und leistungsfähiger Breitbandtechnologie[5]:

Der Internetverkehr wächst stark – insbesondere getrieben von videogestützten Applikationen. Nach aktuellen Prognosen wird sich der globale Internetverkehr im Zeitraum 2011 bis 2016 mehr als verdreifachen.[6] Der Videoanteil am Consumer-Internetverkehr wird weiter von derzeit 51 Prozent auf 55 Prozent Ende 2016 ansteigen. Der mobile Datenverkehr wird sich im Zeitraum 2011 bis 2016 gar verachtzehnfachen.

Neue Applikationen wie 3D-HD Video, Cloud Computing, Gaming oder Videokonferenzen erfordern hohe Übertragungsstandards. Als Beispiel: Das Streaming eines YouTube Videos in HD-Qualität erfordert eine Übertragungsgeschwindigkeit von 1,1 Mbit/s, das Streaming eines 3D Videos in HD erfordert 50 Mbit/s.

---

[3] Versunkene Kosten (*sunk costs*) erhöhen grundsätzlich das Investitionsrisiko: Nicht nur die absolute Höhe der Investitionen, sondern auch ihr irreversibler Charakter bestimmen das Risiko.

[4] *Jay/Neumann/Pflückebaum*, Flächendeckender Glasfaserausbau.

[5] Siehe auch *Friederiszick et al.*, Nachhaltiges Internetmodell; *Bertschek et al.*, Informations- und Telekommunikationstechnologien.

[6] *Cisco*, Visual Networking Index.

Internet-, Medien- und Telekommunikationsmärkte konvergieren: Der rasche technologische Wandel ermöglicht es Internetunternehmen, mit neuen Substituten in das Kerngeschäft der Telekommunikationsbetreiber einzudringen. Entlang der Internetwertschöpfungskette wachsen die verschiedenen Bereiche zusammen. Innovative Plattformen schaffen über Multiplikatoreffekte neue Ökosysteme.[7]

Intelligente Netze werden rapide an Bedeutung gewinnen: Bereits heute ist erkennbar, dass im Aufbau intelligenter Netze für die Bereiche Energie, Gesundheit und Verkehr, aber auch für die Verwaltung und den Bildungssektor große Chancen liegen.

Diese Trends verdeutlichen, dass sich der Telekommunikationsmarkt grundsätzlich wandelt und eine zunehmende Bedeutung als *Enabler* für andere Branchen hat. So sind etwa intelligente Energienetze (*Smart Grids*) erforderlich, um die schwankende Produktion aus Windkraft und Sonnenenergie mit dem Verbrauch in Einklang zu bringen. Um den Anteil erneuerbarer Quellen am Strombedarf zu steigern, muss das Energietransportnetz ausgebaut und durch ein leistungsfähiges IT- und Kommunikationsnetz zur Steuerung unterstützt werden.

Der Einsatz von Informations- und Kommunikationstechnologien (IKT) ist auch für die Zukunftsfelder Elektromobilität und Verkehrstelematik entscheidend, um eine dezentrale Versorgung von Elektrofahrzeugen, eine bessere Koordination von Verkehrsströmen und höhere Sicherheit und Effizienz im Verkehr zu erreichen. *Canzler* und *Knie* prognostizieren, dass das Auto der Zukunft dreifach vernetzt sein wird: Vernetzt mit dem Internet (die informationstechnische Vernetzung des Fahrzeugs), vernetzt mit anderen Verkehrsmitteln und -infrastrukturen (*Car-to-car, Car-to-infrastructure* Lösungen) und vernetzt mit dem Stromnetz (das Elektroauto als „rollender Speicher" erfordert intelligente *Vehicle-to-grid* Lösungen).[8]

II. Breitbandausbau: Investitionsstau auf der Datenautobahn?

Die Vorzeichen für Milliardeninvestitionen in neue Breitbandnetze sind ungünstig: zum einen sind die Branchenumsätze rückläufig, zum anderen schränkt die Euro-Krise die Finanzierungsspielräume ein.

Seit dem Höchststand 2005 gehen die Umsätze im deutschen Gesamtmarkt für Sprach- und Datendienste in der Telekommunikation kontinuierlich zurück: Während die Branche 2005 Umsätze in Höhe von 68,8 Milliarden Euro verzeichnete, sind es 2012 geschätzte 60,1 Milliarden

---

[7] *Krancke/Müller*, Innovationen.

[8] *Canzler/Knie*, Elektromobilität.

– ein Minus von 8,7 Milliarden bzw. 12,6 Prozent.[9] Wesentliche Ursache ist der mittlerweile sehr intensive und weitgehend selbstragende Wettbewerb.

Die Telekommunikationsbranche gilt im Vergleich zu anderen Branchen als eher konjunkturunabhängig und hat den Einbruch 2008/2009 gut überstanden.[10] Die Zuspitzung der europäischen Schuldenkrise, der harte Wettbewerb sowie die Preisregulierung durch die EU und nationale Regulierungsbehörden fordern allerdings ihren Tribut. Aufgrund verschlechterter Wachstums- und Gewinnaussichten haben Telefónica, France Telecom und Telecom Italia für 2012 eine Kürzung ihrer Dividende angekündigt und damit eine Wende ihrer Dividendenpolitik eingeleitet.[11] Nur noch ein Drittel der europäischen Telekommunikationsunternehmen erwirtschaftet Renditen, die über den Kapitalkosten liegen.[12] Die spanische *Telefónica* hat im dritten Quartal 2011 wegen des einbrechenden spanischen Geschäfts den ersten Quartalsverlust seit neun Jahren verzeichnet. Für das Gesamtjahr 2011 ist *Telefónicas* Ergebnis vor Steuern im Vergleich zum Vorjahr um die Hälfte eingebrochen. Um ihre Verschuldung abzubauen, verkauft Telefónica Anteile am Kerngeschäft. Beim Börsengang der deutschen O2-Tochter wurden rund 23 Prozent der O2-Anteile veräußert.[13]

Für Telekommunikationsunternehmen wird die Refinanzierung am Kapitalmarkt schwieriger. Der Druck, die Nettoverschuldung zurückzuführen, nimmt zu, da der Verschuldungsgrad für Ratingagenturen ein wichtiges Kriterium für die Bonitätseinstufung von Unternehmen ist. Dies schränkt die Finanzierungsspielräume für Infrastrukturinvestitionen erheblich ein.

Ein möglicher Investitionsstau bei moderner Breitbandinfrastruktur ist besonders kritisch, weil Investitionen in Telekommunikationsinfrastruktur *branchenübergreifend* die wirtschaftliche Entwicklung fördern (*spill-over* Effekte). Die Telekommunikation kann die mittel- bis langfristigen Wachstumsperspektiven einer Volkswirtschaft deutlich verbessern, denn ihre Infrastruktur schafft eine entscheidende Voraussetzung für branchenübergreifendes Wachstum, Produktivitätssteigerungen, Innovationstätigkeit und für die Schaffung neuer Arbeitsplätze.[14] Viele Studien untermauern, dass von einer modernen Telekommunikations- und Breitbandinfrastruktur positive Externalitäten ausgehen.[15]

---

[9] *Dialog Consult/VATM*, 14. TK-Marktanalyse.
[10] Siehe etwa *Dohmen*, Telefoniert wird immer.
[11] *Jennen/Ohler*, Telekombranche frustriert Aktionäre.
[12] *Bienenstock/Keith/McHugh*, European Telecommunications.
[13] *Barber*, Telefónica takes the pain; *Brächer/Wocher/Kopplin*, Erfolgreicher Start.
[14] *Krancke/Müller*, Innovationen.
[15] *Wieck/Vidal*, Investment.

Eine der ersten, wegweisenden Studien geht auf *Röller* und *Waverman* zurück. *Röller* und *Waverman* zeigen, dass zwischen 1970 und 1990 ein Drittel des Pro-Kopf-Wachstums in den OECD-Ländern auf Investitionen in Telekommunikationsinfrastruktur beruht.[16] Neuere Studien untersuchen die Auswirkungen der Einführung der Breitbandtechnologie. So zeigen etwa *Czernich et al.*, dass eine Erhöhung der Breitbandpenetration um zehn Prozentpunkte mit einem bis zu 1,5 Prozentpunkte höheren jährlichen Wachstum des Bruttoinlandprodukts einhergeht.[17] *Katz et al.* haben ausgerechnet, dass Investitionen in Höhe von rund 36 Milliarden in eine moderne Breitbandinfrastruktur das BIP in Deutschland um 170,9 Milliarden Euro erhöhen, wobei 137,5 Milliarden auf Externalitäten entfallen.[18] Das *Zentrum für Europäische Wirtschaftsforschung (ZEW)* hat gezeigt, dass Breitbandverfügbarkeit in der ersten Hälfte des letzten Jahrzehnts allein in Deutschland zu 700 zusätzlichen Unternehmensgründungen pro Jahr geführt hat.[19] Darüber hinaus sehen 43 Prozent der Unternehmen bei einer merklich verbesserten TK-Infrastruktur Möglichkeiten für neue Produkt- und Dienstleistungsangebote. Breitband ist Wegbereiter für Innovationen und Unternehmensgründungen.[20]

Informations- und Kommunikationstechnologien gelten auch als wesentlicher Treiber für das Produktivitätswachstum moderner Volkswirtschaften. Studien basierend auf der EU KLEMS Datenbasis zeigen, dass im Zeitraum 2003 bis 2007 in den USA 59 Prozent des Produktivitätswachstums auf IKT zurückzuführen sind; in Europa sind es 31 Prozent.[21]

Auch die wirtschaftliche Bedeutung des Internets wächst. *McKinsey* kommt u.a. zu dem Ergebnis, dass das Internet in den Jahren 2004 bis 2009 in hochentwickelten Volkswirtschaften wie Deutschland, Großbritannien oder Frankreich durchschnittlich 21 Prozent des BIP-Wachstums ausmacht.[22] Die Studie weist darauf hin, dass Deutschland das Potenzial des Internets noch nicht vollständig ausnutzt. Die *Boston Consulting Group* prognostiziert, dass in Deutschland die Wirtschaftsleistung im Internet jährlich um acht Prozent wachsen wird.[23] Damit wird die Internetwirtschaft im Jahr 2016 mit 118 Milliarden Euro zur Gesamtwirtschaftsleistung beitragen. Bislang liegt in Deutschland der Anteil der Internetwirtschaft am

---

[16] *Röller/Waverman*, Telecommunications Infrastructure.

[17] *Czernich/Kretschmer/Woessmann*, Broadband Infrastructure.

[18] *Katz et al.*, Impact of Broadband.

[19] *Bertschek et al.*, Informations- und Telekommunikationstechnologien.

[20] *Bertschek et al.*, Informations- und Telekommunikationstechnologien.

[21] *Europäische Kommission*, Digital Competitiveness Report; *Kretschmer*, Information and Communication Technologies.

[22] *McKinsey*, Internet matters.

[23] *Boston Consulting Group*, Internet Economy.

Bruttoinlandsprodukt mit drei Prozent allerdings unter dem Durchschnitt aller G-20-Länder (4,1 Prozent). *Baake* und *Wey* kommen zu dem Ergebnis, dass die Rahmenbedingungen für den Telekommunikationssektor in Deutschland tendenziell schlechter sind als in anderen großen europäischen Ländern.[24]

Neue Anwendungen und innovative Geschäftsmodelle wie digitales Entertainment, *Social Networks*, *Cloud Computing*, intelligente Stromnetze oder auch Dienste wie *E-Government*, *E-Learning* und *E-Health* erfordern eine leistungsfähige Breitbandinfrastruktur.[25] Schnelle und intelligente Breitbandnetze sind Innovations- und Produktivitätstreiber für Branchen wie Automobil-, Maschinenbau, Verkehr, Energie, Medien, den Gesundheitssektor und insbesondere auch für mittelständische Unternehmen. Die Informations- und Kommunikationstechnologie ist auch eine treibende Kraft auf dem Weg zu nachhaltigem Umweltschutz. Durch den umfassenden Einsatz moderner IKT sind bis zum Jahr 2020 25 Prozent weniger CO2-Emissionen möglich.[26]

III. Drei Phasen in der Entwicklung des Telekommunikationsmarktes

In Anlehnung an *Noam*[27] lassen sich stilisiert drei Phasen in der Entwicklung der Telekommunikation unterscheiden: ‚Telecom 1.0‘ war das staatliche Monopol im Telekommunikationsmarkt. So wurden etwa in Deutschland bis in die 1990er Jahre sämtliche Telekommunikationsleistungen, vom Telefonendgerät bis hin zu dem Aufbau und Betrieb des Telekommunikationsnetzes, ausschließlich von der Deutschen Bundespost erbracht (die „Relaisökonomie“). Das einstige Bundesministerium für Post und Telekommunikation hatte das uneingeschränkte staatliche Telekommunikationsmonopol (‚Regulierung 1.0‘). Aus technologischer Sicht waren es analoge Kupfernetze, die diese Phase prägten.

Die partielle Liberalisierung des Telekommunikationssektors in den USA in den 1980er Jahren läutete den Beginn der zweiten Phase in der Entwicklung der Telekommunikation ein: ‚Telecom 2.0‘. In Deutschland und Europa wurde Ende der 1990er Jahre die Öffnung des Marktes für Wettbewerber und die Privatisierung der Deutschen Bundespost Telekom voran getrieben. Die ‚Telecom 2.0‘-Phase ist auch stark geprägt von der

---

[24] *Baake/Wey*, Telecommunications Policies.

[25] *Grajek*, ICT for Growth.

[26] *The Climate Group*, SMART 2020.

[27] *Noam*, Regulation 3.0.

rasanten Entwicklung des Mobilfunks und einer gesteigerten Innovationstätigkeit.

‚Regulierung 2.0' – die sektorspezifische Regulierung – war das Gegenstück zu ‚Telecom 2.0'. Die Liberalisierung des Telekommunikationsmarktes Ende der 1990er Jahre ist keineswegs mit Deregulierung gleichzusetzen: im Gegenteil, die Marktliberalisierung hat zu einer weitgehenden „Re-Regulierung" des früheren Monopolunternehmens geführt.[28] Die sektorspezifische Regulierung wurde eingeführt, um das Monopol der Deutschen Bundespost aufzubrechen und den Telekommunikationsmarkt für den Wettbewerb zu öffnen.

Das Grundkonzept der sektorspezifischen Marktregulierung beruht auf den drei Säulen Marktdefinition, Marktanalyse und Auferlegung von Regulierungsmaßnahmen, die für Unternehmen mit „beträchtlicher Marktmacht" gelten. In der Regulierungspraxis spielen insbesondere die Instrumente der Zugangsregulierung und der Entgeltregulierung eine zentrale Rolle.[29] Eine wettbewerbsorientierte, marktöffnende Regulierung war seinerzeit notwendig, um einen funktionierenden Wettbewerb in Gang zu bringen; die Liberalisierung der Telekommunikationsmärkte gilt als ordnungspolitische Erfolgsgeschichte.[30] Die sektorspezifische Regulierung wurde allerdings als Übergangslösung konzipiert; der deutsche und europäische Gesetzgeber hat wiederholt den transitorischen Charakter der Regulierung hervorgehoben.[31]

Die Technologie hat sich seit den 1990er Jahren rapide fortentwickelt. Während in der ‚Telecom 1.0'-Phase Übertragungsraten von 56 Kilobit pro Sekunde die Norm waren, ermöglicht DSL in der ‚Telecom 2.0'-Phase Übertragungsraten im Megabit-Bereich. Heute stehen wir an der Schwelle zu ‚Telecom 3.0' – der Gigabit-Gesellschaft mit Übertragungsraten von bis zu mehreren hundert Megabit im Mobilfunk und bis zu einem Gigabit pro Sekunde im Festnetz. Nicht nur die Übertragungsgeschwindigkeiten nehmen rasant zu, auch die Datenverkehre wachsen beträchtlich.

IV. ‚Telekommunikation 3.0': Neue Herausforderungen verlangen neue Ansätze

Wenn sich im Telekommunikationssektor Markt und Technologie weiter entwickeln, dann muss die Regulierung folgen. ‚Regulierung 2.0' war ein

---

[28] *Haucap/Coenen*, Regulierung und Deregulierung.

[29] Siehe etwa *Kopf*, Transitorische oder unendliche Regulierung?

[30] *Haucap/Coenen*, Regulierung und Deregulierung.

[31] *Kopf*, Transitorische oder unendliche Regulierung?

wichtiger Grundstein für die erfolgreiche Liberalisierung der Telekommunikationsmärkte. Die Entwicklung hin zu ‚Telecom 3.0' erfordert jedoch eine Neuausrichtung des Regulierungsregimes. Die Komplexität der neuen ‚Telecom 3.0'-Welt ist eine Herausforderung: ‚Regulierung 3.0' muss Anreize schaffen für den Ausbau neuer Breitbandinfrastrukturen und dafür sorgen, dass neue, lokale Glasfasernetze interoperabel sind. Gleichzeitig müssen Regulierer ein neues Marktverständnis entwickeln – das regulatorische Regime gegebenenfalls überdenken und erneuern. Denn Grenzen und Konturen der relevanten Märkte verschwinden; neue, globale Player dringen mit innovativen Substituten in das Kerngeschäft der Telekommunikationsunternehmen ein. Neue Geschäftsmodelle entlang der Internetwertschöpfungskette erfordern ein hohes Maß an intelligenter regulatorischer Flexibilität: Der Regulierer muss entscheiden, wann er eingreifen muss, um etwa das *level playing field* entlang der Internetwertschöpfungskette sicherzustellen – oder wann er sich zurückzuziehen muss, um eine „irrtümliche Überregulierung" zu vermeiden.[32] Wesentliche Themenkomplexe in der ‚Regulierung 3.0' sind der Übergang zu einer konsequent dynamischen Marktbetrachtung, der Wettbewerb entlang der Internetwertschöpfungskette, die zunehmende Bedeutung digitaler Plattformen und die Schaffung von Anreizen für Innovationen und Investitionen.

1. Dynamischer Wettbewerb in technologie- und innovationsgetriebenen Märkten

Die traditionellen ökonomischen Argumente für die Regulierung von Telekommunikationsunternehmen ergaben sich aus der Theorie natürlicher Monopole.[33] Natürliche Monopole liegen vor, wenn die nachgefragte Menge eines Gutes kostengünstiger von einem als von zwei oder mehreren Unternehmen bereit gestellt werden kann. Genau dann liegt Subadditivität vor. Voraussetzung hierfür sind Größenvorteile, d.h. die geringstmöglichen Durchschnittskosten können nur mit großen Kapazitäten, nicht aber mit kleinen oder mittleren Kapazitäten erzielt werden.

‚Regulierung 2.0' ist vornehmlich auf statische Effizienz und damit auf das Problem des natürlichen Monopols ausgerichtet. Statische Effizienz, d.h. Allokations- und Produktionseffizienz, ist dann am höchsten, wenn sich der Marktpreis für eine Leistung an deren Grenzkosten orientiert, also möglichst niedrig ist. Regulatorisch lässt sich dieses Ziel zum einen erreichen, indem man die Preise für eine Leistung einer *ex-ante*-Genehmigungspflicht anhand eines effizienten Kostenmaßstabs unterwirft.

---

[32] *Baake et al.*, Effiziente Regulierung.

[33] Siehe etwa *Haucap/Coenen*, Regulierung und Deregulierung.

Zum anderen kann durch die Schaffung von entgeltlichen Mitbenutzungsrechten an potenziellen *Bottlenecks* der Einstieg neuer Anbieter in einen Markt gefördert werden, die den (Preis-) Wettbewerb stimulieren sollen.

Die differenzierte, disaggregierte Betrachtung der Wertschöpfungskette war bereits bei der Liberalisierung der Telekommunikation ein wichtiger theoretischer Aspekt[34]; Telekommunikation kann nicht als monolithische Einheit betrachtet werden[35]. Eine differenzierte, disaggregierte Betrachtung der Wertschöpfungskette zeigt, dass nicht auf allen Wertschöpfungsstufen in der Telekommunikation natürliche Monopole vorliegen. Die von *Baumol*, *Panzar* und *Willig* entwickelte Theorie der bestreitbaren Märkte weist darauf hin, dass Monopole ordnungspolitisch unproblematisch sind, wenn die Monopolstellung entweder temporärer Natur ist oder wenn sie angreifbar ist (*contestable markets*).[36] Auf einem vollkommen bestreitbaren Markt ist Regulierung nicht erforderlich, weil schon die potenzielle Konkurrenz Effizienz sicherstellt.

Auch wenn die strengen Bedingungen bestreitbarer Märkte in der Realität kaum erfüllt sind, hat die technische Entwicklung in ‚Telecom 3.0' dazu geführt, dass potentieller zu aktuellem Wettbewerb geworden ist. Im Zeitalter der Konvergenz dringen Branchenaußenseiter mit Substituten in den Telekommunikationsmarkt ein. Neue Substitute im Festnetz- und insbesondere im Mobilfunkmarkt sowie die „Ökosystemisierung" des Internets[37] verdeutlichen, dass der Telekommunikationsmarkt sich zu einem äußerst dynamischen, technologiegetriebenen Markt entwickelt hat und neue globale Unternehmen in diesen Markt eintreten. In solchen Märkten spielen Innovationen eine Schlüsselrolle.

Für das Verständnis des dynamischen Wettbewerbs sind die Ansätze *Hayeks* und *Schumpeters* von zentraler Bedeutung. *Hayek* sieht den Wettbewerb als ein Entdeckungsverfahren, einen evolutionären Prozess von Versuch, Modifikation und Auswahl.[38] Wettbewerb veranlasst die Marktteilnehmer, ihre individuellen Fähigkeiten und ihr spezifisches Wissen intensiv einzusetzen und möglichst schnell möglichst viel neues Wissen zu erwerben und zum Einsatz zu bringen.

Auch *Schumpeter* betont die dynamische Dimension des Wettbewerbs: Innovationen, in Form neuer Produkte, neuer Prozesse oder neuer Organisationsformen, sind die Triebfeder wirtschaftlichen Wachstums.[39] Im „Pro-

---

[34] *Knieps*, Regulierung monopolistischer Bottlenecks.
[35] *Kruse*, Deregulierung.
[36] *Baumol/Panzar/Willig*, Contestable Markets.
[37] *Bahr et al.*, Schönes neues Internet?
[38] *Hayek*, Wettbewerb als Entdeckungsverfahren.
[39] *Schumpeter*, Capitalism, Socialism and Democracy.

zess der schöpferischen Zerstörung“ bietet sich dem Pionier die Chance, mit einer erfolgreichen Innovation einen Wettbewerbsvorsprung zu erzielen, der es ihm ermöglicht, „Vorsprungsgewinne“ (Pioniergewinne, *Schumpetersche* Monopolrente) zu erzielen. Die anfängliche Monopolstellung des Pioniers ist im Wettbewerb jedoch nur temporär, da Imitatoren die Innovation des Pioniers übernehmen und damit seinen Vorsprung einholen.[40] Temporäre Pioniergewinne sind der zentrale Anreiz für Innovationen.

Die *Hayeksche* und *Schumpetersche* Sichtweise des dynamischen Wettbewerbs ist für ‚Telecom 3.0‘ von hoher Relevanz. ‚Telecom 3.0‘ ist von einem hohen Maß an Unsicherheit geprägt – Unsicherheit beispielsweise über die spezifischen Dienste, Technologien oder Plattformen, die sich am Markt durchsetzen werden. Wettbewerb ist in diesem Kontext ein evolutionärer Prozess, ein Entdeckungsverfahren.

‚Telecom 3.0‘ darf damit allenfalls durch eine Regulierung begleitet werden, die Netzzugangsverpflichtungen intelligent mit Innovations- und Investitionsanreizen vereint, eine Regulierung, die konsequent auf die Förderung der dynamischen Effizienz des Marktes abstellt. Da nur schwer vorhergesagt werden kann, welche Geschäftsmodelle sich in Zukunft durchsetzen werden, ist eine abwartende Haltung angebracht. Wettbewerbs- und Regulierungsbehörden sollten die Marktentwicklung beobachten und nachdrücklich auf Wettbewerbsverstöße reagieren. Präventive Maßnahmen bergen hingegen das Risiko, die Entwicklung neuer Geschäftsmodelle von vornhinein zu unterbinden.

2. Konvergenz entlang der Internetwertschöpfungskette

In der Telekommunikation verschwinden die Grenzen und Konturen der relevanten Märkte. Neue Produkte werden auf den Markt gebracht, alte verschwinden, bisher unabhängige Produkte und Funktionen werden integriert. Unternehmen, die vormals in verschiedenen, getrennten Branchen tätig waren, treffen nun im Telekommunikationsmarkt zusammen und stehen in zunehmendem Maße miteinander im Wettbewerb. *Global Player* wie *Apple*, *Amazon*, *Google* oder *Facebook* haben aufgrund positiver Netzwerkeffekte in ihren originären Segmenten eine quasi-monopolistische Stellung ihrer proprietären Plattformen erreicht. Gestützt durch diese herausragende Marktstellung greifen sie das Kerngeschäft der Telekommunikationsunternehmen an.

Aktuelle Beispiele sind etwa das Nachrichtensystem *iMessage* von *Apple*, der *Facebook-Messenger* oder populäre *Apps*, die das komfortable

---

[40] *Vidal*, Strategien im Wettbewerb; *ders.*, Strategische Pioniervorteile.

Versenden und Empfangen von Kurznachrichten ermöglichen. Diese Nachrichtensysteme verfolgen letztlich das Ziel, die Kommunikation der Nutzer an sich zu ziehen.[41] Die Verlagerung von Kurznachrichten von Mobilfunk- zu Internetunternehmen bedeutet einen grundsätzlichen Wandel der Geschäftsmodelle: Herkömmliche SMS-Nachrichten werden über einen Signalisierungskanal in den Mobilfunknetzen transportiert und von den Mobilfunkunternehmen abgerechnet. Internetunternehmen senden Kurznachrichten als Datenpaket, für die Nutzer mit den heute weit verbreiteten Daten-*Flatrates* nichts zusätzlich zahlen müssen. Die Umsatzeinbußen der Mobilfunkunternehmen aufgrund der Verbreitung der neuen *over-the-top* (*OTT*) Kurznachrichtendienste lagen 2011 bei geschätzten 13,9 Milliarden Dollar.[42] Die Mobilfunkunternehmen reagieren, indem sie SMS-*Flatrates* anbieten und neue Standards und Dienste für die mobile Übertragung von Texten, Sprache, Bildern und Videos entwickeln („joyn" bzw. *RCS-e*).

Aus Marktsicht von großer Bedeutung ist die Tatsache, dass *Content-Provider* den höchsten Umsatzanteil in der Internetwertschöpfungskette erzielen – Tendenz steigend. *Content-Provider* sind beispielsweise auch Betreiber sozialer Netzwerke, Suchmaschinenanbieter oder Online-Händler. *Content-Provider* erzielten im Jahr 2008 in Summe 62 Prozent der Gesamtumsätze in der Internetwertschöpfungskette.[43] Die Umsätze der *Content-Provider* wachsen mehr als doppelt so schnell wie die Umsätze der Internet-Zugangsprovider. Hinzu kommt, dass die Konzentration im Segment der *Content-Provider* zunimmt. 30 Prozent des gesamten Internetverkehrs entfallen auf „Hypergiganten" wie etwa *Google*, *Facebook* oder *Microsoft*. *Google* war im September 2010 mit 6,4 Prozent für den größten Anteil des Internetverkehrs verantwortlich. Zum Vergleich: im Juni 2007 lag *Googles* Anteil noch bei ca. einem Prozent.[44]

Ein weiterer wichtiger Konzentrationstrend ist das Zusammenwachsen verschiedener Bereiche entlang der Internetwertschöpfungskette. Einige Anbieter decken bereits zwei oder mehrere Glieder der Wertschöpfungskette ab. Vertikale Integration kann die Wettbewerbsposition deutlich stärken, insbesondere wenn es gelingt, von wichtigen *Assets* wie Technologie, Markenname oder Kundenzugang auf breiterer Basis zu profitieren.

Grundsätzlich stellt sich die Frage, ob das gegenwärtige Internet-Geschäftsmodell in Zukunft Bestand haben kann, oder ob zukunftsorientierte Modelle neue Chancen und Innovationen mit sich bringen könnten. *Friederiszick et al.* weisen darauf hin, dass alternative Internet-

---

[41] *Schmidt*, Ende der SMS.
[42] *Economist*, Over-the-top phone services.
[43] *A. T. Kearney*, Internet Value Chains Economics.
[44] *Arbor Networks*, Google.

Geschäftsmodelle besser geeignet sind, zunehmende Verkehrsvolumina und dienstespezifisch steigende Anforderungen an Übertragungsstandards zu bedienen, und gleichzeitig mehr Anreize für Infrastrukturinvestitionen zu setzen.[45]

‚Regulierung 3.0' muss somit die gesamte digitale Wertschöpfungskette betrachten. Die Marktbetrachtung muss zukunftsorientiert sein, um nicht durch eine zu enge Abgrenzung wettbewerbliche Prozesse zu verhindern. Dazu muss sich ein neues Marktverständnis entwickeln: die potentiellen *Bottlenecks* und *Gatekeeper* von morgen werden nicht diejenigen von gestern sein.[46] Kernaufgabe der Politik, der Wettbewerbsbehörden und des Regulierers wird es sein, entlang der Internetwertschöpfungskette ein *level playing field* sicherzustellen, d.h. für gleiche Ausgangsbedingungen, Chancengleichheit und gleiche Wettbewerbsbedingungen für *alle Player* entlang der Internetwertschöpfungskette zu sorgen. *Content-Provider* erzielen heute nahezu zwei Drittel der Umsätze in der Internetwertschöpfungskette, die hohen Investitionen in den Breitbandnetzausbau müssen aber von den Telekommunikationsunternehmen getragen werden. Zusätzlich unterliegen die Telekommunikationsunternehmen der sektorspezifischen Regulierung, während andere Wettbewerber entlang der Internetwertschöpfungskette flexibel am Markt agieren können. Diese fehlende Chancengleichheit zu Lasten der Telekommunikationsunternehmen führt dazu, dass notwendige Breitbandinvestitionen unterbleiben.

3. Digitale Plattformen im Licht der Theorie zweiseitiger Märkte

Digitale Plattformen spielen in ‚Telecom 3.0' eine zentrale Rolle. Plattformspezifische Hard- und Softwarekomponenten ermöglichen die Interaktion der Nutzer, den Anschluss unterschiedlicher Endgeräte an das Netz, die Entwicklung und Distribution neuer Inhalte und Applikationen. Das Internet entwickelt sich in zunehmendem Maße zu einem Netzwerk digitaler Ökosysteme, die von wenigen großen Plattformbetreibern ausgestaltet werden.[47] Die Plattform ist gewissermaßen der Treffpunkt von Nutzern und Anbietern von Inhalten, Applikationen, Produkten und Werbung. Digi-

---

[45] *Friederiszick et al.*, Nachhaltiges Internetmodell, analysieren die Potenziale vier alternativer Internet-Geschäftsmodelle: „Congestion Based" (höhere Preise für Verkehr in Spitzenzeiten), „Best Effort Plus" (*Best Effort* Netz für herkömmliche Anwendungen, Premium-Service für innovative Dienste), „Quality Classes – Content Pays" (*Content-Provider* haben die Wahl zwischen unterschiedlichen Qualitätsklassen für herkömmliche und innovative Dienste) und „Quality Classes – User Pays" (Verbraucher haben die Wahl zwischen unterschiedlichen Qualitätsklassen).

[46] *Boston Consulting Group*, New rules of openness.

[47] *Bahr et al.*, Schönes neues Internet?

tale Plattformen sind vielfach kaum geographisch eingrenzbar; viele Plattformen haben eine globale Ausdehnung.

Grundsätzlich lassen sich digitale Plattformen in sechs Kategorien einteilen[48]:

Distributionszentrierte Plattformen basieren auf physischen Übertragungsnetzen, wie etwa die der Festnetz- oder Mobilfunkbetreiber. Wichtige Schnittstellen in der Wertschöpfungskette sind die zu den *Content-Providern* und den Endkunden. Mit ihren Infrastrukturen schaffen die distributionszentrierten Plattformbetreiber die Voraussetzungen für den Aufbau und Betrieb der übrigen Plattformtypen.

Aggregationszentrierte Plattformen sind etwa die Plattformen der Rundfunk- und Fernsehanstalten oder neue IPTV-Plattformen. Inhalte können über proprietäre Übertragungssysteme oder über das offene Internet verbreitet werden.

Suchzentrierte Plattformen basieren auf einer Suchmaschine. *Google* hat beispielsweise rund um seine Suchmaschine ein umfassendes Ökosystem aufgebaut: Heute gehören Werbeplattformen, Betriebssysteme für Smartphones, Videoportale, E-Mail-Dienste, soziale Netzwerke, Internetbrowser, Online-Karten, Text-, Audio- und Video-Chat und unzählige andere Dienste zu *Googles* Ökosystem. Dieses Diensteportfolio hat den Zweck, *Googles* Marktposition im Internetmarkt abzusichern und Internetverkehr auf *Googles* Werbeanzeigen zu lenken, die 97 Prozent der Umsätze des Unternehmens ausmachen.

Transaktionszentrierte Plattformen wie etwa *eBay* oder *Amazon* sind die Grundlage für *e-Commerce*. *Amazon* etwa hat basierend auf seinem *Onlineshop* ein umfassendes Ökosystem aufgebaut, das unter anderem *Apps* und Programme für das Lesen elektronischer Bücher sowie *Cloud*-Dienste umfasst. Im Mai 2011 verkaufte *Amazon* erstmals mehr elektronische Bücher als gedruckte. Der *e-Reader Kindle* bzw. das neue *Tablet Kindle Fire* ermöglichen den komfortablen Zugang zu *Amazons* Ökosystem.[49]

Gerätezentrierte Plattformen basieren auf populären Endgeräten, die den Grundstein für ganze Ökosysteme legen. So hat *Apple* mit der Einführung des *App Stores* und des *iPhones* ein vertikal integriertes Geschäftsmodell geschaffen, das Hardware, Betriebssystem und Software eng miteinander verknüpft. *Apples* Modell ist zweiseitig ausgerichtet und profitiert von positiven Netzwerkeffekten: Der *App Store* stimuliert den Absatz des *iPhones*; eine starke Nachfrage nach *iPhones* macht den *App Store* attraktiv für *App*-Entwickler. Die Zahl der *Apps* im *App Store* macht *Apple* Pro-

---

[48] *Boston Consulting Group*, New rules of openness.; *A. T. Kearney*, Internet Value Chains Economics.

[49] *Goebbels*, Weihnachtsfire.

dukte wiederum attraktiver für die Nutzer, denen eine Vielzahl an *Apps* und Anwendungen angeboten wird. Die Auswahl an *Apps* spielt bei der Kaufentscheidung für *Smartphones* eine wesentliche Rolle.

Community-zentrierte Plattformen, die die eigene Nutzergemeinschaft in den Mittelpunkt ihres Geschäftsmodells stellen, gewinnen derzeit massiv an Bedeutung. Beispiele sind soziale Netzwerke wie *Facebook* oder Plattformen mit Videoinhalten wie *YouTube*. Für viele Nutzer ist der allgegenwärtige Zugang zu diesen Plattformen aus dem Festnetz und aus dem Mobilfunknetz zur Selbstverständlichkeit geworden.

Digitale Plattformen weisen typische Wesensmerkmale innovationsorientierter zweiseitiger Märkte auf, insbesondere positive Externalitäten zwischen Nutzergruppen (genauer gesagt positive zweiseitige indirekte Netzeffekte): Die Attraktivität der Plattform für die eine Nutzergruppe steigt, wenn die andere Nutzergruppe wächst.

Diese positiven Netzeffekte beeinflussen das gewinnmaximierende Preissetzungsverhalten in zweiseitigen Märkten, das sich von gewinnmaximierender Preissetzung in ‚normalen' Märkten unterscheidet. Anbieter auf mehrseitigen Märkten müssen bei ihrer Angebotsentscheidung berücksichtigen, dass die Preissetzung gegenüber der einen Kundengruppe Auswirkungen auf die Menge der anderen Kundengruppe hat. Damit ist in zweiseitigen Märkten *Preis = Grenzkosten* im Regelfall nicht optimal, weil Preise unterhalb der Grenzkosten für eine Kundengruppe effizient (und wettbewerbskonform) sein können: Sie dienen der Erhöhung der Partizipation dieser Kundengruppe, was wiederum eine Voraussetzung für die Nachfrage der anderen Kundengruppe sein kann.[50] *Rochet* und *Tirole*, zwei Pioniere der Theorie der zweiseitigen Märkte, heben in ihrer Definition die Bedeutung der Preis*struktur* hervor – asymmetrische Preissetzung steigert das Transaktionsvolumen und damit den Wert der Plattform insgesamt, zum Nutzen beider Marktseiten: „A market is two-sided if the platform can affect the volume of transactions by charging more to one side of the market and reducing the price paid by the other side by an equal amount; in other words, the price structure matters, and platforms must design it so as to bring both sides on board."[51] Anbieter in zweiseitigen Märkten sind somit insgesamt mit komplexen Beziehungen zwischen Preisen, Mengen und Kosten konfrontiert. Preise unterhalb der Grenzkosten sind auf zweiseitigen Märkten nicht notwendigerweise wettbewerbsfeindlich.

Digitale Plattformen stellen eine neue Herausforderung an Regulierungs- und Wettbewerbsbehörden dar, da traditionelle Telekommunikationsdienste und digitale Plattformen in zunehmendem Maße konvergieren.

---

[50] *Budzinski/Lindstädt*, Neuere Entwicklungen.

[51] *Rochet/Tirole*, Two-Sided Markets, S. 664-667.

Diese sich sehr dynamisch entwickelnden Märkte sind zudem auch von einem hohen Maß an Unsicherheit geprägt: Etwa die Frage, welche Geschäftsmodelle sich durchsetzen werden oder wie offen oder proprietär Plattformen ausgestaltet werden, ist ganz im *Hayekschen* Sinne ein Entdeckungsverfahren. In einem solchen Umfeld sollte Regulierung nicht die Norm sein. Wenn Regulierung bzw. die Wettbewerbsaufsicht eingreift, dann muss sie die Komplexität zweiseitiger Märkte berücksichtigen: Die konventionelle Logik ‚einseitiger' Märkte führt bei der Markt- und Wettbewerbsanalyse zweiseitiger Märkte zu falschen Schlüssen.[52]

4. Das Internet von morgen: Die Notwendigkeit von Investitionsanreizen für Breitbandinfrastrukturen

Das Internet kann aufgrund grundsätzlicher Strukturmerkmale als Gemeinschaftsressource (Allmende-Gut) betrachtet werden.[53] Allmende-Güter sind Güter, bei denen eine Rivalität zwischen den Nutzern besteht, aber niemand von der Nutzung wirklich ausgeschlossen werden kann. Dies verstärkt die Neigung, Leistungen ohne entsprechende Gegenleistungen in Anspruch zu nehmen und führt zu suboptimalen Investitionsniveaus.

Steigt die Zahl der Nutzer eines Gemeinschaftsguts über ein bestimmtes Maß hinaus, greift nach *Hardin* die „Tragik der Allmende": Übermäßige Nutzung der scheinbar kostenlosen Gemeinschaftsressource – aus individueller Perspektive rational – führt letztlich zur Überausbeutung.[54] Als einziger Ausweg erscheint staatliche Regulierung oder die Vergabe exklusiver privater Eigentumsrechte. Nobelpreisträgerin *Elinor Ostrom* konnte jedoch zeigen, dass dies keineswegs notwendig ist, sondern manchmal sogar eher schadet.[55] Nutzer gemeinsamer Ressourcen sind unter bestimmten Voraussetzungen durchaus geneigt, zur Mehrung des kollektiven Ertrags Aktivitäten zur Gestaltung, Durchsetzung und Überwachung von Regeln in die Wege zu leiten.[56] Das Allmende-Dilemma verdeutlicht, dass ein nachhaltiges Internet-Geschäftsmodell zum einen ausreichende Anreize für Innovationen und Investitionen, zum anderen sinnvolle Regeln für die erfolgreiche (Selbst-)Verwaltung erfordert.

---

[52] *Belleflamme/Peitz*, Industrial Organization.
[53] *Friederiszick et al.*, Nachhaltiges Internetmodell.
[54] *Hardin*, Tragedy of Commons.
[55] *Keser/Paquin/Wey*, Organisationsformen.
[56] *Ostrom*, Beyond markets and states.

4.1 Anreizstrukturen im heutigen Internet-Geschäftsmodell

Für Endverbraucher gibt es gegenwärtig nur wenige oder gar keine Preisanreize, Internetverkehr als knappe Ressource zu behandeln. Mit den weithin verbreiteten *Flatrates* ist der vom Endnutzer generierte Verkehr im Wesentlichen unbegrenzt. Für die Anbieter von *over-the-top* (*OTT*) Inhalten besteht auch kein ökonomischer Anreiz, beispielsweise auf Kompressionstechniken zurückzugreifen, um das Datenvolumen zu begrenzen.

Dies begünstigt ein stark wachsendes Verkaufsaufkommen. Das Marktumfeld heute ist durch nachlassendes Wachstum der Festnetz-Breitbandanschlüsse bei gleichzeitig stark steigendem Datenvolumen pro Breitbandanschluss geprägt. So nahm in Deutschland von 2011 auf 2012 die Zahl der Festnetz-Breitbandanschlüsse um lediglich 2,9 Prozent zu, das Datenvolumen pro Breitbandanschluss stieg hingegen um rund 11 Prozent an.[57] Es wird damit gerechnet, dass sich dieser Trend in den kommenden Jahren fortsetzen wird. Für Telekommunikationsunternehmen bedeutet dies, dass die Entwicklung der *Retail*-Umsätze bei Breitbandanschlüssen nicht mit der Verkehrsentwicklung Schritt hält.

Eine solche Konstellation birgt das Allmende-Risiko einer Überausbeutung der „Gemeinschaftsressource Internet" bzw. der Unterversorgung moderner Breitbandinfrastruktur aufgrund mangelnder Investitionsanreize. Alternative, zukunftsorientierte Internet-Geschäftsmodelle haben das Potential, nachhaltig Anreize in Infrastrukturinvestitionen zu setzen.[58] So könnte beispielsweise bereits die Einführung eines *peak-load pricing* (höhere Preise für Verkehr in Spitzenzeiten; das *Congestion Based* Modell nach *Friederiszick et al.*) dazu beitragen, Kapazitätsengpässe zu verringern und eine effizientere Nutzung der Infrastruktur zu ermöglichen. Eine verbesserte Netzauslastung trägt dazu bei, Anreize für Infrastrukturinvestitionen zu setzen.

4.2 Open Access: Vereinbarungen für offene und standardisierte Netzzugänge

Kompatibilität spielt in Netzökonomien eine große Rolle. Standardisierung trägt maßgeblich dazu bei, positive Netzexternalitäten zu steigern, Unsicherheit zu verringern und *lock-in* Effekte zu vermeiden.[59] Aus diesen Gründen sind *Open Access*-Vereinbarungen für offene und standardisierte Netzzugänge beim Aufbau neuer Glasfasernetze von großer Bedeutung.

---

[57] *Dialog Consult/VATM*, 14. TK-Marktanalyse.
[58] *Friederiszick et al.*, Nachhaltiges Internetmodell.
[59] *Shapiro/Varian*, Information Rules.

Der Aufbau von Glasfasernetzen erfolgt aufgrund des enormen Investitionsbedarfs und der begrenzten Rentabilität durch verschiedenste Investoren nicht etwa flächendeckend, sondern jeweils regional, überwiegend in Ballungszentren. Parallele Glasfasernetze wird es mangels Rentabilität kaum geben. Es entsteht ein „Flickenteppich". Der Gesamtnutzen dieser neuen Infrastrukturen wird daher maßgeblich davon abhängen, dass diese Netze interoperabel sind, keine neuen regionalen Monopole entstehen und Kunden nach wie vor Wahlfreiheit besitzen. Voraussetzung hierfür sind offene und standardisierte Netzzugänge von und zu allen Glasfasernetzen.

Die regionale Heterogenität impliziert, dass regionale Wettbewerbsverhältnisse bei der Marktanalyse verstärkt berücksichtigt werden müssen. Regionale Glasfasernetze bergen das Risiko, dass Verbraucher zukünftig nicht mehr frei zwischen unterschiedlichen Anbietern wählen können. Deshalb müssen alle Unternehmen – falls es zu keinen freiwilligen Vereinbarungen kommt bzw. *Open Access*-Regeln nicht eingehalten werden – dazu verpflichtet werden können, einen offenen und diskriminierungsfreien Netzzugang zu gewähren. Für *Open Access* bedarf es auch standardisierter Schnittstellen und Prozesse. Insgesamt stellt *Open Access* sicher, dass Doppelinvestitionen und damit eine ineffiziente Duplizierung von Infrastruktur vermieden werden, vorhandene Netzkapazitäten effizient genutzt und Telekommunikationsdienste von Unternehmen bundesweit im Wettbewerb vermarktet werden können. Dies alles trägt zu einer Erhöhung der Wirtschaftlichkeit bei und unterstützt den weiteren Netzausbau.

V. Implikationen für eine ‚Regulierung 3.0'

Die Telekommunikationsbranche hat sich zu einem äußerst dynamischen, innovations- und technologiegetriebenen Markt entwickelt. Der stark wachsende Internetverkehr, neue Applikationen, die hohe Übertragungsstandards erfordern, sowie die zunehmende Bedeutung intelligenter Netze stellen hohe Ansprüche an die Breitbandinfrastruktur. Eine moderne, leistungsfähige Breitbandinfrastruktur fördert branchenübergreifend Innovationen, Wachstum und Produktivität; zahlreiche Studien weisen positive Externalitäten nach.

Das Umfeld für Milliardeninvestitionen in den Ausbau der Breitbandinfrastruktur ist allerdings fordernd. Erstens sind die Branchenumsätze in der Telekommunikation, wettbewerbs- und regulierungsbedingt, seit 2005 rückläufig. Zweitens erschwert die Euro- und Schuldenkrise die Finanzierung neuer Investitionsvorhaben. Drittens deutet die ökonomische Analyse des heutigen Markt-, Wettbewerbs- und Regulierungsumfelds in den Telekommunikations- und Internetmärkten darauf hin, dass die Anreize für Infrastrukturinvestitionen nicht ausreichen, um auch in Zukunft stark wachsende Verkehrsvolumina bedienen zu können. Eine moderne Regulierung muss aber gerade Anreize für diese Investitionen in neue Infrastruktur schaffen.

Neue Trends und Entwicklungen in modernen Telekommunikationsmärkten erfordern ein neues Marktverständnis und das Überdenken und Erneuern des bisherigen Regulierungsregimes bzw. der Anwendungspraxis. Der dynamische Wettbewerb in technologie- und innovationsgetriebenen Märkten erfordert eine Abkehr von einem Regulierungsparadigma statischer Effizienz, das in erster Linie auf Marktöffnung und die Schaffung von Wettbewerb abzielte. Stattdessen sollte die Förderung der dynamischen Effizienz im Mittelpunkt stehen; Netzzugangsregulierung sollte nicht auf Kosten der Innovations- und Investitionsanreize erfolgen.

Die Europäische Kommission hat vor diesem Hintergrund im Juli 2012 eine Neuausrichtung der Regulierungspolitik zugunsten eines investitionsfreundlicheren Regulierungsrahmens angekündigt.[60] Die Kommission stellt investierenden Unternehmen in Aussicht, dass bei neuen Glasfasernetzen auf Kostenregulierung verzichtet werden soll, wenn Nichtdiskriminierung der Wettbewerber sichergestellt ist und ausreichender Infrastrukturwettbewerb herrscht. Darüber hinaus sollen Vorleistungsentgelte für den Zugang zum Kupfernetz bis 2020 weitgehend stabil bleiben. Es bleibt abzuwarten, welche konkreten Maßnahmen auf europäischer und nationaler Ebene folgen werden. Die Europäische Kommission beabsichtigt, im nächsten Schritt eine Empfehlung zur Diskriminierungsfreiheit und eine weitere Empfehlung zur Kostenrechnungsmethodik für regulierte Netzzugangsentgelte auf Vorleistungsebene auszusprechen. Insgesamt kann die Ankündigung der Europäischen Kommission als ein erster, wichtiger Schritt in Richtung einer zeitgemäßen ‚Regulierung 3.0' gewertet werden.

Die Marktentwicklung ist weiter stark von der Konvergenz der Internet- und Telekommunikationsmärkte geprägt. Grenzen und Konturen der relevanten Märkte verschwinden. Neue Anbieter dringen mit innovativen Produkten und Diensten in das Kerngeschäft der Telekommunikationsunternehmen ein. Moderne Regulierung muss somit die gesamte digitale Wertschöpfungskette betrachten. Neue technologische Entwicklungen und Geschäftsmodelle erfordern ein hohes Maß an intelligenter regulatorischer Flexibilität: Regulierungs- und Wettbewerbsbehörden müssen entscheiden, wann sie eingreifen müssen, um etwa das *level playing field* entlang der Internetwertschöpfungskette sicherzustellen – oder wann sie sich zurückhalten müssen, um die Marktentwicklung nicht durch irrtümliche Überregulierung zu behindern.

---

[60] *Europäische Kommission*, Attraktiveres Umfeld.

Digitale Plattformen erfüllen die Kriterien zweiseitiger Märkte, in denen bei der Preissetzung Wechselwirkungen zwischen Kundengruppen berücksichtigt werden müssen. Die konventionelle Logik ‚einseitiger' Märkte führt bei der Markt- und Wettbewerbsanalyse zweiseitiger Märkte zu falschen Schlüssen. Das hohe Maß an Komplexität dieser Märkte ist eine Herausforderung für Regulierungs- und Wettbewerbsbehörden.

Rückblickend lässt sich festhalten, dass die Liberalisierung und Öffnung der Telekommunikationsmärkte, alles in allem, ein ordnungspolitischer Erfolg war. Aber sie war ein Thema der 1990er und der Anfangsjahre des neuen Jahrhunderts. Heute stellen sich neue Herausforderungen; in Zukunft möglicherweise wieder neue. Verbraucher, Wirtschaft und Gesellschaft profitieren von neuen, weiterentwickelten Produkten und Lösungen. Der Wettbewerb in modernen, konvergierenden Internet-, Medien- und Telekommunikationsmärkten spielt sich in zunehmendem Maße über Innovationen ab. Intelligente Regulierung ist gefordert, mit der Entwicklung der Märkte Schritt zu halten.

Literaturverzeichnis

Arbor Networks: Google Sets New Internet Traffic Record, 2010, erhältlich im Internet: <http://ddos.arbornetworks.com/2010/10/google-breaks-traffic-record/> [zuletzt besucht am 16. September 2012].

A.T. Kearney: Internet Value Chains Economics. Gaining a deeper understanding of the Internet economy, 2010, erhältlich im Internet: <http://www.atkearney.de/content/veroeffentlichungen/whitepaper_detail.php/id/51102/practice/telekomm> [zuletzt besucht am 27. September 2012].

Baake, Pio et al.: Effiziente Regulierung in dynamischen Märkten. Ökonomische Studie mit integriertem Rechtsgutachten (Law and Economics of Telecommunications 57). Baden-Baden 2007.

Baake, Pio/Wey, Christian: Telecommunications Policies in Comparison. Industrial Policy Indicators (DIW Politikberatung kompakt 44), Berlin 2008.

Bahr, Fabian et al.: Schönes neues Internet? Chancen und Risiken für Innovationen in digitalen Ökosystemen. (Stiftung Neue Verantwortung Policy Brief 05/12), 2012, erhältlich im Internet: <http://www.dbresearch.de/PROD/DBR_INTERNET_DE-PROD/PROD0000000000294515/Sch%C3%B6nes+neues+Internet%3F+Chancen+und+Risiken+f%C3%BCr+Innovation+in+digitalen+%C3%96kosystemen.pdf> [zuletzt besucht am 27. September 2012].

Barber, Tony: Spain's Telefónica takes the pain, in: Financial Times vom 31. Mai 2012.

Baumol, William J./Panzar, John C./Willig, Robert D.: Contestable Markets and the Theory of Industry Structure, New York, Harcourt Brace 1982.

Belleflamme, Paul/Peitz, Martin: Industrial Organization. Markets and Strategies, Cambridge 2010.

Bertschek, Irene et al.: Informations- und Telekommunikationstechnologien als Wegbereiter für Innovationen. Studie des ZEW im Auftrag des BITKOM e.V., 2010, erhältlich im Internet: <http://www.zew.de/de/publikationen/publikation.php3?action=detail&nr=6015> [zuletzt besucht am 16. September 2012].

Bienenstock, Robin/Keith, John/McHugh, Sam: European Telecommunications. A Letter to EU Commissioner Kroes, Bernstein Research, 5. April 2012.

Boston Consulting Group: The Internet Economy in the G-20: The $4.2 Trillion Growth Opportunity, 2012, erhältlich im Internet: <www.bcg.com/documents/file100409.pdf> [zuletzt besucht am 29. März 2012].

–: The new rules of openness. Studie im Auftrag von Liberty Global, 2011, erhältlich im Internet: <http://www.lgi.com/PDF/New_Rules_%20of_Openness6-EN.pdf> [zuletzt besucht am 16. September 2012].

Brächer, Michael/Wocher, Martin/Kopplin, Ilka: Erfolgreicher Start für O2, in: Handelsblatt vom 31.10.2012, S. 34.

Budzinski, Oliver/Lindstädt, Nadine: Neuere Entwicklungen in der Medienökonomik. Das Konzept der mehrseitigen Märkte, in: Wirtschaftswissenschaftliches Studium 39, 2010, S. 436–443.

Canzler, Weert/Knie, Andreas: Elektromobilität: Innovationen nur in vernetzter Form (WZBrief Arbeit, 08/November 2010), 2010, erhältlich im Internet: <http://bibliothek.wzb.eu/wzbrief-arbeit/WZBriefArbeit082010_canzler_knie.pdf.> [zuletzt besucht am 27. September 2012].

Cisco: Cisco Visual Networking Index: Forecast and Methodology, 2011–2016, White Paper, erhältlich im Internet: <http://www.cisco.com/en/US/solutions/collateral/ns341/ns525/ns537/ns705/ns827/white_paper_c11-481360.pdf> [zuletzt besucht am 27. September 2012].

Czernich, Nina et al.: Broadband Infrastructure and Economic Growth, in: Economic Journal 121, 2011, S. 505–533.

Dialog Consult/VATM: 14. TK-Marktanalyse 2012, Berlin 2012, erhältlich im Internet: <http://www.vatm.de/fileadmin/publikationen/studien/tk-marktstudie-2012.pdf> [zuletzt besucht am 19. Oktober 2012].

Dohmen, Caspar: Telefoniert wird immer, in: Süddeutsche Zeitung vom 3. Januar 2009, S. 25.

Economist: Over-the-top phone services: Joyn them or join them, in: The Economist vom 11. August 2012, S. 53.

Europäische Kommission: Ein attraktiveres Umfeld für Breitband-Investitionen – Erklärung von Vizepräsidentin Kroes, Memo vom 12. Juli 2012, erhältlich im Internet: <http://europa.eu/rapid/pressReleasesAction.do?reference=MEMO/12/554&format=HTML&aged=0&language=EN&guiLanguage=en> [zuletzt besucht am 16. September 2012].

–: Europe's Digital Competitiveness Report 2010, 2010, erhältlich im Internet: <http://ec.europa.eu/information_society/digital-agenda/documents/edcr.pdf> [zuletzt besucht am 16. September 2012].

Fraunhofer: Gigabit für Jeden – Die Vision einer ‚Gigabit Society' (Presseinformation Fraunhofer Heinrich-Hertz-Institut 26. Februar), 2010, erhältlich im Internet: <http://www.hhi.fraunhofer.de/de/press/press-archive/press-releases-2010/gigabits-for-every one-the-vision-of-a-gigabit-society/> [zuletzt besucht am 27. September 2012].

Friederiszick, Hans et al.: Beurteilung eines nachhaltigen Internet-Modells für die nahe Zukunft (ESMT Business Brief Nr. BB-11-02/ger), 2011, erhältlich im Internet: <http://www.esmt.org/fm/479/BB-11-02.ger.pdf.> [zuletzt besucht am 27. September 2012].

Goebbels, Teresa: Weihnachtsfire, in: Financial Times Deutschland vom 21. Dezember 2011, S. 23.

Grajek, Michal: ICT for Growth: A Targeted Approach, in: Bruegel Policy Contribution, 2012/10, 2012, erhältlich im Internet: <http://www.bruegel.org/publications/publication-detail/publication/729-ict-for-growth-a-targeted-approach/> [zuletzt besucht am 27. September 2012].

Hardin, Garrett: The Tragedy of the Commons, in: Science 162, 1968, S. 1243–1248.

Haucap, Justus/Coenen, Michael: Regulierung und Deregulierung in Telekommunikationsmärkten. Theorie und Praxis, in: Bechtold, Stefan/Jickeli, Joachim/Rohe, Mathias (Hg.): Recht, Ordnung und Wettbewerb. Festschrift zum 70. Geburtstag von Wernhard Möschel, Baden-Baden 2011, S. 1005–1026.

Hayek, Friedrich August von: Der Wettbewerb als Entdeckungsverfahren, Kiel 1968.

IDATE: IDATE World FTTx Markets. January–December 2012, 2012.

Jay, Stephan/Neumann, Karl-Heinz/Pflückebaum, Thomas: Implikationen eines flächendeckenden Glasfaserausbaus und sein Subventionsbedarf (WIK Diskussionsbeitrag 359), Bad Honnef 2011.

Jennen, Birgit/Ohler, Arndt: Telekombranche frustriert Aktionäre, in: Financial Times Deutschland vom 27. Februar 2012, S. 7.

Katz, Raul L. et al.: The Impact of Broadband on Jobs and the German Economy, in: Intereconomics, 45, 2010, S. 26–34.

Keser, Claudia/Paquin, Ralf/Wey, Christian: Organisationsformen jenseits des Marktes, in: Spektrum der Wissenschaft, Dezember 2009.

Knieps, Günter: Zur Regulierung monopolistischer Bottlenecks, in: Zeitschrift für Wirtschaftspolitik 48, 1999, S. 297–304.

Kopf, Wolfgang: Transitorische oder unendliche Regulierung?, in: Kurth, Matthias/Schmoeckel, Mathias (Hg.): Regulierung im Telekommunikationssektor. Chancen und Risiken im historischen Prozess, Tübingen 2012, S. 127–141.

Krancke, Jan/Müller, Christoph: Innovationen in regulierten Netzindustrien, in: Müller, Christoph/Pedell, Burkhard (Hg.): Konsistente Regulierung von Netzindustrien. Innovations- und Investitionsanreize sowie Entgeltbestimmung (Schmalenbachs Zeitschrift für betriebswirtschaftliche Forschung, Sonderheft 64/11), Düsseldorf 2011, S. 32–51.

Kretschmer, Tobias: Information and Communication Technologies and Productivity Growth. A Survey of the Literature (OECD Digital Economy Papers 195), 2012, erhältlich im Internet: <http://www.oecd-ilibrary.org/docserver/download/fulltext/5k9bh3jllgs7.pdf?expires=1348736769&id=id&accname=guest&checksum=C87D204B96757242133F4FD3D06DACEE> [zuletzt besucht am 27. September 2012].

Kretschmer, Tobias/Bolliger, Kerstin/Koob, Clemens: Life 2 – Vernetztes Arbeiten in Wirtschaft und Gesellschaft. Studie im Auftrag der Deutschen Telekom, 2010, erhältlich im Internet: <http://www.studie-life.de/wp-content/uploads/2011/11/Life-2-Vernetztes-Arbeiten.pdf> [zuletzt besucht am 27. September 2012].

Kruse, Jörn: Deregulierung in netzbasierten Sektoren, in: Berg, Hartmut (Hg.): Deregulierung und Privatisierung. Gewolltes – Erreichtes – Versäumtes (Schriften des Vereins für Socialpolitik, Gesellschaft für Wirtschafts- und Sozialpolitik N.F. 287), Berlin 2002, S. 71–88.

McKinsey: Internet matters: The net's sweeping impact on growth, jobs, and prosperity, 2011, erhältlich im Internet: <http://www.mckinsey.com/Insights/MGI/Research/Technology_and_Innovation/Internet_matters> [zuletzt besucht am 27. September 2012].

Noam, Eli: Regulation 3.0 for Telecom 3.0, in: Telecommunications Policy 34, 2010, S. 4–10.

Ostrom, Elinor: Beyond markets and states: Polycentric governance of complex economic systems. Nobel Prize Lecture, 8. December 2009.

Rochet, Jean-Charles/Tirole, Jean: Two-Sided Markets. A Progress Report, in: Rand Journal of Economics 37, 2006, S. 645–667.

Röller, Lars-Hendrik/Waverman, Leonard: Telecommunications Infrastructure and Economic Development. A Simultaneous Approach, in: American Economic Review 91, 2001, S. 909–923.

Schmidt, Holger: Das Ende der SMS, in: Frankfurter Allgemeine Zeitung vom 29. November 2011, S. 17.

Schumpeter, Joseph Alois: Capitalism, Socialism and Democracy, New York 1942.

Shapiro, Carl/Varian, Hal: Information Rules. A Strategic Guide to the Network Economy, Boston 1999.

The Climate Group: SMART 2020. Enabling the low carbon economy in the information age. Studie im Auftrag der Global eSustainability Initiative, 2008, erhältlich im Internet: <http://smart2020.org/publications/> [zuletzt besucht am 16. September 2012].

Vidal, Miguel: Kämpferische und wirtschaftsfriedliche Strategien im Wettbewerb zwischen Pionier und Nachzügler, in: Zeitschrift für Betriebswirtschaft 66, 1996, S. 147–165.

–: Strategische Pioniervorteile, in: Zeitschrift für Betriebswirtschaft 65, 1995 (Ergänzungsheft 1), S. 43–58.

Wieck, Reinhard/Vidal, Miguel: Investment in telecommunications infrastructure, growth and employment – recent research, in: International Journal of Management and Network Economics 2, 2011, S. 135–149.

Eisenbahnregulierung zwischen Wettbewerbs- und Investitionsförderung

Historische Lehren und aktuelle Herausforderungen

Frank Miram und Christian Schoening

I. Regulierungsvorgaben im Wandel

Der Rechtsrahmen für die Regulierung der Eisenbahnen in Deutschland ist seit Umsetzung der Bahnreform im Jahr 1994 von einer sukzessiven Weiterentwicklung geprägt. Aktuell plant der nationale Gesetzgeber eine Novellierung des deutschen Eisenbahnrechts, das in seiner derzeitigen Form im Wesentlichen im Jahr 2005 in Kraft getreten ist. Im Vordergrund stehen dabei neben weiteren Punkten vor allem verschärfte Vorgaben an die Eisenbahninfrastrukturunternehmen (EIU hinsichtlich der von den Eisenbahnverkehrsunternehmen (EVU) zu zahlenden Infrastrukturnutzungsentgelte und damit verbunden eine weitere Einschränkung der unternehmerischen Handlungsfreiheit bei der Preisgestaltung. So soll die heute implementierte kostenbasierte Regulierung durch ein Regime abgelöst werden, das effizienzorientierte Anreize zur Kostensenkung setzt („Anreizregulierung"). Zu diesem Zweck soll eine Preisobergrenzenregulierung mit der Möglichkeit, separate Preisvorgaben für verschiedene VerkehrsLeistungen gesetzlich verankert werden (Produktkörbe). Als weiterer Schwerpunkt der nationalen Regulierungsnovelle soll die Bundesnetzagentur (BNetzA) als zuständige Regulierungsbehörde erweiterte Eingriffsbefugnisse erhalten. Ziele der Neuregelungen sind unter anderem die Stärkung des Wettbewerbs auf den Eisenbahnverkehrsmärkten und die Förderung von Investitionen und Innovationen. Bereits auf den ersten Blick wird deutlich, dass beide Ziele in einem Spannungsverhältnis stehen: Während für eine Stärkung des Wettbewerbs möglichst niedrige Infrastrukturentgelte für die EVU förderlich wären, ist es für ein investitionsfreundliches Regulierungsumfeld unerlässlich, dass ein EIU seine durch Investitionen verursachten Kosten über die Nutzerentgelte zurückverdienen kann. Auskömmliche Entgelte sind somit die Voraussetzung für die Bereitstellung einer hochwertigen Infrastruktur. Um beide Ziele zum Ausgleich zu bringen, müssen die Wechselwirkungen bei der Ausgestaltung des Regulierungsregimes berücksichtigt werden.

Bei der Bewertung der Vorschläge für die Änderung der Regulierungsvorschriften und des damit vom Gesetzgeber intendierten Zielausgleichs kann ein Blick in die Historie der Eisenbahnregulierung hilfreich sein. So zieht *Patt* in seinem Beitrag zur Bewertung der Reformvorschläge die Entwicklungen im 19. Jahrhundert in Preußen heran und zeigt dabei sehr anschaulich bemerkenswerte Parallelen zu den heutigen Debatten bei den Fragestellungen um das richtige Regulierungsregime auf.[1] Es wird deutlich, dass das beschriebene Spannungsverhältnis die Ausgestaltung der Eisenbahnregulierung bereits von Anfang an begleitete. Aus der Analyse der damals gefundenen Lösungen und der dahinter liegenden Gründe können daher auch wertvolle Erkenntnisse für die aktuellen Diskussionen gewonnen werden.

II. Zielsetzungen der Regulierung im 19. Jahrhundert

In Preußen wurde bereits im Jahr 1838 parallel mit der Einführung der Eisenbahn ein Regulierungsgesetz verabschiedet, das einen Missbrauch der Marktstellung des Netzbetreibers verhindern sollte.[2] Unter anderem wurden hierfür auch Regelungen zur Mitnutzung des Schienennetzes getroffen. Die von den EVU zu bezahlenden Entgelte, damals als „Bahngeld" bezeichnet, wurden auf Basis der angefallenen durchschnittlichen Kosten der Netzbetreiber zuzüglich einer Rendite auf das eingesetzte Kapital von mindestens 6 und höchstens 10 Prozent ermittelt.[3] Es handelte sich damit prinzipiell um ein Regulierungsregime, das heute mit dem Begriff „cost-plus"-Regulierung beschrieben wird und Ähnlichkeiten mit dem aktuell geltenden System hat. Es ist in der wissenschaftlichen Diskussion heute allgemein anerkannt, dass von diesen kostenbasierten Regulierungsansätzen *per se* nur geringe Anreizwirkungen bezüglich der Senkung von Kosten ausgehen, da bei erreichter maximal zulässiger Rendite jede weitere Kostenreduzierung auch mit einer Entgeltsenkung verbunden wäre. Gleichzeitig bestehen in dieser Situation Fehlanreize, die Kapitalbasis über das effiziente Maß hinaus zu erhöhen, um den Gewinn zu steigern.[4] *Patt* stellt daher zu Recht fest, dass der preußischen Regulierungsidee „[i]n

---

[1] Vgl. *Patt*, Reform der Entgeltregulierung, S. 43ff.
[2] Vgl. hierzu auch *Michalczyk*, Europäische Ursprünge.
[3] Vgl. hierzu und im Folgenden *Patt*, Reform der Entgeltregulierung, S. 43 ff.
[4] Vgl. hierzu z.B. *Averch/Johnson*, Behavior of the Firm.

Hinblick auf Kosten- oder Preissenkungen (...) ein positives Anreizelement" fehlte.[5]

Andererseits bieten kostenbasierte Regulierungsansätze den Vorteil einer hohen Investitionssicherheit mit entsprechenden Anreizen, Geld in die Infrastruktur einzusetzen. Wie *Patt* aufzeigt, war es auch in der Tat das vorrangige Ziel des Regulierungsregimes in Preußen, private Investitionen in die Eisenbahninfrastruktur zu generieren, da der Staat das notwendige Kapital für den Ausbau des Schienennetzes nicht aufbringen konnte. Diese klare Zielpriorisierung führte zu einem raschen Aufbau von Schienenwegen. Demgegenüber trat die Förderung von Wettbewerb in den Hintergrund, wofür neben weiteren Aspekten von *Patt* auch die getroffenen Regelungen für die Entgelte verantwortlich gemacht werden. Letztlich entwickelte sich jedenfalls nur in Ausnahmefällen ein Wettbewerb von unterschiedlichen Bahnunternehmen auf einer Strecke. Dies hatte allerdings auch zur Folge, dass sich die monopolistische Marktstellung der bestehenden Unternehmen auf die nachgelagerte Transportebene übertrug, weshalb letztlich auch eine Regulierung der Endkundenpreise erforderlich wurde.[6] Bei der Ausgestaltung dieser Vorgaben entschied sich der Staat jedoch wie bei den Regelungen zum Bahngeld für einen investitionsfreundlichen Rahmen und damit für einen weitgehenden Erhalt der Preisbestimmungskompetenzen für die Unternehmen. Konkret war auch hier eine Begrenzung der Rendite vorgesehen, was allerdings wiederum nur unzureichende Anreize für Preissenkungen bot. Vorgaben hinsichtlich der Preisstruktur waren demgegenüber zunächst nicht vorgesehen, was von den Kunden kritisiert wurde. Die Bahnunternehmen differenzierten ihre Entgelte nach betriebswirtschaftlichen Gesichtspunkten und richteten diese daher nach den Zahlungsbereitschaften ihrer Kundensegmente aus. Die Preisgestaltung wurde jedoch als eine mehr oder weniger willkürliche Förderung bestimmter Industrien empfunden, während andere benachteiligt würden. Im Ergebnis führte dies zu einer Art Industriepolitik durch die Bahnunternehmen, was jedoch auf Grund der übergeordneten Bedeutung eine staatliche vorzunehmende Aufgabe sei. Tatsächlich nahm die Politik im weiteren Verlauf zunehmend Einfluss auf die Preisstruktur und schränkte die unternehmerischen Freiheiten entsprechend ein.

---

[5] *Patt*, Reform der Entgeltregulierung, S. 43 ff.

[6] Heute ist eine Regulierung der Endkundenpreise nicht mehr erforderlich. Dies ist neben dem existierenden intramodalen vor allem dem intermodalen Wettbewerb geschuldet, wodurch die EVU über keine relevante Marktmacht im Verkehrsmarkt verfügen. Zum intermodalen Wettbewerb vgl. Abschnitt III.

III. Auswirkungen veränderter Rahmenbedingungen in der Gegenwart

Bezogen auf die heutige Situation könnte aus den Lehren der Vergangenheit die Konsequenz gezogen werden, dass eine kostenbasierte Regulierung die Ziele Wettbewerbs- und Investitionsförderung nicht gleichermaßen zum Ausgleich bringen kann. Demnach wäre ein Ersatz der heute im deutschen Recht verankerten „Vollkostenregulierung" zu Gunsten einer „Anreizregulierung" mit Kostensenkungsvorgaben zu befürworten. Dieser Rückschluss scheint auf den ersten Blick zwar durchaus logisch, blendet jedoch wesentliche Aspekte einer vergleichenden Analyse aus. Denn seit dem 19. Jahrhundert haben sich Rahmenbedingungen verändert, die die Wirkungsweise des heutigen Regulierungsregimes maßgeblich beeinflusst haben.

Ein entscheidender Unterschied besteht im heute existierenden intermodalen Wettbewerb der Verkehrsträger. War die Schiene damals für Transporte von Menschen und Gütern mit Ausnahme von Wasserstraßen auf bestimmten Korridoren quasi konkurrenzlos, müssen sich die EVU heute im Wettbewerb um Verkehrsleistungen mit dem flächendeckenden Straßen-, sowie dem Luft- und Schiffsverkehr behaupten. Vor allem wegen des aufkommenden Straßenverkehrs verlor die Schiene bis zum Ende des letzten Jahrhunderts sukzessiv Marktanteile. Dieser Wettbewerbsdruck bei den EVU führt dazu, dass auch die EIU nur noch über begrenzte Preissetzungsspielräume verfügen. Die Infrastrukturunternehmen müssen Gewinnsteigerungen daher vor allem über eine Erhöhung der Kosteneffizienz erreichen können. Der intermodale Wettbewerb führt faktisch damit bereits zu den Ergebnissen, die mit Hilfe einer Anreizregulierung erst erreicht werden sollen.[7] Diese Besonderheit unterscheidet den heutigen Eisenbahnsektor auch fundamental von anderen Netzsektoren. Der Wettbewerb der Verkehrsträger hat so weit geführt, dass die bundeseigene Eisenbahninfrastruktur in ihrem heutigen Ausmaß eigenwirtschaftlich überhaupt nicht mehr betrieben werden kann. Es existiert somit formal bei den EIU nicht die Gefahr von „Monopolrenditen" auf Grund von überhöhten Preisen mit

---

[7] Daneben existiert die im Jahr 2009 zwischen dem Bund und der DB abgeschlossene Leistungs- und Finanzierungsvereinbarung (LuFV). Der Bund stellt in diesem Rahmen einen über die Laufzeit bis 2013 nominal fixen jährlichen Betrag für Ersatzinvestitionen zur Verfügung. Im Gegenzug verpflichten sich die DB-EIU auf einen Mindesteigenmitteleinsatz für Instandhaltung und Ersatzinvestitionen sowie die Einhaltung von vertraglich vereinbarten, im Zeitablauf steigenden Qualitätskennziffern. Durch den fehlenden Inflationsausgleich für den Beitrag des Bundes sowie die steigenden Qualitätsanforderungen entstehen starke Anreize zur Erhöhung der Kosteneffizienz der EIU.

entsprechenden negativen Auswirkungen auf den Wettbewerb, sondern vielmehr ein grundsätzliches Kostendeckungsproblem. Die Folge davon ist die Notwendigkeit einer öffentlichen Mitfinanzierung. Bei der Finanzierung der bundeseigenen Infrastruktur kommt dem Bund ein grundgesetzlicher Gewährleistungsauftrag zu (Art. 87e Abs. 4 GG), den er in der Praxis über Investitionszuschüsse erfüllt. Nach dem Bundesschienenwegeausbaugesetz werden dabei der Großteil von Neu- und Ausbaumaßnahmen durch den Bund getragen. Zusätzlich unterstützt er Ersatzinvestitionen im Rahmen der Leistungs- und Finanzierungsvereinbarung (LuFV) mit 2,5 Mrd. Euro jährlich. Die EIU des Bundes finanzieren demgegenüber aus Nutzerentgelten den Rest der Investitionen sowie den gesamten Unterhalt und die Betriebsführung des Netzes. Insgesamt werden von den EIU so rund 60 Prozent des gesamten Bestandsnetzes finanziert.[8]

Trotz der etablierten Ko-Finanzierungslogik im Eisenbahninfrastrukturbereich ist es den EIU der DB AG auf Grund des bestehenden intermodalen Wettbewerbs bis heute nicht gelungen, mit den Nutzerentgelten ihre gesamten Kosten inklusive einer angemessenen Verzinsung auf das eingesetzte Kapital zu erwirtschaften.[9] Tatsächlich war es z.B. der DB Netz AG im Jahr 2007 erstmals möglich, ein positives Ergebnis zu erwirtschaften. Bei Betrachtung der kumulierten Ergebnisse der Jahre 2000 bis 2011 ergibt sich ein Defizit von knapp einer Milliarde Euro, das vom DB-Konzern ausgeglichen wurde. Gerade in den letzten Jahren konnten die EIU signifikante Ergebnisverbesserungen erzielen. Anders als gelegentlich angenommen, waren hierfür jedoch nicht überproportionale Preiserhöhungen der Grund – obwohl dies nach geltender Rechtslage in der aktuellen Kostenunterdeckung prinzipiell sogar erlaubt wäre. Dies zeigt sich deutlich bei einem Blick auf die Entwicklung des durchschnittlichen Erlöses pro Trassenkilometer: Zwischen 2005 und 2011 stieg der Erlös um 1,34 Prozent pro Jahr,[10] wogegen der Erzeugerpreisindex um knapp 2,5 Prozent p.a. zu-

---

[8] Vgl. *International Transport Forum*, Infrastructure Charges, Figure Fourteen.

[9] Die Gesamtkapitalverzinsung der DB Netz AG als größtes EIU betrug im Jahr 2011 4 Prozent und lag damit deutlich unterhalb des DB-internen Verzinsungsanspruchs von 8 Prozent. Nach einer von der DB AG in Auftrag gegebenen Studie von *NERA Economic Consulting* wäre eine Verzinsung von 9,3 Prozent angemessen. Ein von der Bundesnetzagentur in Auftrag gegebenes Gutachten (*Frontier*) kommt für die DB-EIU auf einen niedrigeren Anspruch, auch dieser liegt jedoch deutlich über der aktuellen Verzinsung von 4 Prozent: Die Gutachter berechnen nicht explizit eine Gesamtkapitalverzinsung. Umgerechnet zu vergleichbaren Bedingungen ergibt sich aber implizit ein Anspruch von rund 6 Prozent.

[10] Der durchschnittliche Erlös pro Trassenkilometer ergibt sich aus der Division des gesamten Tassenerlöses und der gesamten Betriebsleistung der DB Netz, vgl. dazu die Geschäftsberichte der DB Netz AG.

nahm.[11] Auch die Entwicklung der Verbraucherpreise lag mit 1,7 Prozent p.a. oberhalb der Steigerung des durchschnittlichen Trassenerlöses.

Die Verbesserungen der Ergebnisse sind vielmehr auf zwei Effekte zurückzuführen: Zum einen die kontinuierliche Erhöhung der Kosteneffizienz, zum anderen die konsequente marktliche Ausrichtung der Entgeltsysteme. Dabei versuchen die EIU die Entgeltstruktur ähnlich der Vorgehensweise der Bahnunternehmen im 19. Jahrhundert bei der Gestaltung der Endkundenpreise an den Zahlungsbereitschaften bzw. Tragfähigkeiten der verschiedenen Marktsegmente auszurichten. Jedes Segment trägt demnach zum einen seine direkt durch die Benutzung der Infrastruktur entstehenden Grenzkosten sowie einen Teil der – bei natürlichen Monopolen typischerweise insgesamt sehr hohen – fixen Gemeinkosten, die keinem Segment direkt zugerechnet werden können. Je höher die Tragfähigkeit eines Segments, desto höher sein Beitrag zur Deckung der fixen Gemeinkosten. Da z.B. der Schienengüterverkehr heute in einem besonders intensiven Wettbewerb zum Straßengüterverkehr steht, zahlt er im Schnitt geringere Entgelte als der Personenverkehr. Dennoch trägt auch er zur Deckung eines Teils der Fixkosten bei. Diese Art der Bepreisung folgt dem Konzept des sog. „Ramsey-Pricings“ und erlaubt eine betriebswirtschaftlich möglichst effiziente Deckung der gesamten Kosten der Infrastruktur und sorgt aus dieser Sichtweise für eine optimale Netznutzung.[12]

Durch regulatorische Vorgaben wird die Problematik einer möglichen „Industriepolitik“ durch das EIU über prohibitiv hohe Entgelte für einzelne Teilsegmente wirksam ausgeschlossen. Darüber hinaus stellt bereits der bestehende intermodale Wettbewerb sicher, dass für Kunden Marktalternativen in Form von anderen Verkehrsträgern zur Abwicklung von Transporten zur Verfügung stehen. Es besteht also keine Notwendigkeit einer weiteren detaillierten staatlichen Beeinflussung der Preisgestaltung von EIU – im Gegenteil würde dies dem Unternehmen bei seinem Bemühen schaden, die Gesamtkosten der Infrastruktur möglichst effizient zu decken. Denn ein Eingriff in die unternehmerische Gestaltung der Preisstruktur setzt stets eine Zuordnung der fixen Gemeinkosten auf verschiedene Segmente voraus. Diese sich aus der Zuordnung ergebende staatliche Preisstruktur wäre ökonomisch in jedem Fall willkürlich gewählt, denn es ist ja gerade das Fehlen einer objektiven Zurechenbarkeit, die Gemeinkosten per Definition auszeichnen.

---

[11] Quelle: Statistisches Bundesamt.

[12] Vgl. hierzu z.B. *Train*, Optimal Regulation, S. 115–145.

IV. Anforderungen an die Regulierung der Eisenbahnen

Um die Anforderungen an das heutige Regulierungsregime zu identifizieren, ist eine Analyse der Entwicklungen innerhalb des geltenden Rechtsrahmens sinnvoll.[13] Es zeigt sich dabei deutlich, dass die deutsche Bahnreform eine verkehrs- und haushaltspolitische Erfolgsgeschichte ist. Sie markiert den Wendepunkt einer bis dahin kontinuierlichen Abnahme der verkehrlichen Bedeutung der Eisenbahn bei gleichzeitig stetig wachsenden Schulden der Bundesbahn, durch die der Staatshaushalt finanziell zunehmend belastet wurde. Seit der Umsetzung der Reform im Jahr 1994 konnte die Verkehrsleistung im Personenverkehr um 30 Prozent und im Güterverkehr sogar um 60 Prozent gesteigert werden. Damit gelang es der Schiene, den Rückgang ihrer Position im intermodalen Wettbewerb der Verkehrsträger zu stoppen und sogar Marktanteile zurückzugewinnen. Kernelemente der Bahnreform waren die klare Abgrenzung zwischen unternehmerischen und öffentlichen Aufgaben sowie die umfassende Liberalisierung der Eisenbahnmärkte. Die Rolle des Staates in der Eisenbahnpolitik wurde in diesem Zuge neu definiert und auf die Erfüllung öffentlicher Aufgaben beschränkt, die nicht unternehmerisch bereitgestellt werden können: So hat er – wie bereits in Abschnitt III. erläutert – einen grundgesetzlichen Gewährleistungsauftrag für die Eisenbahninfrastruktur des Bundes. Darüber hinaus hat er über die Bereitstellung von Regionalisierungsmitteln an die Länder die finanzielle Verantwortung für die gemeinwirtschaftlichen Verkehre des Schienenpersonennahverkehrs. Nicht zuletzt setzt er auch den ordnungspolitischen Rahmen für die Sicherstellung eines fairen intra- und intermodalen Wettbewerbs, innerhalb dessen die privatwirtschaftlichen Verkehrsdienstleistungen erbracht werden. Zur Sicherstellung eines diskriminierungsfreien intramodalen Wettbewerbs auf der Schiene wurden vom Gesetzgeber mehrfach Weiterentwicklungen der Zugangs- und Entgeltregulierung umgesetzt. Die letzten größeren Änderungen fanden mit der Novellierung des Allgemeinen Eisenbahngesetzes (AEG) im Jahre 2005 statt. Mit dieser Reform, bei der die Bundesregierung auch die Vorgaben des ersten europäischen Eisenbahnpakets in nationales Recht umsetzte, wurden die Kompetenzen der Regulierungsbehörde umfassend erweitert. Unter dem geltenden Regulierungsregime konnte sich in den vergangenen Jahren ein vitaler Wettbewerb in den einzelnen Marktsegmenten entwickeln. Insgesamt haben die Wettbewerber gemessen an der Betriebsleistung auf dem Schienennetz der DB AG mittlerweile einen Marktanteil von über 21 Prozent erreicht, im Schienenpersonennahverkehr und im Güterverkehr

---

[13] Zum folgenden Abschnitt vgl. auch *Miram*, Konsistente Regulierung, S. 157–162.

ist dieser Anteil sogar noch höher – Tendenz weiter steigend.[14] War der absolute Zuwachs von Wettbewerbern in der Anfangsphase der Marktöffnung erwartungsgemäß noch eher moderat, entwickelte sich vor allem in den letzten zehn Jahren ein zunehmend dynamisches Marktumfeld. Insofern kann auch der Einschätzung von *Patt*, nach der sich der Wettbewerb auf der Eisenbahninfrastruktur nur langsam entwickle, nicht zugestimmt werden.[15] Unter anderem mit dieser Begründung wird aber von der Bundesregierung und weiteren Interessenvertretern ein Reformbedarf des Entgeltregulierungsregimes erklärt.

Die dargestellte positive inter- und intramodale Verkehrsentwicklung in Deutschland seit der Bahnreform fand in einem integrierten Strukturmodell mit klaren Entflechtungsvorgaben an den Netzbetreiber für wesentliche wettbewerblich relevante Funktionen statt.[16] Dass diese Entwicklung in einem vollständig getrennten Strukturmodell noch besser verlaufen wäre, ist auch im europäischen Vergleich nicht ersichtlich.[17] Dagegen hat das deutsche Strukturmodell mit dem Systemintegrator DB AG wegen der bestehenden Verbundvorteile wesentlich zum wirtschaftlichen Erfolg der Bahnreform beigetragen: Zum einen konnten die finanziellen Zuwendungen durch den Bund deutlich reduziert und der Steuerzahler damit entlastet werden. Zum anderen hat sich die DB AG durch die grundgesetzlich verankerte unternehmerische Ausrichtung zu einem profitablen Unternehmen entwickelt. Diese unternehmerische Ausrichtung in Verbindung mit dem auf die Besonderheiten des Sektors abgestimmten Regulierungsrahmen ermöglichte es der DB AG, substantielle Eigenmittelinvestitionen in die Infrastruktur durchzuführen – seit 1994 insgesamt rund 17 Milliarden Euro, d.h. im Schnitt jährlich fast eine Milliarde Euro. Berücksichtigt man außerdem die Tilgung bzw. Rückzahlung der vom Bund gewährten zinslosen Darlehen durch die DB AG, beträgt der unternehmerisch finanzierte Infrastruktur-Investitionsbetrag sogar rund 29 Milliarden Euro. Die Förderung von privaten Investitionen ist daher trotz der öffentlichen Mitfinanzierung im Eisenbahnstrukturbereich von zentraler Bedeutung. Zu diesem Schluss gelangt richtigerweise auch *Patt*, indem er auf das Ziel der Bahnreform, den öffentlichen Haushalt zu schonen, abstellt. Da hierdurch ein schrittweiser Ersatz von öffentlicher zu privater Investitionstätigkeit vor-

---

[14] Für Zahlen und Fakten zum Wettbewerb auf der Schiene vgl. auch den aktuellen Wettbewerbsbericht 2012 der DB AG, erhältlich im Internet: <http://www.deutschebahn.com/site/shared/de/dateianhaenge/berichte/wettbewerbsbericht__2012.pdf> [zuletzt besucht am 31. August 2012].

[15] Vgl. *Patt*, Reform der Entgeltregulierung, S. 43 ff.

[16] Wie z.B. bei der Trassenzuweisung oder Trassenentgeltbildung.

[17] Dies bestätigt auch der Liberalisierungsindex Bahn 2011, vgl. *IBM Global Business Service*, Liberalisierungsindex.

gesehen ist, verlagere sich das Problem lediglich. Das grundsätzliche Spannungsverhältnis von Wettbewerbs- und Investitionsförderung bleibt erhalten.[18]

Die Ausführungen zeigen, dass im geltenden Rechtsrahmen dieses Spannungsverhältnis zu einem angemessenen Ausgleich gebracht werden konnte. Entscheidend bei einer Weiterentwicklung des Regulierungsrahmens wird daher sein, dass dieser Ausgleich beibehalten wird. Dabei müssen zusätzlich die zukünftigen Herausforderungen angemessen mit berücksichtigt werden. Ähnlich wie in anderen Netzindustrien besteht in den kommenden Jahren ein dringender Bedarf für eine Erhöhung der Investitionstätigkeit. Beim Eisenbahnsektor ist dabei die Besonderheit der öffentlichen Ko-Finanzierung sogar von besonderer Bedeutung. Denn auf Grund der Notwendigkeit der Konsolidierung der öffentlichen Haushalte ist nicht davon auszugehen, dass der staatliche Anteil an den Investitionen langfristig steigen wird. Der zusätzliche Mittelbedarf wird daher nur über eine Steigerung der unternehmerischen Investitionstätigkeit zu leisten sein. Diese Mittel müssen über Nutzerentgelte zurückverdient werden. Entsprechend muss der Fokus auf einen Entgeltregulierungsrahmen gelegt werden, der Investitionen fördert. Daher ist die Einführung einer effizienzkostenorientierten Anreizregulierung bzw. Preisobergrenzenregulierung kritisch zu hinterfragen. Denn zum einen liegt der Fokus dieses Ansatzes auf Kostensenkungsanreizen, die im Eisenbahnsektor jedoch durch den intermodalen Wettbewerb sowie die LuFV schon gegeben sind. Zum anderen kann diese einseitige Ausrichtung negative Auswirkungen auf die Investitionstätigkeit des regulierten Unternehmens haben.[19] Auf Grund der Anreizstrukturen der Regulierungsbehörde besteht die latente Gefahr, dass dem Unternehmen im Zeitablauf nicht mehr sämtliche notwendigen Abschreibungsaufwendungen zur Refinanzierung der Investitionen anerkannt werden. In einer solchen von Regulierungsunsicherheit geprägten Situation wäre eine zurückgehende Investitionstätigkeit die Konsequenz. Auch weitergehende Vorgaben hinsichtlich der Ausgestaltung der Preisstruktur, speziell über die Einteilung von verschiedenen Leistungen zu Produktkörben, sind äußerst kritisch zu sehen. Wie *Patt* zutreffend feststellt, birgt die Abkehr von unternehmerisch gefundenen und damit wirtschaftlich sinnvollen Lösungen hin zu staatlich auferlegten Vorgaben die Gefahr, dass damit „raumordnende oder sozialpolitische Belange“ in die Preissysteme Eingang finden, so dass ihm im Ergebnis diese Idee der Anreizregulierung im Eisenbahnsektor als ein „Rückschritt“ erscheint.[20] Der Grundgedanke einer erneuten

[18] Vgl. *Patt*, Reform der Entgeltregulierung, S. 43 ff.

[19] Vgl. z.B. *Shuttleworth*, Price Cap Regulation, S. 123–128.

[20] *Patt*, Reform der Entgeltregulierung, S. 43 ff.

Vermischung von öffentlichen und unternehmerischen Aufgaben bzw. das Ersetzen von Ordnungspolitik durch direkte staatliche Maßnahmen ist gegenwärtig insbesondere auf europäischer Ebene zwar zunehmend in verschiedenen Sektoren zu beobachten. Ob dies aber tatsächlich als wirtschaftspolitisches Leitbild dienen sollte, muss sehr kritisch hinterfragt werden.

V. Fazit

Der Blick in die Historie der Eisenbahnregulierung offenbart interessante Parallelen zur heutigen Diskussion über die optimale Ausgestaltung der Regulierungsvorgaben. So existierte bereits im 19. Jahrhundert das Spannungsverhältnis zwischen den Zielen Stärkung des Wettbewerbs und Investitionsförderung. Es zeigte sich, dass das kostenbasierte Regulierungsregime nicht beide Ziele gleichermaßen zum Ausgleich bringen konnte, so dass die Wettbewerbsförderung in den Hintergrund trat. Um aus der historischen Entwicklung Rückschlüsse für die aktuellen Diskussionen zu ziehen, müssen die unterschiedlichen Rahmenbedingungen beachtet werden. Ein wesentlicher Unterschied besteht im heute existierenden intermodalen Wettbewerb. Dieser führt im Ergebnis dazu, dass die ansonsten auftretenden negativen Effekte einer kostenbasierten Regulierung vermieden werden, so dass sich über niedrige, kosteneffiziente Entgelte der intramodale Wettbewerb entwickeln kann. Gleichzeitig bleiben bei der bestehenden Vollkostenregulierung weiterhin hohe Investitionsanreize erhalten, da bei den Unternehmen keine Unsicherheiten über mögliche Kürzungen der zukünftigen Investitionsrückflüsse durch die Regulierungsbehörde bestehen. Diese Überlegungen werden von den tatsächlichen Entwicklungen seit der deutschen Bahnreform 1994, mit der eine klare Trennung von öffentlichen und unternehmerischen Aufgaben einher ging, bestätigt. Eine Weiterentwicklung des heutigen Regulierungsrahmens muss daher sicherstellen, dass der bestehende Ausgleich zwischen Wettbewerbs- und Investitionsförderung auch in Zukunft Bestand hat. Dies ist umso bedeutender, da im Eisenbahninfrastrukturbereich ähnlich wie in anderen Netzindustrien ein dringender Bedarf für eine Erhöhung der privaten Investitionstätigkeit besteht. Im Ergebnis ist eine effizienzkostenorientierte Anreizregulierung bzw. Preisobergrenzenregulierung im Eisenbahnbereich kritisch zu sehen, da sie den zukünftigen Anforderungen an den Eisenbahnsektor nicht gerecht wird. Auch weitergehende Vorgaben hinsichtlich der Ausgestaltung der Preisstruktur sind kritisch zu hinterfragen. Letztlich eröffnet dies ein Einfallstor für staatliche Eingriffe in unternehmerische Entscheidungen, und stellt in dieser Hinsicht ein Zurückdrehen des Grundgedankens der Bahnreform dar.

Literaturverzeichnis

Averch, H., Johnson, L.L.: Behavior of the Firm Under Regulatory Constraint, in: American Economic Review, 52, 1962, S. 1052–1069.

DB Netz AG: Geschäftsberichte der Jahre 2006–2011, erhältlich im Internet: <http://www.deutschebahn.com/ir> [zuletzt besucht am 3. August 2012].

Frontier economics: Bestimmung der Kapitalkosten im Eisenbahninfrastrukturbereich unter den besonderen Bedingungen des deutschen Eisenbahnsektors. Gutachten für die Bundesnetzagentur, 2009, erhältlich im Internet: <http://www.bundesnetzagentur.de/SharedDocs/Downloads/DE/BNetzA/Sachgebiete/Eisenbanen/Veroeffentlichun genGutachten/KapitalkostenGutachtenpdf.pdf?__blob=publicationFile> [zuletzt besucht am 3. August 2012].

IBM Global Business Service: Liberalisierungsindex Bahn 2011, 2011, erhältlich im Internet: <www.deutschebahn.com/liberalisierungsindex> [zuletzt besucht am 3. August 2012].

International Transport Forum: Charges for the Use of Rail Infrastructure 2008, 2008, erhältlich im Internet: <http://www.internationaltransportforum.org/Pub/pdf/08Rail Charges.pdf> [zuletzt besucht am 3. August 2012].

Michalczyk, Roman: Europäische Ursprünge der Regulierung von Wettbewerb. Eine rechtshistorische interdisziplinäre Suche nach einer europäischen Regulierungstradition am Beispiel der Entwicklung der Eisenbahn in England, Preußen und den USA (Rechtsordnung und Wirtschaftsgeschichte 1). Tübingen 2010.

Miram, Frank: Anforderungen an die konsistente Regulierung der Eisenbahnen, in: Vierteljahreshefte zur Wirtschaftsforschung 81, 2012, S. 149–165.

Nera Economic Consulting: Die Kapitalkosten deutscher Eisenbahninfrastrukturunternehmen. Eine Studie im Auftrag von Deutsche Bahn AG, 2010, S. erhältlich im Internet: <http://www.deutschebahn.com/file/1488976/data/nera.pdf> [zuletzt besucht am 31. August 2012].

Patt, Markus: Reform der Entgeltregulierung im Eisenbahnsektor. Preisbestimmung im historischen Zielkonflikt, in diesem Band, 2013, S. 43–65.

Shuttleworth, Graham: Fifteen Years of Price Cap Regulation in the UK. What Have We Learnt?, in: Knieps, Günther (Hg.): Price Cap-Regulierung in Netzindustrien. Chancen und Risiken eines neuen Regulierungsinstruments. Bergisch Gladbach 2000, S. 121–136.

Train, Kenneth: Optimal Regulation. The Economic Theory of Natural Monopoly, 5. Aufl., Cambridge et al. 1997.

Sektion II

Wirtschaftsgeschichte 1

„Franckensteins Monster"? Die Herausbildung des hybriden deutschen Regulierungsregimes in Kaiserreich und Weimarer Republik

Erklärungen jenseits von Marktversagen

Boris Gehlen

I. Einleitung

Dieser Beitrag ist mit einer kryptischen und durchaus fragwürdigen Metapher überschrieben. „Franckensteins Monster" ergibt sachlich schließlich wenig Sinn: Literaturwissenschaftler wird der Titel zwar an *Mary Shelleys* Roman[1] und die literarisch weniger Affinen an entsprechende Verfilmungen erinnern, das überzählige „c" im Namen dürfte jedoch beidseitig für Verwunderung sorgen. Historiker kennen diese Schreibweise besonders im Zusammenhang mit dem Namensgeber der Franckenstein'schen Klausel, *Georg Eugen Heinrich Arbogast Reichfreiherr von und zu Franckenstein* (1825–1890), erwarten aber zu Recht eine Erklärung für das beigefügte „Monster". Den Lesern eines Sammelbands zur Regulierung schließlich dürfte der Bezug zum Oberthema allemal schleierhaft sein, da die ökonomische Theorie Beschränkungen der Vertragsfreiheit in Märkten und mithin auch Regulierung mit der Existenz oder der Vermutung von Marktversagen legitimiert.

Nicht jedes Marktversagen erfordert zwingend *staatliche* Regulierung, sondern namentlich in Märkten mit Informationsmängeln haben auch die Marktakteure selbst ein Interesse daran, Markt- bzw. Wettbewerbsversagen zu korrigieren. Dies kann ganz im Sinne *Hayeks* durch Verhaltensänderungen und damit gleichsam neue „spontane Ordnungen" geschehen,[2] z.B.

---

[1] *Shelley*, Frankenstein.

[2] *Hayek*, Wettbewerb als Entdeckungsverfahren, S. 8 ff.

durch Markenbildung, um die Informationsqualität der Preise zu verbessern oder durch Kundenboykotte qualitativ schlechter Produkte (spontane Selbstregulierung).[3] Zudem können Produktqualitäten standardisiert oder (Verhaltens-)normen koordiniert werden (organisierte Selbstregulierung). Wird die Selbstregulierung durch den Gesetzgeber implementiert (und zugleich meist eingeschränkt), sprechen wir von regulierter Selbstregulierung. Hier ist der Staat ebenso maßgeblicher Akteur wie bei der staatlichen Regulierung, in der er über Gesetzgebung und eigene Verwaltung in die Märkte eingreift oder gleich selbst durch Staatsunternehmen die Güterallokation übernimmt.

Staatliche Regulierung bezieht sich auf Unternehmen in jenen Märkten, in denen Wettbewerb nicht von selbst funktioniert oder unerwünschte Ergebnisse hervorbringt. Dies trifft in erster Linie auf die Marktversagenstatbestände natürliche Monopole (besonders in den Netzwirtschaften Post, Telekommunikation, Eisenbahn und Energiewirtschaft), Informationsmängel und unvollständige Märkte zu, während negative externe Effekte und ruinöse Konkurrenz eher als Folge denn als Ursache von Marktversagen gelten können.[4]

Abbildung 1: Systematisierung der Regulierungsmodi

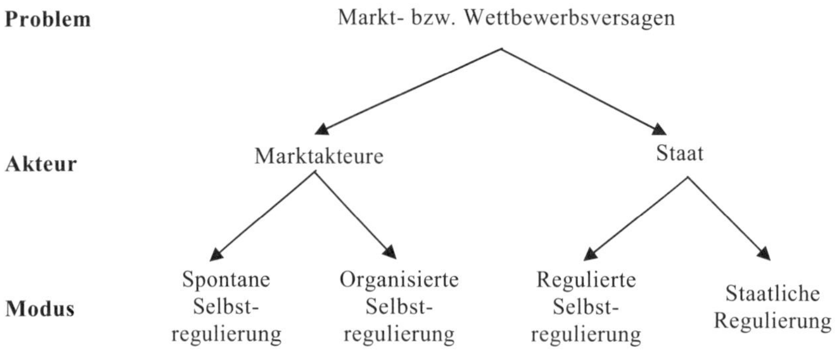

Quelle: Eigene Darstellung.

Solche rein systematischen Perspektiven haben freilich mit der (historischen) Realität häufig wenig gemein. Sie beziehen sich auf Idealtypen im Sinne *Max Webers* und modellieren einen anzustrebenden Wunsch-Zustand, an dem sich die Wirklichkeit messen lassen kann. Ein Markt kann

[3] *Sinn*, Verbraucherschutz, S. 286.

[4] Vgl. zum Marktversagen statt vieler *Stiglitz*, Finanzwissenschaft, S. 96–107.

dann als ideal reguliert gelten, wenn er Effizienz- und Gemeinwohlziele pareto-optimal verbindet und die Marktergebnisse verbundener oder konkurrierender Märkte nicht negativ verzerrt. Solch gleichsam vollkommene Wettbewerbsmärkte gibt es aber nur in Ausnahmefällen;[5] zudem war die Schaffung von Wettbewerb in Deutschland lange ein untergeordnetes Ziel von Regulierung. Zwar bestanden auch in der Vergangenheit nahezu die gleichen Zielkonflikte zwischen Freiheit der Marktakteure, Innovation, Investitionen und Wettbewerb auf der einen sowie Gemeinwohlzielen auf der anderen Seite wie sie heutige Regulierungsdebatten kennzeichnen. Doch die zugrundeliegenden Aushandlungsprozesse, politischen Institutionen und gesellschaftlichen Präferenzen unterscheiden sich erheblich von der formativen Phase des deutschen Regulierungsregimes, die mit dem Kreditwesen- und dem Energiewirtschaftsgesetz 1934/35 ihren vorläufigen Abschluss fand.[6] Während heute Wettbewerb und Gemeinwohl *cum grano salis* gleichberechtigte Regulierungsziele sind,[7] dominierte von spätestens 1879 bis in die 1970er Jahre ein breiter gemeinwohlorientierter Grundkonsens im Deutschen Reich und in der Bundesrepublik, dem Kritiker bisweilen die Funktion einer Ideologie zuschrieben.[8]

Sucht man nach den pfadprägenden Faktoren für diesen – je nach Standpunkt – Irr-, Parade- oder Sonderweg, findet man sie nicht von ungefähr im Jahr 1879 und im politischen Handeln *Freiherr von Franckensteins* vereint – wenn auch lediglich symbolisch und keineswegs sachlich-konkret. Dieser Beitrag vereinnahmt *von Franckenstein* daher – vollkommen ahistorisch – als Symbol für drei Aspekte, die Form und Inhalt der Regulierung erheblich beeinflussten: Der bayerische Zentrumspolitiker spielte, erstens, eine zentrale Rolle in den Zollverhandlungen, die 1879 zu *Bismarcks* Abkehr von den Liberalen führten. Er setzte dabei die nach ihm benannte Klausel durch, nach der die Einnahmen aus der Zollerhöhung nur bis zur Höhe von 130 Millionen Mark dem Reich zustehen, darüber hinaus gehende Beträge aber in die Etats der Bundesstaaten fließen sollten.[9] Dies wirkte sich, zweitens, auf die Staatseinnahmen von Reich und Ländern aus und verdeutlichte, drittens, das Gewicht partikularer Interessen der Bundesstaaten. Die Abkehr vom liberalen Staatsverständnis, fiskalische Interessen von Reich und Ländern sowie föderale Souveränitätsbestrebungen

---

[5] Klassisch: *Clark*, Workable Competition.

[6] Vgl. mit je unterschiedlichen Akzenten *Ambrosius*, Was war eigentlich „nationalsozialistisch" an den Regulierungsansätzen; *Ritschl*, Der späte Fluch des Dritten Reichs.

[7] Exemplarisch *Lepsius*, Ziele der Regulierung, S. 1067.

[8] *Weizsäcker*, Öffentliche Bindung, S. 89.

[9] Vgl. *Ullmann*, Steuerstaat, S. 74.

und Strukturpolitiken trugen maßgeblich – so die These dieses Beitrags – zum hybriden Regulierungsdesign in Deutschland bei.

Regulierung wurde im politischen Raum verhandelt, aber im politischen System des Kaiserreichs wurden aus ursprünglichen Wettbewerbs- faktische Machtfragen. Dies führte bis 1935 zu konzeptionell völlig verschiedenen Regulierungsansätzen: faktische Monopole staatlicher Eisenbahnen auf Länderebene (bis 1920), rechtliche Staatsmonopole für das Reichspostgebiet und die Post in Württemberg und in Bayern (bis 1918), regionale Monopole staatlicher und gemischtwirtschaftlicher Unternehmen in der Elektrizitätswirtschaft, regulierte Selbstregulierung durch Aktienrecht und Börsengesetz im Kapitalmarkt, ein buntes Durch-, Neben- und Miteinander öffentlich-rechtlicher, genossenschaftlich-selbstregulierter und privater Banken sowie Versicherungen, die zunächst partiell, schließlich seit 1931/34 weitgehend unter Staatsaufsicht gestellt wurden, nachdem zuvor die Aufsicht über Sparkassen, Hypothekenbanken und Genossenschaften gesetzlich, aber verschieden geregelt war. Private Banken blieben bis 1931/34 weitgehend unreguliert, private Versicherungen wurden 1901 der Aufsicht des Reiches unterstellt, öffentlich-rechtliche Versicherungen hingegen nicht – kurz: ein einheitliches Modell, auf (vermutetes) Marktversagen zu reagieren, existierte in Deutschland – im Gegensatz zur Regulierung durch Kommissionen in den USA – bis in die jüngste Vergangenheit nicht. Stattdessen prägte sich ein hybrides Regulierungssystem aus, das zwar fraglos funktionsfähig war, aber sich doch eher aus regulierungswirksamen Versatzstücken zusammensetzte.

Auch die Kreatur, die *Viktor Frankenstein* in *Mary Shelleys* Roman erschuf, blieb Stückwerk, weil ihr Schöpfer Detailarbeit zugunsten eines vermeintlich größeren Werks, der Erschaffung von Leben, zurückgestellt hatte. Das größere Werk, das die Schöpfer des deutschen Regulierungsregimes vor Augen hatten, war der Nationalstaat bzw. die innere Reichsgründung, mithin jene Maßnahmen, die bezweckten oder bewirkten, die zentrifugalen Kräfte nach der „autoritären" Gründung des Deutschen Reichs zu bändigen.

Die Titelmetapher von „Franckensteins Monster" hat demnach einen heuristischen Zweck. Sie steht sinnbildlich für das hybride Regulierungsregime in Deutschland und maßgebliche Ursachen seiner Ausbildung. Zwar war Marktversagen häufig der Anlass für Regulierung, doch dezidiert ökonomische Erwägungen spielten allenfalls eine untergeordnete Rolle für ihr Design. Es lässt sich daher nur historisch erklären und erfordert eine Perspektive, die über das Marktversagen hinausgeht.

II. Einflussfaktoren jenseits von Marktversagen

1. Die Abkehr vom Wirtschaftsliberalismus

Das Jahr 1879 brachte nicht nur die Franckenstein'sche Klausel und einen protektionistischen Zolltarif, sondern Preußen begann ferner, in großem Umfang Eisenbahnen zu verstaatlichen. Die Abkehr von Freihandel und Wettbewerb, staatliche Allokation sowie die Fortschreibung eines transferabhängigen Systems der Staatsfinanzen statt einer nach wie vor präferierten Reichseinkommenssteuer verdeutlichten, wie sehr wirtschaftsliberale Leitbilder an Bedeutung eingebüßt hatten. Doch nicht nur in der Politik reduzierte sich der liberale Einfluss, sondern auch in der Nationalökonomie etablierten sich „Katheder-“ und „Staatssozialismus“ als hegemoniale Paradigmen, die ganz im Sinne des ethisch-normativen Institutionalismus der Jüngeren Historischen Schule[10] eine starke Rolle des Staates anstrebten und Wettbewerb vom gewünschten Ergebnis her dachten statt ihn als prozessualen Selbstzweck zu verstehen. Die Grundannahme des gestaltenden, weitgehend paternalistischen Staates bestimmte immer mehr das Staatsverständnis der führenden Nationalökonomen und allen voran von *Adolph Wagner*.[11]

In gewisser Hinsicht etablierte sich die Nationalökonomie seit 1879 mehr und mehr als Legitimationswissenschaft, die nicht primär wissenschaftlich erklären oder exakt modellieren, sondern politisch gestalten wollte. Für die Entwicklung der Wirtschaftswissenschaften in Deutschland war dies einigermaßen verheerend, bereitete dies doch den Boden für reichlich absurde normative Wirtschaftsideologien wie den Ständestaat *Othmar Spanns* und theorie-averse deskriptive Ökonomiezweige wie Verkehrswissenschaft und Genossenschaftslehre; erst in der Bundesrepublik wurde die Wirtschaftswissenschaft wieder mehrheitlich international anschlussfähig.[12]

Freilich gab es auch im Kaiserreich nach wie vor liberale Ökonomen, die wettbewerblichen Ordnungen den Vorzug vor staatlicher Allokation gaben, paternalistische Politikansätze ablehnten und vor Bevormundung warnten, doch im finanzwissenschaftlichen Diskurs spielten sie keine nennenswerte Rolle mehr. Gewiss, der in Wien lehrende *Emil Sax* entwickelte bemerkenswerte Gedanken über die „staatliche regulierte Unternehmung“

---

[10] Vgl. *Plumpe*, Schmoller und der Institutionalismus; sowie neuerdings *Plumpe*, Gründerkrach.

[11] Vgl. einführend *Jaeger*, Geschichte der Wirtschaftsordnung, S. 97–107.

[12] Vgl. *Hesse*, Wirtschaft als Wissenschaft, S. 44–55.

und besonders die Grundlage ihrer Preisbildung,[13] doch politisch relevant waren solche prinzipiell wettbewerbsorientierten Ansätze allenfalls mittelbar – beispielsweise über liberale (freisinnige) Abgeordnete im Reichstag, einzelne Wirtschaftsverbände und die Handelskammern.[14]

Der ordnungsökonomische Paradigmenwechsel seit 1879 wog langfristig gewiss schwerer als der nachlassende Einfluss liberaler Kräfte in der Politik, wenngleich beide Prozesse eng miteinander verknüpft waren: Die liberalen Maßstäbe der individuellen Freiheit und des Wettbewerbs standen fortan hinter einem Gemeinwohl zurück, das nicht *a priori* definiert war. Dadurch wurde die Grenzziehung zwischen Staat und Individuum verhandelbar, wie beispielsweise die Kartelldebatte im Kaiserreich zeigte.[15] Dies führte letztlich zu amorphen (wissenschaftlichen) Ordnungskonzeptionen, die Wettbewerb bisweilen in expliziter Ablehnung des Maßstabs der individuellen Freiheit vom gewünschten Ergebnis her dachten, dem freilich ebenso amorphen Gemeinwohl.[16]

Dies wirkte sich notwendigerweise auf die Regulierungsdebatten aus, die stets auch eine normative Meta-Diskussion über das Staatsverständnis enthielten. Zugespitzt ließe sich die These formulieren, dass in den U.S.-amerikanischen Debatten Wettbewerb als Ziel von Regulierung vorgegeben war, während in Deutschland die Ziele selbst im Mittelpunkt standen. Dadurch war Regulierung in Deutschland freilich stets eher eine Macht- als eine Sachfrage und die Deutungshoheit über die Gemeinwohlziele entscheidender Schlüssel. Damit verlagerte sich gleichsam die Regulierung von einzelnen Märkten in die Gesellschaft und fügte sich in allgemeine Staatsziele ein. Zugleich boten sich derart Einfallsmöglichkeiten für marktfremde Interessen, die eine sachgerechte Lösung – i. e. die Funktionsfähigkeit eines Marktes – erschwerten.

Adolph Wagner zog aus diesem Paradigmenwechsel eine gleichermaßen logische wie folgenreiche Konsequenz: Wenn ohnehin das Gemeinwesen über die Ziele von Regulierung befinde, dann könne der Staat über eigene Unternehmen unmittelbar sicherstellen, dass diese Ziele erreicht werden. Bezeichnenderweise hielt er wettbewerbliche Leistungserbringung bei Eisenbahnen, Banken, Versicherungen und städtischen Versorgungsbetrieben für defizitär und plädierte dafür, sie in Staats- und Kommunaleigentum zu überführen, sofern dies noch nicht geschehen sei.[17]

---

[13] *Sax*, Verkehrsmittel, S. 65, 78 f.; *Sax*, Staatswirthschaft, S. 446–471.
[14] Exemplarisch: *Gehlen*, Treffraum.
[15] *Blaich*, Kartell- und Monopolpolitik, S. 25–36.
[16] Klassisch *Knies*, Telegraph als Verkehrsmittel; *Knies*, Politische Oekonomie.
[17] *Wagner*, Finanzwissenschaft, S. 47 f.

Die starke Betonung der öffentlichen Unternehmung war auch eine Reaktion auf ihre Existenz. Als *Wagner* in den 1870er und 1880er Jahren seine Konzepte entwickelte, gab es zwar auf Reichsebene nur wenige öffentliche Unternehmen, dafür aber in den Bundesstaaten umso mehr, namentlich Eisenbahnen, Versicherungen, Kreditinstitute, ferner bei Domänen, Forsten und im Bergbau sowie vereinzelt im produzierenden Gewerbe. Im Großen und Ganzen waren sie als Erbe des Merkantilismus von den Herrscherhäusern auf den Staat übergangen und hatten zumindest in Einzelfällen – so die Feuerversicherung[18] – von Anbeginn an fiskalischen Zwecken gedient.[19]

2. Fiskalischer Föderalismus

Zu den großen Umwälzungen seit dem ausgehenden 18. Jahrhundert gehörten zweifellos Expansion und Funktionswandel der Staatsfinanzen bzw. die Entstehung des „Steuerstaats".[20]

---

[18] *Borscheid*, Feuerversicherung und Kameralismus, S. 96–117.
[19] *Ambrosius*, Staat als Unternehmer, S. 22 f., 26 f.
[20] *Ullmann*, Steuerstaat, S. 10 ff.

Abbildung 2: Anteil der Steuern am Etat von Reich und Bundesstaaten nach Gruppen 1870 bis 1918 (in Prozent)

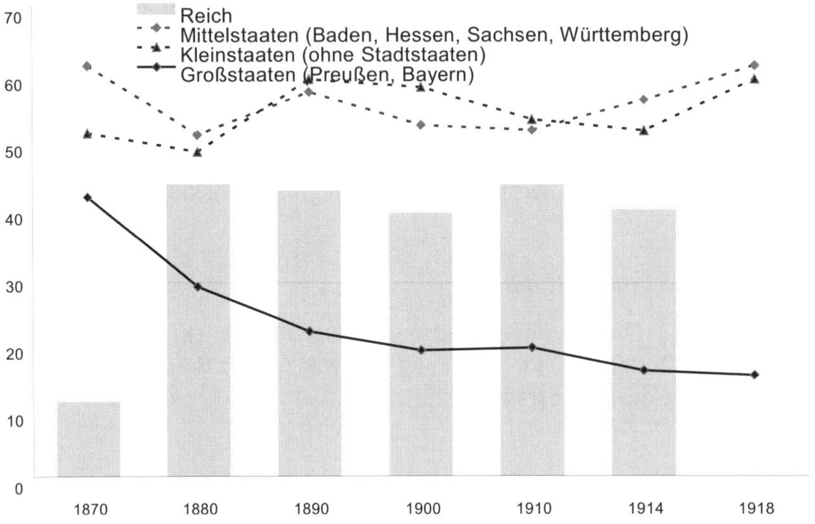

Quelle: Mauersberg, Finanzstrukturen deutscher Bundesstaaten (GESIS Köln, Deutschland ZA8333 Datenfile Version 1.0.0); die Angaben für das Reich für 1870 beziehen sich auf 1872.[21]

Sein Design wirkt im jeweiligen Ordnungsraum auf die Struktur einzelner Märkte und der Volkswirtschaft insgesamt ein: Steuern beispielsweise entziehen privaten Akteuren Spar- oder Investitionsmittel, staatliche Investitionen in Infrastrukturen und leistungsstarke Verwaltungen erhöhen hingegen die Standortqualität. Die Gestaltung der Staatseinnahmen und die Struktur der Ausgaben verfügen allein daher bereits über beträchtliches Konfliktpotential. Dieses vergrößerte sich freilich im Zuge der Nationalstaatsbildung erheblich. Die Staatshaushalte der prospektiven Bundesstaaten hatten sich seit der Wende zum 19. Jahrhundert mit unterschiedlichen Akzenten ausgebildet. Beispielsweise lag der Anteil der Steuern am gesamten Etat 1870 in Preußen bei etwa 38, in Bayern bei 46, in Württem-

[21] Die Daten von *Mauersberg* sind nur unter Vorbehalt zu verwenden und weichen von jenen in anderen Publikationen ab – freilich weniger in der Tendenz als im Detail. Da dieser Beitrag in erster Linie grobe Strukturen aufzeigen möchte und *Mauersbergs* umfangreiches Material dies einigermaßen arbeitsökonomisch ermöglicht, sei auf diesen Mangel hier lediglich verwiesen. Ich danke *Hans-Peter Ullmann* dafür, dass er mich auf diese Problematik aufmerksam gemacht hat.

berg bei 51, in Baden bei 61 und in Hessen bei 71 Prozent, der Anteil der indirekten Steuern am gesamten Steueraufkommen in Preußen bei 30, in Hessen hingegen bei 52 Prozent.[22]

Abbildung 3: Anteil der Markteinkünfte am Budget ausgewählter Gebietskörperschaften 1882–1913 (in Prozent)

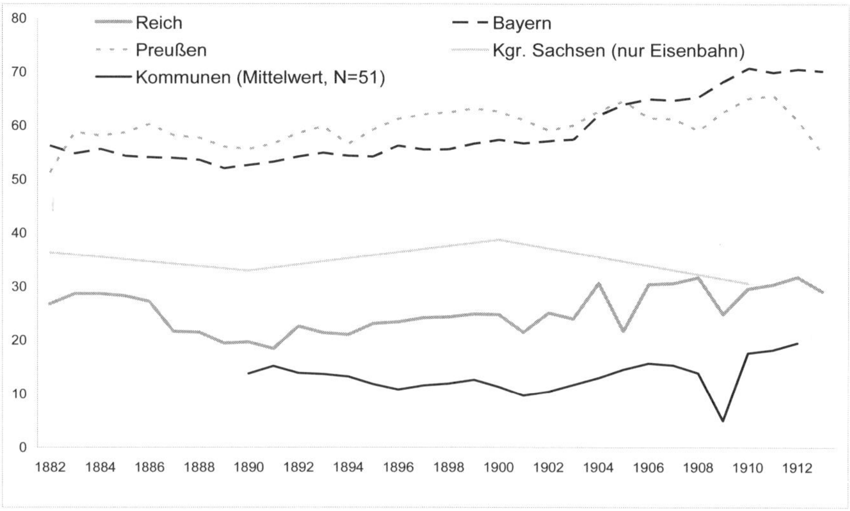

Quellen: Jüngling, Staatseinnahmen in säkularer Sicht (GESIS Köln, Deutschland ZA8330 Datenfile Version 1.0.0); Mauersberg, Finanzstrukturen deutscher Bundesstaaten (GESIS Köln, Deutschland ZA8333 Datenfile Version 1.0.0); Kwack, Entwicklung von Kommunalunternehmen (GESIS Köln, Deutschland ZA8435 Datenfile Version 1.0.0); eigene Berechnungen.

Alleine diese knappen Angaben mögen die Uneinheitlichkeit von Steuersystem und Staatseinnahmen verdeutlichen, die die Gründung des Norddeutschen Bundes 1867 und des Deutschen Reiches 1871 jeweils überdauerten: Mit der Reichsgründung ging keine systematische Neuordnung der Staatsfinanzen einher, sondern das nunmehr dreistufige Finanzsystem war mit seiner asymmetrischen Einnahmen- und Ausgabenverteilung, je nach Gebietskörperschaft verschiedenen Gewichten der Einnahmearten sowie der Notwendigkeit eines Finanzausgleichs gleichsam überkomplex. Insbesondere das Reich war strukturell unterfinanziert und von Transferzahlungen der Bundesstaaten abhängig.[23]

[22] *Mauersberg*, Finanzstrukturen (GESIS Köln, Deutschland ZA8333 Datenfile Version 1.0.0).

[23] Vgl. konzis *Ullmann*, „Aufholjagd" der Fisken.

Je niedriger der Anteil der Steuereinnahmen am Etat war, desto größer war logischerweise der Anteil der übrigen Einnahmearten und desto höher war besonders der Anreiz für den Staat selbst, erwerbswirtschaftlich tätig zu werden oder bestehende Unternehmen vor Konkurrenz zu schützen. Entsprechend hoch war auch der Anteil der Markteinkünfte an den ordentlichen Staatseinnahmen in Bayern und Preußen, die lediglich um die 20 Prozent ihrer Einnahmen aus Steuern bezogen und ihre Staatstätigkeit zu einem Gutteil mit Eisenbahneinnahmen finanzierten. Diese machten in Preußen zwischen 40 und 50 Prozent der Einnahmen aus, in Bayern (sowie ähnlich in Sachsen) zwischen 35 und 45 Prozent. Preußen und Bayern erwirtschafteten als Marktteilnehmer insgesamt zwischen 50 und 70 Prozent ihrer Haushaltseinahmen, das Reich bei leicht steigender Tendenz zwischen 20 und 30 Prozent und die Kommunen mit ebenfalls steigender Tendenz zwischen zehn und 20 Prozent. Freilich gibt Abbildung 3 nur ungewichtete Mittelwerte wieder und kann daher allenfalls Tendenzen aufzeigen.

So variierte der Anteil der Betriebseinkünfte im Beispieljahr 1901 zwischen zwei (Barmen, Breslau und andere) und 59 Prozent (Bochum) bei einem Mittelwert von vergleichsweise niedrigen 9,66 Prozent. Der Anteil der Betriebsüberschüsse war freilich auch innerhalb der Kommunen volatil: In Düsseldorf, Dresden und Dortmund machten die Betriebsüberschüsse 1890 25 bzw. 27 Prozent der Kommunaleinnahmen aus, bis 1912 war der Anteil in Dortmund auf zwölf Prozent gesunken, in Dresden auf 35 Prozent gestiegen und in Düsseldorf mit 23 Prozent etwa gleich geblieben. Doch auch dies war kein linearer Prozess, sondern die Werte schwankten zwischen 1890 und 1912 erheblich – in Dortmund zwischen vier (1909) und 28 Prozent (1892/93), in Dresden zwischen drei (1898) und 35 Prozent (1912) und in Düsseldorf zwischen vier (1893) und 28 Prozent (1907).[24]

Alles in allem machten die Betriebsüberschüsse kommunaler Unternehmen damit zwar nur einen vergleichsweise geringen Teil der Einnahmen aus und waren keineswegs die einzige Motivation gewesen, kommunale Versorgungsbetriebe einzurichten oder auszubauen, doch erhöhten sie die finanziellen Handlungsspielräume im Steuer- und Standortwettbewerb der Kommunen erheblich und generierten derart ein fiskalisches Interesse, das bewahrt werden wollte.[25] Für die Regulierung war dies besonders aus zwei Gründen von Bedeutung.

---

[24] Zahlen nach *Kwack*, Entwicklung von Kommunalunternehmen (GESIS Köln, Deutschland ZA8435 Datenfile Version 1.0.0.).

[25] *Ullmann*, Steuerstaat, S. 70 f.

Erstens erhielten die Kommunen besonders in der Elektrizitätswirtschaft auf lange Sicht großes politisches Gewicht, da namentlich in der Weimarer Zeit nahezu jede diskutierte Änderung des *status quo* die Kommunalfinanzen zusätzlich belastet hätte. Schließlich mangelte es angesichts der insgesamt defizitären öffentlichen Haushalte (und politischer Beschränkungen) an Finanzierungsalternativen. Zweitens finanzierten besonders kleinere Städte und Kommunen ihre Infrastrukturinvestitionen in der Regel durch Kredite kommunaler Sparkassen[26] oder anderer, häufig ebenfalls öffentlicher Kreditgeber (Versicherungen, Hypothekenbanken etc.).[27] Diese waren jeweils an sicheren Anlagen interessiert und boten bisweilen durch staatlichen Schutz – z.B. die Gewährträgerhaftung für Sparkassen oder Steuervergünstigungen öffentlich-rechtlicher Versicherungen – günstige Finanzierungskonditionen. In politökonomischer Perspektive verminderten sich derart sowohl die Anreize, die kommunalen Sicherheiten in Form von Eigentum und Einnahmen der Versorgungsbetriebe in Frage zu stellen, als auch die Anreize, staatliche bzw. öffentlich-rechtliche Unternehmen größerem Wettbewerb auszusetzen.

Für die Bundesstaaten und das Reich gilt dies in ähnlicher Weise. Alle Gebietskörperschaften generierten Einnahmen aus öffentlichen Unternehmen, die einen substantiellen Beitrag zu den Haushalten leisteten. Angesichts insgesamt steigender Staatsausgaben war ein freiwilliger Verzicht auf Einnahmen unwahrscheinlich bis ausgeschlossen. Dies zeigen bereits die wiederholten, konfliktreichen Debatten um die Finanzreformen im Kaiserreich.[28] Freilich greift dies als alleinige Erklärung für Regulierungspräferenzen zu kurz, aber die öffentliche Unternehmung (und ihre Einnahmen) hemmten fraglos die Bereitschaft politischer Akteure, ordnungspolitisch sinnvollen, aber finanziell möglicherweise nachteiligen Regulierungen zuzuarbeiten.

3. Föderalismus und Strukturpolitik

Der fiskalische Föderalismus findet – wenig überraschend – seine Entsprechung in der föderalen politischen Struktur des Deutschen Reiches mit dem Bundesrat als Vertretung der Bundesstaaten. Die Reichsregierung war gewissermaßen von zwei Seiten in ihrer Entscheidungsmacht begrenzt, da

---

[26] *Pohl/Rudolph/Schulz*, Wirtschafts- und Sozialgeschichte der deutschen Sparkassen, S. 58–62.

[27] *Reulecke*, Urbanisierung, S. 111.

[28] Exemplarisch *Witt*, Finanzpolitik.

zum einen die Bundesstaaten über erhebliche Mitbestimmungsrechte verfügten und zum anderen der Reichstag die Budgethoheit besaß.[29]

Die Verfassung hatte allerdings in Artikel 4 dem Reich mit der Eisenbahn, der Post, den Versicherungen, den allgemeinen Bestimmungen für das Bankwesen sowie den Wasserwegen explizite Kompetenzen in Regulierungsfeldern überwiesen, die allerdings für Württemberg und Bayern nicht oder nur eingeschränkt galten. Von dieser Gesetzgebungskompetenz machte das Reich sukzessive Gebrauch: Einrichtung des Reichseisenbahnamtes 1873, Bankgesetz 1875, Nahrungsmittelgesetz 1879, Genossenschaftsgesetz 1889, Telegraphenwesengesetz 1892, Börsengesetz 1896, Hypothekenbankgesetz 1899, Versicherungsaufsichtsgesetz 1901. Freilich bestanden die Landesgesetze aus der Zeit vor 1871 in der Regel fort, so dass die Reichsgesetze häufig entweder nur Rahmengesetze waren, deren Umsetzung auf unteren Ebenen weiterverhandelt wurde, oder aber der Gesetzgebungsprozess gestaltete sich langwierig, weil die Landesgesetze erst vereinheitlicht werden mussten.[30]

Gerade die landesrechtlichen Regelungen drückten freilich einen staatlichen Gestaltungsanspruch im jeweiligen Markt aus, der auf die Bedürfnisse des entsprechenden Staates zugeschnitten und somit Mittel der Strukturpolitik war. In einer vergrößerten Volkswirtschaft waren sie aber tendenziell regionale Sondergesetze und als solche – in zeitgenössischer Diktion – Verkehrshindernisse. Dies galt umso mehr, wenn sie privaten oder öffentlichen Unternehmen wie beispielsweise im Versicherungswesen Sonderrechte (Monopole, Steuervergünstigungen) einräumten, die auf ihre Stellung im (nationalen) Wettbewerb rückwirkten. Gerade in Märkten, die bereits vor Gründung des Reiches eine gewisse Reife erlangt hatten – Eisenbahn, Versicherungen, Post – kam bis 1918 beinahe folgerichtig keine reichseinheitliche bzw. marktumfassende Regulierung zustande.[31] Neben diese fiskalisch-strukturpolitisch motivierten Sonderwege der Bundesstaaten, die in einigen Bereichen Verfassungsrang hatten (z.B. Post in Württemberg und Bayern), gesellten sich freilich auch Verkehrshindernisse, für die es keine anderen Gründe gab als staatliche Souveränitätsbestrebungen bzw. -bekundungen. Die Weigerung Bayerns beispielsweise, Briefmarken der Reichspost im eigenen Postgebiet auszugeben, entzieht sich einer stichhaltigen ökonomischen Begründung.[32]

---

[29] Vgl. neuerdings mit einigen Akzentverschiebungen *Henrich-Franke*, Wandlungen föderalen Regierens; grundlegend *Ullmann*, Politik im Deutschen Kaiserreich.

[30] Exemplarisch *Hierholzer*, Nahrung nach Norm, S. 325 ff.

[31] Exemplarisch etwa *Burger*, Versicherungsaufsicht; *Gehlen*, Regulierung vs. Staatsmonopol.

[32] Vgl. Deutscher Handelstag, S. 24 ff.

4. Nach Franckenstein: Weimar

Zahlreiche fiskalische und institutionelle Hindernisse des Kaiserreichs waren mit dem Übergang zur Weimarer Republik abgebaut worden: *Erzbergers* Steuerreform konzentrierte die Einnahmen beim Reich, der Einfluss der Länder im Politikprozess verringerte sich, Reichspost und Reichsbahn agierten fortan reichsweit. Der Anteil der Steuern an den Staatseinnahmen erhöhte sich signifikant auf um die 70 Prozent bei den größeren Ländern und 85 Prozent beim Reich (1925).[33] Die Bedeutung der Einnahmen aus staatlicher Erwerbstätigkeit ging entsprechend zurück. Einige Länder verloren mit dem Übergang ihrer Staatsbahnen auf das Reich 1920 ihre bis dahin zentrale Einnahmequelle und weiteten gleichsam als Kompensation ihre Beteiligungen in der Elektrizitätswirtschaft aus.[34]

Insgesamt führte die Reduktion struktureller und föderaler Hemmnisse freilich weder zu stabilen öffentlichen Finanzen noch zu einem Revirement einer wettbewerbsorientierten Regulierungspolitik: In der Weimarer Republik wurde kein einziges (umfassendes) regulierungsrelevantes Gesetz erlassen, allenfalls die Notverordnungen des Jahres 1931 wirkten namentlich in die Finanzmärkte hinein. Die Gründe sind vielschichtig: Die Inflation vernichtete in großem Umfang Geldkapital, die Reparationsbestimmungen, besonders die alliierten Vorgaben zur Haushaltspolitik und die Kontrolle von Reichsbahn und Reichspost als „Reparationspfänder", die Ertragsschwäche der Privatwirtschaft, der geringe Beitrag privater Haushalte zur Kapitalbildung und vieles mehr engte politische Handlungsspielräume derart ein, dass Wirtschafts(ordnungs)politik in der Weimarer Zeit bestenfalls reagierte, aber kaum gestaltete.[35]

Die permanente Wirtschaftskrise der Weimarer Zeit wirkte sich auf die öffentlichen Haushalte aus. Die Einnahmen konnten die steigenden Ausgaben nicht hinreichend finanzieren und obwohl die fiskalisierende Sozialisierung der Schlüsselindustrien 1918/20 im Sande verlaufen war,[36] sahen sich die Gebietskörperschaften, namentlich die Kommunen, gezwungen, ihre erwerbswirtschaftliche Tätigkeit auszudehnen – ungeachtet aller Proteste der Privatwirtschaft.[37] Während dies beispielsweise in der Elektrizitätswirtschaft zwar ordnungspolitisch umstritten, aber angesichts des Branchenwachstums verteilungspolitisch unproblematisch war, trat der Staat

---

[33] Vgl. *Mauersberg*, Finanzstrukturen; Zahlen für das Reich nach Statistisches Jahrbuch für das Deutsche Reich, Berlin 1926.

[34] Vgl. den nach Gebietskörperschaften unterteilten Überblick bei *Ambrosius*, Staat als Unternehmer, S. 64–69.

[35] Vgl. zusammenfassend *James*, Weltwirtschaftskrise.

[36] Vgl. *Wulf*, Sozialisierung der Kohle.

[37] *Böhret*, Aktionen gegen die „kalte Sozialisierung".

mal aus sozialpolitischer Notwendigkeit (Wohnungsbau), mal aus fiskalischen (allgemeine Erwerbsbetriebe) und mal aus strukturpolitischen Motiven (Sparkassen) in Konkurrenz zu privaten Unternehmen. Besonders in den Finanzmärkten verschärfte dies den Wettbewerb erheblich, zumal namentlich die Kommunen nicht nur als Anbieter, sondern auch als Nachfrager in den Märkten auftraten. Sie setzten derart einerseits die Margen privater Kreditinstitute unter Druck und erhöhten andererseits tendenziell die Kreditkosten privater Unternehmen. Wenn es auch im Detail schwer bestimmbar ist, trug die Verschärfung der Konkurrenz um Kreditmittel ihren Teil zum Marktversagen in Form der Bankenkrise von 1931 bei.[38]

III. Auswirkungen auf die Regulierung

Die institutionellen Vorgaben und die Eigeninteressen der Bundesstaaten erschwerten bis 1914 eine ordnungspolitische Konsensbildung, die ökonomischen Zwangslagen taten dies seit 1918. Ferner fehlte ein allgemein akzeptiertes, übergeordnetes wettbewerbspolitisches Leitbild. Somit wurde im Kern jede einzelne staatliche Regulierung auch einzeln verhandelt und baute konzeptionell selten auf vorhandenen landesrechtlichen oder aber auf Selbst-Regulierungen auf. Die Gesetzgebungsprozesse, die der Einfachheit halber im Folgenden im Mittelpunkt stehen, sahen sich mit unterschiedlichen Interessenlagen konfrontiert, legten jeweils andere Schwerpunkte und brachten nicht zuletzt divergente Ergebnisse hervor, die von weitgehender Freiheit der Marktteilnehmer (Börsengesetz) bis zur kompletten Beseitigung von Wettbewerbsstrukturen reichten (Post und Telegrafie).

1. Regulierung natürlicher Monopole

Die Problematik und die Diskurse zu Regulierung und Verstaatlichung natürlicher Monopole sind an anderer Stelle bereits ausführlich dargestellt worden.[39] Daher soll besonders für Eisenbahn und Post hier nur kursorisch auf das Regulierungsdesign eingegangen werden.[40]

Die Eisenbahnen waren das erste „Big Business“ und das erste Regulierungsfeld zugleich. An ihnen lassen sich besonders deutlich die Konflikte herausarbeiten, zumal sie umfangreicher als andere Felder in der national-

[38] Vgl. knapp mit den wichtigsten Erklärungsansätzen *Kaserer*, Bankenkrise von 1931.

[39] *Gehlen*, Regulierung vs. Staatsmonopol; Michalczyk, Regulierung von Wettbewerb.

[40] Vgl. auch die Beiträge in diesem Band von *Johannes Rüberg*, S. 67 ff., und *Markus Patt*, S. 43 ff.

ökonomischen Literatur diskutiert wurden und in gewisser Hinsicht nicht nur eine Vorbildfunktion für die dominierende Form der Regulierung der Netzwirtschaften (Verstaatlichung) einnahmen, sondern zugleich das gesamte Staatsverständnis prägten.[41]

Die Debatte um Wettbewerbsregulierung oder Verstaatlichung der Eisenbahn nahm in den 1870er Jahren breiten Raum ein. Die Befürworter des Wettbewerbsprinzips argumentierten ökonomisch, die „Verstaatlicher" politisch. Während erstere Regulierungsbehörden konzipierten und kostenorientierte Preisbildung bevorzugten, gingen letztere pragmatisch an das zu lösende Problem heran. Denn es galt nicht nur, eine Marktordnung für die Eisenbahn zu etablieren, sondern zugleich die Vielzahl regionaler Eisenbahnpolitiken zu vereinheitlichen. Angesichts von mehr als 70 Eisenbahnverwaltungen war dies kein einfaches Unterfangen. Problematischer war allerdings, dass die Eisenbahnnetze in ihren Grundstrukturen bei Gründung des Reichs bereits ausgebildet waren, aber völlig entgegengesetzten Zielen folgten. In den Mittelstaaten hatte der Staat aus strukturpolitischen Gründen selbst die Allokation übernommen, unter anderem um eine besonders im Vergleich mit Preußen nachholende Industrialisierungspolitik betreiben zu können. In Preußen hingegen hatten sich auf den lukrativen Strecken Privatanbieter etabliert, auf weniger lukrativen war der Staat eingesprungen. Dieses gemischte System stand im politischen Vereinigungsprozess seit 1871 nun den Staatsbahnen insbesondere der süddeutschen Staaten gegenüber.[42]

Trotz des Verfassungsauftrags hatte sich die Reichsregierung zunächst nicht mit der Eisenbahnpolitik beschäftigt. Erst als Folge des Gründerkrachs, der unter anderem auf eine Spekulation mit Eisenbahnwerten in Verbindung mit Korruption zurückzuführen war, strebte *Bismarck* eine Reichseisenbahnpolitik an. Mit Zustimmung der Bundesstaaten wurde 1873 das Reichseisenbahnamt gegründet, das als zentrale Koordinierungsstelle durchaus die Funktion einer Regulierungsbehörde im modernen Sinne hätte übernehmen können. Als das Amt allerdings einen Gesetzentwurf vorlegte, der das preußische System mit gemischten Eigentumsstrukturen und reguliertem Wettbewerb auf das Reich übertragen wollte, versagten die Bundesstaaten ihm die Gefolgschaft. Ausschlaggebend waren fiskalische und strukturpolitische Erwägungen, in Teilen auch sicherheitspolitische Überlegungen. Sie verhinderten zudem auch das Projekt einer staatlichen Reichseisenbahn. Im Ergebnis scheiterte regulierter Wettbewerb im Eisenbahnwesen nicht an einem Mangel an tragfähigen ökonomischen Konzeptionen, sondern weil die Verstaatlichung – auf Länderebene – auf

---

[41] Vgl. umfassend *Ziegler*, Eisenbahnen und Staat.
[42] *Gehlen*, Wettbewerbsideal.

politischem Wege eine Vereinheitlichung herbeiführen konnte, die andernfalls fragwürdig gewesen wäre.

Sie blieb, wie erwähnt, freilich auf die Bundesstaaten beschränkt. Erst als sich seit Ende des 19. Jahrhunderts besonders für die süddeutschen Staaten negative Effekte aus der unterbliebenen „Verreichlichung“ ergaben, weil Verkehrsströme an ihren Eisenbahngebieten vorbeigeführt wurden, änderte sich die partikularistische Grundhaltung und die Kompromissbereitschaft stieg, integrativen Lösungen zuzuarbeiten. Insofern deutete sich bereits am Ende des Kaiserreichs ein neues ökonomisches Raumverständnis an. Die integrative Kraft der Eisenbahn war auf Dauer gewissermaßen stärker als die einzelstaatlichen strukturpolitischen Interessen. Freilich blieben während des Kaiserreichs – wie in Abbildung 3 gezeigt – in den größeren Einzelstaaten und besonders in Preußen, Bayern und Sachsen die fiskalischen Interessen unangetastet.[43] Gerade in Preußen war die Vermischung von Eisenbahn- und allgemeinem Staatsetat ein häufiger Kritikpunkt, aber die Argumente, bei einer strengen Separierung der Etats und einer betriebswirtschaftlichen Ausrichtung der Staatsbahn müssten kompensatorisch Steuern erhöht werden, überzeugten selbst hartnäckige Kritiker staatlicher Unternehmenstätigkeit wie *Henry Axel Bueck* – wenn nicht ökonomisch, so doch politisch.[44]

Während derart die staatliche Eisenbahnpolitik als Steuerentlastungspolitik semantisch überhöht wurde (und sämtliche Ineffizienzen ausblendete), belasteten die Monopolisierung der Reichspost 1892 und die politische Preissetzung seit 1900 den Reichsetat in erheblichem Maße. Sie verursachten zugleich Einnahmeausfälle und Kostensteigerungen des Staatsunternehmens.[45]

Mit Ausnahme der Aufteilung des Reiches auf drei Postgebiete hatten in diesem Regulierungsfeld freilich partikulare Interessen der Bundesstaaten kaum eine Rolle gespielt. Das Staatsmonopol im Postwesen bzw. der Postzwang waren allenfalls in den wirtschaftsliberalen 1860er Jahren hinterfragt worden, aber eine ernsthafte Debatte über staatlich kontrollierte private Leistungserbringung hat sich daraus nie entwickelt. Kurz flackerte sie in den 1880ern und 1890er Jahren auf, als sich in einzelnen Großstädten erfolgreich private Wettbewerber der Reichspost etabliert hatten; durch die Ausdehnung des Briefmonopols auf Ortsbriefe 1900 verkamen diese Wettbewerbsstrukturen aber zur Episode.[46]

---

[43] Vgl. ferner *Fremdling*, Freight Rates and State Budget.

[44] *Gehlen*, Regulierung vs. Staatsmonopol, S. 170 f.

[45] Vgl. hierzu und zum Folgenden *Hesse*, Netz der Kommunikation.

[46] *Hesse*, „Postanarchie im Deutschen Reiche!“.

Umstrittener war die Marktordnung in der Telekommunikation, selbst wenn die Rechtswissenschaft und weitgehend die Nationalökonomie mindestens implizit von einem staatlichen Monopolunternehmen ausgingen.[47] Es war bezeichnenderweise dieses Monopolunternehmen, die Reichspost, das lange und vergleichsweise erfolgreich eine Verrechtlichung des Quasi-Monopols verhinderte. Schließlich hätte es dann eine gemeinwohlorientierte Politik betreiben müssen, die es aus einer unternehmerischen Rationalität aber ablehnte. Der Staatssekretär im Reichspostamt *von Stephan* konnte die Reichsregierung lange mit dem Argument überzeugen, eine gemeinwohlorientierte Versorgungsstrategie in Telegrafie und Telefonie reduziere die Gewinne der Reichspost und damit deren Beitrag zum Etat.[48]

Diese Strategie ließ sich freilich nicht dauerhaft mit dem paternalistischen Staatsverständnis in Einklang bringen, und als immer mehr Kommunen, Handelskammern und andere Vertreter der Nachfrage, letztere besonders im Reichstag, eine flächendeckende Versorgung mit Kommunikationsinfrastruktur vom Quasi-Monopolisten einforderten, wurden der Reichspost gemeinnützige Lasten auferlegt. Sie finanzierte den Netzausbau teils durch Quersubventionierung aus Einnahmen der Briefpost, teils über Staatsanleihen. Damit reduzierte sie ihren Beitrag zum Reichsetat und erhöhte dessen Ausgaben. Da die Reichspost zudem 1900 ein Gebührensystem einführte, das keiner betriebswirtschaftlichen, sondern einer politischen Rationalität entsprang, reduzierten sich Einnahmen und erhöhten sich Kosten. Das Telefonnetz freilich wurde seit 1900 erheblich in die Fläche ausgedehnt, aber die Reichspost bekam ihre finanziellen Probleme bis zum Ersten Weltkrieg nicht mehr in den Griff.

In der Weimarer Zeit änderte sich daran wenig, obwohl die Post 1924 als eigenständige Anstalt geführt wurde und ihr Etat formal unabhängig vom Reichsetat war. Doch durch das Übergewicht von Reichstagsabgeordneten bzw. Politikern im Verwaltungsrat wurden im Zweifel notwendige Rationalisierungsinvestitionen zurückgestellt, um angesichts der desaströsen Finanzlage des Reichs mehr Einnahmen an den Reichsetat abzuführen.[49] Im Kern entsprach das Regulierungsdesign der Reichspost, eher noch als die Eisenbahn, dem eines „klassischen“ nationalen Staatsunternehmens und zeigte bereits in den Anfängen Vorzüge (flächendeckende Versorgung) und Nachteile auf (Kostenineffizienz, fiskalische Indienstnahme).

---

[47] *Scherner*, Ausgestaltung des Telegraphenrechts, S. 134–139.

[48] Vgl. *Gehlen*, Telekommunikationsmärkte.

[49] Vgl. exemplarisch Niederschrift über die Sitzung des Arbeitsausschusses des Verwaltungsrats der Deutschen Reichspost vom 13. April 1929, BArch Berlin R 4701/9970.

Im Gegensatz zur Post erhielt das Reich auf die Elektrizitätswirtschaft zunächst keinen Zugriff. Weil die Übertragungstechnik erst seit Anfang des 20. Jahrhunderts eine großräumige Stromversorgung erlaubte, hatte sich zunächst ein dezentrales Versorgungssystem mit unterschiedlichen Akteurskonstellationen etabliert, die im Elektrizitätsmarkt wirtschaftliche Macht in politische Macht umwandeln konnten. Überlegungen zu einer reichsweiten Regulierung der Stromwirtschaft gab es freilich bereits im Kaiserreich. Aufbauend auf den Erfahrungen in den anderen Netzwirtschaften war sie als natürliches Monopol bereits früh erkannt und der Staatsintervention *per se* der Boden bereitet worden. Eine nationalökonomische Debatte über die Elektrizitätswirtschaft, die spezifisch neue Denkmodelle entwickelt hätte, unterblieb. Die wissenschaftlichen Diskussionen bewegten sich in den bekannten Bahnen. Das Staatsmonopol galt dem weit überwiegenden Teil der Nationalökonomen als überlegene, dem Gemeinwohl am besten dienende Organisationsform; lediglich vereinzelt gab es Stimmen, die vor übergreifendem Fiskalismus und Bürokratiefixiertheit warnten, und andere, die Konzessionssysteme vorschlugen. Als die Diskussionen um die Jahrhundertwende Fahrt aufnahmen, war am staatsmonopolistischen Paradigma allerdings kaum zu rütteln, zumal rein private Anbieter ohnehin kaum existierten, sondern die Kommunen in der Regel Anteilseigner formal privatrechtlicher Aktiengesellschaften waren und so die Grundlage zum gemischtwirtschaftlichen System bereits gelegt war, jedenfalls in strukturstarken Regionen wie Rheinland-Westfalen und Berlin. Dort war die Ausbildung des Elektrizitätssystems gewissermaßen nachfrageinduziert, da sowohl energieintensive Industrien als auch die rasch wachsenden Städte in erheblichem Umfang Elektrizität nachfragten und derart entsprechende Anreize zur (privaten) Stromproduktion boten – dies umso mehr, als mit der Stein- und Braunkohle zentrale Energieträger vor Ort oder in der Nähe verfügbar waren.[50]

Ökonomisch rückständige Gebiete verfolgten hingegen eine tendenziell angebotsorientierte Elektrizitätsstrategie. In Baden und Bayern beispielsweise erkannte der Staat in einer funktionierenden Stromversorgung den Schüssel zur nachholenden Industrialisierung, investierte planmäßig in Kraftwerke und Netzaufbau und band dadurch auch Kapital. Preußen übernahm diese Strategie schließlich für seine strukturschwachen Landesteile, und der Fiskus trat seit 1910 auch hier als Akteur in die Märkte ein. Mit dieser strukturpolitisch motivierten, aber auf den eigenen Ordnungsraum beschränkten Elektrizitätspolitik stellten sich freilich die maßgeblichen Bundesstaaten gegen eine unitarische Reichselektrizitätspolitik gleich welchen Zuschnitts. Strukturpolitische Maßnahmen und fiskalisches Eigenin-

[50] Vgl. hierzu und zum folgenden *Stier*, Staat und Strom, S. 57–72.

teresse – Schutz des investierten Kapitals, Zugriff auf prospektive Einnahmen – konterkarierten folglich die von vergleichsweise neutralen Beobachtern bevorzugte reichseinheitliche Lösung, namentlich ein Reichselektrizitätsmonopol. Besonders der Konflikt zwischen Preußen und dem Reich, dessen Elektrizitätsstrategie freilich kaum strukturpolitisch, sondern in erster Linie fiskalisch motiviert war – treibende Kraft war das Schatzamt –, blockierte einen politischen Konsens vor dem Ersten Weltkrieg (und erneut in der Weimarer Zeit).[51]

Auch die geplante Besteuerung der Elektrizitätsproduktion scheiterte 1908 im Reichstag, unter anderem, weil sie den Strompreis verteuert und damit der gewünschten Ausbreitung der Elektrizität entgegengearbeitet hätte. Das Vorhaben war ursprünglich der Versuch der Reichsregierung gewesen, gleichsam mittelbar von der Elektrizitätswirtschaft zu profitieren und die eigenen (Steuer-)Einnahmen zu erhöhen. Getrieben war diese Politik, neue Finanzquellen zu erschließen, in erster Linie von steigenden Staats- und Militärausgaben, die der Gegenfinanzierung bedurften.

In der Weimarer Zeit lösten sich die Grundkonflikte nicht auf. Das Reich setzte nach dem Scheitern der Sozialisierung 1920 besonders auf eigene Elektrizitätsproduktion, und der Wettbewerb in der Elektrizitätswirtschaft geriet zum Wettbewerb um (einheitliche) Versorgungsräume. Je größer der zusammenhängende Versorgungsraum, desto eher ließen sich Skalen- und Netzwerkeffekte erzielen, welche die Kosten reduzierten. Die Tendenz zur vertraglich abgesicherten lokalen oder regionalen Monopolstellung in Versorgungsgebieten hatte es bereits im Kaiserreich gegeben; sie verfestigte sich – bei tendenziell größeren Einheiten – in der Weimarer Zeit. Die finale Regulierung durch das Energiewirtschaftsgesetz 1935 formalisierte diese regionalen Monopolstellungen schließlich. Eine ordnungspolitische Zielsetzung verfolgte das Gesetz im Grunde nicht. Es stellte eher einen dauerhaften Kompromiss zwischen den Interessen der Elektrizitätsproduzenten, staatlicher Strukturpolitik und – mit Abstrichen – der Konsumenten her.[52]

2. Regulierung in Märkten mit Informationsproblemen

Anders als im natürlichen Monopol ist Marktversagen in Märkten mit asymmetrischer Informationsverteilung zwischen Anbietern und Nachfragern weniger offensichtlich. Daher ist staatliche Regulierung schwieriger ökonomisch zu legitimieren. Auf politischer Ebene schaffen häufig erst Skandale ein Bewusstsein für die Schwächen einzelner Märkte. Die obers-

---

[51] *Stier*, Elektrifizierung in Preußen.
[52] *Stier*, Energiewirtschaftsgesetz.

ten Regulierungsziele in Finanzmärkten sind Anlegerschutz und Systemstabilität.[53]

Betrachtet man die Krisenanfälligkeit der deutschen Finanzmärkte im Kaiserreich, waren sie vergleichsweise resistent. Auf Staatsversagen in Form unzureichender Regulierung ist lediglich die Gründerkrise 1873 zurückzuführen, da das liberale Aktiengesetz von 1870 die Gründer von Aktiengesellschaften nicht hinreichend verpflichtet hatte, ihren potentiellen Anlegern Informationen über ihr Geschäftsmodell preiszugeben. Dies öffnete die Tür für betrügerische Gründungen, die, angefacht durch die damalige Spekulationseuphorie, zu Vermögensverlusten bei Anlegern führten. Die Novelle des Aktienrechts von 1884 stärkte daraufhin die Informationsqualität von Gesellschaftsgründungen und führte mit durchaus paternalistischer Absicht eine Aktienstückelung von 1.000 Mark (in Ausnahmefällen von 200 Mark) statt vormals 150 Mark (50 Vereinstaler) ein, die für Kleinanleger prohibitiv war und sie auf andere Anlageformen verwies.[54] Die nächste Finanzmarktkrise von 1901 war wesentlich auf illegale Praktiken bei der Leipziger Bank zurückzuführen, und die Geldmarktkrise von 1907 wurde aus den USA importiert.[55]

Die Gründe für die relative Stabilität namentlich des deutschen Bankwesens sind – neben der Reichsbank als *lender of last resort* – nicht zuletzt in einer funktionierenden Selbstregulierung und, wo es staatliche Regulierung gab, in paternalistischen Leitbildern zu sehen. Freilich lässt sich bis zum Ersten Weltkrieg kaum von *einem* Bankwesen in Deutschland sprechen. Vielmehr gab es mehrere Gruppen von Kreditinstituten – Sparkassen, Genossenschafts-, Kredit-, Hypothekenbanken –, die in stark segmentierten Kreditmärkten unterschiedliche Funktionen erfüllten: Kreditbanken waren Industriefinanziers, Genossenschaften vergaben Personalkredite an ihre Mitglieder, in der Regel Landwirte und Kleingewerbetreibende, Sparkassen transformierten kurzfristige Spareinlagen unterer Einkommensschichten in langfristige, mündelsichere Anlagen (Staatsanleihen, Hypothekarkredite).[56] Aus diesem Grund können die folgenden Marktanteile auch nur ein allgemeines Bild zeichnen und Größenordnungen verdeutlichen. Sie sagen aber nichts über die Wettbewerbsintensität aus.

---

[53] *Blessing*, Regulierung, S. 34 f.

[54] Vgl. *Hofer*, Aktiengesetz von 1884, S. 406 f.

[55] *Tilly*, Banking Crises, S. 13.

[56] *Burhop*, Wirtschaftsgeschichte, S. 167–190.

Tabelle 1: Anteile einzelner Finanzintermediäre am Gesamtvermögen (in Prozent) und Regulierungsintensität

	1860	1880	1900	1913
Notenbanken	22,4	11,6	6,3	4,4
Aktienkreditbanken	9,2	10,0	17,2	24,2
Privatbanken	35,3	18,5	8,6	4,4
Sparkassen	12,0	20,6	23,3	24,8
Genossenschaften	0,2	4,4	4,1	6,8
Hypothekenbanken	16,9	26,7	28,5	22,8
Sonstige	4,0	8,2	12,0	12,6
Staatlich reguliert	*34,4*	*30,1*	*62,2*	*62,2*
Im weiteren Sinne reguliert	*64,7*	*81,5*	*91,4*	*95,6*

Quelle: *Burhop*, Wirtschaftsgeschichte, S. 168.

Die Gruppen machten sich noch kaum Konkurrenz in einzelnen Geschäftsfeldern, allenfalls zwischen Hypothekenbanken und Sparkassen gab es Überschneidungen, da beide ihre Aktiva im Wesentlichen in Hypothekarkrediten anlegten. Obwohl es, abgesehen von einigen Bestimmungen im Bankgesetz von 1875, keine *zentral*staatliche Regulierung gab, die speziell die Kreditinstitute betraf, war der Bankenmarkt keineswegs unreguliert. Je nach Perspektive waren nach 1900 zwei Drittel bis nahezu 100 Prozent der Banken reguliert. Staatliche Regulierung in Form spezifischer Gesetze existierte für die Notenbanken sowie sukzessive für Sparkassen, Genossenschaften und Hypothekenbanken. Die Aktienkreditbanken unterlagen dem Aktienrecht und waren daher zumindest nicht un*kontrolliert*. Da das Aktienrecht aber keine marktspezifischen Eingriffe in Preise, Mengen und Konditionen vorgab, ist es nicht als dezidiertes Regulierungsgesetz zu begreifen. In einem solchen weiten, aber irreführenden Regulierungsverständnis, wären allenfalls die Privatbanken nicht reguliert gewesen, sofern sie als Personengesellschaft geführt wurden.

Die kleinräumig agierenden Kreditgenossenschaften hatten sich zunächst selbst reguliert. Da Kreditgeber und Kreditnehmer identisch waren, reduzierte sich die Informationsasymmetrie erheblich, Übervorteilungen waren weitgehend ausgeschlossen, und die Beurteilung der Kreditkunden erfolgte aufgrund persönlicher Bekanntschaft. Da allerdings das bankwirtschaftliche *Know-how* vor Ort nicht immer ausreichte, brauchte es gewisse Standards, die schließlich 1889 mit dem Genossenschaftsgesetz eingeführt wurden, das unter anderem die beschränkte Haftung und eine regelmäßige Prüfung vorsah.[57]

Ähnliches gilt für die Sparkassen. Spätestens seit Mitte des 19. Jahrhunderts hatten einzelne Staaten Sparkassengesetze erlassen, die den Instituten besonders langfristige und sichere Anlageformen vorschrieben. Die Institute selbst waren meist Bestandteil der Kommunalverwaltung; die Gemeinde stand für die Aktiva der Sparkasse ein, deren Geschäftstätigkeit im Gegenzug auf das Gebiet ihres Gewährträgers beschränkt blieb.[58]

Sowohl Genossenschaften als auch Sparkassen hatten damit Marktsegmente erschlossen, die rentabel waren, für die sich aber die privaten Kreditbanken nie ernsthaft interessiert hatten. Beide Typen hatten paternalistische Züge: Die Sparerziehung und die Vorsorge für individuelle Notlagen bei den Sparkassen, die Bereitstellung von günstigen Kleinkrediten zur Existenzsicherung bei den Genossenschaften.

Namentlich bei den Sparkassen prägte sich freilich im letzten Drittel des 19. Jahrhunderts immer mehr auch ein fiskalisches Interesse auf kommunaler Ebene heraus, und die Sparkassen wurden wichtige Finanziers kommunaler Investitionen. Sie galten freilich nicht als vollwertige Banken und wurden (ähnlich wie die Genossenschaften) deshalb unter anderem geringer besteuert. Ferner war die faktische staatliche Einlagengarantie ein potentieller Wettbewerbsvorteil, da die Institute geringere Risikoaufschläge auf Kredite berechnen mussten als private Banken.

Das reziproke Verhältnis von Kommunen und Bundesstaaten zum Bankwesen ist bislang noch nicht historisch-systematisch auf seine ökonomischen Wirkungen hin überprüft worden.[59] Der Staat spielte jedoch noch vor Beginn der Industrialisierung eine zentrale Rolle beim Aufbau von Kreditinstituten, die die Struktur der Bankenmärkte lange prägten. Neben den kommunalen Sparkassen gehörten die entstehenden Landesbanken ebenso dazu wie die öffentlich-rechtlichen Hypothekenbanken und deren Vorläufer, Landschaften und Stadtschaften. Sie dienten jeweils nicht in erster Linie fiskalischen Zwecken, erfüllten aber mittelbar eine etatwirksame Funktion.

Zum ersten waren sie zum Teil Intermediäre von Krediten an die Gebietskörperschaften und erleichterten diesen in der Regel die Kreditbeschaffung. Ordnungsökonomisch war dies nicht unproblematisch, da so ein beträchtlicher Teil der Kapitalmarktmittel nicht nach wettbewerblichen, sondern nach politischen Kriterien vergeben wurde. Idealtypisch sucht sich

---

[57] Vgl. *Guinnane*, Delegated Monitors, S. 93–96.

[58] Vgl. *Ashauer*, Ersparungscasse, S. 101–188.

[59] Aus ökonomischer Perspektive hingegen z.B. *Sinn*, Staat im Bankwesen.

das Kapital bei vollkommenem Wettbewerb immer die produktivsten Anlagen und lenkt Kreditmittel so in die Bereiche einer Volkswirtschaft, in denen sie benötigt werden. Öffentliche Investitionen sind in der Regel weniger effizient als marktgesteuerte. Die starke Stellung der Gebietskörperschaften als Kreditnachfrager hätte zumindest theoretisch bereits im Kaiserreich ein „Crowding-out" bewirken können, mithin die Verdrängung der privaten Kreditnachfrage. Dazu kam es jedoch, jedenfalls in volkswirtschaftlich bedenklichen Ausmaßen, im Kaiserreich nicht. Es war aber eines der zentralen Probleme angesichts der Kreditknappheit in der Weimarer Republik und trug seinen Teil zur Bankenkrise von 1931 bei, die bekanntlich nicht nur eine Bankenkrise im Wortsinne, sondern eine Finanzkrise und eine Krise der öffentlichen Haushalte war.

Zum zweiten lenkten die staatlichen Vorgaben namentlich zur Einlagensicherheit Investitionsmittel der (halb-)staatlichen Kreditinstitutionen in bestimmte Bereiche. Der grundgesicherte Hypothekarkredit war eine der dominierenden Anlageformen im Kaiserreich. Neben den öffentlichen Kreditgebern bevorzugten auch die privaten Hypothekenbanken und privaten Lebensversicherungen den Hypothekarkredit als Aktivgeschäft bzw. Vermögensanlage. Besonders der Boom in den städtischen Wohnungsbaumärkten erhöhte die Nachfrage nach Hypothekarkrediten. Für die Kommunen bedeutete dies freilich in Teilen eine Entlastung von gemeinnützigen Aufgaben: Öffentlicher Wohnungsbau spielte in den liberalen Wohnungsmärkten des Kaiserreichs keine Rolle.[60]

Diese allenfalls kursorischen Ausführungen zu den Bankenmärkten fügen sich nur schwer in die Grundthese dieses Beitrags ein, da angesichts der generellen Funktionsfähigkeit der Kreditmärkte eine öffentliche Diskussion um eine umfassende Bankenregulierung unterblieb. Stattdessen existierte eine historisch gewachsene „unregulierte Teilregulierung", die keiner übergeordneten ökonomischen Logik folgte. Freilich wird man in der recht starken Stellung des Staates als Anbieter und Nachfrager eine Gemeinwohlorientierung erkennen müssen, die zumindest in dogmatischer Perspektive Wettbewerbsergebnisse verzerrte.

Ähnlich sah es in den Versicherungsmärkten aus, die ebenfalls nicht einheitlich zu bewerten sind, da einerseits die Akteure in den Märkten divergierten und andererseits die Versicherungstypen sich unterschieden. Bei den Feuerversicherungen hatten die Bundesstaaten noch in merkantilistischer Zeit den Markt erschlossen, dem erst seit Mitte des 19. Jahrhunderts private Versicherer beitraten. Die Lebensversicherungen hingegen waren zunächst aus privater Initiative entstanden, und staatliche Versicherungen hatten sich erst mit Beginn des 20. Jahrhunderts diesem Geschäftsfeld zu-

---

[60] Vgl. *Borchardt*, Realkredit, S. 112–128.

gewandt.[61] Freilich hatte die staatliche Sozialversicherung und namentlich die Rentenversicherung bereits in den 1880er Jahren potentielle Nachfrage nach privaten Vorsorgeversicherungen absorbiert. Das Nebeneinander privater und öffentlicher, auf Landesrecht beruhender Anbieter in den beiden wichtigsten Versicherungszweigen steht sinnbildlich für die Problematik der Marktintegration. Ein Markthemmnis, das aus den föderalen Strukturen erwuchs, war die Frage der Konzessionierung. In der Regel galten die Konzessionen ausschließlich für den Bundesstaat, der sie erteilt hatte, nicht aber automatisch auch in den anderen Staaten des Reichs. Dies bot den Landesregierungen eine Möglichkeit, ihre eigenen Versicherungen vor unliebsamer Konkurrenz zu schützen, indem sie „ausländische" Anbieter nicht konzessionierten. Zudem galten für private und öffentliche Versicherungen unterschiedliche Besteuerungsgrundsätze, die private Anbieter diskriminierten und staatliche besser stellten. Die Konflikte überdauerten auch das Versicherungsaufsichtsgesetz aus dem Jahr 1901, das nur für private, nicht aber für öffentliche Versicherer galt. Das Argument der Bundesstaaten, die sich gegen eine rechtliche Gleichstellung gewehrt hatten, öffentliche Versicherungen seien durch ihre Eigentumsform bereits hinreichend beaufsichtigt, war zwar formal möglicherweise korrekt, verdeckt aber die strukturpolitische Funktion der Unternehmen. Namentlich in strukturschwächeren Gebieten boten sie weit günstigere Prämien an als die privatwirtschaftliche Konkurrenz. Zum einen konnten sie aufgrund ihrer geringeren Steuerbelastung günstigere Konditionen anbieten, zum anderen stellten sie aber auch dort Angebote bereit, wo private Versicherungen nicht oder nur gegen einen erheblichen Aufpreis Leistungen anboten.[62]

Ähnlich wie bei der Elektrizität oder den Eisenbahnen erkannten die Länder im bezahlbaren Versicherungsschutz einen essentiellen Faktor der Standort- und Strukturpolitik. Daher weigerten sie sich erfolgreich, ihre Versicherungsmärkte komplett zu liberalisieren. Freilich gab es auch Bundesstaaten, die eine Liberalisierung und einen integrierten Versicherungsmarkt mit unverzerrten Konditionen befürworteten. Nicht von ungefähr war Sachsen-Gotha, beileibe kein politisches Schwergewicht, der stärkste Befürworter einer Marktausweitung – freilich aus derselben strukturpolitischen Motivation, mit der andere Staaten die Liberalisierung verhindern wollten: Die Gothaer Feuer- und Lebensversicherung, eine der größten privaten deutschen Versicherungen, hatte ihren Stammsitz in Sachsen-

---

[61] *Borscheid*, Geschichte der Individual- und Sozialversicherung, S. 4 ff., 21 ff.

[62] Vgl. Verhandlungen des 4. Deutschen Handelstags vom 20. bis 23. Oktober 1868, S. 86 f., Westfälisches Wirtschaftsarchiv P 241-4.

Gotha und hätte von einer Ausweitung der Märkte und gleichen Wettbewerbsbedingungen erheblich profitieren können.[63]

Auch nach dem Versicherungsaufsichtsgesetz blieben die Normen im Versicherungswesen uneinheitlich, die Märkte entsprechend buntscheckig. Gleiche Wettbewerbsbedingungen existierten auch weiterhin nicht. Im Gegenzug blieb aber auch die Verstaatlichung aus, über die für die Feuerversicherungen in den 1880er Jahren – angeregt von *Adolph Wagner* – und nochmals aus in erster Linie fiskalischen Motiven 1908 und 1919 für alle Versicherungen mehr oder minder intensiv räsoniert wurde.[64]

All diese kursorisch genannten Strukturen perpetuierten sich in die Weimarer Republik und setzten das Institutionengefüge gewissermaßen dem extremen Stresstest einer permanenten ökonomischen Krise aus. Es ist daher gewiss kein Zufall, dass im Jahr 1931 die Banken-, Versicherungs- und Kapitalmarktregulierung per Notverordnung und anschließend in Gesetzesform auf eine neue Basis gestellt werden musste. Namentlich die Finanzmarktkrise desselben Jahres hatte in drastischer Weise Markt- und Staatsversagen vor Augen geführt. Die komplexe Interdependenz institutioneller, binnen- und außenwirtschaftlicher Einflussfaktoren kann hier nicht dargelegt werden. Aus einer Regulierungsperspektive scheinen besonders die sich wechselseitig verstärkenden Liquiditätsprobleme öffentlicher Haushalte und der Kreditinstitute, die Konkurrenz staatlicher und privater Nachfrager nach zu knappen Investitionsmitteln, die ruinöse Konkurrenz vornehmlich privater und öffentlicher Kreditinstitute und Versicherungen, ganz generell die enorme Geldkapitalvernichtung in der Inflation sowie eine unverantwortliche, weil unkontrollierte Kreditvergabe etlicher öffentlicher und privater Banken von großer Bedeutung. Ein Teil der Probleme resultierte nicht zuletzt aus dem institutionellen Erbe des Kaiserreichs mit einer tendenziell zu hohen Staatsquote, einer unscharfen Abgrenzung öffentlicher und privater Leistungserbringung und Märkten, die weder konsequent wettbewerblich noch konsequent staatsmonopolistisch ausgerichtet waren, sondern bis in kleinste Verästelungen hybride Orte des Tausches waren.

Ein letzter Punkt ist noch zu erwähnen, der vom Erklärungsschema abweicht, aber mit der bedeutender werdenden Rolle des Reichstags im Kaiserreich einherging: Am Beispiel von Börsen- und Nahrungsmittelregulierung lassen sich Regulierungswirkungen aufzeigen, die die Intentionen der ursprünglichen Initiatoren ins genaue Gegenteil verkehrten. In beiden Fällen, beim Börsengesetz und den Margarinegesetzen, hatten vor allem

[63] Vgl. hierzu *Burger*, Versicherungsaufsicht; *Tigges*, Versicherungsaufsicht.

[64] Verstaatlichung des Versicherungswesens 1 und 2, BArch Berlin R 3101/17044, 17045.

landwirtschaftliche Interessenvertreter auf eine gesetzliche Regelung gedrängt. Sie hatten innovative Politikkonzepte verbandlicher Lobby- und aggressiver Kampagnenpolitik im vorparlamentarischen Raum früh für sich entdeckt und damit gewissermaßen den regionalen Partikularismus um einen ständischen ergänzt. Bei den Börsen war der Börsenterminhandel ins Visier geraten, dem sie unterstellten, sich negativ auf die realen Preise auszuwirken und den Preisverfall an den Weltagrarmärkten zu beschleunigen. Angereichert mit antisemitischen Ausfällen und genereller Geringschätzung von Händlern und Kaufleuten, drängten sie seit Beginn der 1890er Jahre auf ein Verbot des Börsenterminhandels. Es fügte sich nahtlos in die Agrar- vs. Industriestaatsdebatte der Jahrhundertwende ein und zielte – im Verein mit einer protektionistischen Handelspolitik und weiteren Maßnahmen – auf einen umfassenden staatlichen Schutz der Landwirtschaft. Insofern hatten die Agrarier 1896 einen erheblichen Erfolg errungen, da das Börsengesetz zwar nicht den börsenmäßigen Terminhandel generell, wohl aber jenen mit Getreide und Müllereiprodukten verbot.[65]

Eine Folge dieses Pyrrhus-Siegs war freilich, dass sich der Getreideterminhandel in den Kassahandel auf Grundlage des Handelsgesetzbuchs verschob. Da im Kassahandel aber die Zahlungsforderungen anders als im börsenmäßigen Terminhandel nicht mit Gegenforderungen ausgeglichen werden konnten, war er nur bei entsprechend breiter Kapitalbasis möglich. Dies verstärkte die Konzentration im Bankwesen und erhöhte die Marktmacht namentlich der Berliner Großbanken zusätzlich – mithin jener Institute, die sinnbildlich für den globalen Wettbewerbs- und Finanzkapitalismus ihrer Zeit standen, den die Agrarier ursprünglich bekämpfen wollten.

Auch bei den Margarinegesetzen 1887 und 1897 ging die landwirtschaftliche Strategie politisch zwar auf, wirtschaftlich aber nicht. Die von landwirtschaftlichen Interessenvertretern erkämpfte Kennzeichnungspflicht der „Kunstbutter" nebst Deklarierungspflicht der Inhaltsstoffe sollte ursprünglich die natürliche Butter schützen, entwickelte sich aber zum Qualitätssiegel: Weil die Konsumenten nun über Inhaltsstoffe informiert wurden und die Margarine Lebensmittelprüfungen unterzogen worden war, garantierte der Staat die Qualität und minimierte so die Gefahr der Lebensmittelfälschung. Da Margarine preiswerter als Butter war, konnte sie in den Folgejahren erhebliche Marktanteile auf Kosten natürlicher Butter gewinnen.[66]

Diese beiden – gewiss extremen – Beispiele mögen die Problematik der Gemeinwohldominanz deutscher Regulierungsdebatten verdeutlichen: Was als Gemeinwohl galt, definierten der politische Prozess und die gesellschaftlichen Gruppen, die ihn dominierten. Dadurch konnten partikulare

---

[65] Vgl. umfassend *Meier*, Entstehung des Börsengesetzes.

[66] *Hierholzer*, Nahrung nach Norm, S. 147–157.

Gruppeninteressen rasch zum Gemeinwohl erhoben bzw. pervertiert werden. Allerdings korrigierte der Markt in beiden Fällen diese Gruppeninteressen einigermaßen rasch. Daher ließe sich pointiert resümieren, dass es in beiden Fällen besser gewesen wäre, von vorneherein das Entdeckungsverfahren Wettbewerb zu nutzen.

IV. Fazit

Eine solche dogmatisch liberale Perspektive verdeckt freilich, dass beide Gesetze im parlamentarischen Prozess ordnungsgemäß zustande kamen und daher bei gegebenen politischen Institutionen auch den politischen Mehrheitswillen widerspiegelten – wie in allen übrigen behandelten Regulierungsfeldern auch. Politische Standpunkte wurden ausgelotet, Präferenzen abgeglichen und Kompromisse gefunden. Historisch betrachtet, ist das hybride Regulierungsregime Ergebnis kontingenter Aushandlungsprozesse. Zugleich hat der Beitrag aber verdeutlicht, dass das politische Machbare nicht zwingend das ökonomisch Sinnvolle war. Dieser Widerspruch ist zwar ohnehin nahezu unauflösbar, aber am Beispiel staatlicher Regulierung (als Reaktion auf Marktversagen) lässt sich anschaulich herausarbeiten, wie eine überzogene Gemeinwohlorientierung bzw. ein etatistisches Ökonomieverständnis auch bei besten Absichten zu institutionellen und ökonomischen Ineffizienzen führen kann, die so bereits von weitsichtigen Zeitgenossen erkannt, aber im politischen Prozess nicht beseitigt werden konnten. Insbesondere die Rolle des Staates als Regulierer und Regulierter gleichermaßen führte immer wieder zu Gemengelagen, über die im Zweifel nach politischer Opportunität und nicht nach ökonomischer Rationalität entschieden wurden. Freilich zeigten sich auch im amerikanischen System der Regulierung durch Kommissionen Partikularinteressen, Ineffizienzen und Instabilität.[67]

Einen Königsweg, mit staatlicher Regulierung auf Marktversagen zu reagieren, gibt es offensichtlich nicht oder nur für bestimmte Zeit-Raum-Konstellationen. Schließlich war auch das hybride deutsche Regulierungssystem ein durchaus gangbarer Weg: Eisenbahn, Post, Telekommunikation und Energiewirtschaft waren im internationalen Vergleich stets hinreichend leistungsfähig und versorgungssicher, systembedingte Zusammenbrüche von Banken oder Versicherungen blieben bis auf die Sondersituation 1931 die Ausnahme, und die Aktienmärkte waren möglicherweise anleger-, aber nicht börsenfeindlich. Insofern gibt es fraglos gute Gründe für

[67] *Averch/Johnson*, Behavior of the Firm; *Stigler*, Citizen and the State.

die Annahme, das deutsche Regulierungssystem habe seine politisch definierten Gemeinwohlziele im Großen und Ganzen erreicht.

Eine wohlfahrtsökonomische Bewertung fällt, wenn nicht entgegengesetzt, so doch differenzierter aus, schließlich wirtschafteten die Staatseisenbahnen trotz des Schutzes vor Wettbewerb in der zweiten Hälfte des 20. Jahrhunderts defizitär und belasteten Ende der 1980er Jahre die öffentliche Haushalte in erheblichem Maße. Bundespost und die Energieversorgungsunternehmen erwirtschafteten zwar beständig Gewinne, gaben aber Rationalisierungseffekte keineswegs vollumfänglich an die Verbraucher weiter. Die Finanzmärkte waren zwar stabil, aber vergleichsweise wenig innovativ. Das Bewusstsein für diese wohlfahrtsökonomischen Defizite des deutschen Regulierungsregimes entwickelte sich verstärkt seit den 1970er Jahren und führte – unter dem Einfluss der europäischen Institutionen – sukzessive zu seiner Umwandlung.

Seine Entstehung verdankte es im Wesentlichen drei exogenen Faktoren, die sich im historischen Zeitablauf wechselseitig verstärkten. Der fundamentale Paradigmenwechsel vom liberalen Staatsverständnis hin zu einem auch wissenschaftlich legitimierten staatsinterventionistischen Leitbild gab im Zweifel dem Staat Vorrang vor Markt und Wettbewerb. Dies bildete, erstens, gleichsam die ideologische Grundlage, staatliche Regulierung von ihrem gewünschten Ergebnis her zu konzipieren. Zweitens hatten sämtliche Gebietskörperschaften ein mehr oder minder ausgeprägtes fiskalisches Eigeninteresse, das ihre Regulierungspräferenzen präformierte. Die öffentliche Unternehmung geriet derart *nolens volens* zum strukturellen Integrationshindernis der Wirtschaftsordnungspolitik, gerade auch deshalb, weil sie Gewinne erwirtschaftete und zugleich als verteilungspolitisches Instrument fungieren konnte. Bezeichnenderweise verstummten ihre Verteidiger zusehends, als öffentliche Unternehmen im letzten Drittel des 20. Jahrhunderts ihre fiskalischen und verteilungspolitischen Funktionen weitgehend einbüßten und öffentliche Haushalte belasteten. Drittens schließlich blieben die einzelstaatlichen Vorstellungen und Marktordnungen im Kaiserreich zunächst bestehen. Sie waren in der Regel Instrument einer regionalen Strukturpolitik und schienen den Akteuren daher bewahrenswert. Nicht zuletzt kommt darin auch ein zwar abnehmendes, aber doch präsentes kleinräumiges Ordnungsdenken zum Ausdruck, das nicht die Nation im Blick hatte, sondern eine Region oder den Bundesstaat.

Zusammengenommen erschwerten diese drei, im Wirken des Freiherrn *von Franckenstein* symbolisch personifizierten Faktoren die Ausbildung einer kohärenten Regulierungspolitik – zumindest innerhalb der institutionellen Ordnung des Kaiserreichs mit einem starken politischen Gewicht der Bundesstaaten. Zwar hatten sich auch in den USA zunächst Regulierungen auf bundesstaatlicher Ebene ausgeprägt, doch eine unionsweite Regelung konnte ihnen auch deshalb übergeordnet werden, weil es klarere fiskalische und politische Grenzen zwischen Einzel- und Zentralstaat gab und ferner die öffentliche Unternehmung allenfalls eine untergeordnete Rolle spielte.

In *Mary Shelleys* Roman war *Viktor Frankenstein* bereits nach kurzer Zeit von seiner Schöpfung angewidert. Das kraftvolle Monster selbst wurde sich mehr und mehr seiner Unvollkommenheit bewusst und sann auf Rache. Die „Rache" des hybriden Regulierungsregimes, dessen Unvollkommenheit seit den 1970er Jahren immer offensichtlicher wurde, am Schöpfer Nationalstaat ist sicher weniger blutig, aber möglicherweise nicht weniger schmerzhaft. Die „Rache" heißt, soweit bislang ersichtlich: schleichender Abschied vom liebgewonnenen, aber doch häufig überinterpretierten Gemeinwohl und Stärkung des Wettbewerbs als Regulierungsziel. Dass dabei freilich der Nationalstaat selbst mitsamt persistenten nationalen Egoismen in einem tendenziell „autoritären" größeren Ordnungsraum aufgeht, wie an anderer Stelle diskutiert wurde,[68] ist eine Ironie der Geschichte.

Es gehört zu den disziplinären Vorzügen des Historikers, solche Analogien beschreiben zu dürfen, ohne zugleich Prognosen über die Zukunft treffen zu müssen. Und da dieser Beitrag ohnehin mit der gewagten Metapher von „Franckensteins Monster" operiert hat, sei zum Abschluss auf eine letzte ironische Analogie verwiesen: Der Held des angelsächsisches Romas, *Viktor Frankenstein*, erschuf sein Monster in Bayern.

Quellen- und Literaturverzeichnis

Quellenverzeichnis

Niederschrift über die Sitzung des Arbeitsausschusses des Verwaltungsrats der Deutschen Reichspost vom 13. April 1929, BArch Berlin R 4701/9970.

Statistisches Jahrbuch für das Deutsche Reich, Berlin 1926.

Verhandlungen des 4. Deutschen Handelstags vom 20. bis 23. Oktober 1868, Westfälisches Wirtschaftsarchiv P 241-4.

Verstaatlichung des Versicherungswesens, Bände 1 und 2, BArch Berlin R 3101/17044, 17045.

Literaturverzeichnis

Ambrosius, Gerold: Was war eigentlich „nationalsozialistisch" an den Regulierungsansätzen der dreißiger Jahre?, in: Abelshauser, Werner/Hesse, Jan-Otmar/Plumpe, Werner (Hg.): Wirtschaftsordnung, Staat und Unternehmen. Neue Forschungen zur Wirt-

[68] *Gärditz*, Rolle des parlamentarischen Gesetzgebers.

schaftsgeschichte des Nationalsozialismus. Festschrift für Dietmar Petzina zum 65. Geburtstag, Essen 2003, S. 41–60.

–: Der Staat als Unternehmer. Öffentliche Wirtschaft und Kapitalismus seit dem 19. Jahrhundert, Göttingen 1984.

Ashauer, Günter: Von der Ersparungscasse zur Sparkassen-Finanzgruppe. Die deutsche Sparkassenorganisation in Geschichte und Gegenwart, Stuttgart 1991.

Averch, Harvey/Johnson, Leland L.: Behavior of the Firm under Regulatory Constraint, in: American Economic Review 52, 1962, S. 1052–1069.

Blaich, Fritz: Kartell- und Monopolpolitik im kaiserlichen Deutschland. Das Problem der Marktmacht im deutschen Reichstag zwischen 1879 und 1914 (Beiträge zur Geschichte des Parlamentarismus und der politischen Parteien 50), Düsseldorf 1973.

Blessing, Martin: „Mehr, besser oder beides?“. Zur Regulierung der Banken und Finanzmärkte, in: Picot, Arnold/Schenck, Marcus (Hg.): Ökonomie der Regulierung. Neue Spielregeln für Kapitalmärkte und Netzindustrien. Kongress-Dokumentation 63. Deutscher Betriebswirtschafter-Tag 2009, Stuttgart 2010, S. 33–42.

Böhret, Carl: Aktionen gegen die „kalte Sozialisierung“ 1926–1930. Ein Beitrag zum Wirken ökonomischer Einflussverbände in der Weimarer Republik (Schriften zur Wirtschafts- und Sozialgeschichte 3), Berlin 1966.

Borchardt, Knut: Realkredit und Pfandbriefmarkt im Wandel von 100 Jahren, in: 100 Jahre Rheinische Hypothekenbank, Frankfurt a.M. 1971, S. 105–196.

Borscheid, Peter: Kurze Geschichte der Individual- und Sozialversicherung in Deutschland, in: Borscheid, Peter/Drees, Anette (Hg.): Versicherungsstatistik Deutschlands 1750–1985 (Quellen und Forschungen zur Historischen Statistik von Deutschland 4), St. Katharinen 1988, S. 3–50.

–: Feuerversicherung und Kameralismus, in: Zeitschrift für Unternehmensgeschichte 30, 1985, S. 96–117.

Burger, Dirk: Der Einfluß der wirtschaftlichen, sozialen und politischen Entwicklungen auf die Entfaltung der Versicherungsaufsicht im neunzehnten und zwanzigsten Jahrhundert. Eine Betrachtung für den Bereich der Individualversicherung (Wirtschafts- und Rechtsgeschichte 8), Köln 1988.

Burhop, Carsten: Wirtschaftsgeschichte des Kaiserreichs 1871–1918, Göttingen 2011.

Clark, John M.: Toward a Concept of Workable Competition, in: American Economic Review 30, 1940, S. 241–256.

Deutscher Handelstag (Hg.): Der Deutsche Handelstag 1861–1911, Band 2, Berlin 1913.

Fremdling, Rainer: Freight rates and state budget. The Role of the National Prussian Railways 1880–1913, in: Journal of European Economic History 9, 1980, S. 21–39.

Gärditz, Klaus Ferdinand: Die Rolle des parlamentarischen Gesetzgebers im Regulierungsrecht. Ein Werkstattbericht, in: Kurth, Matthias/Schmoeckel, Mathias (Hg.): Regulierung im Telekommunikationssektor. Chancen und Risiken im historischen Prozess (Rechtsordnung und Wirtschaftsgeschichte 2), Tübingen 2012, S. 67–82.

Gehlen, Boris: Der Deutsche Handelstag als Treffraum ökonomischer und juristischer Regulierungsrationalitäten (1861 bis 1914). Strukturelemente und die Beispiele der Eisenbahn- und Versicherungsregulierung, in: Collin, Peter (Hg.): Treffräume juristischer und ökonomischer Regulierungsrationalitäten, Frankfurt a.M. 2013 (im Erscheinen).

–: Die deutschen Telekommunikationsmärkte im „langen“ 19. Jahrhundert. Marktordnung, Investitionen, Preisbildung, in: Kurth, Matthias/Schmoeckel, Mathias (Hg.): Regulierung im Telekommunikationssektor. Chancen und Risiken im historischen Prozess (Rechtsordnung und Wirtschaftsgeschichte 2), Tübingen 2012, S. 27–52.

–: Regulierung vs. Staatsmonopol. Der Deutsche Handelstag und die Problematik natürlicher Monopole am Beispiel von Eisenbahn, Post und Fernmeldewesen (1861 bis 1914), in: Oheimb-Loup, Gert Kollmer-von/Streb, Jochen (Hg.): Regulierung: Wettbewerbsfördernd oder wettbewerbshemmend? (Stuttgarter historische Studien zur Landes- und Wirtschaftsgeschichte 17), Ostfildern 2012, S. 157–183.
–: Zwischen Wettbewerbsideal und Staatsräson. Die Diskussionen im Deutschen Handelstag über Regulierung und Verstaatlichung der Eisenbahnen, in: Jahrbuch für Wirtschaftsgeschichte 2011/2, S. 119–149.
Guinnane, Timothy W.: Delegated Monitors, Large and Small. Germany's Banking System. 1800–1914, in: Journal of Economic Literature 60, 2002, S. 73–124.
Hayek, Friedrich August von: Der Wettbewerb als Entdeckungsverfahren (Kieler Vorträge, N.F. 56), Kiel 1968.
Henrich-Franke, Christian: Wandlungen föderalen Regierens im Deutschen Kaiserreich. Die Entscheidungsfindung im Fall der Sozialgesetzgebung, in: Historische Zeitschrift 293, 2011, S. 373–399.
Hesse, Jan-Otmar: Wirtschaft als Wissenschaft. Die Volkswirtschaftslehre in der frühen Bundesrepublik (Campus Forschung 947), Frankfurt/New York 2010.
–: Im Netz der Kommunikation. Die Reichs-Post- und Telegraphenverwaltung 1876–1914 (Schriftenreihe zur Zeitschrift für Unternehmensgeschichte 8), München 2002.
–: „Postanarchie im Deutschen Reiche!“ Die ökonomische Bedeutung von Vertrauen in der Debatte um das deutsche Postmonopol 1886/87, in: Zeitschrift für Unternehmensgeschichte 45, 2000, S. 79–89.
Hierholzer, Vera: Nahrung nach Norm. Regulierung von Nahrungsmittelqualität in der Industrialisierung 1871–1914 (Kritische Studien zur Geschichtswissenschaft 190), Göttingen 2010.
Hofer, Sibylle: Das Aktiengesetz von 1884 – ein Lehrstück für prinzipielle Schutzkonzeption, in: Bayer, Walter/Habersack, Mathias (Hg.): Aktienrecht im Wandel, Band 1: Entwicklung des Aktienrechts, Tübingen 2007, S. 388–414.
Jaeger, Hans: Geschichte der Wirtschaftsordnung in Deutschland, Frankfurt a.M. 1988.
James, Harold: Deutschland in der Weltwirtschaftskrise 1924–1936, Stuttgart 1988.
Jüngling, Michael: Staatseinnahmen in säkularer Sicht. Eine kritische Studie (Abhandlungen zu den Wirtschaftlichen Staatswissenschaften 36), Göttingen 1991.
Kaserer, Christoph: Die deutsche Bankenkrise von 1931 – Marktversagen oder Staatsversagen?, in: Bankhistorisches Archiv 26, 2000, S. 3–26.
Knies, Karl: Der Telegraph als Verkehrsmittel. Mit Erörterungen über den Nachrichtenverkehr überhaupt, Tübingen 1857.
–: Die politische Oekonomie vom Standpunkte der geschichtlichen Methode, Braunschweig 1853.
Kwack, Tae-Yel: Die Entwicklung von Kommunalunternehmen in Deutschland im 19. und frühen 20. Jahrhundert, Münster 1990.
Lepsius, Oliver: Ziele der Regulierung, in: Fehling, Michael/Ruffert, Matthias (Hg.), Regulierungsrecht, Tübingen 2010, S. 1055–1086.
Mauersberg, Hans: Finanzstrukturen deutscher Bundesstaaten zwischen 1820 und 1944, St. Katharinen 1988.
Meier, Johann Christian: Die Entstehung des Börsengesetzes vom 22. Juni 1896 (Studien zur Wirtschafts- und Sozialgeschichte 9), St. Katharinen 1992.
Michalczyk, Roman: Europäische Ursprünge der Regulierung von Wettbewerb. Eine rechtshistorische interdisziplinäre Suche nach einer europäischen Regulierungstradition am Beispiel der Entwicklung der Eisenbahn in England, Preußen und den USA (Rechtsordnung und Wirtschaftsgeschichte 1), Tübingen 2010.

Plumpe, Werner: Der Gründerkrach, die Krise des liberalen Paradigmas und der Aufstieg des Kathedersozialismus, in: Plumpe, Werner/Scholtyseck, Joachim (Hg.): Der Staat und die Ordnung der Wirtschaft. Vom Kaiserreich bis zur Berliner Republik (Stiftung Bundespräsident Theodor-Heuss-Haus. Wissenschaftliche Reihe 17), Stuttgart 2012, S. 17–42.

–: Gustav von Schmoller und der Institutionalismus. Zur Bedeutung der Historischen Schule der Nationalökonomie für die moderne Wirtschaftsgeschichtsschreibung, in: Geschichte und Gesellschaft 25, 1999, S. 252–275.

Pohl, Hans/Rudolph, Bernd/Schulz, Günther: Wirtschafts- und Sozialgeschichte der deutschen Sparkassen im 20. Jahrhundert (Sparkassen in der Geschichte: Forschung 18), Stuttgart 2005.

Reulecke, Jürgen: Geschichte der Urbanisierung in Deutschland, Frankfurt a.M. 1985.

Ritschl, Albrecht: Der späte Fluch des Dritten Reichs: Pfadabhängigkeiten in der Entstehung der bundesdeutschen Wirtschaftsordnung, in: Perspektiven der Wirtschaftspolitik 6, 2005, S. 151–170.

Sax, Emil: Grundlegung der theoretischen Staatswirthschaft, Wien 1887.

–: Die Verkehrsmittel in Volks- und Staatswirthschaft, Band 1: Allgemeiner Theil – Land und Wasserwege, Wien 1878.

Scherner, Karl Otto: Die Ausgestaltung des deutschen Telegraphenrechts seit dem 19. Jahrhundert, in: Teuteberg, Hans-Jürgen/Neutsch, Cornelius (Hg.): Vom Flügeltelegraphen zum Internet. Geschichte der modernen Telekommunikation (VSWG, Beiheft 147), Stuttgart 1998, S. 132–162.

Shelley, Mary W.: Frankenstein or the Modern Prometheus, Boston/Cambridge 1869.

Sinn, Hans-Werner: Verbraucherschutz als Staatsaufgabe, in: Perspektiven der Wirtschaftspolitik 4, 2003, S. 281–294.

–: Der Staat im Bankwesen. Zur Rolle der Landesbanken in Deutschland, München 1997.

Stier, Bernhard: Zwischen kodifikatorischer Innovation und materieller Kontinuität. Das Energiewirtschaftsgesetz von 1935 und die Lenkung der Elektrizitätswirtschaft im Nationalsozialismus, in: Bähr, Johannes/Banken, Ralf (Hg.): Wirtschaftssteuerung durch Recht im Nationalsozialismus. Studien zur Entwicklung des Wirtschaftsrechts im Interventionsstaat des „Dritten Reichs“, Frankfurt a.M. 2006, S. 281–305.

–: Staat und Strom. Die politische Steuerung des Elektrizitätssystems in Deutschland 1890–1950, Ubstadt-Weiher 1999.

–: Staat und Strom. Elektrifizierung in Preußen zwischen Staatswirtschaft und Strukturpolitik 1910–1940, in: Kaufhold, Karl Heinrich/Sösemann, Bernd (Hg.): Wirtschaft, Wissenschaft und Bildung in Preußen. Zur Wirtschafts- und Sozialgeschichte Preußens vom 18. bis zum 20. Jahrhundert (VSWG, Beiheft 148), Stuttgart 1998, S. 111–138.

Stigler, George J.: The Citizen and the State. Essays on Regulation, Chicago/London 1975.

Stiglitz, Joseph E.: Finanzwissenschaft. Ins Deutsche übertragen und teilweise auf Verhältnisse in der Bundesrepublik Deutschland eingerichtet von Bruno Schönfelder (Internationale Standardlehrbücher der Wirtschafts- und Sozialwissenschaften), 2. Aufl., München/Wien 1989.

Tigges, Michael: Geschichte und Entwicklung der Versicherungsaufsicht, Karlsruhe 1985.

Tilly, Richard H.: Banking Crises in Comparative and Historical Perspective: the Nineteenth Century, in: Bankhistorisches Archiv 34, 2008, S. 1–17.

Ullmann, Hans-Peter: Die „Aufholjagd“ der Fisken. Öffentliche Finanzen in der „Gründerzeit“, in: Ullmann, Hans-Peter: Staat und Schulden. Öffentliche Finanzen in

Deutschland seit dem 18. Jahrhundert, herausgegeben von Hartmut Berghoff und Till van Rahden, Göttingen 2009, S. 141–147.
–: Der deutsche Steuerstaat. Geschichte der öffentlichen Finanzen vom 18. Jahrhundert bis heute, München 2006.
–: Politik im Deutschen Kaiserreich 1871–1918 (Enzyklopädie deutscher Geschichte 52), München 2005.
Wagner, Adolph: Finanzwissenschaft, Teil 1: Einleitung, Ordnung der Finanzwirthschaft, Finanzbedarf, Privaterwerb, 3. Aufl., Leipzig 1883.
Weizsäcker, Carl Christian von: Öffentliche Bindung – Deregulierung – Privatisierung, in: Thiemeyer, Theo (Hg.): Öffentliche Unternehmen und ökonomische Theorie. Referate und Diskussionsbeiträge eines Kolloquiums des Wissenschaftlichen Beirats der Gesellschaft für öffentliche Wirtschaft und Gemeinwirtschaft am 2. und 3. Oktober 1986 in der Universität Mannheim (Schriftenreihe der Gesellschaft für öffentliche Wirtschaft und Gemeinschaft 28), Baden-Baden 1987, S. 89–94.
Witt, Peter-Christian: Die Finanzpolitik des Deutschen Reiches von 1903 bis 1913. Eine Studie zur Innenpolitik des Wilhelminischen Deutschland (Historische Studien 415), Lübeck/Hamburg 1970.
Wulf, Peter: Die Auseinandersetzungen um die Sozialisierung der Kohle in Deutschland 1920/21, in: Vierteljahrshefte für Zeitgeschichte 25, 1977, S. 46–98.
Ziegler, Dieter: Eisenbahnen und Staat im Zeitalter der Industrialisierung. Die Eisenbahnpolitik der deutschen Staaten im Vergleich (Vierteljahresschrift für Sozial- und Wirtschaftsgeschichte, Beiheft 127), Stuttgart 1996.

Sektion III

Wirtschaftsgeschichte 2

Der Staat als Unternehmer

Das industrielle Bundesvermögen seit 1945

Katja Fuder

Staatliche Unternehmen haben in Deutschland eine weit zurückreichende Tradition. Bereits in der Zeit des Merkantilismus dienten staatseigene Betriebe als Instrument zur Vermögensanhäufung. Nach einer Phase der Liberalisierung und eines damit verbundenen Rückzugs des Staates als Unternehmer in der ersten Hälfte des 19. Jahrhunderts wurden öffentliche Unternehmen seit dessen Ende wieder ein gebräuchlicheres Instrument der Wirtschaftspolitik.[1]

Staatliches unternehmerisches Handeln stellt in gewisser Weise ein alternatives Konzept zur staatlichen Regulierung privater Unternehmen dar. Beides kann als Instrument zur Durchsetzung verschiedenster wirtschaftspolitischer Zielsetzungen genutzt werden. Das Spektrum staatlicher Unternehmenstätigkeit in Deutschland seit Ende des 19. Jahrhunderts umfasste weit mehr als jene Sektoren, die heute im Rahmen normativer Regulierungstheorien mit dem ökonomischen Konstrukt des Marktversagens in Verbindung gebracht werden. Letztere haben im Rahmen dieses Forschungsprojektes eine besondere Aufmerksamkeit erfahren, wie an einigen Beiträgen in diesem Tagungsband deutlich wird. Aber auch in den Grundstoffindustrien entwickelten Reich und Länder seit der Jahrhundertwende eine bedeutende unternehmerische Tätigkeit. Staatliche Unternehmen wurden im Kaiserreich, der Weimarer Republik und im Dritten Reich als vieldimensionales wirtschaftspolitisches Instrument eingesetzt. Eine klare Differenzierung einzelner spezifischer Zielsetzungen ist dabei kaum möglich: Fiskalische, soziale, politische und ökonomische Zielsetzungen bildeten zumeist vielmehr einen Zielkatalog, auf deren Basis staatliches Unterneh-

[1] Vgl. *Himmelmann*, Entwicklung, S. 32 ff.

mertum legitimiert wurde – Ziele, die häufig theoretisch auch durch eine Regulierung privater Unternehmen hätten angestrebt werden können.[2]

Im Fokus dieses Beitrags steht das aus der industriellen unternehmerischen Tätigkeit des Reiches und des Landes Preußen stammende Bundesvermögen. Der industrielle Besitz des Bundes befand sich bereits seit den 1950er Jahren im Fokus einer Diskussion um die Frage, inwieweit der Staat sich selbst wirtschaftlich betätigen und welche Rolle er in der Wirtschaft einnehmen soll. Die Thematik von Unternehmensprivatisierungen in den Infrastrukturbereichen Verkehr und Telekommunikation kam deutlich später auf. Sie erlangte Bedeutung erst seit den 1980er Jahren vor dem Hintergrund einer zunehmenden Liberalisierungspolitik unter maßgeblichem Einfluss der Europäischen Union und ihrer Vorläufer.[3]

Der industrielle Besitz des Bundes hingegen war bereits in den 1950er und 1960er Jahren Gegenstand öffentlicher und politischer Debatten. Mit seiner schrittweisen Privatisierung in Form der Emission von Volksaktien wurde 1959 begonnen, auch wenn diese Bemühungen lange durch die Ausweitung staatlicher Unternehmenstätigkeit in anderen Bereichen konterkariert wurden. Vor dem Hintergrund der Existenz industrieller staatlicher Unternehmen und der Frage ihrer Berechtigung formten sich politische Meinungen in der jungen Bundesrepublik, es wurden Koalitionen geschmiedet und die Rolle des Staates in der Wirtschaft diskutiert. Der Schwerpunkt dieses Beitrags wird daher auf den ersten Nachkriegsjahrzehnten liegen. In diesem Zeitraum fand eine besonders intensive und grundlegende Beschäftigung mit der Frage nach staatlicher Unternehmertätigkeit und der Rolle des Staates in der Wirtschaft statt.

Die Entwicklung staatlicher Unternehmen ist zwangsläufig eng mit politischer Geschichte verknüpft. Politische Entwicklungen bilden den Rahmen, in dem Staatsunternehmen agieren und geformt werden. Dies kann sowohl Vor- als auch Nachteile für die Unternehmen mit sich bringen. So sind Staatsunternehmen zum einen in finanzieller Hinsicht abgesichert, haben unter Umständen einen geringeren oder gar keinen Druck zur Erzielung von Gewinnen und Überschüssen oder sie können durch ihre enge Beziehung zu politischen Instanzen Wettbewerbsvorteile für sich durchsetzen. Gleichzeitig können sie aber auch zum Spielball politischer Situationen werden: Unternehmen im Staatsbesitz müssen nicht nur auf wirtschaft-

[2] Vgl. beispielsweise *Staudinger*: Staat als Unternehmer. Staudinger, preußischer „Gemeinwirtschaftsexperte“ in den 1920er Jahren, nennt eine Vielzahl an Gründen für ein notwendiges Nebeneinander von staatlicher und privater Aktivität, die von einem Einfluss auf Preisentwicklungen über eine Vorbildfunktion staatlicher Unternehmen bis zur Verhinderung privater Monopole reichen.

[3] Vgl. *Ambrosius*, Regulierung, S. 347 ff.

liche sondern auch auf politische Veränderungen der Rahmenbedingungen reagieren. Zudem sind öffentliche Unternehmen in gewissem Ausmaß im wahrsten Sinne des Wortes öffentlich und stehen häufig unter besonderer medialer Beobachtung. Betriebliche Entscheidungen erhalten damit eine soziale und öffentliche Dimension. Aus all dem folgt, dass staatliche Unternehmen einem besonderen Anpassungsdruck an gesellschaftliche Veränderungen unterliegen. Damit werden sie in besonderem Maße auch zum Spiegel der Gesellschaft. Wie über sie diskutiert und entschieden wird, lässt Rückschlüsse auf den sozioökonomischen, kulturellen und politischen Kontext zu. Politische Entwicklungslinien bilden daher einen wichtigen Rahmen für diesen Beitrag.

Im folgenden Abschnitt wird das industrielle Bundesvermögen der Nachkriegszeit zunächst kurz vorgestellt. Anschließend wird aufgezeigt, welche Entwicklung es seit 1945 nahm.

I. Das industrielle Erbe des Dritten Reiches

Das industrielle Vermögen, das die Bundesrepublik Deutschland von ihren Vorgängern überlassen bekam, bestand aus einem Sammelsurium an Beteiligungen in den verschiedensten wirtschaftlichen Bereichen. Zum Teil waren diese in großen Holdinggesellschaften gebündelt. Für die ersten Nachkriegsjahre sind Schätzungen zur Größe des industriellen Vermögens schwierig; offizielle Zahlen zur Unternehmertätigkeit des Staates liegen kaum vor. Einen ersten Überblick über die Beteiligungen des Bundes sämtlicher Wirtschaftsbereiche enthält der „Bundeshaushaltsplan für das Rechnungsjahr 1954“. Die Aufstellung ist jedoch noch unvollständig. Einige Betriebe fehlten gänzlich, unter anderem auch das Volkswagenwerk, da die Eigentümerfrage noch nicht geklärt war. Insgesamt nannte der Bericht 64 unmittelbare Beteiligungen an Unternehmen des privaten Rechts. Am Nennkapital von insgesamt 1,2 Mrd. DM dieser 64 Unternehmen war der Bund mit 1,1 Mrd. DM beteiligt.[4]

In den Folgejahren wurde diese Aufstellung um die mittelbaren Beteiligungen erweitert. Die „Allgemeinen Vorbemerkungen zum Bundeshaushaltsplan für das Rechnungsjahr 1955“ bezifferte die Anzahl der unmittelbaren und mittelbaren Beteiligungen an Unternehmen des privaten Rechts, an denen der Bund mit mindestens 25 Prozent beteiligt war, ohne Sondervermögen auf 306 und den Wert der 83 unmittelbaren Beteiligungen an Unternehmen privaten Rechts auf etwa 1,5 Milliarden DM.[5]

---

[4] Vgl. Bundesregierung (Hg.), Bundeshaushaltsplan 1954, S. 187–195.
[5] Vgl. Bundesregierung (Hg.), Bundeshaushaltsplan 1955, S. 327–385.

Eine stärkere ressortmäßige Aufgliederung der Beteiligungen erfolgte seit 1958. Einen Überblick über das industrielle Bundesvermögen vermittelten die jährlichen Berichte des Bundesministeriums für wirtschaftlichen Besitz des Bundes. Der Bericht aus dem Jahr 1958 enthielt Angaben über die Bedeutung der Bundesbeteiligungen in einzelnen Industriebereichen im Jahr 1955. In der Aluminiumindustrie waren Bundesunternehmen im Jahr 1955 besonders bedeutend: An der Gesamtproduktion von Hüttenaluminium hatten Bundesgesellschaften[6] einen Anteil von 69 Prozent. Nicht ganz so dominant – aber doch bedeutsam – war die Rolle des Bundes in neun weiteren Industrien: Zur Gesamtproduktion von Handelsblei trugen Bundesunternehmen 46 Prozent bei, bei Personenkraftwagen waren es 41,2 Prozent, bei Handelszink 41 Prozent, bei Eisenerz 36,3 Prozent, im Schiffbau 23,5 Prozent, bei Steinkohle 19,2 Prozent, bei Erdöl 18,1 Prozent, bei Koks 17,4 Prozent und in der Stromerzeugung 15,2 Prozent. Außerdem erzielten Bundesunternehmen 4,1 Prozent der Roheisenproduktion und 3,1 Prozent der Rohstahlproduktion.[7]

Die Beteiligungen, die der Bund nach dem Ende des Zweiten Weltkriegs von seinen Vorgängerstaaten übernahm, waren zum großen Teil in vier Dachunternehmen gebündelt: die Vereinigte Elektrizitäts- und Bergwerks AG (VEBA), die Vereinigte Industrieunternehmungen AG (VIAG), die AG für Berg- und Hüttenbetriebe und die Industrieverwaltungsgesellschaft mbH (IVG). Weitere später bedeutende industrielle Unternehmen des Bundes waren das Volkswagenwerk (VW) und die Howaldtswerke. Von den 306 unmittelbaren und mittelbaren Beteiligungen im Jahr 1954 gehörten 186 Betriebe zu den Konzernen VEBA, VIAG, IVG, AG für Berg- und Hüttenbetriebe und den Schiffbauunternehmen. Vom Gesamtrechnungswert der Bundesbeteiligungen in Höhe von 1,5 Milliarden DM zum Stichtag 31.3.1954 entfielen allein 1,1 Milliarden DM auf VEBA, VIAG und AG für Berg- und Hüttenbetriebe.[8]

Die VEBA stammte aus dem Nachlass Preußens. Gegründet wurde sie 1927 als Finanzierungsgesellschaft für die drei großen Unternehmen des Landes Preußen: Hibernia, Preußenelektra und Preußische Hütten- und Bergwerks-AG (Preussag).[9] Während Preußenelektra und Preussag im Jahr 1923 selbst als Dachunternehmen für die unzähligen preußischen Beteiligungen im Bereich Bergbau und Energie gegründet worden waren,[10] stellt

[6] Gemeint sind hier Unternehmen, an denen der Bund zu mindestens 50 Prozent beteiligt war.

[7] Vgl. Bundesregierung (Hg.), Bundeshaushaltsplan 1959, S. 379.

[8] Vgl. Bundesregierung (Hg.), Bundeshaushaltsplan 1955, S. 328.

[9] Vgl. zur Entstehungsgeschichte der VEBA *Radzio*, Unternehmen Energie, S. 13–28.

[10] Vgl. zur Entstehungsgeschichte der Preussag *Laufer/Stier*, Preussag, S. 25–68.

die Hibernia ein Beispiel für die aktive Übernahmepolitik Preußens dar: Gegründet wurde sie 1855 als privates Unternehmen. Um seinen Einfluss im Ruhrbergbau zu sichern, übernahm Preußen das Unternehmen durch Aufkauf der Aktien an der Börse gegen heftigen Widerstand aus der Privatwirtschaft.[11]

Die VIAG war auf Reichsebene das, was die VEBA in Preußen war: ein Dachunternehmen für die verschiedenen Beteiligungen des Reiches. Gegründet wurde sie 1923. In ihr gingen größtenteils solche Unternehmen und Beteiligungen auf, die während des Ersten Weltkriegs erworben bzw. geschaffen worden waren. Kernbereiche der VIAG waren die Energie-, Aluminium- und Chemieindustrie.[12] Bedeutende Beteiligungen hielt sie in Bayern, darunter am bayerischen Energieerzeuger Bayernwerk AG und an der Bayerische(n) Stickstoff AG.[13]

Die AG für Berg- und Hüttenbetriebe, Vorgänger der Salzgitter AG, ging auf die Reichswerke AG, ein Konglomerat reichseigener Betriebe im Dritten Reich zurück. Nach Ende des Zweiten Weltkriegs war sie von Demontagemaßnahmen betroffen, zählte jedoch in den 1960er Jahren wieder zu den weltweit größten industriellen Staatsbetrieben.[14]

Die IVG war 1951 aus der Verwertungsgesellschaft für Montanindustrie GmbH, kurz Montan GmbH hervorgegangen, die 1916 als privates Unternehmen gegründet worden war. Zu zweifelhafter Bekanntheit gelangte sie durch ihre Involvierung in das sogenannte Montan-Schema. Während der Zeit des Nationalsozialismus diente die Montan GmbH, die 1934 indirekt in den Besitz des Heereswaffenamtes übergegangen war, der Verschleierung von Interventionen des NS-Regimes in die Rüstungsindustrie, indem sie als Verwalter, Verpächter und Leasinggeber von Industriebetrieben des Heereswaffenamtes auftrat. Nach Ende des Zweiten Weltkriegs war die IVG zu Demontage und Reparationszahlungen bestimmt, später wurden diese Beschlüsse jedoch wieder rückgängig gemacht. Ihre Tätigkeit nahm sie im Jahr 1947 wieder auf. In den folgenden Jahrzehnten diente sie als Auffangbecken für einzelne Beteiligungen des Bundes und für zu liquidierende Unternehmen. Zudem verwaltete sie weiterhin einen großen Bestand an bundeseigenen Liegenschaften.[15]

Das Volkswagenwerk war 1937 durch die Deutsche Arbeitsfront DAF, den Einheitsverband der Arbeitnehmer und Arbeitgeber im Dritten Reich,

---

[11] Vgl. zur Übernahme der Hibernia *Bleidick*, Hibernia.

[12] Vgl. zur Entstehungsgeschichte der VIAG *Pohl*, VIAG, S. 21–37.

[13] Vgl. *Pohl*, VIAG, S. 26 f.

[14] Vgl. zur Geschichte der Reichswerke *Wessel*, Salzgitter; zur Demontage auch Archiv der Stadt Salzgitter (Hg.), Demontage, sowie *Riedel*, Reichswerke.

[15] Vgl. *Hopmann*, IVG, S. 150–171.

gegründet worden. Ziel war die Produktion des „Volkswagens", jedoch wurde das Unternehmen während und unmittelbar nach dem Zweiten Weltkrieg lediglich zur Herstellung militärischer Fahrzeuge genutzt. In den 1950er Jahren wurde das Volkswagenwerk Gegenstand eines jahrelangen Eigentumsrechtsstreits zwischen dem Bund und dem Land Niedersachsen (s.u.).[16]

Die Howaldtswerke Hamburg AG und Howaldtswerke Kiel AG wurden 1952 nach der Trennung der bundeseigenen Werften, die eine gemeinsame Geschichte verband, als selbständige Unternehmen an den genannten Standorten geschaffen. Beide Werften hatten massive Kriegsschäden davongetragen und waren zudem Gegenstand alliierter Demontage geworden. Dennoch gelang ihnen in den 1950er Jahren dank der internationalen wirtschaftlichen Hochkonjunktur und guter Auftragslagen ein Wiedererstarken.[17]

Als Staatsunternehmen neu gegründet wurde 1957 die Saarbergwerke AG. Der staatliche Bergbau an der Saar ist jedoch schon ungleich älter und reicht bis in das 18. Jahrhundert zurück. Nach Kriegsende war der Bergbau zunächst vom französischen Staat übernommen worden. Die Neugründung 1957 war erst durch den Übergang des Saarlands an die Bundesrepublik Deutschland am 27. Oktober 1956 ermöglicht worden. Der Bund beteiligte sich mit 74 Prozent am Unternehmen, die restlichen 26 Prozent erhielt das Saarland. Die Saarbergwerke sind damit ein Beispiel für eine gemischte Eigentümerstruktur aus Ländern und dem Bund.[18]

Die hier vorgestellten Unternehmen machten in den 1950er Jahren einen Großteil des ererbten bzw. neugegründeten industriellen Vermögens aus. Darüber hinaus war der Bund jedoch noch an einer Vielzahl von weiteren Unternehmen beteiligt. Der Beteiligungsbericht des Bundesministeriums für wirtschaftlichen Besitz des Bundes aus dem Jahr 1960 nennt 243 unmittelbare oder mittelbare Beteiligungen des Bundes mit einem Anteil von mindestens 25 Prozent oder von „besonderer Bedeutung".[19]

---

[16] Vgl. zur Entstehung des Volkswagenwerkes *Nicolaysen*, VolkswagenStiftung, S. 13–19.

[17] Vgl. *Ostersehlte*, Howaldt, S. 381–477.

[18] Vgl. zur Geschichte der Saarbergwerke AG *Rauber*, Bergbau.

[19] Vgl. Bundesministerium für den wirtschaftlichen Besitz des Bundes (Hg.), Bund als Unternehmer, S. 230–251.

II. Alliierte Verwaltung

Nach dem Ende des Zweiten Weltkriegs war die Situation des industriellen Vermögens zunächst ungeklärt. Produktionsanlagen waren dem Krieg zum Opfer gefallen, die Tochterunternehmen und Betriebsstätten der großen Konzerne lagen in verschiedenen Besatzungszonen. Zudem stellten Demontage und Zerschlagung von Konzernen eine dauernde Bedrohung dar. Im Verlauf der ersten Nachkriegsjahre kristallisierte sich zusätzlich der faktische Verlust der Betriebsstätten in der sowjetischen Besatzungszone, den ehemaligen Ostprovinzen und im osteuropäischen Ausland heraus. Davon betroffen waren insbesondere VEBA und VIAG.[20] Die VIAG verlegte ihren Firmensitz zunächst innerhalb Berlins in den britischen Sektor und später nach Hannover, um der sowjetischen Kontrolle zu entgehen.[21]

In den westlichen Besatzungszonen fand die Verwaltung durch die Oberfinanzdirektionen der Länder statt, in denen zu diesem Zweck „Abwicklungsstellen" eingerichtet wurden. Die örtliche Verwaltung wurde den Finanzämtern übertragen, bei denen ebenfalls „Abwicklungsstellen" eingerichtet wurden, die 1948 in „Verwaltungsstellen für Reichs- und Staatsvermögen" (RuS-Stellen) umbenannt wurden.

Für die Verwaltung der einzelnen Unternehmen wurden Treuhänder bestellt. Einzelne Betriebe waren jedoch von der Treuhänderschaft ausgenommen und einer jeweils sektorspezifischen Kontrolle unterstellt. Die britische „North German Coal Control" (NGCC) war beispielsweise im Dezember 1945 zur Kontrolle der Steinkohlenwirtschaft eingerichtet worden; im Sommer 1947 wurde sie zur „US/UK Coal Control Group" (US/UK CCG) erweitert und im November 1947 durch die „Deutsche Kohlenbergbau-Leitung" (DKBL) abgelöst.[22] Die IVG unterstand der Abwicklungsstelle für den Speer-Komplex unter britischer Zuständigkeit.[23]

Zu einer einheitlichen alliierten Politik bezüglich der grundsätzlichen Frage, wie mit Staatsunternehmen umgegangen werden solle, kam es selbst mit der zunehmenden politischen Zusammenlegung der westdeutschen Besatzungszonen nicht. Vielmehr waren Großbritannien und die USA selbst untereinander uneinig über die Frage einer möglichen Verstaatlichung von Schlüsselindustrien, die von der britischen Regierung befürwortet wurde.[24]

---

[20] Vgl. *Pohl*, VIAG, S. 223–225; *Laufer/Stier*, Preussag, S. 394 f.

[21] Vgl. *Pohl*, VIAG, S. 224.

[22] Vgl. *Laufer/Stier*, Preussag, S. 397 f.

[23] Vgl. *Hopmann*, IVG, S. 150–171.

[24] Vgl. *Abelshauser*, Wirtschaft in Westdeutschland.

Ein entscheidender Schritt erfolgte 1949 mit dem Erlass der britischen Verordnung Nr. 202[25] und des amerikanischen Gesetzes Nr. 19,[26] die das herrenlose Vermögen den Ländern zur treuhänderischen Verwaltung zuwiesen. Die endgültige Regelung über die Eigentumsverhältnisse blieb jedoch dem noch zu gründenden deutschen Staat vorbehalten.

III. Streitigkeiten um das Erbe

Bevor die Diskussionen um den Verbleib der Bundesunternehmen in Staatshand begannen, waren zwischen Bund und Ländern bereits Konflikte um die Eigentumsfrage entbrannt: Wer war rechtmäßiger Eigentümer des „herrenlos" gewordenen Vermögens des ehemaligen Reiches und des am 25. Februar 1949 offiziell aufgelösten Landes Preußen geworden?

Die Gründung der Bundesrepublik am 23. Mai 1949 markiert einen entscheidenden Wendepunkt. Das Grundgesetz sah vor, dass das Vermögen des Reiches nach Artikel 134 Abs. 1 und des ehemaligen Landes Preußen nach Artikel 135 Abs. 6 grundsätzlich auf den Bund übergingen. Die Ausführung blieb nach Art. 134 Abs. 4 und Art. 135 Abs. 6 GG noch zu erlassenen Bundesgesetzen vorbehalten. Die dadurch benachteiligten Länder akzeptierten dies nicht ohne Weiteres und erhoben ihrerseits Eigentumsansprüche auf die ihnen von den Alliierten treuhänderisch übertragenen Unternehmen.[27] Ihrer Ansicht nach waren die Länder nicht nur Treuhänder, sondern Eigentümer der Staatsunternehmen geworden.

Die Situation wurde erst durch zwei Ausführungsgesetze geklärt, die das Vermögen endgültig dem Bund zuwiesen. Nachdem die bis dahin geltenden Vorschriften im Frühjahr 1951 aufgehoben worden waren, wurde der Übergang des herrenlosen Vermögens auf den Bund durch das „Gesetz zur vorläufigen Regelung der Rechtsverhältnisse des Reichsvermögens und der preußischen Beteiligungen" vom 21. Juli 1951[28], das sogenannte Vorschaltgesetz, vorläufig bestätigt. Die endgültige Klärung ließ noch zehn

---

[25] Verordnung Nr. 202 der britischen Militärregierung vom 6.9.1949, in: Verordnungsblatt für die britische Zone, Nr. 54, 6.9.1949: „Vermögen des Deutschen Reiches, früherer deutscher Länder und gewisser nationalsozialistischer Organisationen".

[26] Gesetz Nr. 19 der amerikanischen Militärregierung Deutschland, Amerikanisches Kontrollgebiet, Ausgabe N, 16.6.1949, S. 9-12: „Verfügung über Vermögenswerte, die sich in der amerikanischen Zone oder im amerikanischen Sektor von Berlin befinden und die dem früheren Deutschen Reich, einem früheren deutschen Staat (einschließlich des Staates Preußen), Land oder einer Provinz gehört haben".

[27] Vgl. *Nicolaysen*, VolkswagenStiftung, S. 63 ff. zu VW, *Pohl*: VIAG, S. 233 ff. zur VIAG sowie *Lauffer/Stier*, Preussag, S. 405 f. zur Preussag.

[28] BGBl. I S. 467.

weitere Jahre auf sich warten und erfolgte mit dem Reichsvermögen-Gesetz vom 16. Mai 1961,[29] wonach das Vermögen endgültig auf den Bund überging.

IV. Erste Privatisierungspläne

Mit dem Übergang des Vermögens des Reiches und des ehemaligen Landes Preußen in Bundeseigentum war die Notwendigkeit einer politischen Verwaltung aufgetaucht. Da die Ressort-Zuständigkeit nicht von vorneherein geklärt war, konkurrierten in den 1950er Jahren Wirtschafts- und Finanzministerium um die Verwaltung des industriellen Bundesvermögens. Zwar erteilte das Haushaltsrecht dem Bundesfinanzministerium weitreichende Befugnisse über das Bundesvermögen, das Bundeswirtschaftsministerium war jedoch an der Verwaltung des industriellen Vermögens beteiligt.[30]

Bundesminister für Wirtschaft war seit 1949 *Ludwig Erhard* (CDU). *Erhard* hatte sich in der Nachkriegszeit als bekanntester Verfechter einer liberalen marktwirtschaftlichen Wirtschaftsordnung im Sinne der „Sozialen Marktwirtschaft“ positioniert, nachdem er noch während des Nationalsozialismus mit ordoliberalen Ideen in Berührung gekommen war.

Das industrielle Bundesvermögen stellte in der von Erhard proklamierten neuen marktwirtschaftlichen Ordnung einen Fremdkörper dar. Die ordoliberale Wirtschaftstheorie, die seit der Weltwirtschaftskrise von der Freiburger Schule um *Walter Eucken* ausgehend entstand und das theoretische Gerüst hinter dem Schlagwort der Sozialen Marktwirtschaft war, wollte die staatlichen Funktionen im Wirtschaftsleben begrenzen. Aufgabe staatlicher Träger sollte die Sicherung eines wirksamen Wettbewerbs und die Verhinderung von übermäßiger Marktmacht Einzelner und wettbewerbseinschränkenden Unternehmenskonzentrationen sein. Eine wirtschaftliche Betätigung des Staates als Unternehmer war nicht vorgesehen.[31] Dieses Denken stand im Gegensatz zu gemeinwirtschaftlichen Vorstellungen, wie sie beispielsweise *Hans Staudinger* verkörperte (s.o.), die dem Staat eine erheblich weitreichendere Rolle zudachten.

Dennoch gingen die ersten öffentlichkeitswirksamen Schritte hin zur Privatisierung des Bundesvermögens nicht von *Erhard* und seinem Ministerium aus. Eine Initiative aus der Privatwirtschaft unter der Federführung von Bundesverband der Industrie (BDI) und Deutschem Industrie- und

---

[29] BGBl. I S. 597.
[30] Vgl. *Dietrich*, Eigentum, S. 217.
[31] Vgl. als Standardwerk des Ordoliberalismus *Eucken*, Grundlagen.

Handelstag forderte seit 1953 in einer groß angelegten Kampagne die Überführung staatlicher Unternehmen in Privateigentum.[32] Dabei wurde bewusst von einer „Reprivatisierung" gesprochen, um einen historischen Anspruch zu suggerieren, auch wenn sich große Teile des staatlichen Industrievermögens niemals zuvor in Privateigentum befunden hatten. Dennoch wurde der Begriff von einem Großteil der Medien bereitwillig aufgegriffen.[33] Das Wirtschaftsministerium unter *Erhard* schloss sich der Forderung nach einer Privatisierung des industriellen Bundesvermögens an, passte sie doch nur allzu gut zu den eigenen wirtschaftspolitischen Vorstellungen.

Erhards Plänen entgegen stand das Bundesfinanzministerium unter *Hans Schäffer* (CSU). *Schäffer* war Verfechter einer strikten Sparpolitik. Bis heute ist er der einzige Bundesfinanzminister, dem es gelang, einen Haushaltsüberschuss, genannt „Juliusturm"[34], zu erzielen. Auch am Staatsvermögen in Form bundeseigener Unternehmen versuchte *Schäffer* festzuhalten. Im Fall VW versuchte sich sein Ministerium – vor dem Hintergrund, dass die Eigentumsfrage noch nicht eindeutig geklärt war und das Land Niedersachsen nach wie vor Ansprüche anmeldete – dazu an einer juristischen Argumentation: Die Eigentumsfrage des Volkswagenwerkes könne nicht isoliert betrachtet werden, da es zum NS-Gesamtkomplex gehöre. Die Frage des NS-Vermögens könne jedoch erst nach Verabschiedung eines Kriegsfolgenschlussgesetzes behandelt werden. Mit dieser Argumentation erteilte *Schäffer Erhards* Plänen, die Eigentumsfrage bezüglich VW durch ein Sondergesetz zu regeln, eine Absage.[35]

Der Konkurrenzkampf zwischen *Erhard* und *Schäffer* zog sich über mehrere Jahre hin und blieb auch den Medien nicht verborgen.[36] *Erhard* erhielt zwar seit Mitte der 1950er Jahre Unterstützung aus dem Bundeskanzleramt für seine Pläne, einer Privatisierung näher kam er dadurch jedoch zunächst nicht.[37]

Ein erster größerer Privatisierungsversuch misslang: Seit Mitte der 1950er Jahre hatte das Bundesfinanzministerium Verhandlungen mit einem Konsortium unter Führung der Dortmund-Hörder Hüttenunion AG über ei-

---

[32] Vgl. zur Kampagne *Dietrich*, Eigentum, S. 214, sowie *Nicolaysen*, VolkswagenStiftung, S. 71.

[33] Vgl. beispielsweise *Wendt*, „Die Reprivatisierung fuhr sich fest. Auch der Häussler-Plan ist technisch schwer durchführbar", Die Zeit Nr. 45, 8.11.1956, S.9.

[34] Die Bezeichnung „Juliusturm" stammt vom gleichnamigen Wehrturm der Zitadelle Spandau in Berlin. Im Juliusturm verwahrte das Land Preußen nach dem deutsch-französischen Krieg von 1870/71 bis 1914 einen Teil seines erbeuteten Kriegsschatzes.

[35] Vgl. *Nicolaysen*, VolkswagenStiftung, S. 80.

[36] Vgl. „Bonbon des Jahrhunderts", Der Spiegel Nr. 8, 18.2.1959, S. 16-25.

[37] Vgl. *Dietrich*, Eigentum, S. 218 ff.

nen Verkauf der Howaldtswerke Hamburg AG geführt. Bundesfinanzminister Schäffer beantragte am 3. Juni 1955 die Zustimmung des Bundestages, diese wurde jedoch in der laufenden Legislaturperiode nicht gegeben.[38]

Dass entgegen einzelner Ankündigungen des Bundeswirtschaftsministeriums eine Privatisierung von Bundesvermögen nicht in Sicht war, veranlasste einzelne Bundestagsabgeordnete dazu, eigene Vorschläge zur Überführung staatlicher Industriebetriebe in Privateigentum vorzulegen. Der bekannteste Vorschlag war der sogenannte „Atzenroth-Plan" des FDP-Politikers *Karl Atzenroth*. Seine Idee sah vor, das industrielle Bundesvermögen ohne sozialpolitische Zugeständnisse zu privatisieren und die Verkaufserlöse zur Tilgung der ererbten Reichsschulden zu verwenden.[39] Damit verbunden brachte die FDP-Fraktion den „Entwurf eines Gesetzes über die wirtschaftliche Betätigung der öffentlichen Hand" in den Bundestag ein. Dieser sah vor, die Möglichkeit zur unternehmerischen Tätigkeit von Bund, Ländern und Kommunen mit Ausnahme der Bundesbahn und der Bundespost stark einzuschränken.[40] Eine starke sozialpolitische Komponente beinhaltete der „Häussler-Plan" des CDU-Abgeordneten *Erwin Häussler*. Er sah vor, die Privatisierung mit der Einkommensbildung von Arbeitnehmern zu verknüpfen: Das industrielle Bundesvermögen sollte in Aktiengesellschaften überführt werden und die Aktien in einer Kapitalverwertungsgesellschaft gebündelt werden, an der Arbeitnehmer Anteile erhalten sollten.[41] Keiner der beiden Vorschläge konnte sich durchsetzen. Jedoch hielten sie die Diskussion um die Frage, was mit dem industriellen Bundesbesitz geschehen sollte, weiter in Gang.

V. Privatisierung durch Volksaktien

Das Jahr 1957 stand im Zeichen der Wahl zum dritten deutschen Bundestag am 15. September. Klarer Wahlkampfgegner der CDU war die SPD, die Privatisierungen kritisch gegenüberstand.[42] Dies, zusammen mit *Schäffers* Abneigung gegen Privatisierungen, hatte in den 1950er Jahren „eine

[38] Vgl. Kahlenberg, Kabinettsprotokolle 1955, S. 258 f.

[39] Vgl. Wendt, „Ein neuer Vorschlag", Die Zeit Nr. 51, 20.12.1956, S. 13.

[40] BT-Drucks. II/2712 vom 26.9.1956.

[41] Vgl. *Wendt*: Die Reprivatisierung fuhr sich fest. Auch der Häussler-Plan ist technisch schwer durchführbar, Die Zeit Nr. 45, 8.11.1956, S.9. ; sowie *Dietrich*: Eigentum, S. 72 ff.

[42] Vgl. beispielsweise Interview mit dem SPD-Abgeordneten Dr. Deist „Wirtschaftspolitik der leichten Hand". SPD-Bundestagsabgeordneter Dr. Deist gab uns Auskunft über die Konzeption seiner Partei", Die Zeit Nr. 15, 11. 4.1957, S. 14.

überraschende Koalition zwischen traditionellen Fiskalisten und der politischen Linken"[43] zur Folge.

Die Zuspitzung des Wahlkampfes auf die Frage CDU oder SPD führte bei der CDU, gerade auch angesichts schlechter Umfragewerte im Jahr vor der Bundestagswahl, zur Notwendigkeit eines alternativen sozialpolitischen Konzepts. Auf dem Bundesparteitag der CDU im Mai 1957 stellte *Ludwig Erhard* die Idee einer Volksaktie im Rahmen seines „Wohlstand für alle"-Programms vor und kündigte die Privatisierung von VW durch die Schaffung breit gestreuten Eigentums an: Die Eigentumsfrage sollte mit der sozialen Frage verbunden werden.[44] Die CDU zeigte sich auf diesem Parteitag geschlossen wie lange nicht. Als Vertreter des Arbeitnehmerflügels unterstützte *Karl Arnolds* die Pläne des Bundeswirtschaftsministers in seinem Referat „Eigentum für jeden".[45] Damit war das Ziel einer baldigen Privatisierung des Volkswagenwerkes durch die Ausgabe von Volksaktien klar anvisiert. Am 22. Mai 1957, kurz nach dem Parteitag und noch deutlich vor der Bundestagswahl, brachte eine Gruppe von Abgeordneten von CDU/CSU, FVP und DP einen entsprechenden Antrag in den Bundestag ein.[46] Dies geschah wohl eher symbolisch – denn es war klar, dass eine Verabschiedung des Gesetzes vor Ende der Legislaturperiode aus Zeitgründen nicht erfolgen würde: Noch immer standen die ungeklärte Eigentumsfrage und die Besitzansprüche des Landes Niedersachsen im Weg. Die Debatte über den Antrag im Bundestag am 31. Mai 1957 verlief ganz im Zeichen des Wahlkampfs sehr lebhaft. Schließlich wurde der Antrag über den Ausschuss für Wirtschaftspolitik des Bundestages an seinen Unterausschuss „Bundesbeteiligungen" überwiesen – zu einer Behandlung kam es dort vor Ende der Legislaturperiode allerdings nicht mehr.[47]

Die Bundestagswahl am 15. September 1957 brachte eine für das industrielle Bundesvermögen neue Situation hervor und markiert einen wichtigen Schritt in Richtung Privatisierung. Erstmals gewann die CDU die absolute Mehrheit im Bundestag. Die Kabinettsbildung zog sich dann jedoch über einen Zeitraum von mehreren Monaten hin. *Konrad Adenauer* hatte sich bereits im Vorfeld der Wahl gegen einen Verbleib *Hans Schäffers* im Amt des Bundesfinanzministers ausgesprochen – zu sehr stand ihm *Schäffers* strenge Finanzpolitik bei der Umsetzung seiner politischen Ziele im Weg. Die CSU machte jedoch deutlich, dass *Schäffer* in jedem Fall im Kabinett bleiben müsse. Dabei mag eine Rolle gespielt haben, dass die baye-

---

[43] Vgl. *Laufer/Stier*, Preussag, S. 449.
[44] Vgl. *Erhard*, Wohlstand für alle, S. 139-154.
[45] Vgl. *Arnold*, Eigentum für jeden, S. 154–164.
[46] BT-Drs. II/2614 vom 5. Juli 1956.
[47] Vgl. *Nicolaysen*, VolkswagenStiftung, S. 116 ff.

rische CSU vermeiden wollte, dass der seit jeher politisch unbequeme *Schäffer* in die bayerische Landespolitik zurückkommt. *Adenauers* Plan war nun, eigens für *Schäffer* ein neues Ministerium zu schaffen. Aus dem Bundesministerium für die wirtschaftliche Zusammenarbeit, das 1953 aus dem Bundesministerium für Angelegenheiten des Marshallplans hervorgegangen und mit der Aufgabe des Wiederaufbaus Europas betraut war, sollte das Bundesministerium für wirtschaftlichen Besitz des Bundes unter Schäffer werden. Zusätzlich bot *Adenauer* ihm das Amt des Vizekanzlers an. *Adenauers* hauptsächliches Ziel war es, das ministerielle Aufgabengebiet *Schäffers* soweit wie möglich zu begrenzen. Ambivalent erscheint, dass *Adenauer* gerade *Schäffer* mit der Verwaltung der Bundesunternehmen betreuen wollte, obwohl ihm bewusst war, dass *Schäffer* sich vehement gegen die Privatisierung des Volkswagenwerkes ausgesprochen hatte und dies dem Wahlkampfprogramm der CDU zuwider lief. *Schäffer* jedoch forderte neben dem Amt des Vizekanzlers auch den Vorsitz im Kabinettssauschuss für Wirtschaft – eine Forderung, die sowohl *Adenauer* als auch *Erhard* ablehnten. *Adenauer* zog sein Angebot also zurück und bot *Schäffer* schließlich das Justizministerium an, was dieser auch annahm. Das geplante Bundesministerium für wirtschaftlichen Besitz des Bundes wurde dennoch nicht wieder zu den Akten gelegt: Mittlerweile hatte der protestantische Flügel der CDU einen zu hohen Anteil der Katholiken im Kabinett beklagt – mit dem Resultat, dass der protestantische *Hermann Lindrath* (CDU) neuer Minister für wirtschaftlichen Besitz des Bundes wurde. *Lindrath* war zuvor Mitglied im Bundesvorstand der CDU gewesen und hatte sich, anders als *Schäffer*, bereits positiv zur Privatisierung von Bundesunternehmen geäußert. Unter anderem war er einer der Unterzeichner des ersten Antrags zur Privatisierung des Volkswagenwerks im Mai 1957.[48] Neuer Bundesfinanzminister wurde *Franz Etzel* (CDU), der sich ebenfalls als Privatisierungsbefürworter geäußert hatte.[49]

Das Bundesministerium für wirtschaftlichen Besitz des Bundes blieb bis nach den Bundestagswahlen im Jahr 1969 bestehen. 1961 wurde es in Bundesschatzministerium umbenannt. So unbedeutend, wie es zunächst von *Adenauer* geplant war, war das Ministerium nicht: Es verwaltete ein beträchtliches Vermögen und war in den 1960er Jahren verantwortlich für die Privatisierung bundeseigener Unternehmen durch Emission von Volksaktien (s.u.).

Die geschilderte Verkettung von Umständen während der Kabinettsbildung 1957 sorgte schließlich dafür, dass den ständigen Querelen zwischen

---

48 Vgl. *Nicolaysen*, VolkswagenStiftung, S. 82.

49 Vgl. zur Kabinettsbildung *Weber*, Kabinettsprotokolle 1957, S. 44 ff. sowie *Henzler*, Schäffer, S. 566 ff.

Wirtschafts- und Finanzministerium um die Zuständigkeit für das industrielle Bundesvermögen ein Ende gesetzt wurde und eine für die Privatisierung von Bundesvermögen günstige personelle Situation geschaffen wurde. *Adenauers* Regierungserklärung vom 29. Oktober 1957 nannte die Vermögenspolitik und die Streuung von Eigentum als vorrangige Ziele seiner zukünftigen Politik.[50] Auch *Lindrath* kündigte gleich zu Beginn seiner Amtslaufzeit an, die Privatisierung der bundeseigenen Unternehmen in Angriff nehmen zu wollen.[51]

Die bereits vorangeschrittenen Pläne der VW-Privatisierung durch Ausgabe von Volksaktien wurden zunächst vom Wirtschaftsministerium unter *Erhard* weiter vorangetrieben, der damit weiterhin seine Dominanz über seinen zukünftigen Kollegen im Bundesministerium für wirtschaftlichen Besitz des Bundes beanspruchte. Noch vor der Einsetzung *Lindraths* als Bundesminister kündigte er an, den Gesetzesentwurf zur VW-Privatisierung vom Mai 1957 ein zweites Mal in den Bundestag einbringen zu wollen, was am 22. Dezember 1957 geschah.[52] Auch dieses Mal scheiterte der Antrag und die Debatte um VW ging in die nächste Runde. Verschärft wurde die Situation nach der niedersächsischen Landtagswahl am 19. April 1959. Die neue, SPD-geführte Landesregierung unter *Hinrich Wilhelm Kopf* drohte, für den Fall, dass die Verhandlungen zwischen Bund und Land über eine Einigung im VW-Streit scheitern würden, mit einer Normenkontrollklage vor dem Bundesverfassungsgericht. Als die niedersächsische Landesregierung erfuhr, dass der Bund beabsichtigte, die Eigentumsfrage durch ein Vorschaltgesetz zu klären, das den Bund als Eigentümer bestätigen sollte, beschloss das niedersächsische Kabinett eigenmächtig, das Volkswagenwerk in eine Stiftung umzuwandeln. Unter dem Druck der Situation kam es schließlich am 29. September 1959 doch noch zu einer Einigung zwischen dem Bund und dem Land Niedersachsen.[53] Die Umsetzung des Privatisierungsplans dauerte nur wenige Monate. Am 17. März 1960 beschloss der Bundestag die Teilprivatisierung des Volkswagenwerkes durch Umwandlung in eine Aktiengesellschaft. Das Land Niedersachsen erhielt dabei vertragsgemäß einen Anteil von 20 Prozent am Unternehmen, 20 Prozent behielt der Bund und 60 Prozent sollten privatisiert werden.

Die langen und zähen Verhandlungen im Fall VW hatten dazu geführt, dass die VW-Privatisierung bereits 1959 von der Preussag-Privatisierung

---

[50] *Beyme*, Regierungserklärungen, S. 108 f.

[51] Vgl. „Der neue Ast", Der Spiegel Nr. 45, 6.11.1957, S. 14 f.

[52] Vgl. *Nicolaysen*, VolkswagenStiftung, S. 181–189; BT-Drs. III/102 vom 20. Dezember 1957.

[53] Vgl. *Nicolaysen*, VolkswagenStiftung, S. 263–285.

überholt wurde. Den Anstoß gab eine geplante Kapitalerhöhung von 30 Mio. DM, die durch den Finanzierungsbedarf des Unternehmens notwendig geworden war. Modernisierung und Kapazitätsausbau kosteten Geld, welches das Finanzministerium nicht aufbringen wollte. Für die geplante Kapitalerhöhung sollten 300.000 Aktien zu je 100 DM an die Börse gebracht werden, was einer Privatisierung von 28,6 Prozent gemessen am neuen Grundkapital entsprochen hätte. Der Ausgabekurs wurde aus sozialpolitischen Gründen auf 145 Prozent und damit auf den unteren Rand der betriebswirtschaftlich vertretbaren Bandbreite festgelegt. Aufgrund der extrem hohen Aktiennachfrage, es lagen bis zum Ende der Zeichnungsfrist Anträge über einen Nennwert von über 100 Mio. DM vor, wurde beschlossen, die Anzahl der freigegebenen Aktien zu erhöhen. Zusätzliche 51,5 Mio. DM wurden freigegeben, so dass dem Bund bzw. der VEBA am Ende nicht mehr als 22,4 Prozent der Aktien blieben. Der Volksaktien-Charakter entstand durch die besonderen Ausgabemodalitäten. Zeichnungsberechtigt war nur, wessen steuerpflichtiges Einkommen 16.000 DM nicht überstieg. Geplant war, dass jeder Zeichnungsberechtigte maximal fünf Aktien erwerben durfte. Aufgrund der hohen Nachfrage wurde jedoch eine Rationierung der Aktien beschlossen: Jeder, der maximal vier Aktien gezeichnet hatte, sollte voll bedient werden. Wer dagegen die als Maximum geplante Anzahl von fünf Aktien gezeichnet hatte, musste mit vier Aktien vorlieb nehmen.[54]

Die erste Volksaktien-Privatisierung wurde von der Bundesregierung als Erfolg gewertet, da die Nachfrage deutlich höher war als erwartet. Vorherige Sorgen, der Kapitalmarkt sei noch nicht bereit für die Aufnahme einer solch hohen Zeichnungssumme, erwiesen sich als unbegründet.

Ähnlich erfolgreich in Bezug auf die Aktiennachfrage wie die Teilprivatisierung der Preussag verlief schließlich auch die Privatisierung des Volkswagenwerkes. Das Grundkapital war vom Bund auf 600 Mio. DM festgesetzt. Der Ausgabekurs war mit 350 Prozent sehr niedrig angesetzt, aus Fachkreisen hieß es, die Aktie habe einen Wert von 500 bis 700 Prozent. Zusätzlich gab es Sozialrabatte, so dass die Aktien noch einmal günstiger wurden. 3,6 Mio. Aktien standen zum Verkauf, die Einkommensgrenze Zeichnungsberechtigter wurde auf 8.000 DM für Alleinstehende bzw. 16.000 DM für verheiratete Paare festgesetzt. Auch hier kam es zu einer Überzeichnung vor Ablauf der Zeichnungsfrist. Zum Ende der Frist lagen Anträge über einen Wert von knapp 670.000.000 DM vor, die Überzeichnung lag bei 85 Prozent. An der Börse schnellte die VW-Aktie dementsprechend auf über das Doppelte des Ausgabekurses und in der Folgezeit wurde massive Kritik am zu niedrigen Emissionskurs und der

---

[54] Vgl. zur Privatisierung der Preussag *Laufer/Stier*, Preussag, S. 446–466.

Verschleuderung des Werkes geübt. Die Bundesregierung hingegen interpretierte die Aktion als Erfolg und sah sich in ihrer Volksaktienpolitik bestätigt.[55]

1965 stand die dritte Privatisierungskandidatin fest: Die VEBA wurde durch die Emission von Volksaktien teilprivatisiert. Auch in diesem Fall spielten Finanzierungsgründe eine wesentliche Rolle: Die VEBA war chronisch in Kapitalnot und dem Finanzministerium fehlten die Mittel zu einer Kapitalerhöhung. Dieses Mal wurde der Kurs deutlich realistischer festgelegt, auf einen Sozialrabatt wurde bewusst verzichtet. Auch hier kam es aufgrund starker Nachfrage zu einer Überzeichnung, die äußeren Umstände der VEBA-Teilprivatisierung waren allerdings deutlich ungünstiger als bei Preussag und VW. Sie fiel in den Zeitraum eines sich verlangsamenden Wirtschaftswachstums. Um den Kurs der VEBA nicht zu tief sinken zu lassen, unternahm die Bundesregierung umfangreiche Kursstützungsmaßnahmen. Obwohl die negative Entwicklung der Aktie dem allgemeinen Börsentrend entsprach, führte dies zu breiter Kritik am Ausgabekurs der VEBA und zu Zweifeln an ihrer „Privatisierungsreife".[56]

Vor dem Hintergrund dieses Misserfolgs blieben weitere große Privatisierungsversuche vorerst aus. Die Teilprivatisierung der Lufthansa 1966 erfolgte als normale Aktienemission über die Börse und kann mit den Volksaktien-Privatisierungen nicht verglichen werden.[57] Eine Teilprivatisierung der VIAG, über die bereits spekuliert worden war, unterblieb zunächst. Erschwerend auf etwaige Privatisierungsversuche hätte sich vermutlich die enge Verbindung der VIAG zu Bayern durch gemeinsame Beteiligungen an Tochterunternehmen der VIAG ausgewirkt.[58] Diese Konstellation hatte bereits während der Eigentumsdebatte in den 1950er Jahren zu Auseinandersetzungen zwischen Bayern und dem Bund geführt.[59]

VI. Expansion und fehlende Neuordnung

Eine weitere Privatisierung der 1960er Jahre ist angesichts ihrer Umstände erwähnenswert, zeigt sich an diesem Beispiel doch das Interesse des Verteidigungsministeriums an Staatsunternehmen: Im Juli 1961 wurde das Tochterunternehmen der IVG Vereinigte Tanklager und Transport GmbH (VTG) durch Verkauf an die sich bereits mehrheitlich in privatem Besitz

[55] Vgl. zur Privatisierung von VW *Nicolaysen*, VolkswagenStiftung, S. 386–394.
[56] Vgl. zur Privatisierung der VEBA *Radzio*, Unternehmen Energie, S. 197–210.
[57] Vgl. *Bozdag-Yaksan*, Lufthansa, S. 165 f.
[58] Vgl. *Pohl*, VIAG, S. 278–291.
[59] Vgl. *Pohl*, VIAG, S. 233–244.

befindende Preussag teilprivatisiert. Gemäß einer Forderung des Bundesverteidigungsministers *Franz Joseph Strauß* (CSU) und mit dem Einverständnis des Bundesschatzministers hatte die VTG jedoch vor ihrem Verkauf Sachanlagen im Bereich Mineralöl erworben, die bei der Übernahme auf den staatlichen Mutterkonzern IVG übergingen und dort den Grundstock für den neuen Geschäftsbereich Erdöl legten.

Bereits vor dem Verkauf der VTG hatte das Verteidigungsministerium die IVG zunehmend für Rüstungszwecke instrumentalisiert und zu diesem Zweck 1959 einen Sitz im Aufsichtsrat des Unternehmens erhalten: 1959 erwarb die IVG auf Wunsch des Verteidigungsministeriums die Fernleitungs-Betriebsgesellschaft mbH (FBG), die im Bereich der Verwaltung und Betriebsführung des Nato-Pipelinenetzes tätig war. 1960 übernahm die IVG, ebenfalls im Auftrag des Verteidigungsministeriums, den Aufbau und die Führung eines Entwicklungszentrums für die deutsche Luftfahrtindustrie, um das sich auch die privatwirtschaftlich organisierte Gesellschaft für Flugtechnik (GfF) bemüht hatte (und schließlich mit 26 Prozent an der Durchführung beteiligt wurde). Solche Maßnahmen des Verteidigungsministers führten zunehmend zur Kritik der Öffentlichkeit, des Bundesrechnungshofes und der Opposition. Befürchtungen, *Strauß* versuche in Bayern eine Art bundeseigenen Rüstungskonzern aufzubauen, wurden laut.[60]

Das Beispiel IVG zeigt anschaulich, dass trotz der drei mehr oder weniger populären Teilprivatisierungen durch Volksaktienemissionen in den 1960er Jahren der industrielle Besitz des Bundes weiterhin zu politischen Zwecken genutzt wurde und dabei expandierte: Allein zwischen 1960 und 1965 stieg die Zahl der Unternehmen, an denen der Bund mit 25 oder mehr Prozent beteiligt war, von 243[61] auf 292.[62] Dazu beigetragen haben sowohl neue direkte Beteiligungen des Bundes als auch eine seit den 1960er Jahren zunehmende Diversifikationspolitik der bestehenden Staatskonzerne.[63]

Eine wirkliche Restrukturierung des Bundesvermögens ist nie erfolgt. Vereinzelte Pläne, die einzelnen Betriebe der großen Konzerne sinnvoll neu zu gruppieren, wurden nicht umgesetzt. Insbesondere VEBA und VIAG waren in vielen sich überschneidenden Bereichen tätig, was ein Umgruppieren hätte sinnvoll erscheinen lassen. Vielmehr gab es im Verlauf der 1960er Jahre vereinzelt Unternehmenskäufe und -verkäufe innerhalb der Gruppe der Bundesunternehmen. Der Aufkauf der VTG durch die noch teils staatliche Preussag ist dafür nur ein Beispiel. Ein weiteres Bei-

---

[60] Vgl. *Hopmann*, IVG, S. 199 f.

[61] Vgl. Bundesministerium für den wirtschaftlichen Besitz des Bundes (Hg.), Bund als Unternehmer, S. 234–251.

[62] Vgl. Bundesschatzministerium (Hg.), Bund als Unternehmer, S. 246–266.

[63] Vgl. *Knauss*, Unternehmen, S. 216 f.

spiel sind die Howaldtswerke Hamburg und Kiel. 1967 erfolgte die Verschmelzung der beiden Werften mit der bundeseigenen Salzgitter AG und der privaten Deutschen Werft AG, nachdem die Salzgitter AG die Howaldtswerke Kiel AG bereits vorher komplett übernommen hatte und seit 1966 die Mehrheit an der Howaldtswerke Hamburg AG besaß.

VII. Vorläufiges Ende und Wiederaufnahme der Privatisierungspolitik

Die Bundestagswahlen am 28. September 1969 führten zu einem Politikwechsel: Die große Koalition unter *Kurt Georg Kiesinger* (CDU) wurde abgelöst durch die erste sozial-liberale Bundesregierung unter *Willy Brandt* (SPD). Seit Entstehen der Bundesrepublik stellten CDU/CSU erstmals nicht den Bundeskanzler. Diese Veränderung brachte auch einen Einschnitt für die bisherige zaghafte Privatisierungspolitik mit sich. Das Bundesschatzministerium wurde zum 21. Oktober 1969, nur einen knappen Monat nach der Bundestagswahl und etwa 12 Jahre nach seiner Gründung, aufgelöst. Überflüssig geworden war es jedoch nicht. Der Bestand an bundeseigenen Unternehmen war nach wie vor beträchtlich. Anteile an den teilprivatisierten Unternehmen Preussag und VEBA, die Salzgitter AG ebenso wie die Saarbergwerke, die IVG, die Lufthansa und eine beträchtliche Anzahl weiterer Beteiligungen befanden sich nach wie vor im Bundeseigentum.

Die Zuständigkeit für das industrielle Bundesvermögen ging auf das Bundesfinanzministerium unter *Alexander Möller* (SPD) über. 1971 trat er aus Sorge vor steigenden Staatsausgaben und damit einhergehender Finanzinstabilität zurück und wurde im Amt von *Karl Schiller* (SPD) abgelöst. Im Laufe seiner kurzen Amtszeit unternahm *Möller* den Versuch, das industrielle Bundesvermögen in einer einzigen „Bundesholding" zu bündeln. Mit seiner Idee scheiterte *Möller* jedoch am Widerstand des Kabinetts.[64]

Die Zeit der Privatisierung durch Volksaktien war 1969 endgültig vorbei. Nur drei Unternehmen waren Gegenstand dieser Politik geworden. Eine zweite Privatisierungswelle begann erst nach dem Regierungswechsel 1982 unter Bundeskanzler *Helmut Kohl* (CDU). Im Zuge dieser zweiten Welle wurden die bereits teilprivatisierten Unternehmen VEBA und Preussag vollständig privatisiert, ebenso wie die Salzgitter AG, die Lufthansa und die IVG.

---

[64] Vgl. „Einstimmig kontra", Der Spiegel Nr. 41, 5. Oktober 1970, S. 55–57.

Die Privatisierungen der 1980er und 1990er Jahre erfolgten in einem deutlich anderen politischen Kontext als in den 1960er Jahren. Das Paradigma der 1980er und 1990er Jahre lautete Entstaatlichung, also ein Rückzug des Staates durch Abgabe seiner Unternehmensbeteiligungen. Einkommens- und sozialpolitische Aspekte, die in der Volksaktien-Politik der 1960er Jahre eine entscheidende Bedeutung gehabt hatten, spielten keine Rolle mehr.[65]

Durch die Privatisierungspolitik verringerte sich die Anzahl der unmittelbaren und mittelbaren Beteiligungen des Bundes von mindestens 25 Prozent im Geschäftsbereich des für das industrielle Vermögen des Bundes zuständige Finanzministeriums zwischen 1979 und 1988 von 703 auf 171. Welchen bedeutenden Anteil die industriellen Beteiligungen daran hatten zeigt sich daran, dass im selben Zeitraum die Anzahl der in Industriekonzernen gebündelten bedeutenden Beteiligungen von 673 auf 147 sank.[66]

Dennoch hält der Bund insgesamt bis heute eine nicht unbeträchtliche Anzahl an Unternehmensbeteiligungen: Dem Bericht des Bundesfinanzministeriums zufolge waren der Bund und seine Sondervermögen im Jahr 2011 an 109 Unternehmen unmittelbar beteiligt. Die Gesamtzahl der unmittelbaren und bedeutenderen mittelbaren Beteiligungen lag bei 680.[67] Davon befanden sich zwar nur 65 im Geschäftsbereich des Finanzministeriums, eine beträchtliche Anzahl von 600 Beteiligungen dagegen, 593 davon mittelbar, lagen im Geschäftsbereich des Bundesministeriums für Verkehr, Bau und Stadtentwicklung.[68]

VIII. Fazit

Die Tradition staatlicher Unternehmen in Deutschland wirkt bis heute nach. Dabei zeigte sich jedoch ein Wandel der unternehmerischen Tätigkeit des Bundes in den vergangenen Jahrzehnten: Während sich der Bund in zwei Privatisierungswellen seit den 1960er Jahren aus dem Industriebereich weitestgehend zurück gezogen hat, spielt er heute noch eine bedeutende Rolle im Infrastrukturbereich und ist dort an einer Vielzahl von Unternehmen beteiligt. Für die Bundesebene kann daher abschließend festge-

[65] Vgl. zur zweiten Privatisierungswelle ab 1982 *Wellenstein*, Privatisierungspolitik, sowie *Knauss*, Privatisierung.

[66] Vgl. Bundesministerium der Finanzen (Hg.), Beteiligungsbericht 1979, sowie Bundesministerium der Finanzen (Hg.), Beteiligungsbericht 1988.

[67] „Bedeutender" heißt in diesem Zusammenhang, dass der Nennwert des Kapitals mindestens 50.000 Euro betrug und die Beteiligung mindestens 25 Prozent umfasste.

[68] Vgl. Bundesministerium der Finanzen (Hg.), Beteiligungsbericht 2011, S. 3.

stellt werden, dass die Bedeutungszunahme der Regulierung privater Unternehmen, wie sie im Rahmen dieses Forschungsprojektes im Mittelpunkt stand, die Idee des Staates als Unternehmer nur langsam und nicht gänzlich abgelöst hat.

Keine bzw. nur geringe Beachtung haben in diesem Beitrag Länder und Kommunen gefunden. Beide politischen Ebenen sind jedoch seit dem 19. Jahrhundert ebenfalls in den verschiedensten wirtschaftlichen Bereichen unternehmerisch tätig, wobei sich Kommunen hauptsächlich auf den regionalen Infrastrukturbereich konzentriert haben.

Privatisierungspolitik auf Länderebene begann in den meisten Fällen deutlich später als auf Bundesebene und in Abhängigkeit der jeweiligen Regierungskonstellation. Die Volksaktienpolitik der 1960er Jahre blieb jedoch auf die Bundesebene beschränkt.[69]

Auf kommunaler Ebene spielte Privatisierung lange Zeit keine bedeutende Rolle. Erst in den 1980er und 1990er Jahren kam es zunehmend zu einer Übertragung von Dienstleistungen auf private Anbieter, Teilprivatisierungen kommunaler Anbieter und einer Vielzahl an Public-Private-Partnership-Formen. Derzeit kann jedoch ein Trend der „Rekommunalisierung" beobachtet werden, bei dem solche Maßnahmen zum Teil rückgängig gemacht werden und die Rolle der Kommunen als Unternehmer bzw. Erbringer von Dienstleistungen gestärkt wird.[70] Dies bestätigt die starke Involvierung des Staates durch Unternehmensbeteiligungen im Infrastrukturbereich, wie sie auf Bundesebene bereits sichtbar ist.

Literaturverzeichnis

Abelshauser, Werner: Wirtschaft in Westdeutschland 1945–1948. Rekonstruktion und Wachstumsbedingungen in der amerikanischen und britischen Zone, Stuttgart 1975.

Ambrosius, Gerold: Regulierung öffentlicher Dienstleitungen in historischer Perspektive, in: Zeitschrift für öffentliche und gemeinwirtschaftliche Unternehmen 31, 2008, S. 345–360.

Archiv der Stadt Salzgitter (Hg.): Die Demontage der Reichswerke (1945–1951) (Beiträge zur Stadtgeschichte 3), Salzgitter 1990.

Arnold, Karl: Eigentum für jeden, in: Christlich-Demokratische Union Deutschlands (Hg.): 7. Parteitag der CDU, Hamburg, 11.–15. Mai 1957, Hamburg 1957, S. 154–164.

Beyme, Klaus von (Hg.): Die großen Regierungserklärungen der deutschen Bundeskanzler von Adenauer bis Schmidt, München/Wien 1979.

[69] Vgl. *Wellenstein*, Privatisierungspolitik, S. 351–458.

[70] Vgl. *Libbe/Hanke/Verbücheln*, Rekommunalisierung.

Bundesministerium für den wirtschaftlichen Besitz des Bundes (Hg.): Der Bund als Unternehmer. Bericht über die Entwicklung des vom Bundesministerium für wirtschaftlichen Besitz des Bundes verwalteten industriellen Bundesvermögens in der Zeit vom 1. April 1959 bis 31. März 1960, Bad Godesberg 1960.

Bundesministerium der Finanzen (Hg.): Beteiligungen des Bundes 1979 (Reihe: Berichte und Dokumentationen), Bonn-Bad Godesberg 1980.

–: Beteiligungen des Bundes 1988 (Reihe: Berichte und Dokumentationen), Bonn-Bad Godesberg 1989.

–: Die Beteiligungen des Bundes. Beteiligungsbericht 2011 (Finanz- und Wirtschaftspolitik),, Bonn 2011.

Bundesschatzministerium (Hg.): Das industrielle Bundesvermögen im Jahre 1968/1969. Bericht über die Entwicklung des vom Bundesschatzministerium verwalteten industriellen Bundesvermögens in der Zeit vom 1. April 1968 bis 31. März 1969, Bad Godesberg 1969.

Bundesregierung (Hg.): Allgemeine Vorbemerkungen zum Bundeshaushaltsplan für das Rechnungsjahr 1955. Mit Haushaltsgesetz und Gesamtplan, Berlin 1955.

–: Allgemeine Vorbemerkungen zum Bundeshaushaltsplan für das Rechnungsjahr 1959. Mit Haushaltsgesetz, Gesamtplan und Funktionenplan, Berlin 1959.

–: Bundeshaushaltsplan für das Rechnungsjahr 1954, Berlin 1954.

Bleidick, Dietmar: Die Hibernia-Affäre. Der Streit um den preußischen Staatsbergbau im Ruhrgebiet zu Beginn des 20. Jahrhunderts, Bochum 1999.

Bozdag-Yaksan, Songül: Vom Staatsunternehmen zum Global Player. Die Unternehmensentwicklung der Deutschen Lufthansa AG, Köln 2008.

Dietrich, Yorck: Eigentum für jeden. Die vermögenspolitischen Initiativen der CDU und die Gesetzgebung 1950–1961 (Forschungen und Quellen zur Zeitgeschichte 29), Düsseldorf 1969.

Erhard, Ludwig: Wohlstand für alle, in: Christlich-Demokratische Union Deutschlands (Hg.): 7. Parteitag der CDU, Hamburg, 11.–15. Mai 1957, Hamburg 1957, S. 139-154.

Eucken, Walter: Die Grundlagen der Nationalökonomie, Jena 1939.

Henzler, Christoph: Fritz Schäffer. 1945–1967. Eine biographische Studie zum ersten bayerischen Nachkriegs-Ministerpräsidenten und ersten Finanzminister der Bundesrepublik Deutschland, München 1994.

Himmelmann, Gerhard: Geschichtliche Entwicklung der öffentlichen Wirtschaft, in: Brede, Helmut/Loesch, Achim von (Hg.): Die Unternehmen der öffentlichen Wirtschaft in der Bundesrepublik Deutschland. Ein Handbuch, Baden-Baden 1986, S. 31–56.

Hopmann, Barbara: Von der Montan zur Industrieverwaltungsgesellschaft (IVG) 1916–1951, Stuttgart 1996.

Kahlenberg, Friedrich P. (Hg.) für das Bundesarchiv: Die Kabinettsprotokolle der Bundesregierung, Band 8: 1955, bearbeitet von Michael Hollmann und Kai von Jena, München 1997.

Knauss, Fritz: Unternehmen in der Industrie, in: Brede, Helmut/Loesch, Achim von (Hg.): Die Unternehmen der öffentlichen Wirtschaft in der Bundesrepublik Deutschland. Ein Handbuch, Baden-Baden 1986, S. 213–230.

–: Privatisierung in der Bundesrepublik Deutschland 1983–1990. Bilanz und Perspektiven (Beiträge zur Wirtschafts- und Sozialpolitik 183) Köln 1990.

Laufer, Johannes/Stier, Bernhard: Von der Preussag zur TUI. Wege und Wandlungen eines Unternehmens 1923–2003, Essen 2005.

Libbe, Jens/Hanke, Stefanie/Verbücheln, Maic: Rekommunalisierung. Eine Bestandsaufnahme (Difu-Papers), Berlin 2011.

Milosch, Mark: Modernizing Bavaria. The Politics of Franz Josef Strauss and the CSU 1949–1969, New York et al. 2006.
Nelson, Walter Henry: Small Wonder. The Amazing Story of the Volkswagen, London et al. 1967.
Nicolaysen, Rainer: Der lange Weg zur VolkswagenStiftung. Eine Gründungsgeschichte im Spannungsfeld von Politik, Wirtschaft und Wissenschaft, Göttingen 2002.
Ostersehlte, Christian: Von Howaldt zu HDW, Hamburg 2004.
o.V.: „“Wirtschaftspolitik der leichten Hand“. SPD-Bundestagsabgeordneter Dr. Deist gab uns Auskunft über die Konzeption seiner Partei“, Die Zeit Nr. 15, 11. 4.1957, S. 14.
o.V.: „Bonbon des Jahrhunderts“, Der Spiegel Nr. 8, 18.2.1959, S. 16-25.
o.V.: „Einstimmig kontra“, Der Spiegel Nr. 41, 5.10.1970, S. 55-57.
Pohl, Manfred: VIAG Aktiengesellschaft 1923–1998. Vom Staatsunternehmen zum internationalen Konzern, München 1998.
Radzio, Heiner: Unternehmen Energie. Aus der Geschichte der Veba, 2. Aufl., Düsseldorf et al. 1990.
Rauber, Franz: 250 Jahre staatlicher Bergbau an der Saar. 2. Teil: Von den Mines Domaniales Françaises de la Sarre bis zur Deutschen Steinkohle AG, Saarbrücken 2007.
Riedel, Mathias: Vorgeschichte, Entstehung und Demontage der Reichswerke im Salzgittergebiet, Düsseldorf 1967.
Staudinger, Hans: Der Staat als Unternehmer. Berlin, 1932.
Weber, Hartmut (Hg.) für das Bundesarchiv: Die Kabinettsprotokolle der Bundesregierung, Band 10: 1957, bearbeitet von Ulrich Enders und Josef Henke, Boppard am Rhein 2000.
Wellenstein, Andreas: Privatisierungspolitik in der Bundesrepublik Deutschland, Frankfurt 1992.
Wendt, Kurt: Die Reprivatisierung fuhr sich fest. Auch der Häussler-Plan ist technisch schwer durchführbar, Die Zeit Nr. 45, 8.11.1956, S.9.
Wendt, Kurt: „Ein neuer Vorschlag“, Die Zeit Nr. 51, 20.12.1956, S. 13.
Wengenroth, Ulrich: The Rise and Fall of State-Owned Enterprise in Germany, in: Toninelli, Pier Angelo (Hg.): The Rise and Fall of State-Owned Enterprise in the Western World, Cambridge 2000, S. 103–127.
Wessel, Horst A.: Stahl und Technologie. Salzgitter AG 1858–2008, Salzgitter 2008.

Die Entwicklung der Struktur der Bankenregulierung in den USA und Deutschland bis zum Zweiten Weltkrieg*

Niels Krieghoff

I. Einführung

Die Regulierung des Bankwesens in den Vereinigten Staaten und in Deutschland folgt unterschiedlichen Herangehensweisen. In Deutschland wird der Bankensektor durch zwei zentralstaatliche Institutionen reguliert.[1] In den Vereinigten Staaten ist die Regulierung der Banken stärker dezentral strukturiert. Es gibt sowohl mehrere zentralstaatliche Regulierungsbehörden als auch Regulierungsbehörden auf Staatenebene. Dabei überschneiden sich die Regulierungskompetenzen der Behörden oftmals.

Aus ökonomischer Sicht ist die Zentralisierung der Bankenregulierung zu bevorzugen, zumal sie einen Wettbewerb der Regulierungsstandards verhindern kann. Außerdem wird ihr eine größere Flexibilität bei der Überwindung von Finanzkrisen nachgesagt.[2] Die Frage, die sich deswegen stellt, ist, wie haben sich diese unterschiedlichen Herangehensweisen in

---

* Bei dem nachfolgenden Text handelt es sich um die erweiterte Fassung des Vortrages, den der Verfasser am 22. Juni 2012 bei dem Symposium „Gestaltung der Freiheit – Regulierung von Wirtschaft zwischen historischer Prägung und Normierung" am Institut der Deutschen Wirtschaft Köln in Köln gehalten hat. Er basiert auf einem Kapitel der Dissertation, die im Rahmen des vom BMBF geförderten Forschungsprojektes, *„Gestaltung der Freiheit – Regulierung von Wirtschaft zwischen historischer Prägung und Normierung"* entsteht. Für detailliertere Ausführungen und insbesondere für die Archivangaben wird auf das entsprechende englischsprachige Working Paper von *Krieghoff*, Americans Wanted it verwiesen.

[1] Unter Regulierung werden hier jene gesetzlichen Normen und Institutionen verstanden, die spezifisch den Bankensektor betreffen. Generelle Aktienrechtsnormen, die alle Aktiengesellschaften betreffen, werden nicht als Bankenregulierung verstanden. Momentan findet die Aufsicht in Deutschland zum Großteil durch die Bundesanstalt für Finanzdienstleistungsaufsicht und in geringerem Maße durch die Bundesbank statt.

[2] Siehe etwa *Dell'Ariccia/Marquez*, Competition among Regulators; *Beck/Todorov/Wagner*, Bank Supervision; *Freixas*, Crisis Management; *Goodhart*, Organizational Structure.

beiden Ländern herausgebildet? Wieso kommt es zu keiner Angleichung der Regulierungsstrukturen? Liegt dies an unterschiedlichen Auffassungen in den Vereinigten Staaten und Deutschland über die optimale Regulierungsstruktur? Um diese Fragen zu beantworten untersucht dieser Aufsatz die Geschichte der Bankenregulierung in beiden Ländern bis zum Zweiten Weltkrieg.

II. USA (1863–1935)

Die Geschichte der amerikanischen Bankenregulierung ist die eines stetigen Tauziehens. Seit der Gründung der Vereinigten Staaten stehen auf der einen Seite die Verfechter eines möglichst einheitlichen Geldwesens das durch den Zentralstaat reguliert wird. Auf der anderen stehen diejenigen, die für eine möglichst starke Dezentralisierung wirtschaftlicher, insbesondere finanzieller Macht stehen, also diejenigen die sich auch stark für das Primat der „State Rights“ einsetzten.[3]

Seit 1863 gibt es in den Vereinigten Staaten ein sogenanntes Duales Bankensystem. Dieses besteht aus „State-“ und aus „National Banks“.[4] „National Banks“ waren (und sind) jene Banken, die eine zentralstaatliche Konzession besaßen und dementsprechend einer zentralstaatlichen Regulierung unterlagen. „State Banks“ besaßen eine Konzession ihres jeweiligen Heimatstaates und unterlagen dessen Regulierung.

Bevor das National Banking System eingeführt worden war, konnte jede Bank ihr eigenes Bargeld herausgeben.[5] Zwei Versuche, eine Zentralbank bzw. eine staatliche national agierende Bank zu etablieren, schlugen letztendlich fehl. Die „National Bank Acts“ von 1863–1865, welche das National Banking System ins Leben riefen, waren in erster Linie ein Versuch des Zentralstaates sich neue Einnahmequellen zu erschließen, um den Bürgerkrieg zu finanzieren. Banken mit nationaler Konzession wurde *de facto* das Privileg der Geldausgabe übertragen.[6] Jedoch musste das von den „National Banks“ ausgegebene Bargeld durch Staatsanleihen in entsprechender Höhe gedeckt bzw. bei der *U.S. Treasury* hinterlegt sein. Dieses Arrange-

---

[3] *Golembe*, Remarkable Banking System, S. 1095–1096.

[4] Um eine bessere Verständlichkeit zu gewährleisten, werden in diesem Aufsatz die englischen Originalbegriffe benutzt.

[5] *Hammond*, Banks and politics, S. 723.

[6] State Banks hätten derart hohe Steuern auf eigenes ausgegebenes Bargeld zahlen müssen, dass es sich für sie nicht mehr gerechnet hat.

ment hatte zudem zur Folge, dass das Bargeld auf einen Schlag vereinheitlicht wurde.[7]

Jede „National Bank" musste die gleiche Regulierung befolgen und wurde zentral von dem „Comptroller of the Currency" beaufsichtigt, unabhängig von dem Bundesstaat in dem die Bank ihren Sitz hatte. Der „Comptroller of the Currency" war (und ist) eine unabhängige Behörde im Geschäftsbereich der *U.S. Treasury*. Grundsätzlich waren die „National Banks" auch strikter reglementiert und beaufsichtigt als die „State Banks". „National Banks" hatten striktere Eigenkapital- und Reservevorschriften zu beachten, außerdem wurden ihre Anlagemöglichkeiten eingeschränkt.[8] Die Regulierung der „State Banks" war oftmals weniger an der Sicherheit der Banken, als an den fiskalischen Interessen der einzelnen Bundesstaaten ausgerichtet. So kam es auch, dass „State" – und „National Banks" in den meisten Staaten keinerlei Zweigniederlassungen unterhalten durften. Infolgedessen bestanden die meisten Banken aus sogenannten „Unit Banks", die lediglich aus der Hauptniederlassung bestanden.[9]

Bei der Einführung des „National Banking System" hatte man zudem gehofft, dass es gelingen würde, die Regulierung des Bankensektors zu zentralisieren und zu vereinheitlichen.[10] Allerdings gestand die amerikanische Verfassung der Zentralregierung nicht explizit die Macht zu, ein Gesetz zu erlassen, das den einzelnen Staaten verboten hätte Bankkonzessionen auszugeben.[11] Deswegen musste die Regierung entsprechende Anreize schaffen, damit die „State Banks" freiwillig ihre Konzessionen in „National Bank" Konzessionen umtauschen.

Zunächst sah es auch tatsächlich danach aus als würden die „National Banks" die „State Banks" verdrängen. Dass es letztendlich doch nicht so sondern zu einem *Comeback* der „State Banks" kam, lag an zwei Faktoren. Zum einen wurde die Ausgabe von eigenem Bargeld mit der Zeit eine immer weniger wichtige Einnahmequelle für die Banken, da sich der bargeldlose Zahlungsverkehr rapide verbreitete. Zum anderen reagierten die Regulierungsbehörden der einzelnen Staaten auf die Konkurrenz durch das Nationalbanksystem und senkten die Regulierungsstandards. Der „Comptroller of the Currency" blieb seinerseits nicht untätig und so kam es zu einem

---

[7] Für Details siehe *White*, Political Economy, S. 11–13.

[8] *White*, Regulation and Reform, S. 18–21 und S. 33–35; *Hackley*, Baffling Banking System, S. 573.

[9] Näheres zu den fiskalischen Interessen der Staaten und der Auswirkung auf die Bankenregulierung findet sich bei *Legler/Sylla/Wallis*, Banks and State Public Finance, S. 391–403; *Legler/Sylla/Wallis*, Interaction of Taxation and Regulation.

[10] *Hackley*, Baffling Banking System, S. 570–571.

[11] Für eine Analyse der verfassungsrechtlichen Regelungen siehe etwa *Hammond*, Banks and politics, S. 91–95.

Wettbewerb der Regulierungsbehörden. Dies ermöglichte es den Banken, *Regulierungsarbitrage* zu betreiben.[12]

In den Vereinigten Staaten kam es in den folgenden Jahren etwa alle zehn Jahre zu *Bank Runs*. Nun war dies nicht außergewöhnlich. Das amerikanische Bankensystem wurde auch vor Einführung des „National Banking System" in regelmäßigen Abständen von *Bank Runs* heimgesucht.[13] Zum einen rührte diese Anfälligkeit daher, dass die meisten Banken „Unit Banks" und ihre Anlagen dementsprechend schlecht diversifiziert waren. Zum anderen lag dies an dem Fehlen einer Zentralbank, die in Krisenzeiten Liquidität bereitstellen konnte. Zwar bildeten sich private Überweisungsverbünde um Liquiditätskrisen beizukommen, allerdings stießen diese auch an ihre Grenzen.

Die Liquiditätskrise von 1906/07 machte dies besonders eindrucksvoll deutlich, als es zu einem weitgehenden Auszahlungsstopp im ganzen Land kam.[14] Als Reaktion auf die Liquiditätskrise wurden zwei Kommissionen eingesetzt. Zum einen die *Pujo Commission*, die untersuchen sollte inwiefern einige Finanzunternehmen übermäßigen Einfluss über andere Finanz- und Industrieunternehmen ausübten. Zum anderen die *National Monetary Commission* (NMC), die das Bankensystem hinsichtlich seiner Stabilität untersuchen sollte.

Die NMC war ein mehrjähriges Unterfangen, bei dem nicht nur das amerikanische Bankensystem selbst, sondern auch die europäischen Erfahrungen von den Amerikanern analysiert wurden. Dabei kam es auch zu einem intensiven Wissensaustausch zwischen Deutschland und den Vereinigten Staaten. So bereisten NMC-Kommissionsmitglieder Deutschland um Gespräche mit wichtigen Bankierspersönlichkeiten zu führen und sich über das Deutsche Bankensystem unterrichten zu lassen. Zudem wurden eine Analyse der Reichsbank zum deutschen Bankensystem sowie die Erörterungen der deutschen Bankenenquete von 1907/08 auf Englisch übersetzt und als regierungsoffizielle Dokumente veröffentlicht. Zahlreiche andere Länder Europas wurden ebenfalls bereist und deren Bankensysteme analysiert.[15]

Als Ergebnis der *National Monetary Commission* wurden zwei Hauptprobleme festgestellt: erstens, dass Fehlen eines „Lender of Last Resort",

---

[12] Vgl. *Hackley*, Baffling Banking System, S. 573; *Hammond*, Banks and politics, S. 734; *White*, Political Economy, S. 34 f.; *White*, Regulation and Reform, S. 61.

[13] Für die Geschichte des amerikanischen Bankensystems vor Einführung des *National Banking* Systems siehe *Hammond*, Banks and politics.

[14] *Friedman/Schwartz*, Monetary History, S. 157. Für Details zum Ursprung dieser Liquiditätskrise siehe etwa *Moen/Tallman*, The Bank Panic.

[15] *Krieghoff*, Americans Wanted it, S. 8 f.

also einer Zentralbank, und zweitens, die schlechte Diversifizierung der einzelnen Banken. Dies war vor allem dem Verbot von Zweigstellen geschuldet, das zu der weiten Verbreitung der kleinen „Unit Banks" geführt hatte. Letzteres Problem wurde nicht direkt angegangen, da es als politisch zu heikel galt.[16] Die 1913 eingeführte Zentralbank, die *Federal Reserve*, basierte auf den europäischen Erfahrungen. Allerdings passte man die Struktur an die amerikanischen regulatorischen und politischen Verhältnisse an.[17] So wurde sie dezentral strukturiert und besaß mit dem „Board of Governors" lediglich ein zentrales Koordinierungsorgan. Dieses war den einzelnen „Federal Reserve Banks" gegenüber allerdings grundsätzlich nicht weisungsbefugt. Zugleich diente das *Federal Reserve* System als eine weitere Regulierungsbehörde. Alle „National Banks" mussten Mitglied des *Federal Reserve* Systems werden und unterlagen von nun an, neben der Regulierung durch den „Comptroller of the Currency", ebenfalls der Regulierung durch die *Federal Reserve*. „State Banks" konnten dem *Federal Reserve* System beitreten, um von der Rediskontfazilität Gebrauch zu machen. Allerdings mussten sie sich dann ebenfalls der Regulierung durch die *Federal Reserve* unterwerfen. Von nun an gab es also drei Kategorien von Banken. Die „National Banks", die „State Member Banks", sowie die „State Non-Member Banks", also die Banken mit der Konzession eines Bundesstaates, die es vorzogen nicht Mitglied des *Federal Reserve* Systems zu werden und weiterhin nur der Regulierung durch die Aufsichtsbehörde des jeweiligen Staates unterlagen. Somit hatten sie aber auch keine Möglichkeit der Refinanzierung durch die *Federal Reserve*.

Die Ermächtigung der *Federal Reserve*, als eigenständige Regulierungsbehörde tätig zu werden, war mit dem Ziel geschaffen worden, die Zentralisierung der Regulierung wieder voranzutreiben. Man hoffte, dass der Zugang zu der Rediskontfazilität einen neuen Anreiz schaffen würde, der die „State Banks" dazu bewegen würde, sich freiwillig unter eine zentrale Regulierung zu begeben. Allerdings ging dieser Plan nicht auf. Nur wenige „State Banks" beantragten die Mitgliedschaft im Federal Reserve System. Bereits 1917 entschied man sich, den „State Banks" Zugeständnisse zu machen, um sie ins *Federal Reserve* System zu holen. So erlaubte man ihnen die Mitgliedschaft, ohne sich den strengsten Regulierungsanforderungen der *Federal Reserve* unterziehen zu müssen. Dadurch hatte die *Federal Reserve* zumindest einen Einblick in die Geschäftslage von den „State Banks". Gleichzeitig führte dies aber auch dazu, dass „State Banks" abermals einen regulatorischen Vorteil gegenüber den „National Banks"

---

[16] *Krieghoff*, Americans Wanted it, S. 9.

[17] *Chapman/Willis*, Banking Situation, S. 101.

erhielten. Das Karussell des Regulierungsarbitrage drehte sich indes munter weiter.[18]

Die *Pujo Commission* kam ihrerseits zu dem Schluss, dass es ähnlich wie in Deutschland, einige wenige Großbanken gab, die eine übermäßige Konzentration wirtschaftlicher und finanzieller Macht darstellten und diese auch ausnutzten. Man schlug vor, die Banken in Investment- und Depositenbanken aufzuteilen und eine strikte Trennung dieser beiden Banktypen einzuhalten. Diese Vorschläge wurden allerdings nicht vom amerikanischen Kongress aufgegriffen.[19]

Die 1920er waren für das amerikanische Bankwesen eine zwiespältige Dekade. Einerseits wuchs die Wirtschaft und auch die Kreditvergabe stieg stetig. Andererseits überlebten über 5000 Banken die Dekade nicht. Vor allem in agrarisch geprägten Gebieten, in denen es besonders viele der kleinsten „Unit Banks" gab, kam es zu zahlreichen Bankzusammenbrüchen.[20] Allerdings kam es trotz dieser massiven Welle an Bankenpleiten zunächst nicht zu einer landesweiten Bankenkrise. Trotzdem – oder gerade deswegen – war das Thema der Bankenregulierung weiterhin auf der Tagesordnung, zumal auch das Problem des Regulierungsarbitrage weiterhin ungelöst war. Weitreichende regulatorische Änderungen ließen allerdings bis zur Weltwirtschaftskrise auf sich warten.

Mit Einsetzen der Weltwirtschaftskrise beschäftigte sich der amerikanische Kongress ab 1930 intensiv mit dem Thema der Bankenregulierung. Unter anderem erörterte man hierbei die Frage, wie man eine Zentralisierung und Vereinheitlichung der Bankenregulierung herbeiführen könnte, um dem Regulierungsarbitrage ein für alle Male ein Ende zu setzen. Dieses Ziel wurde sowohl von Vertretern der *Federal Reserve*, des „Comptroller of the Currency", den größeren Banken als auch von Senator *Carter Glass*, dem Vorsitzenden des Bankenausschusses im Senat, verfolgt. Auch die Regierung stand diesem Standpunkt nahe. Die Zentralisierung der Bankenregulierung wurde wiederum vehement von den „Unit Banks" und den Regulierungsbehörden der einzelnen Bundesstaaten bekämpft. Stattdessen machten sie sich für die Einführung einer Einlagenversicherung stark. Der Wortführer dieser Interessensgruppen war Repräsentant *Henry B. Steagall*, der zugleich der Vorsitzende des Bankenausschusses des Repräsentantenhauses war. Im Kongress trafen somit diametral entgegengesetzte Vorstellungen über die zukünftige Struktur der Bankenregulierung aufeinander. Bevor es zu einer Einigung gekommen war, wurden jegliche Reformbe-

---

[18] *Krieghoff*, Americans Wanted it, S. 10.

[19] *Simon*, Rise and Fall of Bank Control, S. 1082 f.

[20] Zu den Ursprüngen der Bankzusammenbrüche siehe *Alston/Grove/Wheelock*, Why Do Banks Fail.

strebungen des Kongresses durch das Einsetzen einer landesweiten Bankenkrise im Herbst 1932 vorerst auf Eis gelegt.[21]

Im Frühjahr 1933 sah sich die neue Regierung unter *Franklin Delano Roosevelt* genötigt einzugreifen, um eine Welle von *Bank Runs* zu stoppen, die das Land erfasst hatte. *Roosevelt* erließ als eine seiner ersten Amtshandlungen Bankfeiertage. Diese wurden genutzt, um die ersten Gesetzte durch den Kongress verabschieden zu lassen, die es dem Staat ermöglichten, weite Teile des Bankensystems indirekt zu rekapitalisieren und somit das Vertrauen in den Bankensektor wieder herzustellen.[22] In den folgenden Wochen befasste man sich erneut intensiv mit der Reform der Bankenregulierung. Die Reformmöglichkeiten waren in den vorhergegangen Jahren bereits ausgiebig erörtert worden. Nun lag es weiterhin an dem Kongress, sich auf einen Reformweg zu einigen.

Die *Glass-Steagall* Reformen, die im Sommer 1933 verabschiedet wurden, waren somit das Resultat jahrelanger Diskussionen. Verabschiedet wurden sie allerdings erst, als sich die Situation im Bankenwesen bereits wieder beruhigt hatte. Das Gesetz brachte zwei wichtige regulatorische Neuerungen. Zum einen die bereits von der *Pujo Commission* geforderte (und diesmal von *Carter Glass* unterstützte) Trennung von Investment und Depositengeschäften in von einander unabhängige Banken. Da Investmentbanken keine Einlagen mehr annehmen durften, waren sie auch keine Geschäftsbanken im herkömmlichen Sinne mehr. Sie unterlagen von nun an einer separaten Regulierung und Aufsicht. Zum anderen wurde eine Einlagenversicherung eingeführt, die durch die neu gegründete *Federal Deposit Insurance Corporation* (FDIC) verwaltet wurde. Die FDIC war unabhängig – sie gehörte weder zur *U.S. Treasury*, noch war sie Teil des *Federal Reserve* Systems – und sie fungierte als eine weitere Regulierungsbehörde. „National Banks" mussten von Gesetzes wegen Mitglied in der Einlagenversicherung werden und sich somit der zusätzlichen Regulierung durch die FDIC beugen. „State Member Banks" mussten ebenfalls der Einlagenversicherung beitreten. „State Banks", die bisher keine Mitglieder in dem *Federal Reserve* System waren, konnten freiwillig der Einlagenversicherung beitreten, mussten sich im Gegenzug aber auch der Regulierung der FDIC unterwerfen.[23]

---

[21] *Krieghoff*, Americans Wanted it, S. 12 f.

[22] Zu den Rekapitalisierungsmaßnahmen siehe etwa *Kregel*, The Role of 1930s Regulations, S. 262 f.

[23] Für den *Glass-Steagall Act* siehe *U.S. Congress*, Banking Act und für eine detaillierte Beschreibung der Diskussionen um 1933 siehe *Burns*, American Banking Community.

Tatsächlich enthielt der ursprüngliche *Glass-Steagall Act* sogar eine Klausel, die besagte, dass alle Banken, die sich der Einlagenversicherung anschließen wollten, auch eine Mitgliedschaft in dem *Federal Reserve* System beantragen mussten. Es war abermals ein indirekter Versuch, die Regulierung zu zentralisieren und sie unter dem Dach der *Federal Reserve* zu vereinheitlichen. Es ist wahrscheinlich, dass diese Regelung auch erfolgreich gewesen wäre, zumal die Einlagenversicherung speziell für die vielen kleinen „Unit Banks" äußerst reizvoll war. Eine Einlagenversicherung erschwert es Banken mit der größeren Sicherheit der Einlagen zu werben, zumal ja alle Einlagen bis zu einer bestimmten Höhe versichert sind. Allerdings wurde die entsprechende Klausel des *Glass-Steagall Acts* bis zum Zweiten Weltkrieg nie angewandt; ihr Inkrafttreten wurde immer wieder hinausgeschoben. So konnten die „State Banks" von der Einlagenversicherung Gebrauch machen, ohne zusätzlich dem *Federal Reserve* System beitreten zu müssen und sich der Regulierung durch die *Federal Reserve* zu unterziehen. So scheiterte auch der dritte Anlauf seit 1863, ein zentral reguliertes Bankwesen herbeizuführen. Von 1936 bis 1938 versuchte die *Federal Reserve* in einer Serie von Memoranda noch einmal, die Notwendigkeit der Zentralisierung der Regulierung darzustellen und die Reformen anzustoßen, allerdings blieben die Bemühungen ohne nennenswerten Erfolg.[24]

III. Deutschland (1871–1934)

Im frühen Kaiserreich gab es, im Gegensatz zu den Vereinigten Staaten, keine Regulierung des privaten Bankensektors. Jeder konnte prinzipiell eine Bank gründen. Es gab noch nicht einmal spezielle Publizitätspflichten für Banken.[25] Die einzigen Regelungen, an die sich die Bankiers halten mussten, waren die Regeln an die sich alle Unternehmer oder Aktiengesellschaften halten mussten.

Das Bankgesetz von 1875 enthielt keinerlei generelle Vorschriften für das Bankwesen. Dabei war die Möglichkeit einer umfassenden Regulierung durchaus im Gespräch.[26] Es enthielt lediglich den Gründungsakt für die Reichsbank. Zugleich begrenzte es die Geldausgaberechte der privaten Notenbanken, die bis dahin das Münzrecht inne hatten. Das Bankgesetz

---

[24] Vgl. *Krieghoff*, Americans Wanted it, S. 17 f.

[25] Siehe *Honold*, Die Bankenaufsicht, S. 39.

[26] Siehe etwa den Sonneman-Vorschlag, zu finden in: Bankenenquete 1908/09, Materialien zur Frage des Depositwesens, S. 4.

war somit ein Akt zur Monopolisierung und Vereinheitlichung des Geldwesens.

Bis zu Beginn des 20. Jahrhunderts wurde die Idee einer Regulierung des Bankensektors wieder vereinzelt hervorgeholt, aber eine starke Bewegung zugunsten einer umfassenden Bankenregulierung setzte nie ein.[27] Lediglich die Hypothekenbanken wurden ab 1899 durch Gesetz einer spezifischen Regulierung und Aufsicht unterstellt.[28] Zu einem gewissen Grade gab es Spezialgesetzgebungen für Kreditkooperativen und die Sparkassen. Allerdings unterschieden sich diese im Falle der Sparkassen von Land zu Land. Ein einheitliches Sparkassengesetz sollte es erst ab 1908 geben. Hinzu kam, dass die Sparkassen und Kreditgenossenschaften ohnehin durch ihre Gründungsstatuten in ihrem Aufgabenbereich begrenzt waren. Bis 1908 waren die Sparkassen auch eher als Erfüllungsgehilfen der Gemeinden und Kommunen anzusehen, anstatt als Banken im klassischen Sinne.[29]

Selbst als in Folge der Liquiditätskrise von 1906/07 eine Bankenenquete eingesetzt wurde, waren die Befürworter einer institutionalisierten Regulierung des Bankensektors in der Minderheit. Zwar wurde in der Enquete ausgiebig über die Vor- und Nachteile von diversen Regulierungsoptionen diskutiert, wobei sich insbesondere die akademischen Enquetemitglieder für eine Regulierung aussprachen.[30] Allerdings fehlte der politische Wille, die Banken zu regulieren. Der Enquetevorsitzende und Direktor der Reichsbank, *von Havenstein*, schloss die Enquete sogar mit den Worten „Meine Herren, ich hoffe und wünsche mit Ihnen, daß es auch bei uns nicht notwendig sein wird, diese gesetzlichen Maßnahmen zu treffen, [...]".[31]

Stattdessen einigte man sich stillschweigend auf eine „korporatistische" Regulierung des Bankensektors durch die Reichsbank. Die Bankenverbände hielten enge Tuchfühlung mit der Reichsbank. Im gemeinsamen Dialog sollten problematische Entwicklungen im Bankensektor erkannt und ihnen entgegengesteuert werden. Selbst die turbulenten Jahre nach dem Ende des Ersten Weltkrieges mit der Gründung der Weimarer Republik brachten

---

[27] Bankenenquete 1908/09, Materialien zur Frage des Depositwesens, S. 4.

[28] Hypothekenbankgesetz, vom 13. Juli 1899. RGBl. Teil I, 1899, S. 375–391.

[29] Vgl. *Hardach*, Markt und Macht, S. 919; *Wandel*, Die deutsche Bankengesetzgebung, S. 15.

[30] Siehe die Stenographischen Berichte der Enquete in Bankenenquete 1908/09, Die Verhandlungen der Gesamtkommission zu den Punkten I–V sowie die Verhandlungen der Gesamtkommission zu Punkt VI.

[31] Bankenenquete 1908/09, Die Verhandlungen der Gesamtkommission zu Punkt VI, S. 192. Vgl. auch die Einschätzung dazu von *Döring*, Rückblick auf die Zeit, S. 149 und 153.

keine nennenswerte Regulierung des Bankwesens mit sich. Zwar wurde der Bankensektor in den Sozialisierungskommissionen behandelt, aber es wurden außer zur Verhinderung der Kapitalflucht keine speziellen strukturellen oder regulatorischen Maßnahmen ergriffen. In anderen Bereichen der Wirtschaft entschied sich der Staat zu direkterem Eingreifen. Im Falle des Bankwesens tat er es nicht, womöglich weil man andere Bereiche zu dem Zeitpunkt als strategisch wichtiger ansah.[32]

Das deutsche Bankwesen war durch den Krieg und die anschließende Hyperinflation stark in Mitleidenschaft genommen worden. Der Bedarf an Kapital war enorm. Dementsprechend verschloss man sich auch nicht dem ausländischen Kapital, das in den Jahren nach der Stabilisierung nach Deutschland floss.[33] Dass das ausländische Kapital durchaus seine Gefahren hatte, war allen Beteiligten klar. Jedoch hatte die Reichsbank keine Handhabe, den ausländischen Kapitalzufluss an die Banken zu begrenzen, ohne dabei die wirtschaftliche Erholung zu gefährden. Im Gegenteil, es ist sogar wahrscheinlich, dass diese Entwicklung – zumindest von Seiten der Regierung – mit Wohlwollen betrachtet wurde.[34] So kam es zu einem Wirtschaftsboom, der durch ausländisches Kapital gespeist wurde.[35]

In den 1920er Jahren wurde die korporatistische Regulierung fortgeführt. Freilich bedurfte diese Art der Regulierung der kooperativen Zusammenarbeit aller Bankentypen. Diese erwies sich allerdings als problematisch, zumal die (öffentlichen) Sparkassen ihre Geschäftsbereiche auf Felder, die traditionell den Kreditgenossenschaften und Großbanken vorbehalten waren, ausdehnten. Dies führte zu Spannungen zwischen diesen drei Institutsgruppen. Die Kreditgenossenschaften und Großbanken fühlten sich zudem im Wettbewerb gegenüber den öffentlichen Instituten benachteiligt. Schließlich konnten sie nicht mit der schützenden Hand des Staates werben, der hinter jeder Sparkasse stand. Anders als in den Vereinigten Staaten, wurde in Deutschland zu keiner Zeit in den 1920ern ernsthaft erwogen, eine weitreichende Regulierung und Aufsicht des Bankensektors einzuführen. Zeitweilig gab es ein Gesetz, das den Marktzutritt für Depot- und Depositengeschäfte ansatzweise regelte. Dieses Gesetz lief allerdings

---

[32] Vgl. *Hardach*, Markt und Macht, S. 923 f.

[33] Für eine Erklärung wieso ausländische Kapitalgeber nach Deutschland drängten, obwohl das Land ohnehin schon mit der Reparationslast zu kämpfen hatte, siehe *Ritschl*, Reparations, Deficits and Debt Default.

[34] Siehe etwa *Ritschl*, Krise und Konjunktur, S. 125 ff. oder *Hardach*, Marshall Plan, S. 142–143.

[35] Für eine Einführung in die Kreditflüsse siehe auch *Tooze*, Ökonomie der Zerstörung, S. 24 ff.

1929 aus, ohne dass ein entsprechendes Nachfolgegesetz verabschiedet wurde.[36]

Das Schneeballsystem der ausländischen Kredite kollabierte schließlich nahezu zeitgleich mit dem Einsetzen der *Großen Depression*. Die deutsche Wirtschaft befand sich alsbald in einer deflationären Abwärtsspirale sowie einer Zahlungsbilanzkrise. Ab 1930 regierte die Regierung größtenteils mit Hilfe von Notverordnungen. Die parlamentarische Diskussion war weitgehend ausgeschaltet. Die Möglichkeit, eine Regulierung des Bankensystems voranzutreiben, wurde kurzzeitig diskutiert, aber schnell wieder verworfen. Sowohl die Regierung als auch die Reichsbank fürchteten, dass die Einführung von Bankenregulierung per Notverordnung eine Vertrauenskrise und einen *Run* auf das deutsche Bankensystem auslösen würde. Bis zum Frühjahr 1931 erschien das deutsche Bankensystem den Beteiligten auch durchaus noch als robust. Dementsprechend gab es keine Gesetzesvorlage bis zur Bankenkrise im Juli 1931.[37]

Nach einem landesweiten *Run* auf die Banken und der Insolvenz zweier Großbanken (der Danat und Dresdner Bank) sah sich die Regierung gezwungen, Bankfeiertage zu verkünden, um das Bankwesen zu stabilisieren. Um einen kompletten Zusammenbruch zu verhindern, war die Regierung zudem genötigt, das Bankensystem mit Kapital sowie mit weitreichenden Garantien für bestimmte Banken zu stützen.[38] Ab diesem Zeitpunkt war klar, dass das Bankwesen reguliert werden würde. Die Regierung unter *Brüning* war schließlich wenig erfreut, die Verluste der Banken zu sozialisieren. Zudem wäre es auch der Bevölkerung gegenüber unmöglich gewesen eine Garantie bzw. Kapitalbeteiligung des Staates an den Banken zu vermitteln, ohne dafür eine Gegenleistung in Form von umfassenderen Einflussmöglichkeiten zu erhalten. Die Frage war nur, welche Form diese Regulierung annehmen würde.[39]

Im Sommer von 1931 wurde hinter verschlossenen Türen in aller Eile an der Regulierung des Bankwesens gearbeitet. Während diesen Überlegungen analysierte man auch die Regulierungserfahrungen, die man im Ausland gemacht hatte. Dabei dienten die Vereinigten Staaten den Deutschen als ein warnendes, ja gar abschreckendes, Beispiel. Die Regulierung des Bankwesens in den USA hatte es nicht vermocht, Krisen zu verhindern. Deswegen sollte eine Fragmentierung der Bankenregulierung, wie sie

---

[36] Siehe *Krieghoff*, Americans Wanted it, S. 23 f.

[37] *Krieghoff*, Americans Wanted it, S. 24 f.

[38] Siehe *Born*, Die deutsche Bankenkrise, S. 110–134 und 170 ff. und *James*, Reichsbank and Public Finance, S. 209 f.

[39] Siehe *Krieghoff*, Americans Wanted it, S. 25.

in den USA herrschte, und das daraus resultierende Regulierungsarbitrage unter allen Umständen vermieden werden.[40]

Der Kompromiss, auf den man sich letztendlich einigte, galt als vorläufig. Eine abschließende Regelung sollte erst nach einer Aufarbeitung der Krise sowie einer gründlichen Analyse der Struktur des Bankensystems getroffen werden.[41] So wurde im September 1931 eine zentralisierte Regulierungsstruktur eingeführt, die aus dem Aufsichtsamt sowie dem Bankenkommissar bestand. Das Aufsichtsamt war bei der Reichsbank angesiedelt und sollte den regulatorischen Rahmen setzen. Der Bankenkommissar war eine Behörde im Geschäftsbereich des Reichswirtschaftsministeriums und war für das tägliche Aufsichtsgeschäft zuständig. Bis auf die Sparkassen (und einige Spezialbanken)[42] unterlag das gesamte deutsche Bankwesen dieser Regulierung durch Aufsichtsamt und Bankenkommissar.[43]

Dies bedeutete allerdings nicht, dass das korporatistische Regulierungsmodell damit komplett von der Bildfläche verschwunden wäre. Der Geist der korporatistischen Regulierung lebte weiter. So verstand sich der Bankenkommissar in erster Linie als ein Vermittler zwischen den verschiedenen Bankengruppen und der Regierung, dessen Hauptaufgabe es war, wieder gegenseitiges Vertrauen und somit Stabilität ins Bankensystem zu bringen. Eine strikte Anwendung von Kapital- und Liquiditätsvorschriften lehnte er zunächst ebenfalls ab.[44]

Ab 1932 war das Thema der Bankenregulierung vorerst von der Tagesordnung verschwunden. Man war weiterhin damit beschäftigt, das Bankensystem durch weitere Rekapitalisierungsmaßnahmen, Restrukturierungen und Bad-Bank Konstruktionen zu stabilisieren.[45] Zeitgleich war die öffentliche Meinung den Banken gegenüber auf einem Tiefpunkt. Zahlreiche Zeitungsartikel spekulierten über mögliche strukturelle Änderungen des Bankensystems – etwa einer Trennung von Investment- und Geschäftsban-

---

[40] *Krieghoff*, Americans Wanted it, S. 26.

[41] *Krieghoff*, Americans Wanted it, S. 26.

[42] Die Sparkassen wurden durch eine Spezialverordnung separat reguliert: Dritte Verordnung des Reichspräsidenten zur Sicherung von Wirtschaft und Finanzen und zur Bekämpfung politischer Ausschreitungen. Vom 6. Oktober 1931, RGBl. Teil I, Nr. 67, 1931, S. 537–568.

[43] Für die Notverordnungen, die das Aufsichtsamt und den Bankenkommissar eingeführt haben, siehe die Verordnung des Reichspräsidenten über Aktienrecht, Bankenaufsicht und über eine Steueramnestie, vom 19. September 1931, RBGl. Teil II, Nr. 7, 1931, S. 355–356 sowie die Vierte Verordnung des Reichspräsidenten zur Sicherung von Wirtschaft und Finanzen und zum Schutze des inneren Friedens, vom 8. Dezember 1931, RGBl. Teil I, Nr. 79, 1931, S. 699–745.

[44] Siehe *Krieghoff*, Americans Wanted it, S. 27.

[45] Vgl. hierzu *Born*, Die deutsche Bankenkrise, S. 168–174.

ken. Insbesondere die Nationalsozialisten heizten die negative Stimmung mit ihrer Forderung nach der „Brechung der Zinsknechtschaft“ an. Die zukünftige Struktur des Bankwesens war zu dem Zeitpunkt der Machtübernahme durch *Adolf Hitler* mehr als ungewiss.[46]

Erst nach der Machtübernahme der Nationalsozialisten wagte man sich auch wieder an das Thema der Regulierung der Banken. Es war *Hjalmar Schacht*, der frisch wiederernannte Präsident der Reichsbank, der die Initiative an sich und damit an die Reichsbank riss. Traditionell hatte sich die Zuständigkeit für das Bankgewerbe bei dem Reichswirtschaftsministerium befunden. Von einem Tag auf den anderen hatte die Reichsbank nun das sagen und war damit betraut eine Bankenenquete durchzuführen. Dieser politische Coup konnte nur dank *Schachts* enger Verbindung mit *Adolf Hitler* gelingen.[47] Durch sein Handeln wollte *Schacht* den radikaleren Elementen der NSDAP zuvorkommen, die sich für eine Sozialisierung des gesamten Bankensystems einsetzten.[48]

Die Enquete nahm im Herbst von 1933 unter der Leitung *Schachts* ihre Arbeit auf. Sie sollte das Bankwesen einer strukturellen Prüfung unterziehen und Reformvorschläge erarbeiten. Die grundlegenden Prinzipien, nach denen die Enquete ihre Arbeit verrichten sollte, wurden durch *Schacht* bestimmt, ebenso wie die meisten Vorarbeiten von Reichsbankmitarbeitern verfasst wurden. Die richtungweisenden Entscheidungen waren somit bereits getroffen, bevor die externen Experten überhaupt zum ersten Mal befragt wurden. Die Enquete diente in erster Linie als ein Feigenblatt um die Öffentlichkeit auf die von *Schacht* gewünschten Reformen vorzubereiten. Außerdem war sie nötig, um den Anschein zu erwecken als wären alle beteiligten Interessengruppen ausführlich gehört worden. Weitreichende strukturelle Veränderungen waren aber bereits im Voraus ausgeschlossen worden.[49]

Anderthalb Jahre später endete die Enquete fast genau dort wo sie auch begonnen hatte. Die eigentlichen Expertenanhörungen hatten nur knapp sechs Wochen gedauert. Die restliche Zeit wurde zum einen mit der Vorbereitung und zum anderen mit dem Verfassen eines Kreditwesengesetzes verbracht. Allerdings verzögerte *Schacht* diesen Prozess ebenfalls um fast ein ganzes Jahr.[50] Die Verzögerung war aus zweierlei Gründen von Vorteil. Erstens gab sie dem nationalsozialistischen Regime die Zeit, sich in erster Linie mit dem Problem der Arbeitslosigkeit auseinanderzusetzen –

---

[46] *Krieghoff*, Americans Wanted it, S. 27.
[47] *Kopper*, Hjalmar Schacht, S. 203 f., 216.
[48] *Krieghoff*, Americans Wanted it, S. 28.
[49] *Krieghoff*, Americans Wanted it, S. 29.
[50] *Krieghoff*, Americans Wanted it, S. 29.

welches das bei weitem dringendere Problem war. Und zweitens heilte die Zeit die „Wunden" der Öffentlichkeit und ließ somit die Feindseligkeit der Bevölkerung gegenüber den Großbanken abklingen. Das Kreditwesengesetz von 1934, war letztendlich eine konsequente Fortführung der Regulierung, die 1931 bereits in Ansätzen eingeführt worden war. Die Kompetenzen des Aufsichtsamtes und des Kommissars wurden ausgebaut und von nun an unterlagen selbst die Sparkassen der Regulierung und Aufsicht durch diese beiden zentralstaatlichen Institutionen. Schließlich hatten auch sie auf massive Stützungsmaßnahmen durch die Regierung zurückgreifen müssen. Strukturelle Änderungen am Banksystem wurden nicht vorgenommen. *Schacht* hatte erkannt, dass es sich nicht um ein strukturelles Problem des Bankensektors gehandelt hatte. Das Bankensystem war nicht inhärent instabil, wie es etwa das Amerikanische vor 1933 oder gar vor 1913 war. Wenn überhaupt hatte es ein Anreizproblem, dem in erster Linie mit regulatorischen Vorgaben und einer Aufsicht beizukommen war. So wurden die Publizitätspflichten der Banken verschärft sowie bindende Anlagevorschriften aufgestellt. Ferner war es den Regulierungsbehörden erlaubt, Kapital- und Liquiditätsrichtsätze vorzuschreiben und sowie den Marktzutritt vollständig zu beschränken.[51] Die Regulierungen des Kreditwesengesetzes erlaubten es somit der Reichsbank (und somit *Schacht*), das Bankwesen nach ihrem Belieben zu kontrollieren. Gleichzeitig zementierten sie aber auch die historisch gewachsene Struktur des Bankwesens.

IV. Abschließend

Die Zentralregierung der Vereinigten Staaten hat vor dem Zweiten Weltkrieg mehrmals versucht eine Zentralisierung der Bankenregulierung herbeizuführen. Zunächst mit der Einführung des Nationalbankensystems, später mit der Einführung der *Federal Reserve* und abermals bei der Einführung der Einlagenversicherung während der Großen Depression. Jedes mal hat man versucht, die Anreize so zu setzen, dass sich die State Banks freiwillig einer zentralen Regulierung unterwerfen mochten. Im Gegenzug für die Unterwerfung unter eine zentralstaatliche Regulierung, sollten die Banken Wettbewerbsvorteile gegenüber jenen Banken erhalten, die sich der zentralen Regulierung nicht unterworfen hatten. Die Nationalregierung musste diesen indirekten Weg gehen, da die amerikanische Verfassung ihr eine direkte Monopolisierung der Bankenregulierung nicht ausdrücklich erlaubte. Alle drei Versuche eine Zentralisierung der Regulierung herbei-

[51] Für das Kreditwesengesetz siehe: Reichsgesetz über das Kreditwesen, vom 5. Dezember 1934, RGBl. Teil I, Nr. 132, 1934, S. 1203–1214.

zuführen scheiterten letztendlich. Man konnte sich nicht gegen die Interessengruppen der Kleinstbanken durchsetzen. Allerdings kann kein Zweifel daran bestehen, dass die amerikanische Bankenelite ein einheitliches und zentral reguliertes Bankensystem als wesentlich effizienter und sicherer ansah, als das bestehende dezentrale System.

Die Entwicklung der Bankenregulierung in Deutschland unterscheidet sich sehr von der in den Vereinigten Staaten. Sowohl auf Seiten der Zentralregierung als auch auf Landesebene vermied man es lange Zeit, den Bankensektor einer spezifischen Regulierung zu unterwerfen. Man war sich durchaus bewusst, dass es adverse Entwicklungen im Bankensektor gab, jedoch hoffte man, dass man diese im Dialog mit den Bankenverbänden beheben könne. Die Regulierung des Bankwesens im modernen Sinne – bestehend aus einer spezifischen Aufsicht, die konkrete Regeln setzte, diese überwachte und gegebenenfalls in den Bankensektor intervenieren konnte – sollte bis nach der Bankenkrise von 1931 auf sich warten lassen. Es gab zwei nennenswerte Ausnahmen: zum einen die Hypothekenbanken, für die das Hypothekenbankgesetz von 1889 eine zentrale Aufsicht und Regulierung schuf. Zum anderen, das öffentliche Sparkassenwesen, das (theoretisch) einer Kontrolle der entsprechenden Landesministerien unterlag. Allerdings gab es bis zur Bankenkrise von 1931 keinerlei Gesetzesvorhaben von Seiten der Regierung, die eine umfassende Regulierung des Bankensektors zur Folge gehabt hätten. Man wich vor der Verantwortung zurück, die so ein Schritt mit sich gebracht hätte. Erst die Bankenkrise von 1931 nötigte die Reichsregierung zur Einführung einer weitreichenden Regulierung der Banken, da sie sich gezwungen sah, einen Großteil des Bankensystems zu stützen. Sowohl die privaten Großbanken als auch das Sparkassensystem wurden durch Kapitalinjektionen des Reichs gestützt. Die Einführung der Bankenaufsicht war somit eine „Gegenleistung" für die erfolgte Rettung des Bankensystems.

Die amerikanischen Regulierungserfahrungen hatte man in Deutschland genauestens analysiert. Dementsprechend war man sich der Nachteile einer Dezentralisierung der Regulierungsinstitutionen bewusst. Hinzu kam, dass die Reichsregierung zu jenem Zeitpunkt bereits mit Hilfe von Notverordnungen regierte. Der parlamentarische Diskurs war ausgeschaltet. Dementsprechend schwerer konnten die verschiedenen Interessensgruppen Einfluss auf die Regierung ausüben. Die zunächst eingeführte Bankenregulierung galt als provisorisch. Man wollte eine abschließende Reform erst nach einer eingehenderen Untersuchung des Bankwesens beschließen. Diese sollte nach einer Beruhigung der Wirtschaftslage durchgeführt werden. Die Tatsache, dass das deutsche Bankensystem seine Struktur sowie Regulierungsinstitutionen beibehalten hat, ist auf *Hjalmar Schacht* zurückzuführen. Seine Initiative sowie seine Nähe zu *Adolf Hitler* sorgten dafür, dass die zentralisierte Regulierungsstruktur beibehalten und weiter ausgebaut wurde.

Der Unterschied in der strukturellen Entwicklung der Bankenregulierung in den USA und in Deutschland liegt also nicht darin, dass man seitens der Regierungen unterschiedliche Auffassungen davon hatte, ob ein dezentral oder zentral strukturiertes Regulierungssystem zu bevorzugen war. Auf beiden Seiten bevorzugte man ein zentral gestaltetes Regulierungssystem. Um ein entsprechendes System in den Vereinigten Staaten zu etablieren, stand der Amerikanischen Regierung allerdings die Verfassung, die Bundesstaaten und die „Unit Banks“ im Weg. So musste man versuchen auf indirektem Wege die Zentralisierung herbeizuführen. Dies führte seinerseits zu einer Eigendynamik, die letztendlich in einem noch komplexeren und dezentralisierteren Regulierungssystem mündeten. In Deutschland gab es eine solche Beschränkung durch die Verfassung nicht. Zudem war der demokratische Diskurs weitestgehend ausgeschaltet. Man musste sich also nur sehr bedingt mit dem Widerstand der Interessengruppen auseinander setzen. Diese Umstände und das entscheidende Handeln von *Schacht* ermöglichten es, dass sich die zentrale Regulierungsstruktur in Deutschland durchsetzte.

Quellen- und Literaturverzeichnis

Quellenverzeichnis

Bankenenquete 1908/1909: Materialien zur Frage des Depositwesens (Punkt VI des Fragebogens), Reichsdruckerei, Berlin 1910.

–: Die Verhandlungen der Gesamtkommission zu den Punkten I – V des Fragebogens. Stenographische Berichte, Ernst Siegfried Mittler und Sohn, Berlin 1909.

–: Die Verhandlungen der Gesamtkommission zu Punkt VI des Fragebogens. (Depositwesen.). Stenographische Berichte, Ernst Siegfried Mittler und Sohn, Berlin 1909.

Literaturverzeichnis

Alston, Lee J./Grove, Wayne A./Wheelock, David C.: Why Do Banks Fail? Evidence from the 1920s, in: Explorations in Economic History 31, 1994, S. 409–431.

Beck, Thorsten/Todorov, Radomir/Wagner, Wolf: Bank Supervision Going Global? A Cost-Benefit Analysis (European Banking Center Discussion Paper 33, 2011), Tilburg 2011.

Born, Karl Erich: Die deutsche Bankenkrise 1931: Finanzen und Politik, München 1967.

Burns, Helen M.: The American Banking Community and New Deal Banking Reforms 1933–1935, Contributions in economics and economic history, Westport, Conn. 1974.

Chapman, John Martin/Willis, Henry Parker: The Banking Situation. American Post–War Problems and Developments, New York 1934.

Dell'Ariccia, Giovanni/Marquez, Robert: Competition among Regulators and Credit Market Integration, in: Journal of Financial Economics 79, 2006, S. 401–430.

Döring, Franz: Rückblick auf die Zeit vor dem Kriege und im Kriege, in: Untersuchung des Bankwesens 1933. Teil I, Band 2, Berlin 1933, S. 137–158.

Freixas, Xavier: Crisis Management in Europe, in: Kremers, Jeroen J. M./Schoenmaker, Dirk/Wierts, Peter J. (Hg.): Financial Supervision in Europe, Cheltenham/ Northampton 2003.

Friedman, Milton/Schwartz, Anna Jacobson: A Monetary History of the United States 1867–1960, in: ninth paperback reprinting, Princeton 1993.

Golembe, Carter H.: Our Remarkable Banking System, in: Virginia Law Review 53, 1967, S. 1091–1114.

Goodhart, Charles A. E.: The Organizational Structure of Banking Supervision, in: Economic Notes 31, 2002, S. 1–32.

Hackley, Howard H.: Our Baffling Banking System, in: Virginia Law Review 52, 1966, S. 565–632.

Hammond, Bray: Banks and politics in America: from the Revolution to the Civil War, Princeton 1957.

Hardach, Gerd: Zwischen Markt und Macht: Die deutschen Banken 1908–1934, in: Feldenkirchen, Wilfried/Schönert-Röhlk, Frauke/Schulz, Günther (Hg.): Wirtschaft, Gesellschaft, Unternehmen. Festschrift für Hans Pohl zum 60. Geburtstag (Vierteljahresschrift für Sozial- und Wirtschaftsgeschichte. Beiheft 120), Stuttgart 1995, S. 914–938.

–: The Marshall Plan in Germany. 1948–1952, in: Journal of European Economic History 16, 1987, S. 433–485.

Honold, Eduard: Die Bankenaufsicht, Mannheim, 1957.

James, Harold: The Reichsbank and Public Finance in Germany 1924–1933: A study of the Politics of Economics during the Great Depression (Schriftenreihe des Instituts für Bankhistorische Forschung e.V.), Frankfurt a.M. 1985.

Kopper, Christopher: Hjalmar Schacht. Aufstieg und Fall von Hitlers mächtigstem Bankier (dtv. Biographie 34608), München 2006.

Kregel, Jan A.: The Role of 1930s Regulations in the Development of Financial Markets in Postwar United States, Germany and Great Britain, in: Forsyth, Douglas J./Notermans, Ton (Hg.): Regime Changes. Macroeconomic Policy and Financial Regulation in Europe from the 1930s to the 1990s, Providence/Oxford 1997, S. 256–309.

Krieghoff, Niels: Americans Wanted it. Germans Got it. Why Germany Introduced Centralized Banking Regulation and the U.S. didn't., (noch unveröffentlichtes Working-Paper, Stand Juli 2012).

Legler, John B./Sylla, Richard Eugene/Wallis, John J.: The Interaction of Taxation and Regulation in Nineteenth-Century U.S. Banking, in: Goldin, Claudia/Libecap, Gary D. (Hg.): The Regulated Economy: A Historical Approach to Political Economy, Chicago 1994, S. 121–144.

–: Banks and State Public Finance in the New Republic. The United States, 1790–1860, in: The Journal of Economic History 47, 1987, S. 391–403.

Moen, Jon R./Tallman, Ellis W.: The Bank Panic of 1907: The Role of Trust Companies, in: The Journal of Economic History 52, 1992, S. 611–630.

Ritschl, Albrecht: Reparations, Deficits and Debt Default: The Great Depression in Germany, Economic History Working Paper 163/12, London 2012.

–: Deutschlands Krise und Konjunktur 1924–1934, in: Jahrbuch für Wirtschaftsgeschichte, Beiheft 2, Berlin 2002.

Simon, Miguel Cantillo: The Rise and Fall of Bank Control in the United States: 1890–1939, in: The American Economic Review 88, 1998, S. 1077–1093.

Tooze, J. Adam: Ökonomie der Zerstörung, Bundeszentrale für politische Bildung, Bonn 2007.

U.S. Congress: Banking Act of 1933, P.L. 73-66, 48 STAT. 162, 1933.

Wandel, Eckhard: Die deutsche Bankengesetzgebung vom Beginn der Industrialisierung bis zur Weltwirtschaftskrise in ihren zeitgeschichtlichen Zusammenhängen, in: Bankhistorisches Archiv, Beiheft 8, Frankfurt 1982, S. 13–20.

White, Eugene Nelson: The Regulation and Reform of the American Banking System. 1900–1929, Princeton 1983.

–: The Political Economy of Banking Regulation 1864–1933, in: The Journal of Economic History 42, 1982, S. 33–40.

Kommentar: Öffentliche Betriebe und Bankenregulierung im historischen Rückblick

Gerd Hardach

I. Die Gestaltung der Freiheit: Wettbewerb und Regulierung

1. Wettbewerb

Geht man von den Grundsätzen der liberalen Wirtschaftspolitik aus, so ist in einer Marktwirtschaft die „Gestaltung von Freiheit" durch Regulierung ein systemfremdes Element. Nach dem bekannten Postulat von *Adam Smith* ist es nicht die Regulierung, sondern die Abwesenheit jeder Regulierung, die zum „System der natürlichen Freiheit" führt: „All systems either of preference or of restraint, therefore, being thus completely taken away, the obvious and simple system of natural liberty establishes itself of ist own accord." Charakteristisch für das „System der natürlichen Freiheit" ist, dass jeder Mensch im Rahmen der Gesetze seine eigenen Interessen verfolgt; durch die Konkurrenz wird der Egoismus sozial verträglich gestaltet. „Every man, as long as he does not violate the laws of justice, is left perfectly free to pursue his own interest his own way, and to bring both his industry and capital in competition with those of any other man, or order of man."[1]

Die These, dass die Wettbewerbsordnung wirtschaftliche Freiheit schafft, ist nicht nur eine theoriegeschichtliche Erinnerung, sondern ist in der Wirtschaftsgeschichte immer wieder aktualisiert worden. In der Bundesrepublik Deutschland wurde, auch als Reaktion auf die Zwangswirtschaft des Nationalsozialismus, die enge Verbindung von Wettbewerb und Freiheit in der Wirtschaftsordnung der Sozialen Marktwirtschaft betont. *Ludwig Erhard*, Bundeswirtschaftsminister von 1949 bis 1963, bezeichnete die Soziale Marktwirtschaft als die Wirtschaftsordnung der Freiheit.[2] Die

---

[1] *Smith*, Wealth of nations, S. 687.
[2] *Erhard*, Freiheit und Ordnung.

Maxime der westdeutschen und seit 1990 der gesamtdeutschen Wirtschaftspolitik war, dass der Wettbewerb nicht nur die drei wirtschaftlichen Wettbewerbsfunktionen, die Allokationsfunktion, die Anreizfunktion und die Verteilungsfunktion, sondern auch die politisch-soziale Freiheitsfunktion erfüllen sollte.[3]

2. Regulierung

Dass staatliche Regulierung nicht nur Freiheit beeinträchtigen, sondern auch Freiheit gestalten kann, ist aus der Erfahrung gewachsen, dass die ungehemmte Ausübung individueller Freiheitsrechte sich negativ auf die Freiheitsrechte anderer Personen auswirken kann. Der moderne Begriff der „Regulierung“ wird unterschiedlich definiert. Er kann im engeren Sinne die Auflösung natürlicher Monopole durch einen staatlich administrierten Wettbewerb bezeichnen. Im weiteren Sinne meint er staatliche oder staatlich kontrollierte Interventionen, die ein Marktversagen korrigieren sollen. Die Regulierung kann durch verschiedene Instrumente erfolgen, sowohl durch Regeln über den Marktzugang, die Preise, die Konditionen oder andere Parameter, als auch durch öffentliche Betriebe.[4]

Die Konkurrenz von Wettbewerb und Regulierung bei der Gestaltung der Freiheit macht es notwendig, die Grenzen zwischen dem Wettbewerb als präferierter Grundordnung und der Regulierung als Ausnahmebereich immer wieder neu zu bestimmen. Staatliche Regulierung wurde lange Zeit mit der Gemeinwohlhypothese begründet; der neutrale Staat definiert, wann ein Marktversagen vorliegt, und setzt im Sinne des Gemeinwohls die angemessene Regulierung durch. Die Gemeinwohlhypothese ist jedoch mit der Erfahrung nicht zu vereinbaren. Das „Gemeinwohl“ hat eine gewisse Ähnlichkeit mit dem mittelalterlichen Gral: Alle waren überzeugt, dass es ihn gab, aber niemand hatte ihn je gesehen, und die Beschreibungen waren daher sehr unterschiedlich.[5] Die neuere Forschung geht davon aus, dass Umfang und Inhalt der Regulierung nicht durch ein abstraktes „Gemeinwohl“ definiert werden, sondern stets von neuem im Widerstreit der Interessen diskutiert und ausgehandelt werden müssen.[6] In Demokratien gibt es parallel zu dem ökonomischen Wettbewerb einen politischen Wettbewerb, der über die Gestaltung der Freiheit durch Regulierung entscheidet.[7]

---

[3] *Herdzina*, Wettbewerbspolitik; *Olten*, Wettbewerbstheorie und Wettbewerbspolitik.

[4] *Ogus*, Regulation.

[5] *Barber*, The holy Grail.

[6] *Ghertman*, Regulation, deregulation and reregulation; *Krakowski*, Theoretische Grundlagen.

[7] *Bernholz/Breyer*, Grundlagen der Politischen Ökonomie.

So vielfältig wie die Ziele und Instrumente der Regulierung sind die historischen Regulierungserfahrungen. Die Kompromisse zwischen Wettbewerb und Regulierung waren kaum je beständig, sondern wurden immer wieder neu gestaltet. Zwischen einem „Marktversagen“, das Regulierung begründete, und „Staatsversagen“, das zu einer Deregulierung führte, war ein schmaler Grat. Der folgende Kommentar bezieht sich auf zwei Beispiele von Regulierung. *Katja Fuder* untersucht in ihrem Beitrag die Regulierung durch öffentliche Betriebe in Deutschland.[8] *Niels Krieghoff* vergleicht die Bankenregulierung in Deutschland und den USA.[9]

II. Öffentliche Betriebe als Instrument der Regulierung in Deutschland

1. Grundlagen

Im Deutschen Reich von 1871 hatte sich als Ergebnis der bürgerlichen Revolution, die in den einzelnen Territorien mit unterschiedlichem Tempo betrieben worden war, eine kapitalistische Marktwirtschaft durchgesetzt. Gleichwohl verfügten die Einzelstaaten und die Kommunen aus früheren Zeiten, zum Teil noch als merkantilistisches Erbe, über einen umfangreichen Besitz an Staatsbetrieben. Dazu gehörten land- und forstwirtschaftliche Domänen, Eisenbahnen, Bergwerke, Industriebetriebe, Staatsbanken, Sparkassen, kommunale Versorgungsbetriebe und andere Betriebe. Obwohl die Staatsbetriebe in einer liberalen Wirtschaftsordnung systemfremd waren, wurden sie keineswegs privatisiert, sondern im Gegenteil erweitert. Zu den Einzelstaaten und den Kommunen trat nach der Reichsgründung das Reich als neuer Eigentümer von öffentlichen Betrieben.[10] Größter Reichsbetrieb war das Staatsmonopol Reichspost, mitsamt den neuen Bereichen Telegrafie, Telefon und später dem Postscheckdienst.[11] Auf der Ebene der Einzelstaaten wurde die wirtschaftliche Betätigung der öffentlichen Hand durch die weitgehende Verstaatlichung der Eisenbahnen in Bayern, Sachsen, Preußen und anderen Staaten 1875–1890 beträchtlich erweitert.[12] Die öffentlichen Betriebe waren unterschiedlich organisiert. Manche Staatsbetriebe wurden als Teil der öffentlichen Verwaltung geführt, etwa auf der Reichsebene die Post oder auf kommunaler Ebene die

---

[8] Vgl. den Beitrag von *Katja Fuder* in diesem Band, S. 175 ff.
[9] Vgl. den Beitrag von *Niels Krieghoff* in diesem Band, S. 197 ff.
[10] *Ambrosius*, Staat als Unternehmer, S. 12–54.
[11] *Hesse*, Im Netz der Kommunikation.
[12] *Ziegler*, Eisenbahnen und Staat.

Versorgungsbetriebe und bis 1931 auch die Sparkassen; andere Betriebe im Staatsbesitz waren rechtlich selbständig und traten auf dem Markt ähnlich wie private Unternehmen auf.

Ein wichtiges Motiv für den Erwerb und die Erhaltung von Staatsbetrieben waren die beträchtlichen Einnahmen, die Reich, Staaten und Kommunen aus ihren Betrieben bezogen. Neben ihrer fiskalischen Funktion sollten die Staatsbetriebe zumeist aber auch wirtschaftspolitische Funktionen wahrnehmen. Wirtschaftspolitische Ziele konnten die bessere Versorgung der Verbraucher mit Waren und mit Dienstleistungen, die Wirtschaftsförderung, die Strukturpolitik, die Sozialpolitik oder auch Lieferungen an staatliche Stellen, insbesondere an das Militär, sein. In der preußischen Eisenbahnpolitik zum Beispiel wurden in den 1870er Jahren die Öffnung der Stereckennetze für fremde Wettbewerber oder die Verstaatlichung als alternative Instrumente diskutiert, um die Effizienz der Eisenbahnen zu verbessern. Am Ende setzte sich die Verstaatlichung durch, gefördert durch das fiskalische Motiv, Einnahmen für den preußischen Staat zu erwirtschaften.[13]

Die Entwicklung der staatlichen Betriebe folgte keinem Gesamtplan, sondern entstand durch zahlreiche unterschiedlich motivierte Einzelentscheidungen. Gleichwohl gab es seit dem späten neunzehnten Jahrhundert Bestrebungen, die vielfältige wirtschaftliche Betätigung der öffentlichen Hand systematisch zu begründen. Mit Schlagworten wie „Staatssozialismus" oder „Munizipalsozialismus" wurde betont, dass die staatlichen Betriebe nicht nur mehr oder weniger zufällige Ausnahmen in der liberalen Wirtschaftsordnung waren, sondern ein eigenständiges System darstellten, das eine Ergänzung und vielleicht auch eine Überwindung der kapitalistischen Wirtschaftsordnung bedeutete. Zum zentralen Begriff in der Theorie und Politik der Regulierung wurde das Konzept der „Gemeinwirtschaft", mit dem eine besondere, nichtkapitalistische Entscheidungslogik öffentlicher Betriebe postuliert wurde. Öffentliche Betriebe sollten in der Regel Gewinne erwirtschaften. Sie sollten aber auch öffentliche Leistungen anbieten, die nicht kostendeckend waren. Das gemeinwirtschaftliche Ziel der Reichspost war das umfassende Kommunikationsangebot durch die Brief- und Paketpost, den Postreiseverkehr, die Telegrafie, das Telefonnetz und den bargeldlosen Zahlungsverkehr der Postscheckämter. Als gemeinwirtschaftliche Aufgabe der Staatsbahnen galt das flächendeckende Angebot von Personenverkehr und Gütertransport, auch in strukturschwachen Regionen. Die kommunalen Sparkassen sollten im Passivgeschäft das individuelle Sparen fördern und auch kleine Beträge akzeptieren, die für die Geschäftsbanken uninteressant waren; im Aktivgeschäft sollten sie durch

---

[13] *Fremdling/Knieps*, Competition, regulation and nationalization.

Kommunalkredite und Immobilienfinanzierung die regionale Wirtschaft unterstützen. Ein differenziertes System von Quersubventionierungen zwischen ertragsstarken und defizitären Bereichen sollte gewährleisten, dass die gemeinwirtschaftlichen Betriebe ohne staatliche Zuschüsse auskamen.[14]

2. Erster Weltkrieg, Weimarer Republik und Nationalsozialismus

Im Ersten Weltkrieg erweiterte das Reich seinen Besitz an öffentlichen Betrieben. Als neues Motiv trat die Organisation der Kriegswirtschaft in den Vordergrund. Der Wettbewerb wurde durch eine staatliche Wirtschaftslenkung verdrängt. Nach dem Ende des Krieges wurden zwar zahlreiche Kriegsgesellschaften aufgelöst, aber etliche neue Staatsbetriebe im Bergbau, in der Industrie, in der Elektrizitätswirtschaft und im Bankwesen blieben dennoch erhalten.[15]

In der Weimarer Republik dehnten vor allem die Kommunen ihre wirtschaftliche Betätigung aus. Die kommunalen Versorgungsbetriebe wurden wichtige Instrumente der Wirtschaftspolitik.[16] Im Reich und in Preußen wurden die Beteiligungen an Industrieunternehmen reorganisiert. Das Reich fasste seine vielfältigen Industriebeteiligungen 1923 in der Vereinigte Industrie-Unternehmungen Aktiengesellschaft (VIAG) zusammen. Preußen gründete 1929 die Vereinigte Elektrizitäts- und Bergwerke AG (VEBA). Die VEBA entwickelte sich zu einem umfangreichen Bergbau- und Elektrizitätskonzern. Sie verwaltete als Holding-Gesellschaft vier große Unternehmen, die jeweils zahlreiche Unterbeteiligungen hielten: die Preußische Bergwerks- und Hütten AG (Preussag), die Preußische Elektrizitäts-AG, die Bergwerksgesellschaft Hibernia und die Bergwerks-AG Recklinghausen.[17]

Zu Beginn der Weimarer Republik gab es den Versuch, die sozialkonservativen und die sozialdemokratischen Ideen der Gemeinwirtschaft zusammenzuführen. Auf der konservativen Seite trat *Wichard von Moellendorf* für die Gemeinwirtschaft ein, auf sozialdemokratischer Seite *Rudolf Wissel*. Politisch ist das heterogene Modell jedoch gescheitert.[18] Die öffentlichen Betriebe wurden in den folgenden Jahren vor allem von sozialdemokratischen und gewerkschaftlichen Experten als Grundlage einer

---

[14] *Ambrosius*, Staat als Unternehmer, S. 12–54.

[15] *Ambrosius*, Staat als Unternehmer, S. 64–69.

[16] *Ambrosius*, Öffentliche Wirtschaft; *Pohl*, Kommunale Unternehmen.

[17] *Ambrosius*, Staat als Unternehmer, S. 64–68; *Pohl/Schneider*, VIAG-Aktiengesellschaft; *Radzio*, Unternehmen Energie; Stier/Laufer (Hg.), Von der Preussag zur TUI.

[18] *Loesch*, Gemeinwirtschaftliche Unternehmen.

Gemeinwirtschaft interpretiert, die sich von der kapitalistischen Wettbewerbswirtschaft unterschied.[19]

Unter der nationalsozialistischen Diktatur wurde der öffentliche Sektor stark ausgedehnt. In den späten dreißiger Jahren wurden große staatliche Industriekonzerne gegründet, 1937 die Reichwerke AG für Erzbergbau und Eisenhütten „Hermann Göring" in Salzgitter und 1938 die Volkswagenwerk GmbH. Die alten und neuen öffentlichen Betriebe dienten den politischen Zielen des Regimes, der Propaganda, der Aufrüstung und der Kriegswirtschaft. Für das traditionelle Gemeinwirtschaftskonzept, zu dem die bessere Versorgung der Verbraucher, die Wirtschaftsförderung, die Strukturpolitik und die Sozialpolitik gehörten, war in der Diktatur kein Platz.[20]

3. Öffentliche Betriebe in der Sozialen Marktwirtschaft

In der Bundesrepublik Deutschland übernahmen Bund, Länder und Gemeinden als historisches Erbe einen umfangreichen Besitz an öffentlichen Betrieben, der zuletzt noch durch die Aufrüstung und die Kriegswirtschaft des Nationalsozialismus erheblich zugenommen hatte.[21] Die Wirtschaftsordnung der Sozialen Marktwirtschaft brach jedoch mit der langen Tradition von exzessiver Konzentration, Kartellen und Staatsinterventionismus in Deutschland. Als wichtigste Aufgabe der Wirtschaftspolitik galt es, die Durchsetzung des Wettbewerbsprinzips zu gewährleisten und Wettbewerbsbeschränkungen zu verhindern. Unter wettbewerbspolitischen Gesichtspunkten waren öffentliche Betriebe systemfremd. Als das Bundesfinanzministerium 1953 die Errichtung einer „Bank für bundeseigene Unternehmungen" plante, lehnte Bundeswirtschaftsminister *Erhard* das Vorhaben strikt ab, mit der Begründung: „Es gehört nicht zu den legitimen Aufgaben des Staates, sich selbst wirtschaftlich zu betätigen und damit in Konkurrenz zu seinen Staatsbürgern zu treten."[22] Das Bundeswirtschaftsministerium betonte, dass öffentliche Betriebe nicht den Wettbewerb verzerren sollten und den gleichen Rahmenbedingungen unterworfen sein müssten wie private Unternehmen.[23]

Das Gesetz gegen Wettbewerbsbeschränkungen von 1957 galt auch für öffentliche Unternehmen. Allerdings wurden zahlreiche Ausnahmeberei-

---

[19] *Staudinger*, Staat als Unternehmer.

[20] *Mommsen/Manfred*, Volkswagenwerk und Arbeiter; *Tooze*, Ökonomie der Zerstörung, S. 280–283.

[21] *Ambrosius*, Staat als Unternehmer, S. 105–158.

[22] Bundeswirtschaftsminister *Ludwig Erhard* an Bundesfinanzminister *Fritz Schäffer*, 15. Januar 1953. Ludwig-Erhard-Stiftung, Nachlass Erhard I. 1) 3 Adenauer 1952–55.

[23] Bundesministerium für Wirtschaft (Hg.), Wettbewerbspolitik, S. 11.

che erlaubt, insbesondere für öffentliche Unternehmen, die als Regulierungsinstrumente eingesetzt wurden. Zu den Ausnahmen gehörten unter anderen auf der Bundesebene die Bank deutscher Länder und die Kreditanstalt für Wiederaufbau, auf Länderebene die Landesbanken und auf kommunaler Ebene die Versorgungsbetriebe für Wasser, Gas und Elektrizität sowie die Verkehrsbetriebe.[24]

Die Tendenz ging in der Bundesrepublik Deutschland dahin, die wirtschaftliche Tätigkeit der öffentlichen Hand zurückzunehmen, soweit nicht übergeordnete wirtschaftspolitische Ziele verfolgt wurden. Die Gemeinwirtschaftstheorie, nach der die öffentlichen Betriebe eine Systemalternative zur Wettbewerbsordnung darstellen sollten, wurde zwar in den Gewerkschaften und in der Sozialdemokratie noch gepflegt, verlor aber an Bedeutung.[25] Ende der fünfziger Jahre begann eine Welle von Privatisierungen oder Teilprivatisierungen öffentlicher Unternehmen. Dabei kamen verschiedene Motive zusammen: die marktwirtschaftliche Ordnungspolitik, die politische Konsolidierung der Sozialen Marktwirtschaft durch die Ausgabe von „Volksaktien", aber auch die Kapitalbeschaffung für die Unternehmen. Bedeutende Projekte waren die Teilprivatisierungen der Preussag 1959, der Volkswagenwerk AG 1960 und 1965 der VEBA AG 1965.[26]

Eine neue Privatisierungswelle setzte im Zusammenhang mit der allgemeinen Liberalisierungspolitik in den achtziger Jahren ein. Da viele Staatsbetriebe inzwischen defizitär geworden waren, sollte die Privatisierung auch der Entlastung der öffentlichen Haushalte dienen. Nach der Wiedervereinigung wurden zunächst die von der Deutschen Demokratischen Republik übernommenen Staatsbetriebe weitgehend privatisiert.[27] Gleichzeitig wurde die in den achtziger Jahren eingeleitete Privatisierungspolitik beschleunigt. Nach dem Maastricht-Vertrag von 1992 nahm der Einfluss der Europäischen Union auf das Privatisierungsprogramm zu.[28] Die neue Privatisierungspolitik konzentrierte sich vor allem auf die Staatsmonopole Bundespost und Bundesbahn. Die Bundespost wurde in die drei Bereiche Post, Telekommunikation und Postbank aufgeteilt und schrittweise privatisiert. Die Bundesbahn wurde aus der staatlichen Verwaltung gelöst und in eine Kapitalgesellschaft umgewandelt, blieb aber

---

[24] Gesetz gegen Wettbewerbsbeschränkungen. Vom 27. Juli 1957. BGBl. I 1957, S. 1081–1103.

[25] *Eichhorn*, Gemeinwirtschaftliche Unternehmen, S. 21–37.

[26] *Ambrosius*, Staat als Unternehmer, S. 109–115; *Radzio*, Unternehmen Energie, S. 163–164, 169–193; Stier/Laufer (Hg.), Von der Preussag zur TUI, S. 446–488.

[27] *Freese*, Die Privatisierungstätigkeit der Treuhandanstalt.

[28] *Schorkopf*, Europäischer Weg. S. 87–91; vgl. die Beiträge in Vives (Hg.), Competition policy.

einstweilen im Besitz des Bundes.[29] Aber nicht nur die Bundespost, sondern auch viele Landesbetriebe und kommunale Betriebe wurden privatisiert.

III. Bankenregulierung in Deutschland und den USA

1. Unterschiedliche Modelle der Bankenregulierung

Der Banksektor ist in vielen kapitalistischen Marktwirtschaften ein ordnungspolitischer Ausnahmebereich, der frühzeitig reguliert wurde. Trotz dieser Gemeinsamkeit hatte die Regulierung in den einzelnen Ländern aber unterschiedliche Motive, sie nahm verschiedene Formen an und hatte auch andere Folgen. Dies zeigt ein Vergleich der Regulierungsgeschichte in zwei Ländern: Deutschland und den USA. Beiden Ländern gemeinsam ist, dass sie Bundesstaaten waren, in denen die Zentralgewalt und die Einzelstaaten um die Regulierung der Banken konkurrierten. Die Bankensysteme und die Bankenregulierung entwickelten sich in beiden Ländern aber unterschiedlich.

2. Anfänge

In den USA konkurrierten von Anfang an die Einzelstaaten und die Union um das Recht zur Bankgesetzgebung. Die Vertreter der „State Rights" reklamierten das Recht, Bankkonzessionen zu erteilen, für die Einzelstaaten; die ersten Banken wurden auch von Einzelstaaten konzessioniert. Finanzminister *Alexander Hamilton* und andere Verfechter einer starken Zentralgewalt beanspruchten aber auch für die Union das Recht, Banken zu konzessionieren, weil sie darin ein wichtiges Instrument sahen, die wirtschaftliche Einheit der Republik zu fördern. 1791 wurde die *Bank of the United States* mit einer Konzession der Bundesregierung gegründet. Die Konzession wurde jedoch nur auf zwanzig Jahre erteilt, und sie wurde 1811 nicht erneuert, weil es in der Öffentlichkeit und in der Politik starke Vorbehalte gegen die Macht einer im ganzen Land tätigen Bank gab. 1816 wurde noch einmal eine Bank mit einer Konzession der Bundesregierung gegründet, die zweite *Bank of the United States*. Auch diesmal kam man den Bedenken der Einzelstaaten entgegen und befristete die Konzession auf zwanzig Jahre.[30] In der Regierungszeit von Präsident *Andrew Jackson* von 1829 bis 1837 eskalierte die Kontroverse um die Bankpolitik zu einer politischen

---

[29] *Drapatz*, Zukunft der Deutschen Bahn; *Lotz*, Deutsche Post.

[30] *Bodenham*, A history of banking; *Hammond*, Banks and politics; *Rockoff*, Banking and finance.

Grundsatzfrage. *Jackson* eröffnete 1829 in seiner Botschaft an den Kongress einen „Bank War" gegen die zweite *Bank of the United States*. Die Konzessionierung der Banken war seiner Ansicht nach ein wesentliches Recht der Einzelstaaten, und sie war auch ein wichtiges Instrument, um die Macht der Banken zu kontrollieren. Denn Banken durften sich nur in dem konzessionierenden Staat niederlassen, und in vielen Staaten war nach dem Prinzip des „Unit Banking" die Gründung von Zweigniederlassungen generell verboten. Die Konzession der *Bank of the United States* wurde 1836 nicht erneuert, und bis zum Bürgerkrieg gab es nur die von den Einzelstaaten konzessionierten Banken. Die Bankgesetzgebung der Einzelstaaten sah unterschiedliche Regulierungsvorschriften vor. Insgesamt herrschte aber ein wettbewerbsorientiertes Ordnungsmodell mit einem geringen Regulierungsgrad.[31]

Erst 1863 wurde aus finanzpolitischen Motiven parallel zu der Konzessionierung durch die Einzelstaaten wieder die Konzessionierung von Banken durch die Bundesregierung eingeführt. Diesmal war das Ziel nicht wie 1791 und 1816 die Etablierung einer bundesweit tätigen Großbank, sondern die Gründung von zahlreichen „National Banks" parallel zu den „State Banks". Die neuen vom Bund konzessionierten Banken sollten vor allem die Kreditaufnahme der Union zur Finanzierung des Bürgerkrieges erleichtern. Sie mussten sich an die strikten Regeln der Dezentralisierung halten. Zweigniederlassungen oder eine Expansion über die Grenzen des Heimatstaates hinaus waren nicht vorgesehen. 1927 wurde noch einmal bestätigt, dass für die „National Banks" die gleichen regionalen Beschränkungen galten wie für die „State Banks". An den bedeutenderen Finanzplätzen entstanden größere Banken, die einen überregionalen Markt bedienten; zwar durften die Banken nicht zu den Kunden gehen, aber die Kunden konnten zur Bank kommen. Insgesamt hatte die regionale Begrenzung zur Folge, dass es eine Vielzahl von lokalen Banken gab.

Unter wirtschaftlichen Gesichtspunkten war die duale Regulierung nicht zweckmäßig, denn zwischen „State Banks" und „National Banks" gab es keine wesentlichen Unterschiede in der Unternehmenspolitik. Das duale System von „State Banks" und „National Banks" war eine wirtschaftspolitische Merkwürdigkeit, die politisch zu erklären ist. Es war ein Kompromiss zwischen der Forderung nach einer Kontrolle der Bankenmacht und dem finanz- und währungspolitischen Interesse an einer einheitlichen Währung. Die Verknüpfung der Bankenregulierung mit einer verfassungs-

---

[31] *Dippel*, Andrew Jackson, S. 117–129; *Hammond*, Banks and politics, S. 326–450; *McFaul*, Politics of Jacksonian finance; *Temin*, Jacksonian economy.

rechtlichen Grundsatzfrage, dem Recht der Einzelstaaten, trug dazu bei, dass das duale System sich trotz mancher Kritik halten konnte.[32]

Besondere Bestimmungen galten für verschiedene Formen von Sparkassen und Kreditgenossenschaften, die Depositen annahmen und Kredite vergaben. Sie waren zwar ebenso wie die Geschäftsbanken Depositeninstitute („Depository Intermediaries"), galten aber nicht als Banken. Zu den Nichtbanken-Finanzintermediären gehörten die *Savings and Loan Associations*, die *Mutual Savings Banks* und die seit Beginn des zwanzigsten Jahrhunderts entstehenden *Credit Unions*. Sie hatten insgesamt, anders als die Sparkassen und Genossenschaftsbanken in Deutschland, nur geringe Bedeutung.[33]

In Deutschland entwickelte sich nach der Reichsgründung von 1871 eine Segmentierung des Bankwesens in Geschäftsbanken, Sparkassen, Genossenschaftsbanken und Spezialbanken, zu denen insbesondere die privaten und öffentlichen Hypothekenbanken gehörten. Im Geschäftsbankensektor herrschte ein wettbewerbsorientiertes Ordnungsmodell. Die Gewerbefreiheit, die mit der Gewerbeordnung des Norddeutschen Bundes von 1869 eingeführt worden war und vom Reich übernommen wurde, galt auch für Banken. Die Banken, die als Aktiengesellschaft, als Gesellschaft mit beschränkter Haftung oder als Kommanditgesellschaft auf Aktien geführt wurden, waren außerdem den allgemeinen Vorschriften über Kapitalgesellschaften unterworfen. In den anderen Sektoren galten besondere Ordnungsmodelle, die einen höheren Grad an Regulierung aufwiesen. Für die öffentlichen und privaten Hypothekenbanken, die 1899 von den allgemeinen Geschäftsbanken getrennt wurden, gab es Vorschriften, die ihre Sicherheit verbessern sollten. Die Genossenschaftsbanken unterlagen dem Genossenschaftsrecht, das seit 1889 die Gründung von Genossenschaften mit beschränkter Haftung erlaubte und damit die Expansion der Genossenschaften förderte. Die Genossenschaften sollten nicht den eigenen Gewinn maximieren, sondern ihre Mitglieder fördern, und jedes Mitglied hatte unabhängig von seinem Anteil am Genossenschaftskapital nur eine Stimme. Sparkassen gehörten als kommunale Institutionen zum Gesetzgebungsbereich der Länder. Sowohl für die Sparkassen, als auch für die Genossen-

[32] *Gondring*, Finanzmärkte im Wandel, S. 6–16; *Klebauer*, American banking. S. 19–108.

[33] *Gondring*, Finanzmärkte im Wandel, S. 73–81; *Mishkin*, Economics; *Moody/Fite*, Credit union movement; *Welfing*, Mutual savings banks; *Woerheide*, Savings and loan industry.

schaften galt das Regionalprinzip, so dass der Wettbewerb beschränkt war.[34]

3. Die Krise 1907

Im zwanzigsten Jahrhundert setzten sich im Bankwesen beider Länder neue ordnungspolitische Modelle durch, die einen höheren Grad von Regulierung vorsahen. Die Agenten des Wandels waren die Krisen, die das Bankwesen in Deutschland und in den USA erschütterten. Einen ersten Anstoß zum Ausbau der Bankenregulierung gab die Finanzkrise von 1907.[35] Sowohl in Deutschland, als auch in den USA wurden im Anschluss an die Krise Bankenreformen durchgeführt. Die Banken sollten enger in die Währungspolitik eingebunden werden, die für stabile Preise, feste Währungsparitäten und einen Ausgleich der Konjunkturschwankungen zu sorgen hatte. Außerdem sollten große Bankinsolvenzen künftig mit Rücksicht auf die weitreichenden und unvorhersehbaren Folgen für Produktion und Beschäftigung möglichst vermieden werden. Damit wurde ein bis heute anhaltender struktureller Konflikt geschaffen zwischen dem Wettbewerbsprinzip, zu dem in letzter Konsequenz auch die Insolvenz ineffizienter Unternehmen gehört, und der Forderung nach der Stabilität des Bankensystems.

In den USA wurde 1913 ein dezentral aufgebautes Notenbanksystem eingerichtet, das *Federal Reserve* System. Zu dem Dualismus von Bundesregierung und Einzelstaaten bei der Bankenregulierung trat ein neuer Dualismus von Regierung und Notenbank. Auf der Bundesebene waren sowohl der staatliche *Comptroller of the Currency*, als auch das *Federal Reserve Board* für die Bankenregulierung zuständig.[36]

In Deutschland wurde die korporatistische Regulierung ausgebaut, die in der Kooperation der Banken unter der Aufsicht der Reichsbank bestand. Außerdem wurde die bankmäßige Entwicklung der Sparkassen gefördert, von der man eine breitere Fundierung des Bankensystems erwartete. Sparkassen und gewerbliche Genossenschaftsbanken entwickelten sich allmählich zu kleinen Universalbanken. Bei den ländlichen Genossenschaftsbanken setzte dieser Trend erst in der Bundesrepublik Deutschland ein.[37]

---

[34] *Hardach*, Drei-Säulen-Modell; Institut für bankhistorische Forschung (Hg.), Deutsche Bankengeschichte.

[35] *Bruner/Carr*, Panic of 1907; *Grabas*, Konjunktur und Wachstum.

[36] *Gondring*, Finanzmärkte im Wandel, S. 16–24; *Klebauer*, American banking, S. 95–98.

[37] *Kluge*, Geschichte der Kreditgenossenschaften; Pohl/Rudolph/Schulz (Hg.), Wirtschafts- und Sozialgeschichte.

4. Die Weltwirtschaftskrise 1929–33

Als Reaktion auf die Weltwirtschaftskrise 1929–33 erfolgte in beiden Ländern eine weitreichende Reform der Bankenregulierung. In den USA griffen neue Regeln erheblich in die Bankgeschäfte ein. Der *Glass-Steagall Act* von 1933 trennte Depositenbanken und Investitionsbanken; Banken mussten sich für eine der beiden Spezialisierungen entscheiden. Die Trennung sollte die Stabilität der Banken verbessern. Dem Gläubigerschutz diente eine Einlagenversicherung. Die *Federal Deposit Insurance Corporation* als Trägerin der Versicherung nahm auch eigene Bankenaufsichtfunktionen wahr. Der Staat griff auch in die Preispolitik der Banken ein. Habenzinsen auf Sichteinlagen wurden untersagt („Regulation Q"); die Bestimmung sollte eine ruinöse Konkurrenz unter den Depositenbanken verhindern.[38]

In Deutschland wurde als Folge der Bankenkrise 1931 eine gemeinsame Bankenaufsicht durch die Regierung und die Reichsbank eingeführt. Die Großbanken wurden staatlich subventioniert und wurden damit aus der Wettbewerbsordnung herausgenommen; in den späten dreißiger Jahren wurden sie aber wieder privatisiert. Unter der nationalsozialistischen Regierung wurde 1934 erstmals eine einheitliche Regulierung für alle Bankengruppen beschlossen. Wichtige Elemente der Reform waren eine Neuorganisation der Bankenaufsicht, strengere Liquiditäts- und Publizitätsvorschriften, die staatliche Kontrolle des Marktzugangs und die Zinsregulierung. Obwohl es erstmals einheitliche Regeln für alle Bankengruppen gab, blieben Besonderheiten einzelner Bankengruppen bestehen, insbesondere die öffentliche Trägerschaft im Sparkassensektor, das Genossenschaftsprinzip im genossenschaftlichen Sektor und das Regionalprinzip der Sparkassen und Genossenschaftsbanken. Das Kreditwesengesetz von 1934 war ein Instrument der nationalsozialistischen Kontrolle über das Bankwesen, aber es war auch das Ergebnis einer langen Tradition korporatistischer Regulierung und wurde daher von den verschiedenen Bankengruppen durchaus positiv aufgenommen.[39]

5. Kontinuitäten

In den USA wirkte die Bankenregulierung, die als Folge der Weltwirtschaftskrise von 1929–33 eingeführt wurde, zusammen mit älteren Traditionen der Bankpolitik bis weit in die zweite Hälfte des zwanzigsten Jahr-

---

[38] *Friedman/Schwartz*, Monetary history, S. 420–462; *Gondring*, Finanzmärkte im Wandel, S. 23–38; *Klebauer*, American banking, S. 138–172; *Mishkin*, Economics, S. 247–271.

[39] *Hardach*, Markt und Macht; *Kopper*, Marktwirtschaft und Dirigismus, S. 51–125.

hunderts fort. Die zahlreichen Regulierungsmaßnahmen von Bund und Einzelstaaten für Depositenbanken, Investitionsbanken, *Savings and Loan Associations*, *Mutual Savings Banks* und *Credit Unions* waren kaum noch überschaubar. Der *Chairman* des *Federal Reserve Board*, *Arthur Burns*, bezeichnete 1974 die Bankenregulierung als „a jurisdictional tangle that boggles the mind"[40] Die Regulierung betraf im einzelnen die Beschränkung der Geschäftsfelder von Depositenbanken und Investitionsbanken, Eigenkapital- und Liquiditätsvorschriften, die Zinsgestaltung, den Marktzugang und die regionale Ausbreitung sowie den Verbraucherschutz.[41]

In den frühen Nachkriegsjahren versuchten die USA, etwas zögerlich unterstützt von Großbritannien und Frankreich, in Westdeutschland das amerikanische Prinzip der Bankendezentralisierung einzuführen. Der Export des amerikanischen Regulierungsmodells scheiterte jedoch am zähen Widerstand der Großbanken und der deutschen Politik. In der Bundesrepublik Deutschland wurde 1957 die Wiederherstellung der Großbanken gestattet.[42]

Die extreme Wettbewerbsbeschränkung des Kreditwesengesetzes von 1934, die im Widerspruch zur Wirtschaftsordnung der Sozialen Marktwirtschaft stand, wurde in der Bundesrepublik Deutschland revidiert. 1958 wurde der Marktzugang geöffnet, 1961 wurde ein neues Kreditwesengesetz beschlossen und 1967 wurde die staatliche Zinsbindung aufgehoben. Einige Regulierungen wurden aber aufrecht erhalten, so dass das Bankwesen in der Sozialen Marktwirtschaft ein wettbewerbspolitischer Ausnahmebereich blieb.[43]

Auch die besonderen Regulierungsvorschriften, die für Sparkassen und Genossenschaftsbanken galten, blieben bestehen. Das „Drei-Säulen-Modell" von Geschäftsbanken, Sparkassen und Genossenschaftsbanken war die Grundlage des westdeutschen Bankwesens.[44]

6. Deregulierung

Nicht eine Finanzkrise, sondern ein Strukturwandel der Wirtschaft löste einen ordnungspolitischen Wandel zu einem Abbau von Regulierung aus. Die „Stagflation" der siebziger Jahre, mit schwachem Wirtschaftswachstum, hoher Inflationsrate und steigender Arbeitslosigkeit, erschütterte das Vertrauen in staatliche Interventionen. Seit den achtziger Jahren setzte sich

---

[40] Zitiert nach *Klebauer*, American banking, S. 225.

[41] *Graddy/Spencer/Brunsen*, Commercial banking; *White*, Banking and finance.

[42] *Horstmann*, Alliierte und Großbanken; *Murach-Brand*, Antitrust auf Deutsch.

[43] *Kupitz*, Kreditwirtschaft; *Reszat*, Regulierung; *Seifert*, Privilegierung und Regulierung.

[44] *Pohl*, Geschichte der Kreditwirtschaft; *Schulz*, Sparkassen.

in den USA ein ordnungspolitischer Wandel durch. Deregulierung und Privatisierung sollten zu mehr Wettbewerb führen, Produktion und Beschäftigung fördern und für mehr Preisstabilität sorgen. Mit einiger Verzögerung erreichte die Deregulierungspolitik auch das Bankwesen. Die traditionelle Beschränkung der Banken auf einzelne Staaten und das in einigen Staaten geltende Prinzip des „Unit Banking" wurden 1994 abgeschafft. 1999 wurde der *Glass-Steagall Act* von 1933 aufgehoben, der die Trennung von Geschäftsbanken und Investitionsbanken verfügt hatte. Die amerikanischen Banken konnten seitdem das Geschäftsmodell der Universalbanken anwenden.[45] Im Sektor der Nichtbanken-Finanzintermediäre gab es allerdings eine gegenläufige Entwicklung. Spekulative Geschäfte führten 1981–82 zu einer massiven Krise der *Savings and Loan Associations*. Neue Regulierungsmaßnahmen sollten künftigen Krisen vorbeugen.[46]

Der ordnungspolitische Wandel von der Regulierung zur Deregulierung setzte sich auch in Deutschland durch. Im Bankensektor gab es aber, im Unterschied zu den USA, in Deutschland wenig Veränderungsdruck. Das „Drei-Säulen-Modell" der institutionellen Segmentierung der Bankengruppen hatte sich nach der herrschenden Auffassung bewährt. Es erlaubte ein umfassendes und differenziertes Angebot von Bankleistungen. Einerseits gab es kapitalkräftige Großbanken, andererseits sorgte aber das Regionalprinzip der Sparkassen und Genossenschaftsbanken dafür, dass ein leistungsfähiges Netz von lokalen und regionalen Banken erhalten blieb.[47]

Stärkere Impulse zur Deregulierung gingen von der Europäischen Union aus. Nach dem Vertrag von Maastricht 1992 wurden gemeinsame Beschlüsse gefasst, um die Bankenregulierung in den Mitgliedstaaten der Europäischen Union zu harmonisieren und damit den einheitlichen europäischen Wirtschaftsraum zu fördern.[48] Die Europäische Kommission, mit wenig Verständnis für die deutschen Verhältnisse, drängte die Bundesrepublik Deutschland zu einem Abbau der besonderen Vorschriften für Sparkassen und Landesbanken, um in der Europäischen Union einen einheitlichen Regulierungsstandard durchzusetzen. 2001 wurden die Anstaltslast und die Gewährträgerhaftung für Sparkassen und Landesbanken aufgehoben. Langfristig sollen nach der Absicht der Europäischen Kommissi-

---

[45] *Calomiris*, US bank deregulation; *Garten*, US financial regulation; *Mishkin*, Economics, S. 247–271.

[46] *White*, The S & L debacle.

[47] *Ehrlicher*, Von der „wirtschaftlichen Wende" zur Wiedervereinigung; *Hardach*, Banques régionales et banques locales.

[48] *Rudolph*, Deutsche Kreditwirtschaft, S. 463–492.

on die noch bestehenden Regulierungsunterschiede von Geschäftsbanken und Sparkassen angeglichen werden.[49]

Gegen eine zu weitgehende Deregulierung wurden frühzeitig Bedenken geäußert; die Krise der *Savings and Loan Associations* in den USA war ein Warnsignal. So wurden insbesondere strengere Eigenkapital- und Liquiditätsvorschriften gefordert, um zu verhindern, dass Banken durch riskante Geschäfte ihre Sicherheit vernachlässigten.[50] Der Ausschuss für Bankenaufsicht bei der Bank für Internationalen Zahlungsausgleich in Basel beschloss 1988 Eigenkapital- und Liquiditätsvorschriften, um die Stabilität der Banken zu verbessern („Basel I"). Die Vorschriften, die 1992 in Kraft traten, wurden in vielen Ländern übernommen, darunter auch die USA und Deutschland. 2004 wurde eine Reform beschlossen, mit der die Eigenkapitalanforderungen nach den verschiedenen Kreditrisiken differenziert wurden; sie trat 2006 in Kraft („Basel II").[51] Allerdings wurden die Warnungen vor den Gefahren einer globalen Deregulierung der Finanzmärkte nicht ernst genug genommen.

7. Finanzkrise und Re-Regulierung

Die Finanzkrise, die 2007 ausbrach, wurde aufgrund ihrer Heftigkeit und ihrer globalen Verbreitung mit der Weltwirtschaftskrise von 1929–33 verglichen.[52] Sie löste in Deutschland, den USA und anderen entwickelten Volkswirtschaften einen neuen ordnungspolitischen Wandel aus, diesmal von der Deregulierung zur Re-Regulierung: „Reregulation is now on the policy agenda".[53] Sowohl in den USA als auch in Deutschland wurden die Banken mit umfangreichen Rettungspaketen gestützt. Aber auch viele andere Staaten standen den Banken durch den Ankauf von Vermögenswerten, direkte Eigenkapitalerhöhungen sowie Schuldengarantien bei. In Griechenland und mehreren anderen Ländern der Eurozone verschärfte die Bankenkrise eine Krise der Staatsfinanzen. Deutschland und andere Stabilitätsinseln der Eurozone, die Europäische Zentralbank und der Internationale Währungsfonds bemühten sich, mit massiven Krediten, Transferleistungen und Garantien die Schuldenkrise einzudämmen.[54] Die umfangreiche Subventionierung zog die Forderung nach einer strengeren Regulierung der Banken nach sich. Nachdem die Abkommen des Baseler Ausschusses für

---

[49] *Rudolph*, Sparkassen; *Scherer/Zeller*, Banking regulation.

[50] *Bhattacharya/Boot/Tkaker*, Economics of bank regulation.

[51] *Bank für Internationalen Zahlungsausgleich*, Jahresbericht 2007/2008.

[52] *Moessner/Allen*, Banking; *Allen/Moessner*, International propagation.

[53] *Ghertman*, Regulation, deregulation and reregulation, S. 367.

[54] *Bank für Internationalen Zahlungsausgleich*, Jahresbericht 2011/2012, S. 66; *Deutsche Bundesbank*, Finanzstabilitätsbericht; Schorkopf, Europäischer Weg, S. 95–97.

Bankenaufsicht von 1988 und 2004 sich als unzulänglich erwiesen hatten, wurde 2011 eine Reform mit strengeren Eigenkapital- und Liquiditätsvorschriften für die Banken beschlossen („Basel III").[55] Derzeit wird eine gemeinsame Bankenregulierung für die Eurozone diskutiert.[56]

8. Ergebnisse

Der Vergleich zwischen Deutschland und den USA zeigt unterschiedliche Bankensysteme und unterschiedliche Regulierungsverfahren. Grundsätzlich waren die Bankensysteme beider Länder geeignet, Investitionen und Wirtschaftswachstum zu finanzieren. Allerdings hatte die unterschiedliche Bankenregulierung erheblichen Einfluss auf die Finanzmärkte in den beiden Ländern. Das strikte Regionalprinzip und das Trennbankensystem in den USA hemmten das interne und externe Wachstum der Banken. Diese Form der Regulierung war ein wesentlicher Grund für das kapitalmarktdominierte Finanzsystem der USA. In Deutschland entwickelte sich dagegen auf der Grundlage des „Drei-Säulen-Modells", das die Koexistenz von Großbanken, regionalen Banken und lokalen Banken förderte, ein bankendominiertes Finanzsystem. Keines der beiden Regulierungssysteme hat Finanzkrisen verhindern können; das zeigt zuletzt die Krise von 2007, die noch nicht überwunden ist. Ob die aktuellen Reformen der Bankenregulierung erfolgreicher sind, bleibt abzuwarten

Literaturverzeichnis

Allen, William/Moessner, Richild: The international propagation of the financial crisis of 2008 and a comparison with 1931 (Bank for International Settlements Working Paper 348), Basel 2011.

Ambrosius, Gerold: Der Staat als Unternehmer. Öffentliche Wirtschaft und Kapitalismus seit dem 19. Jahrhundert (Kleine Vandenhoek-Reihe 1498), Göttingen 1984.

–: Die öffentliche Wirtschaft in der Weimarer Republik. Kommunale Versorgungsunternehmen als Instrumente der Wirtschaftspolitik (Schriften zur öffentlichen Verwaltung und öffentlichen Wirtschaft 78), Baden-Baden 1984.

Bank für Internationalen Zahlungsbilanzausgleich, Jahresbericht 1. April 2011 – 31. März 2012, Basel 2012.

–: Jahresbericht 1. April 2007 – 31. März 2008, Basel 2008.

Barber, Richard, The holy Grail. Imagination and belief, Cambridge, MA 2004.

Bernholz, Peter/Breyer, Friedrich: Grundlagen der Politischen Ökonomie, Band 2, 3. Aufl., Tübingen 1994.

---

[55] *Bank für Internationalen Zahlungsausgleich*, Jahresbericht 2011/2012, S. 89.

[56] *Europäische Zentralbank*, Jahresbericht 2011, S. 131–133.

Bhattacharya, Sudipto/Boot, Arnoud W. A./Tkaker, Anjan V.: The economics of bank regulation, in: Journal of Money, Credit and Banking 30, 1998, S. 745–770.

Bodenham, Howard: A history of banking in antebellum America. Financial markets and economic development in an era of nation-building, Cambridge 2000.

Bruner, Robert f./Carr, Sean D.: The panic of 1907. Lessons learned from the market's perfect storm, Hoboken, NJ 2007.

Bundesministerium für Wirtschaft (Hg.): Wettbewerbspolitik in der sozialen Marktwirtschaft, Bonn 1990.

Calomiris, Charles: US bank deregulation in historical perspective, Cambridge 2000.

Deutsche Bundesbank: Finanzstabilitätsbericht 2009, 2009, erhältlich im Internet: <http://www.bundesbank.de/Redaktion/DE/Downloads/Veroeffentlichungen/Finanzstabilitaetsberichte/2009_finanzstabilitaetsbericht.pdf?__blob=publicationFile> [zuletzt besucht am 14. September 2012].

Dippel, Horst: Andrew Jackson (1829–1837), in: Heideking, Jürgen/Mausch, Christoph (Hg.): Die amerikanischen Präsidenten, 4. Aufl., München 2005, S. 117–129.

Drapatz, Christoph: Die Zukunft der Deutschen Bahn. Alternative Wettbewerbs- und Privatisierungsszenarien zur Eisenbahnreform, Baden-Baden 2008.

Ehrlicher, Werner: Von der „wirtschaftlichen Wende" zur Wiedervereinigung, in: Pohl, Hans (Hg.): Geschichte der deutschen Kreditwirtschaft seit 1945, Frankfurt a.M. 1998.

Eichhorn, Peter: Gemeinwirtschaftliche Unternehmen von 1945 bis heute, in: Pohl, Hans (Hg.): Gemeinwirtschaftliche Unternehmen. Gestern – heute – morgen, Stuttgart 1988, S. 21–37.

Erhard, Ludwig: Freiheit und Ordnung, in: Der Volkswirt, vom 20. Dezember 1952.

Europäische Zentralbank: Jahresbericht 2011, Frankfurt 2012, erhältlich im Internet: <http://www.ecb.int/pub/pdf/annrep/ar2011de.pdf> [zuletzt besucht am 14. September 2012].

Freese, Christopher: Die Privatisierungstätigkeit der Treuhandanstalt. Strategien und Verfahren der Privatisierung in der Systemtransformation, Frankfurt 1995.

Fremdling, Rainer/Knieps, Günter: Competition, regulation and nationalization: The Prussian railway system in the nineteenth century, in: Scandinavian Economic History Review 41, 1993, S. 129–154.

Friedman, Milton/Schwartz, Anna Jacobson: A monetary history of the United States 1867–1960, Princeton NJ 1963.

Garten, Helen A.: US financial regulation and the level playing field, Basingstoke 2001.

Ghertman, Michel: The puzzle of regulation, deregulation and reregulation, in: Ménard, Claude/Ghertman, Michel (Hg.): Regulation, deregulation, reregulation. Institutional perspectives, Cheltenham 2009, S. 351–373.

Gondring, Hanspeter: Finanzmärkte im Wandel. Struktur- und Marktveränderungen im Finanzsystem der USA, Frankfurt a.M. 1989.

Grabas, Margrit: Konjunktur und Wachstum in Deutschland von 1895 bis 1914 (Schriften zur Wirtschafts- und Sozialgeschichte 39), Berlin 1992.

Graddy, Duane B./Spencer, Austin H./Brunsen, William H.: Commercial banking and the financial services industry, Reston, VA 1985.

Hammond, Bray: Banks and politics in America from the Revolution to the Civil War, Princeton, NJ 1957.

Hardach, Gerd: Die Entstehung des Drei-Säulen-Modells in der deutschen Kreditwirtschaft 1871–1934, in: Institut für bankhistorische Forschung (Hg.): Geschichte und Perspektiven des Drei-Säulen-Modells der deutschen Kreditwirtschaft. Bankhistorisches Archiv, Beiheft 46, Stuttgart 2007.

–: Banques régionales et banques locales en Allemagne. Un système bancaire polarisé, in: Lescure, Michel/Plessis, Alain (Hg.): Banques locales et banques régionales en Europe au XXe siècle, Paris 2004.
–: Zwischen Markt und Macht: Die deutschen Banken 1908–1934, in: Feldenkirchen, Wilfried/Schönert-Röhlk, Frauke/Schulz, Günther (Hg.): Wirtschaft, Gesellschaft, Unternehmen, Band 2, Stuttgart 1995, S. 914–938.
Herdzina, Klaus: Wettbewerbspolitik (UTB für Wissenschaft. Uni Taschenbücher. 1294. Grundwissen der Ökonomik. Volkswirtschaftslehre), 5. Aufl., Stuttgart 1999.
Hesse, Jan-Otmar: Im Netz der Kommunikation. Die Reichs-Post- und Telegraphenverwaltung 1876–1914 (Schriftenreihe zur Zeitschrift für Unternehmensgeschichte 8), München 2002.
Horstmann, Theo: Die Alliierten und die deutschen Großbanken. Bankenpolitik nach dem Zweiten Weltkrieg in Westdeutschland, Bonn 1991.
Institut für bankhistorische Forschung Hg.: Deutsche Bankengeschichte, Band 2, Frankfurt a.M. 1982.
Klebauer, Benjamin J.: American commercial banking. A history, Boston, MA 1990.
Kluge, Arnd Holger: Geschichte der deutschen Kreditgenossenschaften, Frankfurt a.M. 1991.
Kopper, Christopher: Zwischen Marktwirtschaft und Dirigismus. Bankenpolitik im „Dritten Reich" 1933–1939, Bonn 1995.
Krakowski, Michael: Theoretische Grundlagen der Regulierung, in: Krakowski, Michael (Hg.): Regulierung in der Bundesrepublik Deutschland. Die Ausnahmebereiche des Gesetzes gegen Wettbewerbsbeschränkungen, Hamburg 1988, S. 19–116.
Kupitz, Rolf: Die Kreditwirtschaft als wettbewerbspolitischer Ausnahmebereich. Ein Beitrag zur ökonomischen Begründung der Regelungen des Gesetzes über das Kreditwesen und des Gesetzes gegen Wettbewerbsbeschränkungen, Thun 1982.
Loesch, Achim von: Gemeinwirtschaftliche Unternehmen vom 19. Jahrhundert bis 1945, in: Pohl, Hans (Hg.): Gemeinwirtschaftliche Unternehmen. Gestern – heute – morgen, Stuttgart 1988, S. 7–20.
Lotz, Wolfgang: Die deutsche Post von der Postreform I bis zum Börsengang 1989–2000, Frankfurt a.M. 2007.
McFaul, John M.: The politics of Jacksonian finance, Ithaca, NY 1972.
Mishkin, Frederic S.: The economics of money, banking and financial markets, 8. Aufl., Boston, MA 2008.
Moessner, Richild/Allen, William A.: Banking crises and the international monetary system in the Great Depression and now (Bank for International Settlements Working Paper 333), Basel 2010.
Mommsen, Hans/Grieger, Manfred: Das Volkswagenwerk und seine Arbeiter im Dritten Reich, 3. Aufl., Düsseldorf 1997.
Moody, Carroll/Fite, Gilbert C.: The credit union movement. Origins and development 1850–1970, Lincoln, NE 1971.
Murach-Brand, Lisa: Antitrust auf Deutsch. Der Einfluß der amerikanischen Alliierten auf das Gesetz gegen Wettbewerbsbeschränkungen, Tübingen 2004.
Ogus, Anthony I.: Regulation: Legal form and economic theory, Oxford 2004.
Olten, Rainer: Wettbewerbstheorie und Wettbewerbspolitik, München/Wien 1995.
Pohl, Hans (Hg.): Geschichte der deutschen Kreditwirtschaft seit 1945, Frankfurt a.M. 1998.
–: Kommunale Unternehmen. Geschichte und Gegenwart, Stuttgart 1987.
–/Rudolph, Bernd/Schulz, Günther (Hg.): Wirtschafts- und Sozialgeschichte der deutschen Sparkassen im 20. Jahrhundert, Stuttgart 2005.

Pohl, Manfred/Schneider, Andrea: VIAG-Aktiengesellschaft. Vom Staatsunternehmen zum internationalen Konzern, München 1998.

Radzio, Heiner: Unternehmen mit Energie. Aus der Geschichte der VEBA, Düsseldorf 1990.

Reszat, Beate: Regulierung der Banken, in: Krakowski, Michael (Hg.): Regulierung in der Bundesrepublik Deutschland. Die Ausnahmebereiche des Gesetzes gegen Wettbewerbsbeschränkungen, Hamburg 1988, S. 347–421.

Rockoff, Hugh: Banking and finance, 1789–1914, in: Engerman, Stanley/Gallman, Robert E. (Hg.): The Cambridge Economic History of the United States, Band 2, Cambridge 2000, S. 643–684.

Rudolph, Bernd: Die deutsche Kreditwirtschaft im europäischen Markt, in: Pohl, Hans (Hg.): Geschichte der deutschen Kreditwirtschaft seit 1945, Frankfurt a.M. 1998, S. 463–492.

–: Die Sparkassen im wiedervereinigten Deutschland und in Europa, in: Pohl, Hans/ Rudolph, Bernd/Schulz, Günther (Hg.): Wirtschafts- und Sozialgeschichte der deutschen Sparkassen im 20. Jahrhundert, Stuttgart 2005, S. 451–463.

Scherer, Peter/Zeller, Sven (Hg.): Banking regulation in Germany, Frankfurt 2009.

Schorkopf, Frank: Der Europäische Weg. Grundlagen der Europäischen Union, Tübingen 2010.

Schulz, Günther: Die Sparkassen vom Ende des Zweiten Weltkriegs bis zur Wiedervereinigung, in: Pohl, Hans/Rudolph, Bernd/Schulz, Günther (Hg.): Wirtschafts- und Sozialgeschichte der deutschen Sparkassen im 20. Jahrhundert, Stuttgart 2005, S. 249–428.

Smith, Adam: An inquiry into the nature and causes of the wealth of nations, Band 2, herausgegeben von Campbel, R. H./Skinner, A.S., Oxford 1976.

Seifert, Ekkehard: Privilegierung und Regulierung im Bankwesen. Ein Beitrag zur ordnungspolitischen Problematik branchenorientierter Strukturpolitik, Baden-Baden 1984.

Staudinger, Horst: Der Staat als Unternehmer, Berlin 1932.

Stier, Bernhard/Laufer, Johannes (Hg.): Von der Preussag zur TUI. Wege und Wandlungen eines Unternehmens, 1923–2003, Essen 2005.

Temin, Peter: The Jacksonian economy, New York, NY 1969.

Tooze, Adam: Ökonomie der Zerstörung. Die Geschichte der Wirtschaft im Nationalsozialismus, München 2007.

Vives, Xavier (Hg.): Competition policy in the EU. Fifty years on from the Treaty of Rome, Oxford 2009.

Welfing, Weldon: Mutual savings banks: The evolution of a financial intermediary, Cleveland, OH 1968.

White, Eugene N.: Banking and finance in the twentieth century, in: Engerman, Stanley L./Gallman, Robert E. (Hg.): The Cambridge Economic History of the United States, Band 3, Cambridge 2000, S. 743–802.

White, Lawrence J.: The S & L debacle. Public lessons for bank and thrift regulation, New York, NY 1991.

Woerheide, Walter: The savings and loan industry, Westport, CT 1984.

Ziegler, Dieter: Eisenbahnen und Staat im Zeitalter der Industrialisierung (Vierteljahresschrift für Sozial- und Wirtschaftsgeschichte. Beihefte 127), Stuttgart 1996.

Sektion IV

Öffentlich-rechtliche Perspektiven

Unpolitische Regulierung des Finanzmarktes?

Anmerkungen zur Neuordnung der europäischen Finanzmarktaufsicht[*]

Thomas Züll

I. Einleitung

Das Forschungsprojekt hat einen starken Fokus auf das Recht der Netzwirtschaften gelegt. Sie bilden noch immer den zentralen Anknüpfungspunkt der überwiegenden Zahl rechtswissenschaftlicher Darstellungen, da hier wie in kaum einem anderen Regelungsbereich mehrere Grundaussagen der Dogmatik des Öffentlichen Rechts zugleich betroffen sind.[1] Aus verwaltungsrechtlicher Perspektive ist eine beachtliche Zahl unbestimmter Rechtsbegriffe mit einer nicht minder großen Anzahl Ermessen gewährender Vorschriften durch die Ausrichtung auf einen gesetzlichen Zielkatalog verklammert.[2] Die Überformung eines Verwaltungsprogramms mit einer Vielzahl von anerkannten Gemeinwohlbelangen zeigt wiederum die Grenzen der Grundrechtsdogmatik auf.[3] Schließlich ist im Recht der Netzwirtschaften eine besonders enge Verzahnung der mitgliedstaatlichen und der europäischen Regulierungsbehörden zu beobachten, die als Regulierungs-

---

[*] Bei dem nachfolgenden Text handelt es sich um die erweiterte Fassung des Vortrages, den der Verfasser am 23. Juni 2012 bei dem Symposion „Gestaltung der Freiheit – Regulierung von Wirtschaft zwischen historischer Prägung und Normierung" am Institut der Deutschen Wirtschaft in Köln gehalten hat.

[1] Siehe nur *Kühling*, Sektorspezifische Regulierung; *Oster*, Normative Ermächtigungen; *Höppner*, Regulierung der Netzstruktur; *Ruffert*, Regulierung; *Bullinger*, Regulierung.

[2] Zur Vereinbarkeit mit den Grundsätzen des Rechtsstaates *Schorkopf*, Regulierung.

[3] Vgl. *Lepsius*, Verfassungsrechtlicher Rahmen, S. 197 f. „gleitende Kontrolldichte"; kritisch *Gärditz*, Europäisches Regulierungsverwaltungsrecht, S. 263 „Gemeinwohlklumpen".

verbund beschrieben wird.[4] Eine Problemstellung des Forschungsprojektes beschäftigte sich mit der Legitimation der Regulierung, die ebenfalls primär am Beispiel des Rechts der Netzwirtschaften diskutiert wird.[5] Im Rahmen dieses Beitrags soll der Blick von der Fixierung auf die Netzwirtschaften gelöst und einem Kernproblem des Regulierungsrechts in einem anderen Wirtschaftsbereich nachgespürt werden. So soll die Neugliederung der Europäischen Finanzmarktaufsicht vor der Folie der Legitimationsdiskussion der Netzwirtschaften eingeordnet werden. Dafür wird zunächst ein Überblick über die Neuordnung der europäischen Finanzmarktaufsicht gegeben. Im Fokus steht dabei die jüngst errichtete *European Banking Authority* (im Folgenden EBA) (II.). Sodann wird ein Schlaglicht auf die Frage der Legitimation der unabhängigen Finanzmarktaufsicht geworfen, wie sie in der deutschen rechtswissenschaftlichen Diskussion geführt wird. Dabei lassen sich zwei zentrale „Stellschrauben" identifizieren (III.), die eine Bewertung der EBA ermöglichen (IV.). Der Beitrag endet mit einem Ausblick auf die mögliche Europäische Bankenunion (V).

II. Die Neuregelung der Europäischen Finanzmarktaufsicht

Die EBA[6] mit Sitz in London[7] ist neben der *European Securities and Markets Authority* (ESMA[8]) und der *European Insurance and Occupational*

---

[4] Vgl. nur *Britz*, Regulierungsverbund; *Arndt*, Vollzugssteuerung; *Ladeur/Möllers*, Regulierungsverbund der Telekommunikation; *Ruthig/Storr*, Öffentliches Wirtschaftsrecht, S. 253–256.

[5] Sie stellt sich zumeist als Frage nach der Vereinbarkeit organisationsrechtlicher Regelungen mit dem Modell demokratischer Legitimation der Verwaltung, wie es vom Bundesverfassungsgericht in ständiger Rechtsprechung seit Mitte der 1980er Jahre vertreten wird.

[6] VO (EU) Nr. 1093/2010 des Europäischen Parlaments und des Rates vom 24. November 2010 zur Errichtung einer europäischen Aufsichtsbehörde (Europäische Bankenaufsichtsbehörde) zur Änderung des Beschlusses Nr. 716/2009 (EG) und zur Aufhebung des Beschlusses 2009/78/EG der Kommission, ABl. EU Nr. L 331 vom 15. Dezember 2010, S. 12.

[7] Art. 7 EBA-VO.

[8] VO (EU) Nr. 1095/2010 des Europäischen Parlaments und des Rates vom 24. November 2010 zur Errichtung einer Europäischen Aufsichtsbehörde (Europäische Wertpapier- und Marktaufsichtsbehörde) zur Änderung des Beschlusses Nr. 716/2009/EG und zur Aufhebung des Beschlusses 2009/77/EG der Kommission, ABl. EU Nr. L 331 vom 15. Dezember 2010, S. 84; dazu ausführlich *Moloney*, Securities and Markets Authority 1 sowie *ders.*, Securities and Markets Authority 2.

Pensions Authority (EIOPA[9]) eine von drei neu geschaffenen europäischen Aufsichtsagenturen, die am 1. Januar 2011 ihre Arbeit aufgenommen haben. Als Bestanteile des Europäischen Systems der Finanzaufsicht (ESFS[10]) obliegt ihnen die Aufsicht auf der Mikroebene, deren Hauptziel darin besteht, einzelne Finanzinstitute zu überwachen und vor Ausfall zu bewahren, um so die Kunden und das Institut selbst zu schützen.[11] Die EBA löst den bisherigen Ausschuss der Europäischen Bankenaufsichtsbehörden (*Committee of European Banking Supervisors* – CEBS) ab,[12] dem unter anderem die Aufgabe zukam, die Europäische Kommission beim Erlass von Durchführungsrichtlinien und -Verordnungen auf Stufe zwei des sogenannten drei-stufigen Lamfalussy-Verfahrens[13] zu beraten und auf Stufe drei des Verfahrens Empfehlungen und Leitlinien für die Aufsichtspraxis zu entwickeln.[14] Der Ausschuss war jedoch stets darauf angewiesen, dass die Kommission die entsprechenden Empfehlungen übernahm und dass die einzelnen nationalen Behörden die von ihnen mitgetragenen Beschlüsse national kraft eigener Kompetenzen umsetzten.[15] Unter dem Eindruck der Finanzmarktkrise beauftragte die Europäische Kommission im Jahre 2008 den früheren französischen Zentralbankchef *Jacques de Larosi-*

[9] VO (EU) Nr. 1094/2010 des Europäischen Parlaments und des Rates vom 24. November 2010 zur Errichtung einer Europäischen Aufsichtsbehörde (Europäische Aufsichtsbehörde für das Versicherungswesen und die betriebliche Altersversorgung) zur Änderung des Beschlusses Nr. 716/2009/EG und zur Aufhebung des Beschlusses 2009/79/EG der Kommission, ABl. EU Nr. L 331 vom 15. Dezember 2010, S. 48.

[10] Art. 2 EBA-VO. Neben die damit verschärfte Aufsicht über einzelne Finanzinstitute auf der Mikroebene tritt mit dem Europäischen Ausschuss für Systemrisiken (ESRB – *European Systemic Risk Board*) eine Institution zur Abwendung oder Eindämmung von Systemrisiken für die Finanzstabilität. Die entsprechende Rechtsgrundlage bildet die VO (EU) Nr. 1092/2010 des Europäischen Parlaments und des Rates vom 24. November 2010 über die Finanzaufsicht der Europäischen Union auf Makroebene und zur Errichtung eines Europäischen Ausschusses für Systemrisiken, ABl. EU Nr. L 331 vom 15. Dezember 2010, S. 1.

[11] So die Definition im De-Larosière-Bericht, *De Larosière et al.*, Report, S. 43.

[12] Vgl Erwägungsgrund Nr. 10 EBA-VO. Der CEBS ging zurück auf Kommissionbeschluss Nr. 2004/5/EG vom 5. November 2003, ABl. EG Nr. L 3 vom 7. Januar 2004, S. 28 zur Einsetzung des Ausschusses der Europäischen Bankenaufsichtsbehörden, der später durch den gleichnamigen Kommissionsbeschluss Nr. 2009/78/EG vom 23. Januar 2009, ABl. EG Nr. L 25 vom 29. Januar 2009, S. 23 ersetzt wurde.

[13] Dazu *Rötting/Lang*, Das Lamfalussy-Verfahren, S. 8 ff.; *Lehmann/Manger-Nestler*, Finanzaufsichtssystem, S. 4 f.

[14] Art. 2 UAbs.1, Art. 3 CEBS-Beschluss.

[15] Nach Erwägungsgrund Nr. 11 des CEBS-Beschlusses verfügte der Ausschuss über keinerlei Regelungsbefugnisse auf Gemeinschaftsebene, das Schlichtungsverfahren war nach EG 14 des CEBS-Beschlusses unverbindlich und freiwillig; vgl. auch *Wymeersch*, Financial Supervisory System, S. 249.

ère mit einer Gruppe von Experten unter anderem die bestehenden Aufsichtsregeln im Bereich der Finanzmärkte einer Neubewertung zu unterziehen.[16] Der De-Larosière-Bericht vom Februar 2009 kam zu dem Ergebnis, dass es dem damaligen Regulierungsrahmen in Europa an Geschlossenheit fehle und dass insbesondere die Aufsicht über grenzüberschreitende Institute und Sachverhalte verbessert werden müsse.[17] Zu diesem Zweck wurde das Lamfalussy-Verfahren zwar beibehalten, die Einflussmöglichkeiten der europäischen Behörden wurden jedoch vergrößert. Die Neugliederung der Europäischen Finanzmarktaufsicht stellt sich zunächst als Verlagerung von zuvor mitgliedstaatlichen Aufsichtsbefugnissen auf die Ebene der Europäischen Union dar.[18] Die EBA dient insofern als Forum, das eine Ausgliederung der Entscheidungsträger aus den politischen Systemen der Mitgliedstaaten ermöglicht. Für die Legitimation der EBA ist jedoch auch die Eingliederung in das institutionelle System der Europäischen Union von Interesse.

1. Der Aufgabenkreis der European Banking Authority

Nach Art. 1 Abs. 5 EBA-VO ist Aufgabe der EBA das öffentliche Interesse zu schützen, indem sie für die Wirtschaft der Union, ihre Bürger und Unternehmen, zur kurz-, mittel- und langfristigen Stabilität des Finanzsystems beiträgt. Die EBA trägt unter anderem zur Funktionsfähigkeit des Binnenmarktes insbesondere mittels einer soliden, wirksamen und kohärenten Regulierung und Überwachung und zur Gewährleistung der Integrität, Transparenz, Effizienz und des ordnungsgemäßen Funktionierens der Finanzmärkte bei. Weitere Ziele sind die Verhinderung von Aufsichtsarbitrage und die Förderung gleicher Wettbewerbsbedingungen, sowie die Gewährleistung des Verbraucherschutzes.[19] Zu diesem Zweck kommen ihr im Wesentlichen die Aufgaben zu, bei der Festlegung gemeinsamer Regulierungs- und Aufsichtsstandards mitzuwirken (Art. 8 Abs. 1 lit. a) EBA-VO, sowie die Durchsetzung dieser Standards zusammen mit den Vorgaben des gemeinsamen Rechtsrahmens sicherzustellen (Art. 8 Abs. 1 lit. b) EBA-VO). Zwar kann die EBA lediglich Entwürfe technischer Regulierungs- und Aufsichtsstandards anfertigen. Diese sind jedoch von der Kommission

[16] Erwägungsgrund Nr. 3 EBA-VO.

[17] *De Larosière et al.*, Report, S. 45–47.

[18] *Kämmerer*, Finanzaufsichtssystem, S. 1287 „Partiell vergemeinschaftete Verwaltung mit gesamthänderischem Einschlag". Aus diesem Grund steht meist die Frage nach einer Verwaltungskompetenz der EU im Vordergrund, vgl. nur *Häde*, Effizienz, S. 663 f.; *Zeitler*, Rechtsharmonisierung, S. 369–374.

[19] Vgl. auch Erwägungsgrund Nr. 11 EBA-VO.

zu berücksichtigen und ein Abweichen ist zu begründen.[20] Bedeutung wird vor allem die Unterscheidung zwischen technischen Regulierungsstandards und technischen Durchführungsstandards gewinnen, da lediglich im ersten Fall das Europäische Parlament oder der Rat Einwände gegen diese Standards mit der Folge formulieren können, dass diese nach Art. 13 Abs. 3 EBA-VO nicht in Kraft treten.[21] Echte Durchgriffsbefugnisse gegenüber nationalen Behörden und gegebenenfalls sogar gegenüber einzelnen Marktteilnehmern stehen der EBA in vier Fällen zu: In Fällen, in denen eine nationale Aufsichtsbehörde das Unionsrecht inklusive der technischen Regulierungs- und Durchführungsstandards nicht anwendet (Art. 17 EBA-VO), in Krisenfällen (Art. 18 EBA-VO) und bei Meinungsverschiedenheiten zwischen nationalen Aufsichtsbehörden bei grenzüberschreitenden Sachverhalten (Art. 19 EBA-VO). Zudem kommt der EBA unter den Voraussetzungen des Art. 9 Abs. 5 EBA-VO eine primäre Zuständigkeit zum Verbot oder zur Beschränkung bestimmter Finanztätigkeiten zu, wenn einer der in Art. 1 Abs. 2 EBA-VO in Bezug genommenen Rechtsakte solche Verbote vorsieht.

2. Die innere Organisation der EBA

Organisiert ist die EBA nach einem für europäische Agenturen bewährten Muster. Sie besteht aus dem Rat der Aufseher, dem Verwaltungsrat, dem Vorsitzenden und dem Exekutivdirektor. Zu den gemeinsamen Einrichtungen der Europäischen Aufsichtsbehörden (ESA[22]) zählt der gemeinsame Ausschuss der Europäischen Aufsichtsbehörden, sowie der Beschwerdeausschuss. Das Hauptentscheidungsorgan bildet der Rat der Aufseher (Art. 40 ff. EBA-VO), der als stimmberechtigte Mitglieder die Leiter oder entsprechend hochrangige Vertreter der nationalen Aufsichtsbehörden vereint. Hinzu kommen jeweils ein nicht stimmberechtigter Vertreter der Europäischen Kommission, der EZB, des *European Systemic Risk Board* (ESRB) und der beiden anderen Aufsichtsbehörden des EFSF.[23] Der Verwaltungsrat (Art. 45 ff. EBA-VO) setzt sich aus dem Vorsitzenden und sechs weiteren Mitgliedern zusammen, die von den stimmberechtigten

---

[20] Art. 10 Abs. 1 UAbs. 1 Satz 2, UAbs. 8 EBA-VO.

[21] Allerdings beträgt die Frist in Fällen, in denen der Standard auf einen Entwurf der EBA zurückgeht nach Art. 13 Abs. 1 UAbs. 1 EBA-VO lediglich einen Monat und kann ggf. um einen weiteren verlängert werden. Ob sich die Auswirkungen eines Standards in der Kürze der Zeit hinreichend übersehen lassen, ist zumindest zweifelhaft.

[22] Erwägungsgrund Nr. 10 EBA-VO.

[23] Kritisch im Hinblick auf die starke Rolle der nationalen Vertreter im Rat der Aufseher, durch die die Durchsetzung des Unionsinteresses gefährdet werde *Michel*, Bankenaufsichtsbehörde, S. 735.

Mitgliedern des Rates der Aufseher und aus ihrem Kreis gewählt werden. Er kümmert sich unter anderem um Personal- und Finanzplanung und den Jahresbericht. Der Vorsitzende (Art. 48 ff. EBA-VO) wird ebenfalls vom Rat der Aufseher gewählt, muss allerdings nicht aus seinen Reihen stammen. Er kann vom Europäischen Parlament abgelehnt werden. Ihm obliegen die Leitung der Sitzungen des Rates der Aufseher und des Verwaltungsrates und die Vertretung der Behörde nach außen. Die Behörde wird von einem Exekutivdirektor geleitet, der von den Mitgliedern des Verwaltungsrates gewählt wird und vom Europäischen Parlament bestätigt werden muss. Der Einfluss des Europäischen Parlamentes auf Personalentscheidungen beschränkt sich also auf die beiden Vorsitzenden, die für Richtungsentscheidungen gerade nicht zuständig sind.

Die Besonderheit der EBA besteht in ihrer Einbindung in das institutionelle System der Europäischen Union und der Mitgliedstaaten. Alle genannten Stellen nehmen ihre Tätigkeit in voller Unabhängigkeit wahr. Dies bedeutet, dass sie weder von Organen oder Einrichtungen der Union, noch von der Regierung eines Mitgliedstaates oder von anderen öffentlichen oder privaten Stellen Weisungen anfordern oder entgegennehmen dürfen (Art. 42, 46, 49, 52 EBA-VO). Rat der Aufseher und Verwaltungsrat als diejenigen Organe, die die wesentlichen operativen Entscheidungen im Innen-, wie im Außenverhältnis treffen, handeln zudem objektiv und im alleinigen Interesse der Union als Ganzer (Art. 42, 46 EBA-VO).[24] Die EBA verfügt über einen eigenen Haushalt, der aus Abgaben der nationalen Aufsichtsbehörde, einem Zuschuss aus dem Unionshaushalt und Gebühren der Marktteilnehmer gespeist wird und nach Erwägungsgrund 59 der EBA-VO die volle Autonomie und Unabhängigkeit der Behörde gewährleisten soll.

III. Politische Selbstbindung durch eine unabhängige Finanzmarktaufsicht

Behörden, die freigestellt von Weisungen der Regierungsebene selbstständig Entscheidungen treffen können, die Bürger unmittelbar betreffen oder an solchen Entscheidungen mitwirken, werden im deutschen rechtswissenschaftlichen Schrifttum bereits seit längerer Zeit kritisch beäugt.[25] Sie werden vermehrt auch als Akt der Selbstbindung der politischen Organe eingestuft, durch die sich Regierung und Parlament glaubwürdig auf einen

[24] Dies wird in Art. 1 Abs. 5 UAbs. 3 EBA-VO noch einmal für die gesamte Behörde bekräftigt.

[25] Zusammenfassend zum Problem „weisungsfreier" oder „ministerialfreier" Räume im deutschen Verfassungsrecht *Bredt*, Demokratische Legitimation, S. 59–76 m.w.N.

längerfristig angelegten wirtschaftspolitischen Kurs festlegen wollen.[26] Es setzt sich zunehmend die Erkenntnis durch, dass ein „offenes Ohr" für kurzfristige tagespolitische Belange insbesondere in wirtschaftsrelevanten Politikbereichen die Erreichung längerfristiger Ziele beeinträchtigen kann. Diese Problematik ist insbesondere aus dem Regulierungsrecht der Netzwirtschaften aber auch aus dem allgemeinen Wettbewerbsrecht bekannt. Im Bereich der allgemeinen Wettbewerbsaufsicht soll insofern eine eindimensionale Ausrichtung auf den Schutz des bestehenden Wettbewerbs,[27] im Recht der Netzwirtschaften auf die Herstellung von „als-ob Wettbewerb"[28] gewährleistet werden. In beiden Fällen wird die akute Gefahr gesehen, dass Entscheidungen durch sonstige Gemeinwohlbelange, wie regional- und industriepolitische Interessen oder den Schutz von Arbeitsplätzen überlagert werden.[29]

Jedenfalls nach dem demokratischen System des Grundgesetzes sollen jedoch alle Entscheidungsträger ihre Legitimation vom Willen des Volkes ableiten (Art. 20 Abs. 2, Art. 1–2 GG). Da dieses sich lediglich alle vier Jahre im Rahmen der Wahlen des deutschen Bundestages äußert, müssen alle dem Staat zurechenbaren Entscheidungen letztlich von den Abgeordneten des deutschen Bundestages verantwortet werden können. Das setzt voraus, dass dieser einen bestimmenden Einfluss auf die Tätigkeit der Ministerien und der ihnen untergeordneten Verwaltungsbehörden nehmen kann.[30] Diese Verbindung wird nach der Rechtsprechung des Bundesverfassungsgerichtes und der überwiegenden Meinung in der Literatur durch eine ununterbrochene Kette von Verantwortlichkeits- und Sanktionsmechanismen hergestellt, die über die Ministerien bis zum jeweiligen Amtswalter reicht.[31] Auch wenn dieser Bestimmungszusammenhang verbesserungsbedürftig ist, darf die dahinter stehende Grundannahme nicht unter-

---

[26] Zusammenfassend *Gilardi*, Regulatory State, S. 30–46.

[27] *Masing*, Unabhängige Behörden, S. 190–193.

[28] Vgl. auch die Formulierung bei *Masing*, Unabhängige Behörden, S. 200 „Die Verwaltungs*behörden* haben so im Kern den Wettbewerb als Wettbewerb zu fördern" (Hervorhebung im Original).

[29] *Masing*, Unabhängige Behörden, S. 201; zu dieser Gefahr im Bereich der Wirtschaftsregulierung allgemein *Eekhoff/Vossler*, Regulierung, S. 1 f.

[30] BVerfG, Urt. vom 31. Oktober 1990, BVerfGE 83, S. 60 (72) – Hamburger Ausländerwahlrecht; BVerfG, Urt. vom 24. Mai 1995, BVerfGE 93, S. 37 (66) – Mitbestimmungsgesetz Schleswig-Holstein; *Mayen*, Unabhängige Einrichtungen, S. 47.

[31] Grundlegend *Böckenförde*, Demokratie als Verfassungsprinzip; siehe auch bereits *ders.* Richterwahl, S. 73–80; weiter ausgeformt bei *Jestaedt*, Kondominialverwaltung, S. 138–177 (speziell 301–368); einen Überblick zur Entwicklung der Rechtsprechung des Bundesverfassungsgerichts zum Demokratieprinzip liefert *Tschentscher*, Demokratische Legitimation, S. 28–50; zusammenfassend zu diesem Modell *Trute*, Demokratische Legitimation, S. 346–353.

schlagen werden. Indem versucht wird, jede dem Staat zuzurechnende Entscheidung auf den Willen der Herrschaftsunterworfenen zurückzuführen, wird ihr Recht zur Selbstbestimmung auch in denjenigen Angelegenheiten respektiert, die der kollektiven Lösung bedürfen.[32] Demokratische Entscheidungsverfahren stellen sicher, dass Entscheidungen nicht nur aufgrund höherer Einsicht oder überlegener Sachkenntnis getroffen werden, sondern unter Rekurs auf den Willen der Herrschaftsunterworfenen gerechtfertigt werden können. Behörden, die unabhängig vom politischen Tagesgeschehen Verwaltungsaufgaben wahrnehmen und damit gestalterisch tätig werden können, erscheinen vor diesem Hintergrund problematisch. Für Agenturen der Europäischen Union wurden ähnliche Vorgaben auf der Grundlage der Meroni-Rechtsprechung des EuGH aus dem Jahre 1958 entwickelt. Der EuGH hatte es der Hohen Behörde verwehrt, hoheitliche Befugnisse, die nach freiem Ermessen auszuüben sind, auf eine privatrechtliche Organisationseinheit mit eigener Rechtspersönlichkeit zu übertragen, die im Vertrag nicht vorgesehen war. Lediglich genau umgrenzte Ausführungsbefugnisse, deren Ausübung von der Hohen Behörde in vollem Umfang beaufsichtigt werde, seien delegierbar.[33] Diesen Anforderungen an die Rückbindung wird zunehmend Bedeutung auch für die demokratische Legitimation der Europäischen Agenturen beigemessen, wenn im Einzelnen auch gewisse Lockerungen erkennbar sind.[34] Indem die einzelnen Organe der EBA operationelle Einzelentscheidungen grundsätzlich unbeeinflusst von übergeordneten politisch verantwortlichen nationalen Stellen oder EU-Organen treffen können, wird der geforderte Verantwortlichkeitszusammenhang hinsichtlich dieser Einzelentscheidungen zunächst durchbrochen.[35] Mit diesen strengen Vorgaben ließe sich eine unabhängige Aufsichtsbehörde wohl nur in Einklang bringen, wäre sie in Verfahren, Zusammensetzung und insbesondere hinsichtlich ihrer strengen

---

[32] Vgl. nur *Möllers*, Die drei Gewalten, S. 57; *Böckenförde*, Demokratie als Verfassungsprinzip, S. 452; *Scharpf*, Regieren in Europa, S. 16; *Rumler-Korinek*, Europäische Union, S. 333, „Selbstregierung des Demos in Freiheit und Gleichheit"; *Bredt*, Demokratische Legitimation, S. 174; zur „klassischen Demokratie westlicher Prägung" *Maihofer*, Prinzipien freiheitlicher Demokratie, S. 428–432.

[33] EuGH, Urt. vom 13. Juni 1958, Rs. 9/56, (*Meroni I*), Slg. 1958, S. 9 (42–47); EuGH, Urt. vom 13. Juni 1958, Rs. 10/56 (*Meroni II*), Slg. 1958, S. 51 (80–85).

[34] *Görisch*, Unionsagenturen, S. 369–392; *Gärditz*, Europäisches Regulierungsverwaltungsrecht, S. 277; *Augsberg*, Europäisches Verwaltungsorganisationsrecht, S. 261.

[35] *Wymeersch*, Financial Supervisory System, S. 262 „one more step away from the traditional agencies". Insofern ist auch in diesem Fall davon auszugehen, dass die reine Ernennung der Leiter der nationalen Aufsichtsbehörden durch die Regierungen oder Parlamente der Mitgliedstaaten den geschwächten sachlich-inhaltlichen Steuerungszusammenhang nicht alleine kompensieren kann. So aber *Forst*, Versicherungsaufsicht, S. 157.

Rechtsbindung mit einem Gericht vergleichbar. In diesem Sinne wird argumentiert, dass auch die Beschlusskammerverfahren bei Bundeskartellamt und Bundesnetzagentur gerichtsähnlich ausgestaltet worden seien.[36] Nichtsdestotrotz bedingt die Aufsicht über den Bankensektor, ebenso wie die allgemeine Wettbewerbsaufsicht, die Auslegung und Anwendung offener und auslegungsbedürftiger Tatbestandsmerkmale, wenn beurteilt werden soll, ob „das ordnungsgemäße Funktionieren und die Integrität der Finanzmärkte“ oder „die Stabilität des Finanzsystems in der Union als Ganzes oder in Teilen“ durch bestimmte Finanztätigkeiten „gefährdet“ wird.[37] Diese notwendig gelockerte Gesetzesbindung, die ein „Hineinregieren“ der politischen Entscheidungsträger erst ermöglicht, lässt sich mit den strengen input-orientierten Modellen[38] demokratischer Legitimation kaum vereinbaren.

Die Übertragbarkeit der Meroni-Kriterien auf das Agenturmodell wird jedoch insbesondere im Hinblick auf Art. 298 AEUV, der auch eine „unabhängige“ EU-Eigenverwaltung anerkennt, bezweifelt[39] und auch das Modell der Verwaltungslegitimation der deutschen Staatsrechtslehre wird bereits seit längerem kritisch hinterfragt.[40]

Im rechtswissenschaftlichen Schrifttum wurde vor diesem Hintergrund versucht, Kriterien zu entwickeln, um einen solchen Akt der Selbstbindung der politischen Entscheidungsträger nicht als „Flucht vor der politischen Verantwortung“,[41] sondern als spezifische Form der Ausübung dieser Verantwortung darzustellen. Diese wurden auch zur Bewertung Europäischer Regulierungs- und Aufsichtsagenturen herangezogen.[42] Die wichtigste Voraussetzung sei, dass die Entscheidung für eine unabhängige Behörde zu jedem Zeitpunkt politisch verantwortet werden kann. Das setze voraus, dass sie gesetzlich explizit geregelt und jederzeit revidierbar ist. Abzusichern sei die Verantwortlichkeit für den gesetzlichen Rahmen durch eine

---

[36] Zur damaligen Regulierungsbehörde für Telekommunikation und Post *Oertel*, Unabhängigkeit, S. 317–322; zum Bundeskartellamt *Möschel*, Unabhängigkeit, S. 246; vgl. auch *Groß*, Kollegialprinzip, S. 95–98.

[37] Art. 9 Abs. 5 EBA-VO; vgl. auch *Moloney*, Securities and Markets Authority 2, S. 223; a.A. *Holznagel/Schumacher*, Funktionelle Unabhängigkeit, S. 752.

[38] Zur Unterscheidung zwischen input- und output-orientierten Demokratietheorien *Scharpf*, Demokratietheorie, S. 21 f.; *Schäfer*, Demokratische Grenze.

[39] So *Ruffert*, Art. 298 AEUV, Rn. 5/10; *ders.*, Institutionen, Organe und Kompetenzen, S. 45; in diesem Sinne, jedoch kritisch *Gärditz*, Verwaltungsdimension, S. 461.

[40] Siehe oben Fn. 25.

[41] *Lepsius*, Ziele, S. 1086.

[42] *Häde*, Jenseits der Effizienz, S. 664; *Rötting/Lang*, Das Lamfalussy-Verfahren, S. 13 f.; *Ruffert*, Die neue Unabhängigkeit, S. 407; *Holznagel/Schumacher*, Funktionelle Unabhängigkeit, S. 748; *Classen*, Unabhängigkeit und Eigenständigkeit, S. 300–305.

institutionalisierte Gesamtkontrolle durch das Parlament in Form von Transparenz-, Rechenschafts- und Berichtspflichten.[43] In diesem Fall könne ein Nichtstun des Parlamentes als stille Billigung der Regulierungstätigkeit der Behörden gewertet und den Wählern gegenüber verantwortet werden. Erkennt man also an, dass eine Politisierung von Entscheidungen bei der Verfolgung bestimmter wirtschaftspolitischer Zielsetzungen von Nachteil sein kann, stellt sich die Frage, wie weit solche Gründe tragen können. Zwei „Stellschrauben" stehen dem Gesetzgeber zur Verfügung: Er kann durch organisatorische Regelungen den Grad der Politisierung bestimmen und er kann den Aufgabenkreis der Behörden festlegen.

1. Grad der Responsivität

Wollte man eine Aufsichtsentscheidung nach dem vorgenannten Schema als demokratisch legitimiert ansehen, setzte dies in einem parlamentarischen System eine jederzeit revidierbare gesetzliche Regelung voraus. Würde die Aufsichtspraxis der deutschen Bundesanstalt für Finanzdienstleistungsaufsicht die Präferenzen einer breiten Bevölkerungsmehrheit verletzen, gerieten Regierung und Gesetzgeber als verantwortliche poltische Instanzen unter Druck. Sie würden diesem entweder standhalten und die Entscheidung am Wahltag verantworten oder sich dem Druck beugen. Einer weisungsunabhängigen Aufsichtsbehörde könnte das Parlament im äußersten Fall mit der Entziehung ihres unabhängigen Status drohen.[44] Im Falle einer europäischen Finanzmarktaufsichtsbehörde ist davon nur bedingt auszugehen. Die Europäischen Finanzmarktaufsichtsbehörden wurden durch Verordnung des Parlaments und des Rates geschaffen, was zunächst darauf schließen lässt, dass diese jederzeit in der Lage wären, die Regelungen zur Finanzmarktaufsicht auch aus politischen Gründen zu ändern und gegebenenfalls auch vollständig aufzuheben. Mit Blick auf das europäische Gesetzgebungsverfahren wirken sich jedoch die Besonderheiten einer supranationalen Rechtsetzung und die Stellung der Europäischen Kommission aus. Der Einfluss des Europäischen Parlaments und der natio-

---

[43] *Masing*, Regulierungsverwaltung, S. D 78 f.; *Ludwigs*, Bundesnetzagentur, S. 53; *Kersten*, Verwaltungsrecht, S. 591; von diesem Modell geht auch der De-Larosière-Bericht aus, vgl. *De Larosière et al.*, Report, S. 53 f./62; vgl. auch EuGH, Urt. vom 9. März 2010, Rs. C-518/07 (*Datenschutzbehörde*), Slg. 2010, S. I-1885 (I-1914 f.); dazu kritisch *Bull*, Aufsichtsbehörde.

[44] Zu beobachten waren entsprechende Situationen beispielweise bei der deutschen Bundesbank, deren unabhängiger Status zwar ebenfalls lediglich auf einem einfachen Bundesgesetz (vgl. § 12 BBankG) basierte, jedoch entscheidend durch die in der deutschen Öffentlichkeit vorherrschende Überzeugung von der Notwendigkeit einer unabhängigen Notenbank gestützt wurde; dazu *Wolz*, Notenbank.

nalen Parlamente der Mitgliedstaaten im Rahmen des ordentlichen Gesetzgebungsverfahrens wurde durch den Reformvertrag von Lissabon zwar erheblich ausgebaut. So agieren grundsätzlich das Europäische Parlament und der Rat als gemeinsame Gesetzgeber (Art. 14 Abs. 1 Satz 1, Art. 16 Abs. 1 Satz 1 EUV), die im ordentlichen Gesetzgebungsverfahren jeweils ihre Zustimmung zu einem Legislativakt erteilen müssen. Der Parlamentarische Einfluss wird jedoch entscheidend durch das alleinige Initiativrecht der Europäischen Kommission im Rahmen des ordentlichen Gesetzgebungsverfahrens nach Art. 289 Abs. 1 in Verbindung mit Art. 294 Abs. 2 AEUV gebrochen. Es obliegt nach ihrer Funktionsbeschreibung in Art. 17 Abs. 1 Satz 1 EUV grundsätzlich der Europäischen Kommission, geeignete Initiativen zur Förderung des Europäischen Gemeinwohls zu unterbreiten. Das Initiativrecht wird zwar verschiedentlich abgeschwächt, aber nicht durchbrochen. So können sowohl der Rat nach Art. 241 Satz 1 AEUV mit einfacher Mehrheit, als auch das Europäische Parlament gemäß Art. 225 Satz 1 AEUV mit der Mehrheit seiner Mitglieder die Kommission auffordern, Vorschläge zur Verwirklichung der gemeinsamen Ziele zu unterbreiten. Legt die Kommission keinen Vorschlag vor, so teilt sie dem Rat beziehungsweise dem Europäischen Parlament die Gründe dafür mit.[45] Ob eine solche Aufforderung einem indirekten Initiativrecht nahe kommen kann, ist noch nicht abzusehen.[46]

Doch selbst wenn man aufgrund der Aufforderungsrechte davon ausgehen sollte, dass das Europäische Parlament und über den Rat die jeweiligen nationalen Parlamente Einfluss auf den Rechtsetzungsprozess nehmen können, kann die *staatsrechtliche Mittellösung* nicht dieselbe Überzeu-

---

[45] Art. 225 Satz 2, Art. 241 Satz 2 AEUV.

[46] Mit Blick auf die Zurückhaltung des EP skeptisch *Kluth*, Art. 225 AEUV, Rn. 5. Näher ausgestaltet wird Art. 225 AEUV durch Anlage XIV der Geschäftsordnung des Europäischen Parlaments, durch die eine interinstitutionelle Vereinbarung zwischen der Europäischen Kommission und dem Europäischen Parlament inkorporiert wurde, vgl. Beschluss des Europäischen Parlaments vom 20. Oktober 2010 zur Revision der Rahmenvereinbarungen über die Beziehungen zwischen dem Europäischen Parlament und der Europäischen Kommission (2010/2118(ACI)). Nach Ziffer 16 Abs. 3 verpflichtet sich die Kommission, „über die konkrete Weiterbehandlung einer Aufforderung zur Vorlage eines Vorschlags gemäß Artikel 225 AEUV (legislativer Initiativbericht) innerhalb von drei Monaten nach Annahme der entsprechenden Entschließung im Plenum zu berichten. Die Kommission legt spätestens nach einem Jahr einen Gesetzgebungsvorschlag vor oder nimmt den Vorschlag in das jährliche Arbeitsprogramm des Folgejahres auf. Legt die Kommission keinen Vorschlag vor, so teilt sie dem Europäischen Parlament die Gründe dafür mit.“ Selbst wenn aus der Begründungspflicht bei Nichtvorlage eine grundsätzliche Pflicht zum Tätigwerden gefolgert wird, erstreckt sie sich jedenfalls nicht auf den Inhalt einer Kommissionsinitiative. Auch durch eine begründete Ablehnung kommt die Kommission ihren Verpflichtungen nach; so auch *Huber*, Art. 225 AEUV, Rn. 4.

gungskraft entwickeln wie auf nationaler Ebene. So wird die Legitimationskraft des Europäischen Parlamentes noch immer mit guten Gründen bezweifelt, da es auf europäischer Ebene noch keinen den Nationalstaaten vergleichbaren Resonanzboden europäischer Politik gibt. Politische Diskussionen enden zumeist an der Grenze der Mitgliedstaaten.[47] Zwar wurde mit dem Vertrag von Lissabon versucht, durch Elemente partizipativer Demokratie die Distanz zwischen den Europäischen Institutionen und den Unionsbürgern zu verringern.[48] Ob diese Ansätze fruchten, wird sich erst zeigen müssen. Zudem erscheint auch im Bereich der Finanzmarktregulierung und -Aufsicht noch nicht gesichert, dass die Verantwortung in den Mitgliedstaaten letztlich der europäischen Ebene zugerechnet wird. Erste Anlaufstelle unzufriedener Bürger sind und bleiben die nationalen Regierungen und Parlamente. Diese werden versuchen, ihren Einfluss über die Europäischen Räte geltend zu machen, müssen jedoch dort, wenn sie die Anpassung oder Aufhebung einer Verordnung anstreben, eine Ratsmehrheit finden, die wiederum ein Ersuchen an die Europäische Kommission richten muss. Ein Verfahren, das nicht zuletzt die ungefilterte Umsetzung protektionistischer nationaler Interessen verhindern soll, verhindert somit allerdings auch, dass berechtigte nationale Interessen Gehör finden können. Dies zeigt, dass eine im politischen System der Nationalstaaten möglicherweise überzeugend wirkende Lösung nicht ohne Weiteres auf die europäische Ebene übertragen werden kann.[49]

2. Aufsichts- oder Regulierungsbehörde

Dies wird jedoch nicht als notwendigerweise problematisch angesehen. Darin kommt eine Verschiebung des hergebrachten Legitimationsverständnisses zum Ausdruck.[50] So wird gefragt, ob es nicht sogar der Finanzmarktregulierung zu Gute kommt, wenn möglicherweise unvernünftigen einzelfallbezogenen Ansichten der Öffentlichkeit – beeinflusst von Massenmedien und finanzstarken Wirtschaftsakteuren – vorübergehend übergangen werden. Dies leitet über zu der Frage, welche Entscheidungsbefugnisse einer weisungsunabhängigen Behörde übertragen werden soll-

---

[47] Vgl. BVerfG, Urt. vom 30. Juni 2009, BVerfGE 123, S. 267 (358 f.) – Lissabon; zur geforderten „politischen Öffentlichkeit" auf Europäischer Ebene jüngst *Peuker*, Bürokratie und Demokratie, S. 70 f./163 f. m.w.N. Zum „Resonanzboden" *Di Fabio*, Art. 23, S. 203.

[48] Zum einschlägigen Art. 11 EUV siehe *Leinen/Kreutz*, Partizipative europäische Demokratie.

[49] Ähnlich kritisch *Kämmerer*, Finanzaufsichtssystem, S. 1287 „expertokratisch und (...) vom Idealbild eines ‚Europas der Bürger' (...) weit entfernt".

[50] Vgl. *Ruffert*, Begriff, S. 348.

ten. Wer sollte die Regulierungsstandards verantworten und mit welcher Berechtigung? Hier entscheidet sich letztlich, ob eine Behörde als Regulierungsbehörde oder Aufsichtsbehörde auftritt.

2.1 Aufsichtsbehörde

Eine Aufsichtsbehörde zeichnet nach der hier verwendeten Definition die Aufgabe aus, das freiverantwortliche Handeln der Beaufsichtigten mit einer gegebenen Richtschnur in Übereinstimmung zu bringen oder zu halten.[51] Die Wirtschaftsaufsicht betrifft dann diejenige staatliche oder überstaatliche Tätigkeit, welche die selbstverantwortliche Teilhabe am privatwirtschaftlichen Wirtschaftsverkehr mit den dafür geschaffenen Rechtsregeln in Einklang zu halten sucht.[52] Die Tätigkeit der Wirtschaftsaufsichtsbehörden stellt sich *idealiter* als Prozess der Rechtsdurchsetzung dar. Ihre Weisungsunabhängigkeit soll verhindern, dass Gesetzeslücken genutzt werden, um wettbewerbsfremde Erwägungen einfließen zu lassen.[53] Im Hinblick auf die staatliche Finanzmarktaufsicht kommen finanz- und wirtschaftspolitische Erwägungen zum Tragen. Eine Europäische Oberaufsicht soll zunächst der Gefahr einer Aufsichtsarbitrage vorbeugen.[54] So ist zu befürchten, dass die Mitgliedstaaten die Attraktivität ihrer Finanzstandorte durch eine zurückhaltende Aufsicht erhöhen.[55] Auch könnten Staaten angeschlagene Banken schonend behandeln, um einer eigenen Einstandspflicht aus den Landeshaushalten zu entkommen.[56] Vor dem Hintergrund des allgemeinen Bemühens zur Koordinierung der Finanzmarktaufsicht im europäischen Binnenmarkt kann schließlich jede Einschränkung der Handlungsfreiheit der nationalen Behördenvertreter im Rahmen des Rats der

---

[51] In Anlehnung an *Triepel*, Die Reichsaufsicht, S. 111 f.

[52] *R. Schmidt*, Öffentliches Wirtschaftsrecht, S. 300; *Bullinger*, Staatsaufsicht, S. 286; zu den Problemen bei der Eingrenzung des Begriffs der Wirtschaftsaufsicht ausführlich *Hecker*, Marktoptimierende Wirtschaftsaufsicht, S. 9–27 m.w.N. Von einem ähnlichen Begriffsverständnis geht auch der De-Larosière-Bericht aus, vgl. *De Larosière et al.*, Report, S. 15.

[53] Dem De-Larosière-Bericht zu Folge sollte Ziel der Aufsicht sein „das reibungslose Funktionieren von Märkten und die Entwicklung einer wettbewerbsfähigen Branche zu fördern." Bei der Verfolgung ihres Ziels, müssen die Aufsichtsbehörden „der Finanzbranche ermöglichen, ihre Allokationsfunktion so gut wie möglich zu erfüllen, und so zu einem nachhaltigen Wirtschaftswachstum beitragen", siehe *De Larosière et al.*, Report, S. 44.

[54] De Larosière et al., Report, S. 44.

[55] EG 36 EBA-VO; *Siekmann*, Finanzmarktaufsicht, S. 110.

[56] *Hopt*, Finanzmarktarchitektur, S. 1402 „Today banks act globally but die nationally"; vgl. auch *De Larosière et al.*, Report, S. 49.

Aufseher kontraproduktiv wirken.[57] Dies erklärt jedoch noch nicht die schwache Rückbindung der EBA an die europäischen Organe. Hinzu kommt die Befürchtung, dass besonders starke wirtschaftliche Interessen über die Politik auf die Aufsichts- und Regulierungsbehörden durchgreifen.[58] Diese Gefahr wird mit der Bereitstellung öffentlicher Güter in Verbindung gebracht.[59] In diesem Sinne dient die Finanzmarktaufsicht nach Erwägungsgrund 11 EBA-VO auch dem Schutz öffentlicher Werte wie der Stabilität des Finanzsystems, und der Transparenz der Märkte und Finanzprodukte. Die entscheidenden regulatorischen Standards sollten diesem Modell zufolge von demokratisch verantwortlichen Entscheidungsträgern beschlossen werden. Die EBA sichert dann lediglich ihre Durchsetzung.

2.2 Regulierungsbehörde

Regulierungsbehörden handeln demgegenüber auch zukunftsgerichtet gestaltend.[60] So wird Regulierung vielfach als Politik zur Beseitigung oder Korrektur von Marktversagen oder Marktstörungen definiert.[61] Dies impliziert, dass der Marktmechanismus möglichst minimalinvasiv beeinflusst wird und grundsätzlich von seiner Überlegenheit gegenüber anderen Verteilungsmechanismen ausgegangen wird.[62] Wird ein entsprechender Wettbewerbsrahmen durch eine politisch verantwortete Entscheidung definiert, sollte eine konsequente Beaufsichtigung und Regulierung der Marktprozesse nicht mehr auf politischen Einzelentscheidungen beruhen, sondern muss sich den Gegebenheiten und Funktionsbedingungen des marktwirtschaftlichen Wettbewerbs anpassen und diese fördern. Es handelt sich regelmäßig um einen auf langfristige Zielerreichung angelegten Mechanismus. Es liegt in diesem Sinne nahe, politische Einflüsse möglichst auszuklammern und verstärkt auf wirtschaftswissenschaftlichen Sachverstand zu vertrauen.[63] Dies gilt umso mehr dort, wo hoheitliche Regulierung an kon-

---

[57] *Kämmerer*, Finanzaufsichtssystem, S. 1283.

[58] *Holznagel/Schumacher*, Funktionelle Unabhängigkeit, S. 754; vgl. auch *Masing*, Regulierungsverwaltung, S. D 83.

[59] Dazu *Bredt*, Demokratische Legitimation, S. 444–449.

[60] *Masing*, Unabhängige Behörden, S. 200 „gestaltende und prospektive Dimension"; *Oster*, Normative Ermächtigungen, S. 132–134 „Verwirklichung eines Gestaltungsauftrags".

[61] *Eekhoff/Vossler*, Regulierung, S. 5 f.; vgl. auch *Majone*, Regulatory Legitimacy, S. 294 f.; *Sorace*, Wirtschaftsregulierung, S. 398; *Ruthig/Storr*, Öffentliches Wirtschaftsrecht, S. 247.

[62] Vgl. nur *Eekhoff/Vossler*, Regulierung, S. 3 und 5 f.

[63] Für diesen Gedankengang instruktiv *Sorace*, Wirtschaftsregulierung, S. 399–401; *Britz*, Organisation und Organisationsrecht, S. 1175–1178, 1182 f. und 1191 f.; demge-

krete Wettbewerbsprozesse anknüpft.[64] Aus diesem Blickwinkel stellt sich auch die Regulierung des Bankensektors als ein die Marktprozesse ständig begleitender und moderierender Prozess dar.[65] Allerdings wird davon ausgegangen, dass die Mechanismen des Parteienwettbewerbs um Wählerstimmen nicht geeignet sind, die Umsetzung eines entsprechenden längerfristigen Entscheidungsprogramms zu gewährleisten.[66] So können sich tagespolitische Belange kurzzeitig in den Vordergrund drängen und eine glaubwürdige und kohärente Wirtschaftspolitik beeinträchtigen. Regulierungsrecht stellt sich im Ergebnis dann eher als technokratische Gestaltung, denn als Durchsetzung politisch definierter Standards dar und wird deshalb auch kritischer gesehen als die allgemeine Wettbewerbsaufsicht. Denn letztlich wird durch die Mittelung politischer Verantwortung die Legitimationslast auf die gesetzlich definierten Ziele verlagert, die im Falle eines Gestaltungsauftrages erst noch hergestellt werden sollen.[67] Einem solchen Regulierungsmodell würde es entsprechen, auch die Festlegung der Regulierungsstandards nicht politischer Opportunität zu überlassen, sondern Entscheidungsträgern mit einer gewissen Distanz zum politischen Tagesgeschehen, die nicht von kurzfristigen Belangen beeinflusst und nur der Stabilität und Integrität des Finanzmarktes verpflichtet sind. So wird insbesondere die Festlegung der konkreten Eigenkapitalstandards für Staatsanleihen durch eine politisch steuerbare Behörde oder die Ministerien kritisiert, da Staaten auf diese Weise die Attraktivität ihrer Staatsanleihen erhöhen und die Staatshaushalte aufgrund der günstigeren Kreditkonditionen entlasten könnten.[68] Ähnliche Gründe tragen die Unabhängigkeit der deutschen Bundesbank und das Europäische System der Zentralbanken. Sie werden – wohl zu Recht – als echte Ausnahmen vom Demokratieprinzip behandelt.[69]

---

genüber wurde im Hinblick auf die Finanzkrise auch das Versagen der Wirtschaftswissenschaften angeprangert, vgl. *Siekmann*, Finanzmarktaufsicht, S. 99.

[64] Vgl. die Unterscheidung bei *Masing*, Unabhängige Behörden, S. 182–193 zwischen wettbewerbsrechtlichen und ordnungsrechtlichen Aufgaben.

[65] *Röhl*, Finanzmarktaufsicht, S. 1114 f.; ähnlich *Ruthig/Storr*, Öffentliches Wirtschaftsrecht, S. 247 f.

[66] Vgl. *Scharpf*, Regieren in Europa, S. 24.

[67] Kritisch insofern auch *Ludwigs*, Bundesnetzagentur, S. 49.

[68] *Forkel*, Bankenaufsicht, S. 101.

[69] *Dreier*, Art. 20 (Demokratie), Rn. 135; *Siekmann*, Art. 88, Rn. 39.

IV. Die Finanzmarktaufsicht vor der Folie der Legitimationsanforderungen

Vor dieser Folie kann nun die Finanzmarktaufsicht bewertet werden. Ein Blick auf die Befugnisse der EBA zeigt, dass sie eher nach dem Modell einer unabhängigen Aufsichtsbehörde zur Rechtsdurchsetzung konzipiert wurde, denn als alleinverbindliche Gestalterin im Finanzmarktsektor. Insofern findet im Wesentlichen eine Abschichtung über die gesamte Breite des Rechtsetzungsprozesses statt, an deren Ende bei der Rechtsdurchsetzung die EBA verbindliche Entscheidungen in voller Unabhängigkeit treffen kann. Das Verfahren des Art. 17 EBA-VO stellt sich primär als Verfahren zur Durchsetzung zuvor durch den Richtliniengeber normierter und im Rahmen der abgeleiteten Rechtsetzung konkretisierter Vorgaben dar. Zwar wirkt die EBA auch bei der Erarbeitung der technischen Regulierungsstandards maßgeblich mit, diese können jedoch Art. 290 AEUV entsprechend durch einen Einspruch des Europäischen Parlamentes oder des Rates verhindert werden. Auch kann die Befugnisübertragung widerrufen werden. Bei technischen Durchführungsstandards wirkt wiederum die Kommission maßgeblich mit. Ihr unpolitisch gedachter Charakter wird in Abgrenzung zu Regulierungsstandards jedoch sicherlich noch eine Rolle spielen, da hier das Europäische Parlament verfahrensmäßig nicht eingebunden werden muss.[70] Die Voraussetzungen der Art. 18 und 19 EBA-VO werden durch das Einspruchsrecht bei finanzpolitisch bedeutsamen Maßnahmen gem. Art. 38 EBA-VO zugunsten der Mitgliedstaaten verschärft. Auch hat der Rat über das Vorliegen einer Krisensituation nach Art. 18 EBA-VO zu entscheiden. Das Recht der Europäischen Finanzmarktaufsicht folgt im Ergebnis eher einem normierenden, als einem administrativen Regulierungsansatz.

V. Ausblick: Verschiebung der Legitimationslast und Europäische Bankenunion

Es wird vor diesem Hintergrund interessant sein zu beobachten, wie die Bankenaufsicht in einer sich anbahnenden Europäischen Bankenunion eingeordnet wird. Diskutiert wird die Schaffung eines einheitlichen europäi-

---

[70] So wird befürchtet, dass mittel- und langfristig auch sehr bedeutsame Regelungen im Wege der technischen Standards getroffen werden, so *Baur/Boegl*, Finanzmarktaufsicht, S. 183; *Zeitler*, Rechtsharmonisierung, S. 367; *Lehmann/Manger-Nestler*, Finanzaufsichtssystem, S. 11.

schen Bankenaufsichtssystems, wobei die oberste Verantwortung auf die europäische Ebene zu übertragen wäre.[71] Insofern könnte die EBA lediglich eine kurzfristige Zwischenlösung darstellen. Im Rahmen dieses Prozesses könnten beide „Stellschrauben" angezogen werden. Eine mögliche Eingliederung der Bankenaufsicht in das Gefüge der Europäischen Zentralbank könnte den Grad ihrer Unabhängigkeit noch erhöhen, sollte diese auch primärrechtlich abgesichert werden.[72] Sie könnte jedoch ebenso zu Interessenkollisionen führen, die ihre Funktion als „Währungshüter" beeinträchtigen.[73] Angesichts der zu erwartenden Veränderungen der Finanzmärkte stellte zudem bereits der De-Larosière-Bericht eine weitere Stärkung der Regulierungsbefugnisse der drei neuen Behörden mittelfristig in Aussicht.[74] Weitere theoretische Reflektion über die Rolle unabhängiger Behörden wird notwendig sein, um diese Richtungsentscheidungen kritisch begleiten zu können.

Literaturverzeichnis

Arndt, Felix: Vollzugssteuerung im Regulierungsverbund. Eine Typologie der Verwaltungskooperationsformen am Beispiel des Energiesektors, in: Die Verwaltung 39, 2006, S. 100–118.

Augsberg, Steffen: § 6. Europäisches Verwaltungsorganisationsrecht und Vollzugsformen, in: Terhechte, Jörg Philipp (Hg.): Verwaltungsrecht der Europäischen Union, Baden-Baden 2011, S. 201–271.

Baur, Georg/Boegl, Martin: Die neue europäische Finanzmarktaufsicht – Der Grundstein ist gelegt, in: Zeitschrift für Bank und Kapitalmarktrecht 11, 2011, S. 177–186.

Böckenförde, Ernst-Wolfgang: § 24. Demokratie als Verfassungsprinzip, in: Isensee, Josef/Kirchhof, Paul (Hg.): Handbuch des Staatsrechts der Bundesrepublik Deutschland, Band II. Verfassungsstaat, 3. Aufl., Heidelberg 2004, S. 429–496.

---

[71] Vgl. *Europäischer Rat*, Echte Wirtschafts- und Währungsunion, S. 4.

[72] Insofern bereits kritisch zur Unabhängigkeit der EZB *Scharpf*, Regieren in Europa, S. 29 f.; vgl. auch BVerfG, Urt. vom 12. Oktober 1993, BVerfGE 89, S. 155 (207 f.) – Maastricht „Ein wesentlicher Politikbereich (...) wird der Weisungsbefugnis von Hoheitsträgern und – außerhalb einer Vertragsänderung – zugleich der gesetzgeberischen Kontrolle von Aufgabenbereichen und Handlungsmitteln entzogen." Demgegenüber wird erwogen Art. 127 Abs. 6 AEUV zu nutzen und die Befugnisse zur Bankenaufsicht lediglich im Verordnungswege zu delegieren, vgl. *Europäischer Rat*, Echte Wirtschafts- und Währungsunion, S. 4. Unklar *Holznagel/Schumacher*, Funktionelle Unabhängigkeit, S. 750.

[73] *Siekmann*, Finanzmarktaufsicht, S. 110; *Möschel*, Bundesbank und Bankenaufsicht.

[74] *De Larosière et al.*, Report, S. 65 f.; eine Tendenz zur Ausweitung der Normsetzung sieht *Kämmerer*, Finanzaufsichtssystem, S. 1287 bereits unter der geltenden Rechtslage.

–: § 22. Demokratie als Verfassungsprinzip, in: Isensee, Josef/Kirchhof, Paul (Hg.): Handbuch des Staatsrechts der Bundesrepublik Deutschland, Band I. Grundlagen von Staat und Verfassung, 1. Aufl., Heidelberg 1987, S. 887–952.

–: Verfassungsfragen der Richterwahl. Dargestellt anhand der Gesetzentwürfe zur Einführung der Richterwahl in Nordrhein-Westfalen (Schriften zum öffentlichen Recht 250), Berlin 1974.

Bredt, Stephan: Die demokratische Legitimation unabhängiger Institutionen (Neue Staatswissenschaften 3), Tübingen 2006.

Britz, Gabriele: § 21. Organisation und Organisationsrecht der Regulierungsverwaltung in der öffentlichen Versorgungswirtschaft, in: Fehling, Michael/Ruffert, Matthias (Hg.): Regulierungsrecht, Tübingen 2010, S. 1148–1199.

–: Vom Europäischen Verwaltungsverbund zum Regulierungsverbund? Europäische Verwaltungsentwicklung am Beispiel der Netzzugangsregulierung bei Telekommunikation, Energie und Bahn, in: Europarecht 41, 2006, S. 46–77.

Bull, Hans Peter: Die „völlig unabhängige" Aufsichtsbehörde. Zum Urteil des EuGH vom 9. 3. 2010 in Sachen Datenschutzaufsicht, in: Europäische Zeitschrift für Wirtschaftsrecht 21, 2010, S. 488–494.

Bullinger, Martin: Regulierung als modernes Instrument zur Ordnung liberalisierter Wirtschaftszweige, in: Deutsches Verwaltungsblatt 118, 2003, S. 1355–1360.

–: Staatsaufsicht in der Wirtschaft, in: Pressefreiheit. Staatsaufsicht in Verwaltung und Wirtschaft. Aussprache zu den Berichten in den Verhandlungen der Tagung der Vereinigung der Deutschen Staatsrechtslehrer zu Saarbrücken vom 9. bis 12. Oktober 1963 (Veröffentlichungen der Vereinigung der Deutschen Staatsrechtslehrer 22), Berlin 1965, S. 264–328.

Classen, Claus Dieter: Unabhängigkeit und Eigenständigkeit der Verwaltung. Zu einer Anforderung des Europarechts an das nationale Verwaltungsrecht, in: Müller-Graff, Peter-Christian/Schmahl, Stefanie/Skouris, Vassilios (Hg.): Europäisches Recht zwischen Bewährung und Wandel. Festschrift für Dieter H. Scheuing, Baden-Baden 2011, S. 293–308.

De Larosière, Jacques et al.: The High-Level Group on Financial Supervision in the EU, Report vom 25. Februar 2009, erhältlich im Internet: <http://ec.europa.eu/internal_market/finances/docs/de_larosiere_report_de.pdf> [zuletzt besucht am 29. Juni 2012].

Di Fabio, Udo: Der neue Art. 23 des Grundgesetzes. Positivierung vollzogenen Verfassungswandels oder Verfassungsneuschöpfung?, in: Der Staat 32, 1993, S. 191–217.

Dreier, Horst: Art. 20 (Demokratie), in: ders. (Hg.): Grundgesetz Kommentar, Band II. Art. 20–82, 2. Aufl., Tübingen 2006, S. 26–105.

Eekhoff, Johann/Vossler, Christian: Kapitel 1: Regulierung als Grundstein wettbewerblicher Ordnungspolitik, in: Baur, Jürgen f./Salje, Peter/Schmidt-Preuß, Matthias (Hg.): Regulierung in der Energiewirtschaft (Kölner Handbücher zum Energiewirtschaftsrecht), Köln 2011, S. 1–13.

Europäischer Rat: Auf dem Weg zu einer echten Wirtschafts- und Währungsunion. Bericht des Präsidenten des Europäischen Rates Herman Van Rompuy, vom 26. Juni 2012 (EUCO 120/12), erhältlich im Internet: <http://consilium.europa.eu/uedocs/cms_data/docs/pressdata/de/ec/131294.pdf> [zuletzt besucht am 11. September 2012].

Forkel, Hans-Walter: Für eine unabhängige Bankenaufsicht, in: Zeitschrift für Rechtspolitik 44, 2011, S. 100–102.

Forst, Gerrit: Zum Verordnungsvorschlag der Kommission über eine europäische Versicherungsaufsicht, in: Versicherungsrecht 61, 2010, S. 155–162.

Gärditz, Klaus Ferdinand: Die Verwaltungsdimension des Lissabon-Vertrages, in: Die Öffentliche Verwaltung 63, 2010, S. 453–465.

–: Europäisches Regulierungsverwaltungsrecht auf Abwegen, in: Archiv des öffentliches Rechts 135, 2010, S. 251–289.

Gilardi, Fabrizio: Delegation in the Regulatory State, Cheltenham, Northampton 2008.

Görisch, Christoph: Demokratische Verwaltung durch Unionsagenturen (Jus Internationale et Europaeum 35), Tübingen 2009.

Groß, Thomas: Das Kollegialprinzip in der Verwaltungsorganisation (Jus Publicum 45), Tübingen 1999.

Häde, Ulrich: Jenseits der Effizienz: Wer kontrolliert die Kontrolleure?, in: EuZW 22, 2011, S. 662–666.

Hecker, Jan: Marktoptimierende Wirtschaftsaufsicht. Öffentlich-rechtliche Probleme staatlicher Wirtschaftsinterventionen zur Steigerung der Funktionsfähigkeit des Marktes (Jus Publicum 172), Tübingen 2007.

Holznagel, Bernd/Schumacher, Pascal: Funktionelle Unabhängigkeit und demokratische Legitimation europäischer Regulierungsagenturen, in: Joost, Detlef/Oetker, Hartmut/Paschke, Marian (Hg.): Festschrift für Franz Jürgen Säcker zum 70. Geburtstag, München 2011, S. 737–754.

Höppner, Thomas: Die Regulierung der Netzstruktur. Elektrizität, Gas, Telekommunikation, Eisenbahn (Schriftenreihe Institut für Energie- und Wettbewerbsrecht in der Kommunalen Wirtschaft e.V. an der Humboldt-Universität zu Berlin 32), Baden-Baden 2009.

Hopt, Klaus J.: Auf dem Weg zu einer neuen europäischen und internationalen Finanzmarktarchitektur, in: Neue Zeitschrift für Gesellschaftsrecht 12, 2009, S. 1401–1408.

Huber, Peter M.: Art. 225 AEUV, in: Streinz, Rudolf (Hg.): EUV/AEUV. Vertrag über die Europäische Union und Vertrag über die Arbeitsweise der Europäischen Union, 2. Aufl., München 2012, S. 2136–2137.

Jestaedt, Matthias: Demokratieprinzip und Kondominialverwaltung. Entscheidungsteilhabe Privater an der öffentlichen Verwaltung auf dem Prüfstand des Verfassungsprinzips Demokratie (Schriften zum öffentlichen Recht 635), Berlin 1993.

Kämmerer, Jörn Axel: Das neue Europäische Finanzaufsichtssystem (EFSF) – Modell für eine Europäisierte Finanzarchitektur?, in: Neue Zeitschrift für Verwaltungsrecht 30, 2011, S. 1281–1287.

Kersten, Jens: Was kann das Verfassungsrecht vom Verwaltungsrecht lernen?, in: Deutsches Verwaltungsblatt 126, 2011, S. 585–591.

Kluth, Winfried: Art. 225 AEUV, in: Calliess, Christian/Ruffert, Matthias (Hg.): EUV/AEUV. Das Verfassungsrecht der Europäischen Union mit Europäischer Grundrechtecharta. Kommentar, 4. Aufl., München 2011, S. 2208–2210.

Kühling, Jürgen: Sektorspezifische Regulierung in den Netzwirtschaften. Typologie, Wirtschaftsverwaltungsrecht, Wirtschaftsverfassungsrecht (Schriftenreihe Energie- und Infrastrukturrecht 4), München 2004.

Ladeur, Karl-Heinz/Möllers, Christoph: Der europäische Regulierungsverbund der Telekommunikation im deutschen Verwaltungsrecht, in: Deutsches Verwaltungsblatt 120, 2005, S. 525–534.

Lehmann, Matthias/Manger-Nestler, Cornelia: Das neue Europäische Finanzaufsichtssystem, in: Zeitschrift für Bankrecht und Bankwirtschaft 23, 2011, S. 2–24.

Leinen, Jo/Kreutz, Jan: Herausforderung partizipative europäische Demokratie: Zivilgesellschaft und direkte Demokratie im Vertrag von Lissabon, in: integration 31, 2008, S. 241–253.

Lepsius, Oliver: § 19. Ziele der Regulierung, in: Fehling, Michael/Ruffert, Matthias (Hg.): Regulierungsrecht, Tübingen 2010, S. 1055–1086.

–: § 4. Verfassungsrechtlicher Rahmen der Regulierung, in: Fehling, Michael/Ruffert, Matthias (Hg.): Regulierungsrecht, Tübingen 2010, S. 143–211.

Ludwigs, Markus: Die Bundesnetzagentur auf dem Weg zur Independent Agency? Europarechtliche Anstöße und verfassungsrechtliche Grenzen, in: Die Verwaltung 44, 2011, S. 41–75.

Maihofer, Werner: § 12. Prinzipien freiheitlicher Demokratie, in: Benda, Ernst/Maihofer, Werner/Vogel, Hans-Jochen (Hg.): Handbuch des Verfassungsrechts, Band 1, 2. Aufl., Berlin/New York 1995, S. 427–536.

Majone, Giandomenico: Regulatory Legitimacy, in: ders. (Hg.): Regulating Europe, London/New York 1996, S. 284–301.

Masing, Johannes: Unabhängige Behörden und ihr Aufgabenprofil, in: ders./Marcou, Gérard, (Hg.): Unabhängige Regulierungsbehörden. Organisationsrechtliche Herausforderungen in Frankreich und Deutschland (Studien zum Regulierungsrecht 1), Tübingen 2010, S. 181–220.

–: Soll das Recht der Regulierungsverwaltung übergreifend geregelt werden?, Gutachten D, in: Verhandlungen des sechsundsechzigsten deutschen Juristentages Stuttgart 2006, Band 1, München 2006.

Mayen, Thomas: Verwaltung durch unabhängige Einrichtungen, in: Die Öffentliche Verwaltung 57, 2004, S. 46–55.

Michel, Katja: Die neue Europäische Bankenaufsichtsbehörde, in: Die Öffentliche Verwaltung 64, 2011, S. 728–735.

Möllers, Christoph: Die drei Gewalten. Legitimation der Gewaltengliederung in Verfassungsstaat, Europäischer Integration und Internationalisierung, Weilerswist 2008.

Moloney, Niamh: The European Securities and Markets Authority and Institutional Design for the EU Financial Market – A Tale of Two Competences: Part (1). Rule-Making, in: European Business Organization Law Review 12, 2011, S. 41–86.

–: The European Securities and Markets Authority and Institutional Design for the EU Financial Market – A Tale of Two Competences: Part (2). Rules in Action, in: European Business Organization Law Review 12, 2011, S. 177–225.

Möschel, Wernhard: Bundesbank und Bankenaufsicht, in: Frankfurter Allgemeine Zeitung Nr. 281, vom 2. Dezember 2010, S. 14.

–: Die Unabhängigkeit des Bundeskartellamtes, in: ORDO. Jahrbuch für die Ordnung von Wirtschaft und Gesellschaft 48, 1997, S. 241–251.

Oertel, Klaus: Die Unabhängigkeit der Regulierungsbehörde nach §§ 66 ff. TKG. Zur organisationsrechtlichen Verselbstständigung staatlicher Verwaltungen am Beispiel der Privatisierung in der Telekommunikation (Schriften zum öffentlichen Recht 818), Berlin 2000.

Oster, Jan: Normative Ermächtigungen im Regulierungsrecht. Eine vergleichende Untersuchung behördlicher Entscheidungsspielräume in der deutschen und amerikanischen Netzinfrastrukturregulierung (Studien zu Staat, Recht und Verwaltung 14), Baden-Baden 2009.

Peuker, Enrico: Bürokratie und Demokratie in Europa. Legitimität im Europäischen Verwaltungsverbund (Studien zum europäischen und deutschen öffentlichen Recht 1) Tübingen 2011.

Schäfer, Armin: Die demokratische Grenze output-orientierter Legitimation, in: integration 29, 2006, S. 187–200.

Scharpf, Fritz W.: Regieren in Europa. Effektiv und demokratisch?, Frankfurt a.M./New York 1999.

–: Demokratietheorie zwischen Utopie und Anpassung (Konstanzer Universitätsreden 25), Konstanz 1970.

Schmidt, Reiner: Öffentliches Wirtschaftsrecht. Allgemeiner Teil (Enzyklopädie der Rechts- und Staatswissenschaften. Abteilung Rechtswissenschaft), Berlin 1990.

Röhl, Hans Christian: § 18. Finanzmarktaufsicht, in: Fehling, Michael/Ruffert, Matthias (Hg.): Regulierungsrecht, Tübingen 2010, S. 1003–1051.

Rötting, Michael/Lang, Christina: Das Lamfalussy-Verfahren im Umfeld der Neuordnung der Europäischen Finanzaufsichtsstrukturen. Entwicklung und Ablauf, in: Europäische Zeitschrift für Wirtschaftsrecht 23, 2012, S. 8–14.

Ruffert, Matthias: Art. 298 AEUV, in: Calliess, Christian/Ruffert, Matthias (Hg.): EUV/AEUV. Das Verfassungsrecht der Europäischen Union mit Europäischer Grundrechtecharta. Kommentar, 4. Aufl., München 2011, S. 2518–2526.

–: Die neue Unabhängigkeit: Zur demokratischen Legitimation von Agenturen im Europäischen Verwaltungsrecht, in: Müller-Graff, Peter-Christian/Schmahl, Stefanie/Skouris, Vassilios (Hg.): Europäisches Recht zwischen Bewährung und Wandel: Festschrift für Dieter H. Scheuing, Baden-Baden 2011, S. 399–414.

–: § 7. Begriff, in: Fehling, Michael/Ruffert, Matthias (Hg.): Regulierungsrecht, Tübingen 2010, S. 332–361.

–: Institutionen, Organe und Kompetenzen – der Abschluss eines Reformprozesses als Gegenstand der Europarechtswissenschaft, in: Schwarze, Jürgen/Hatje, Armin (Hg.): Der Reformvertrag von Lissabon (Europarecht Beiheft 2009, 1), Baden-Baden 2009, S. 31–50.

–: Regulierung im System des Verwaltungsrechts. Grundstrukturen des Privatisierungsfolgenrecht der Post und Telekommunikation, in: Archiv des öffentlichen Rechts 124, 1999, S. 237–281.

Rumler-Korinek, Elisabeth: Kann die Europäische Union demokratisch ausgestaltet werden?, in: Europarecht 38, 2003, S. 327–342.

Ruthig, Josef/Storr, Stefan: Öffentliches Wirtschaftsrecht, 3. Aufl., Heidelberg et al. 2011.

Scharpf, Fritz: Regieren in Europa. Effektiv und demokratisch?, Frankfurt a.M. et al. 1999.

Schorkopf, Frank: Regulierung nach den Grundsätzen des Rechtsstaates. Zielvorstellungen guter Ordnung im neueren Verwaltungsrecht, in: Juristenzeitung 63, 2008, S. 20–29.

Siekmann, Helmut: Art. 88 GG, in: Sachs, Michael (Hg.): Grundgesetz Kommentar, 6. Aufl., München 2011, S. 1824–1857.

–: Die Neuordnung der Finanzmarktaufsicht, in: Die Verwaltung 43, 2010, S. 95–116.

Sorace, Domenico: Einige Anmerkungen zur Wirtschaftsregulierung und zu den unabhängigen Verwaltungsbehörden aus italienischer Sicht, in: Masing, Johannes/Marcou, Gérard (Hg.): Unabhängige Regulierungsbehörden. Organisationsrechtliche Herausforderungen in Frankreich und Deutschland (Studien zum Regulierungsrecht 1), Tübingen 2010, S. 397–404.

Triepel, Heinrich: Die Reichsaufsicht. Untersuchungen zum Staatsrecht des Deutschen Reiches, Berlin 1917.

Trute, Hans-Heinrich: § 6. Die demokratische Legitimation der Verwaltung, in: Hoffmann-Riem, Wolfgang/Schmidt-Assmann, Eberhard/Voßkuhle, Andreas (Hg.): Grundlagen des Verwaltungsrechts Band 1. Methoden, Maßstäbe, Aufgaben, Organisation, 2. Aufl., München 2012, S. 341–435.

Tschentscher, Axel: Demokratische Legitimation der dritten Gewalt (Jus Publicum 147), Tübingen 2006.

Wolz, Christian N.: Konflikte zwischen der Notenbank und der Regierung in der Bundesrepublik Deutschland 1956–1961 (Schriftenreihe des Instituts für bankhistorische Forschung 22), Stuttgart 2009.

Wymeersch, Eddy: The reforms of the European Financial Supervisory System. An Overview, in: European Company and Financial Law Review 7, 2010, S. 240–265.

Zeitler, Franz-Christoph: Europäische Rechtsharmonisierung in der Praxis: Möglichkeiten und Grenzen einer europäischen Finanzaufsicht nach den Europäischen Verträgen und der Lissabon-Entscheidung des Bundesverfassungsgerichts, in: Mellinghoff, Rudolf/Schön, Wolfgang/Viskorf, Hermann-Ulrich (Hg.): Steuerrecht im Rechtsstaat. Festschrift für Wolfgang Spindler zum 65. Geburtstag, Köln 2011, S. 363–375.

Regulierung von Wettbewerb als Gestaltung oder Gefährdung der Freiheit?

Ein Werkstattbericht anhand des Regulierungsrechts der elektronischen Kommunikation*

Christian Maurer

I. Regulierung als Synthese von Freiheit und Gemeinwohl?

Als „Garant und Gegner der Freiheit"[1] tritt die öffentliche Gewalt mal in Erscheinung, indem sie sich schützend vor die Freiheit stellt, um sie gegenüber äußeren Bedrohungen zu verteidigen, und begegnet ein anderes Mal, indem sie in die Freiheit Einzelner eingreift, um von ihr als solche identifizierte Ziele des gemeinen Wohls durchzusetzen.

Freiheit und Gemeinwohl sind indessen keine von vornherein inkommensurablen Größen. Der aus dem deutschen Staats- und Verwaltungsrecht geläufigen Perspektive einer Unterscheidung von Staat und Gesellschaft liegt vielmehr ein Verständnis zugrunde, nach dem sich Gemeinwohl *idealiter* über Freiheit verwirklicht.[2] Soweit das Handeln der öffentlichen Gewalt jedoch darauf gerichtet ist, die freiheitsberechtigte Gesellschaft in Anspruch zu nehmen, um nach eigenen Maßstäben Ziele des gemeinen Wohls zu verwirklichen, werden individuelle Freiheit und hoheitlich zu verwirklichendes Gemeinwohl als im Grundsatz antagonistische Prinzipien begriffen, die in einem Spannungsverhältnis stehen und einander am Maß-

---

* Bei dem nachfolgenden Text handelt es sich um die erweiterte Fassung des Vortrages, den der Verfasser am 23. Juni 2012 bei dem Symposion „Gestaltung der Freiheit – Regulierung von Wirtschaft zwischen historischer Prägung und Normierung" am Institut der Deutschen Wirtschaft Köln in Köln gehalten hat.

[1] Formuliert in Anlehnung an *Kirchhof*, Der Staat als Garant und Gegner der Freiheit; rhetorische Anleihen daran nahm auch *Di Fabio*, Wettbewerbsprinzip und Verfassung, S. 268.

[2] *Palm*, Berücksichtigung von Gemeinwohlbelangen, S. 103; *Kirchhof*, Das Wettbewerbsrecht, S. 3; *Isensee*, Gemeinwohl im Verfassungsstaat, S. 22, 54–62 und 78.

stab der praktischen Konkordanz wechselseitig verhältnismäßig zuzuordnen sind.[3]

Das Regulierungsrecht der elektronischen Kommunikation – wie es das Sekundärrecht der Europäischen Union seit der Abkehr von der ehedem strikten Funktionentrennung zwischen dem daseinsvorsorgenden Leistungsstaat und der öffentlich versorgten Gesellschaft hervorgebracht hat – indessen scheint diesen prinzipiellen Gegensatz überwunden zu haben. Seiner konzeptionellen Grundrichtung nach zielt es darauf, im Bereich der elektronischen Kommunikation einen Wettbewerb freizusetzen, dem die Hervorbringung gemeinwohlförderlicher Ergebnisse *ex ante* von hoher Hand eingestiftet wird.[4] Insofern wird es als gelungener Brückenschlag zwischen den beiden Handlungsrationalitäten wahrgenommen, der politischen Gestaltungsansprüchen der öffentlichen Gewalt einerseits und wettbewerblichen Freiheitsinteressen der Gesellschaft andererseits gleichermaßen Rechnung trage – Widersprüche freiheitsverträglich abbaue, sie synthetisch zusammenführe.[5] Stimmen, die diese Entwicklung unter dem Blickwinkel der Freiheitlichkeit kritisch sehen, finden sich allenfalls vereinzelt.[6] In der Folge geht mit jeder Novellierung seiner unionsrechtlichen Grundlagen eine immer intensivere normative Durchdringung des Regulierungsrechts mit gemeinwohlbezogenen Zielsetzungen einher.

Führt das Regulierungsrecht der elektronischen Kommunikation also in der Tat – wie *Udo Di Fabio* einmal idealtypisierend formulierte – seinen „freiheitlichen Telos ... mit sich"?[7] Oder hat der europäische Gesetzgeber mit ihm inzwischen umgekehrt sogar einen Entwicklungspfad eingeschlagen, auf dem sich die von *Ernst Joachim Mestmäcker* schon 2005 geäußerten Bedenken eines Übergangs „vom Wettbewerb zur Regulierung" – worin dieser unter dem Blickwinkel der Freiheitlichkeit einen „Gegensatz" erblickte – zu aktualisieren beginnen?[8]

---

[3] In diesem Sinne *Kirchhof*, Das Wettbewerbsrecht, S. 7 f.; vgl. zu dem Ganzen grundlegend *Rupp*, § 31. Staat und Gesellschaft, dort insbesondere S. 890–897.

[4] Grundlegend *Lepsius*, Ziele der Regulierung, S. 1066 und *ders.*, Verfassungsrechtlicher Rahmen, S. 146 ff.; in diesem Sinne wohl auch schon *Masing*, Grundstrukturen, S. 4 ff.; *Fehling*, Regulierung als Staatsaufgabe, S. 97.

[5] Vgl. z.B. *Ruffert*, Völkerrechtliche Impulse, S. 142; *ders.*, Leistungsfähigkeit der Wirtschaftsverfassung, S. 236.

[6] In Bezug auf das Regulierungsrecht in der Energiewirtschaft *Gärditz*, Europäisches Regulierungsverwaltungsrecht, S. 261 sowie *ders.*, „Regulierungsermessen", S. 1008; vgl. aus etwas anderem Blickwinkel auch *Durner*, Schutz der Verbraucher, S. 426–430; *Schorkopf*, Regulierung.

[7] *Di Fabio*, Wettbewerbsprinzip und Verfassung, S. 272.

[8] *Mestmäcker*, Schnittstellen, S. 398.

II. Drei Schritte zur Annäherung an die Fragestellung

Es ist dies ein weiter Problemkreis, der in den Regulierungsrechtswissenschaften aus der Perspektive des Primärrechts der Europäischen Union bisher wenig Beachtung gefunden hat und an den dieser Beitrag daher unter der Fragestellung „Regulierung von Wettbewerb als Gestaltung oder Gefährdung der Freiheit?" in drei Schritten eine Annäherung unternimmt. Inhaltlich werden dazu auf einer ersten Stufe die konzeptionellen Grundlinien des materiellen Kerns der Regulierung von Wettbewerb, der Zugangsregulierung, skizziert (III.), um auf der zweiten und dritten Stufe sodann der Hauptproblematik dieses Beitrages, Regulierung als Gestaltung (IV.) oder Gefährdung (V.) der Freiheit, näherzutreten. Im Zentrum stehen dabei das unionsrechtliche Wettbewerbsprinzip und mit der unternehmerischen Freiheit und dem Eigentumsrecht die einschlägigen Unionsgrundrechte der von der Regulierung betroffenen Akteure im Sektor der elektronischen Kommunikation.

Erweisen wird sich schließlich – insofern ist der Untersuchung ihr Ergebnis bereits thesenförmig vorangestellt –, dass in der regulierungsspezifischen Verschleifung von Wettbewerbsförderung und Gemeinwohl aus der Sicht des Rechts zumindest ein spezifisches Gefährdungspotential für die Freiheit angelegt ist. Angesichts einer noch andauernden dogmatischen Erschließung des mit dem Vertrag von Lissabon[9] gewandelten Maßstabes des Primärrechts der Union lässt sich vorerst allerdings noch keine abschließende Aussage darüber treffen, inwieweit sich dieses bereits realisiert hat (VI.).

III. Konzeptionelle Grundlinien der Regulierung

Regulierung denkt elektronische Kommunikation vom Endkunden her.[10] Hierin liegt ihr spezifischer Gemeinwohlbezug. Systemprägend ist das übergeordnete Ziel, „im Interesse der Endnutzer einen nachhaltigen Wett-

---

[9] Vertrag von Lissabon zur Änderung des Vertrags über die Europäische Union und des Vertrags zur Gründung der Europäischen Gemeinschaft, unterzeichnet in Lissabon am 13. Dezember 2007, ABl. EG Nr. C 306/1 vom 17. Dezember 2007.

[10] Vgl. zu dieser Perspektive als Ausgangspunkt der Regulierung Erwägungsgrund Nr. 4 der Empfehlung der Kommission 2007/879/EG vom 17. Dezember 2007 über relevante Produkt- und Dienstmärkte des elektronischen Kommunikationssektors, die aufgrund der Richtlinie 2002/21/EG des Europäischen Parlaments und des Rates über einen gemeinsamen Rechtsrahmen für elektronische Kommunikationsnetze und Dienste für eine Vorabregulierung in Betracht kommen (Märkteempfehlung), ABl. EG Nr. L 344/65 vom 28. Dezember 2007 sowie *Stumpf*, Regulierungsinstrumente, S. 65 ff.

bewerb auf den Endkundenmärkten"[11] der elektronischen Kommunikation zu organisieren.[12] Konkret geht es ihr also um die Verwirklichung eines Wettbewerbs der Kommunikationsdienste, von dem jede natürliche und juristische Person profitieren können soll, die selbst keine öffentlichen Kommunikationsnetze oder -dienste bereitstellt.[13]

Begreift man Wettbewerb in einem ganz allgemeinen Sinne als einen dynamischen Prozess einer Konkurrenz um Tauschmöglichkeiten[14], so erfordert seine Entstehung zunächst eine faktische Freiheit der Wirtschaftssubjekte, sich in einer bestimmten Weise zu verhalten.[15] Idealtypisch führt diese bei einer Mehrzahl von Akteuren angesichts der natürlichen Begrenztheit der Tauschmöglichkeiten über individuelle Nutzenerwägungen zu Konkurrenz. Insofern steht das individuelle Maß faktischer Wettbewerbsfreiheit der einzelnen Teilnehmer zugleich in einem Verhältnis wechselseitiger Abhängigkeit.[16]

Im Gegensatz zum allgemeinen Wettbewerbsrecht liegt Regulierung die Prämisse zugrunde, gerade keinen in einer solchen faktischen Freiheit wurzelnden „quasi natürlichen Wettbewerbszustand zum Ausgangspunkt"[17] nehmen zu können, den es lediglich *ex post* gegenüber immanenten Zerstörungstendenzen zu sichern gelte.[18] Sondern Regulierung beruht umgekehrt auf der Annahme, dass es in bestimmten Gliedern der Wertschöpfungskette der elektronischen Kommunikation von vornherein an den Bedingungen faktischer Freiheit potenzieller Wettbewerber fehle, aus deren konkurrierender Ausübung sich Wettbewerb (privat-)autonom generieren könnte. Denn deren Voraussetzungen sieht sie bei einzelnen marktmächtigen Unternehmen konzentriert.

Hier setzt die Zugangsregulierung an. Ihre Aufgabe ist es, den Zustand faktischer Freiheit potenzieller Wettbewerber *ex ante* mit deutlich sichtbarer hoher Hand herbeizuführen.[19] Mit der Zugangsrichtlinie sieht der euro-

---

[11] Vgl. Erwägungsgrund Nr. 2 der Märkteempfehlung.

[12] Vgl. auch Art. 1 Abs. 1 S. 2 Zugangsrichtlinie.

[13] Vgl. die Definitionen von „Endnutzer" und „Nutzer" in Art. 2 lit. n) und lit. h) Rahmenrichtlinie.

[14] *Di Fabio*, Wettbewerbsprinzip und Verfassung, S. 267.

[15] Dies ist auch der Ausgangspunkt ordoliberaler Wettbewerbstheorien. Vgl. *Vanberg*, „Wettbewerbsfreiheit", S. 832; *Mussler*, Wirtschaftsverfassung, S. 35–42.

[16] *Mussler*, Wirtschaftsverfassung, S. 35.

[17] *Masing*, Grundstrukturen, S. 6.

[18] *Lepsius*, Verfassungsrechtlicher Rahmen, S. 149; *Säcker*, Spannungsfeld, S. 188 f.; *Röhl*, Recht der Regulierungsverwaltung, S. 832; *Burgi*, Das subjektive Recht, S. 271 f.

[19] Zu diesem hier bewusst als Gegensatz zu *Adam Smiths* „invisible hand" gezeichneten Bild im Regulierungszusammenhang bereits *Schmidt-Preuß*, Regulierung, S. 551 und 554.

päische Rechtsrahmen für elektronische Kommunikation einen eigenen Rechtsakt dafür vor.[20] In ihren Bezügen zu dessen allgemeinem Teil, der Rahmenrichtlinie[21], ist sie der inhaltliche Referenzpunkt der nachfolgenden Ausführungen.[22]

Den gedanklichen Ausgangspunkt der Regulierung spiegelt im materiellen Recht zunächst der Drei-Kriterien-Test.[23] Er setzt grundsätzliche Maßstäbe für die Eröffnung ihres Anwendungsbereichs.[24] Zugrunde liegt ihm vertikal die rechtliche Unterscheidung zwischen elektronischen Kommunikationsnetzen[25] und elektronischen Kommunikationsdiensten[26] sowie horizontal die gleichsam artifizielle Zergliederung der Wertschöpfungskette der elektronischen Kommunikation durch die Definition einer Vielzahl einzelner Märkte sowohl auf der Netz- als auch auf der Diensteebene.[27] Nur wenn ein so abgegrenzter Markt erstens: durch beträchtliche anhaltende (strukturelle, rechtliche oder regulatorische) Marktzutrittsschranken gekennzeichnet ist, zweitens: innerhalb von zwei bis drei Jahren keine Tendenz zur Herausbildung wirksamen Wettbewerbes aufweist und drittens: die Anwendung des allgemeinen Wettbewerbsrechts allein nicht ausreicht,

---

[20] Richtlinie 2002/19/EG des Europäischen Parlaments und des Rates vom 07. März 2002 über den Zugang zu elektronischen Kommunikationsnetzen und zugehörigen Einrichtungen sowie deren Zusammenschaltung (Zugangsrichtlinie), ABl. EG Nr. 108/7 vom 24. April 2002 in der durch Richtlinie 2009/240 des Europäischen Parlaments und des Rates zur Änderung der Richtlinie 2002/21/EG über einen gemeinsamen Rechtsrahmen für elektronische Kommunikationsnetze und -dienste, der Richtlinie 2002/19/EG über den Zugang zu elektronischen Kommunikationsnetzen und zugehörigen Einrichtungen sowie deren Zusammenschaltung und der Richtlinie 2002/20/EG über die Genehmigung elektronischer Kommunikationsnetze und -dienste (Bessere Regulierung), ABl. EG Nr. L 337/37 vom 18. Dezember 2009 geänderten Fassung.

[21] Richtlinie 2002/21/EG des Europäischen Parlaments und des Rates vom 7. März 2002 über einen gemeinsamen Rechtsrahmen für elektronische Kommunikationsnetze und -dienste (Rahmenrichtlinie), ABl. EG Nr. L 108/33 vom 24. April 2002 in der durch Richtlinie 2009/240 des Europäischen Parlaments und des Rates zur Änderung der Richtlinie 2002/21/EG über einen gemeinsamen Rechtsrahmen für elektronische Kommunikationsnetze und -dienste, der Richtlinie 2002/19/EG über den Zugang zu elektronischen Kommunikationsnetzen und zugehörigen Einrichtungen sowie deren Zusammenschaltung und der Richtlinie 2002/20/EG über die Genehmigung elektronischer Kommunikationsnetze und -dienste (Bessere Regulierung), ABl. EG Nr. L 337/37 vom 18. Dezember 2009 geänderten Fassung.

[22] Wenn im Folgenden von „Regulierung" die Rede ist, wird damit daher verkürzend die „Zugangsregulierung" in Bezug genommen.

[23] Art. 2 und Erwägungsgrund Nr. 5 der Märkteempfehlung.

[24] Art. 15 Abs. 3 Rahmenrichtlinie, Erwägungsgrund Nr. 5 der Märkteempfehlung.

[25] Art. 2 lit. a) Rahmenrichtlinie.

[26] Art. 2 lit. c) Rahmenrichtlinie.

[27] Art. 15 Rahmenrichtlinie in Verbindung mit der Märkteempfehlung.

um diesem „Marktversagen"[28] angemessen entgegenzuwirken, kommt er für eine *ex ante* Regulierung in Betracht.[29]

In der Konzeption der operativen Vorschriften der Zugangsrichtlinie setzt sich dieser Ansatz fort. Sie akzeptiert die nach Maßgabe des Drei-Kriterien-Tests ermittelte Wettbewerbsresistenz einzelner Märkte und zielt darauf ab, das darin liegende Blockadepotential der dort marktmächtigen Unternehmen im Hinblick auf abhängige Folgemärkte in der Wertschöpfungskette *ex ante* zu neutralisieren, um zumindest für diese die Bedingungen faktischer Wettbewerbsfreiheit zu schaffen. Dazu ermächtigt die Zugangsrichtlinie die Regulierungsbehörden, ihnen bestimmte als „Abhilfemaßnahmen" bezeichnete Verpflichtungen aufzuerlegen. Im Zentrum steht dabei die Anordnung des entgeltlichen Netzzugangs.[30] Mit ihr übernimmt Regulierung auf den wettbewerbsresistenten Märkten ersatzweise die idealtypisch vom Wettbewerb erwarteten Steuerungsleistungen. Letztlich bemächtigt sie sich damit der bei dem marktmächtigen Unternehmen konzentrierten faktischen Freiheitspositionen und verteilt sie nach quasiwettbewerblichen Kriterien um. In dem gleichen Maße, in dem Wettbewerbern dadurch faktische Freiheitsräume zuwachsen, reduzieren sie sich bei dem marktmächtigen Unternehmen. Idealtypisch schafft Regulierung auf diese Weise die Bedingungen gleicher faktischer Freiheit als Voraussetzung für das Entstehen von Wettbewerb auf den abhängigen Folgemärkten mit den Mitteln des Rechts.

Die tatsächliche Entfaltung einer Konkurrenz um Tauschmöglichkeiten hingegen ordnet Regulierung nicht positiv an. Hier setzt vielmehr gerade die durch individuelle Nutzenerwägungen geleitete Ausübung der durch sie hergestellten faktischen Freiheit der Wettbewerber ein. Regulierung

---

[28] Art. 2 (lit. c)) und Erwägungsgrund Nr. 5 der Märkteempfehlung; Ein interessanter Nebenaspekt dieser Kriterien ist, dass insoweit auch rechtliche oder regulative Zutrittsschranken (vgl. zur Definition Erwägungsgrund Nr. 10 der Märkteempfehlung) als „Marktversagen" ausgeflaggt werden. Damit geht die Kommission, obgleich sie selbst mit dem Initiativmonopol im unionsrechtlichen Rechtssetzungsverfahren und einer steigenden Zahl von Mitwirkungsmöglichkeiten bei Regulierungsentscheidungen ausgestattet ist, semantisch auf Distanz zu diesen Erscheinungen und weist diese stattdessen der Sphäre des Marktes zu.

[29] Vgl. dazu eingehend *Stumpf*, Regulierungsinstrumente, S. 67 ff.

[30] Bei der Anordnung des Netzzugangs und der Entgeltkontrolle handelt es sich um zwei von einander zu unterscheidende, aber eng miteinander verknüpfte, komplementäre Abhilfemaßnahmen (vgl. Art. 8 Abs. 1 und 2, Art. 16 Abs. 2 Rahmenrichtlinie in Verbindung mit Art. 12 [Zugang zu Netzeinrichtungen und Nutzung], Art. 13 [Entgeltregulierung] Zugangsrichtlinie). Zu weiteren Abhilfemaßnahmen vgl. Art. 8 Abs. 1 und Abs. 2, Art. 9 (Transparenzverpflichtung), Art. 10 (Gleichbehandlungsverpflichtung), Art. 11 (Verpflichtung zur getrennten Buchführung), Art. 13a (funktionelle Trennung) Zugangsrichtlinie.

kommt insoweit eine wettbewerbsermöglichende, nicht jedoch eine im engeren Sinne wettbewerbsschaffende Funktion zu. Allerdings determinieren die mit den Abhilfemaßnahmen auf dem regulierten Markt gesetzten Bedingungen zwangsläufig ebenso die faktische Freiheit der Marktakteure wie deren Nutzenerwägungen im eröffneten Folgemarkt. Insoweit strahlen sie mittelbar auch auf den entstehenden Wettbewerb aus. Mit der Regulierung der Netzzugangsentgelte beispielsweise werden bereits zentrale Bedingungen für die Marktpreise im eröffneten Folgemarkt und darüber vermittelt auch für die nächstfolgenden Märkte in der Wertschöpfungskette bis hin zum jeweiligen Endkundenmarkt gesetzt.

IV. Regulierung als Gestaltung der Freiheit

1. Gestaltungszusammenhänge zwischen Regulierung und dem objektiv-rechtlichen Wettbewerbsprinzip

Die primärrechtlichen Grundlagen des Rechtsrahmens für elektronische Kommunikation liegen in der allgemeinen binnenmarktbezogenen Zuständigkeit der Union zur Angleichung der Rechts- und Verwaltungsvorschriften ihrer Mitgliedstaaten.[31] Ihrem äußeren Zweck nach steht Regulierung damit funktional im Dienste der Verwirklichung des Binnenmarktes, als dessen Strukturprinzip das objektive Recht der Unionsverträge eine marktwirtschaftliche Ordnung verankert, deren zentraler Steuerungsmechanismus der Wettbewerb ist.[32] Soweit Regulierung auf die Verwirklichung von Wettbewerb gerichtet ist, setzt sich dieser äußere Zweck in ihrer inneren Zielrichtung fort. Wenn Wettbewerb eine faktische Freiheit seiner Akteure erfordert, dann ist der normative Schutz derselben dem objektivrechtlichen Wettbewerbsprinzip in aggregierter Form grundsätzlich immanent. Mit der Umverteilung faktischer Freiheitsräume zur Ermöglichung von Wettbewerb schafft Regulierung daher zugleich die Bedingungen für

---

[31] Art. 114 Abs. 1 S. 2 AEUV; vgl. kursorisch zur allgemeinen Rechtsangleichungszuständigkeit der Union als Rechtsgrundlage des europäischen Regulierungsrechts im Bereich der elektronischen Kommunikation *Kühling*, Europäisches Telekommunikationsverwaltungsrecht, S. 885 ff. sowie sektorenübergreifend *Krajewski*, Grundstrukturen, S. 187 ff.; vgl. grundsätzlich zu den Harmonisierungskompetenzen der Union als „Ansatzpunkt für Regulierungskonzepte" *Ruffert*, Völkerrechtliche Impulse, S. 116 ff.

[32] Vgl. Art. 3 Abs. 3 UAbs. 3 S. 2 EUV, Art. 119 AEUV, Art. 120 AEUV, Art. 127 AEUV, Protokoll Nr. 27 über den Binnenmarkt und den Wettbewerb, ABl. EG Nr. 83/309 vom 30. März 2010, das gem. Art. 51 EUV Bestandteil der Verträge ist, Art. 101 ff. AEUV sowie vorausgesetzt von zahlreichen Einzelvorschriften wie z.B. Art. 170 Abs. 2 S. 1 AEUV, Art. 173 Abs. 1 UAbs. 2 AEUV.

die Wahrnehmung der objektiv-rechtlich geschützten Wettbewerbsfreiheit. Über die Ausstrahlungswirkung der regulativ gesetzten Entstehungsbedingungen des Wettbewerbs nimmt Regulierung zugleich prägenden Einfluss auf Art und Maß ihrer Verwirklichung.

2. Gestaltungszusammenhänge zwischen Regulierung und Grundrechten

In ähnlicher Weise tritt Regulierung auch ein in einen mehrpoligen Gestaltungszusammenhang zu den wettbewerbsbezogenen Grundrechten der Wirtschaftssubjekte. In ergebnisbezogener Synthese lässt sich der regulativ ermöglichte Wettbewerb grundrechtlich als dynamischer Prozess konkurrierender Grundrechtsausübung übersetzen, in dem sich die Ausübung der wirtschaftsbezogenen Grundrechte insbesondere der unternehmerischen Freiheit[33] der Wettbewerber wechselseitig bedingt und nivelliert.[34]

Aus handlungsbezogener Perspektive ist zwischen den Grundrechten des marktmächtigen Unternehmens und den in ihrer Bedeutung für die Regulierung bisher wenig erschlossenen Grundrechten der Wettbewerber zu differenzieren.

2.1 Die Perspektive des marktmächtigen Unternehmens

Aus der Sicht des marktmächtigen Unternehmens tritt Regulierung in klassischer Weise als eine Form der Eingriffsverwaltung in Erscheinung.[35] Soweit sie ihm mit den einzelnen Abhilfemaßnahmen bestimmte Handlungs-, Duldungs- und Unterlassungspflichten auferlegt, greift sie final auf seine unternehmerische Freiheit und vom Eigentumsgrundrecht[36] geschützten Freiheitsräume zu. Die Abhilfemaßnahmen stellen sich insoweit als Ausübungs-[37] und Nutzungsregelungen[38] dar.

Dass durch Regulierung Wettbewerb auf einem Folgemarkt ermöglicht wird, ist für sich genommen hingegen keine relevante Beeinträchtigung eines Grundrechts, soweit man zutreffend davon ausgeht, dass diese grundsätzlich nicht vor der Entfaltung privater Konkurrenz schützen. Unmittelbar grundrechtsbedeutsame Wirkungen entfaltet Regulierung aus der Sicht des marktmächtigen Unternehmens *prima facie* daher nur auf dem regulierten Markt selbst.

---

[33] Art. 16 GRCh, Art. 15 Abs. 1 GRCh.

[34] Zu diesem Ansatz grundsätzlich *Schliesky*, Öffentliches Wirtschaftsrecht, S. 163 ff.; im spezifischen Regulierungskontext *Ludwigs*, Maßstäbe und Methoden, S. 959.

[35] *Huber*, Öffentliches Wirtschaftsrecht, S. 387.

[36] Art. 17 Abs. 1 GRCh.

[37] Art. 16 GRCh, Art. 15 Abs. 1 GRCh.

[38] Art. 17 Abs. 1 S. 3 GRCh.

Einen weiteren grundrechtlichen Anknüpfungspunkt bilden insofern allerdings die mit den Abhilfemaßnahmen für den Folgemarkt regulativ gesetzten Wettbewerbsbedingungen. Indem sie die faktische Freiheit und die individuellen Nutzenerwägungen der Marktakteure als Grundlagen des Wettbewerbs hoheitlich beeinflussen, wirken sie auf die Ausübung der unternehmerischen Freiheit des marktmächtigen Unternehmens in dem eröffneten Wettbewerb zurück und greifen damit zumindest mittelbar gestaltend in diese ein.

2.2 Die Perspektive des in den Markt strebenden Wettbewerbers

Aus der Sicht des in den Markt strebenden Wettbewerbers ergibt sich kehrseitig zu den Eingriffen auf Seiten des marktmächtigen Unternehmens im vorgelagerten Markt im Prinzip eine hoheitliche Förderung seiner unternehmerischen Freiheit im regulativ eröffneten Folgemarkt. Zumindest auf den ersten Blick liegt hierin bereits kein rechtfertigungsbedürftiger Eingriff. Allerdings wirken ebenso wie bei dem marktmächtigen Unternehmen auch für den Wettbewerber die regulativ gesetzten Wettbewerbsbedingungen als Determinanten seiner unternehmerischen Freiheit fort. Damit erweitert, determiniert und kanalisiert Regulierung die Verwirklichungschancen seiner unternehmerischen Freiheit letztlich in einem Zuge. Auf die grundrechtsdogmatische Einordnung dieser Konstellation ist unter dem Gesichtspunkt einer Freiheitsgefährdung durch Regulierung zurückzukommen. Bereits diese Erkenntnis legt den Blick jedoch frei auf ein gewisse Ambivalenz und ein darin liegendes besonderes Gestaltungspotential der Regulierung in Bezug auf die unternehmerische Freiheit der Wettbewerber, das im Folgenden noch deutlicher hervortreten wird.

3. Drei Gestaltungszusammenhänge zwischen Regulierung und Freiheit

Einstweilen festzuhalten ist jedoch, dass Regulierung neben ihrer offenkundigsten, hier als wettbewerbsermöglichende bezeichnete, Gestaltungsdimension über die Ausstrahlungswirkung der durch sie hoheitlich gesetzten Wettbewerbsbedingungen noch auf eine zweite, eher verdeckte Weise gestaltend Einfluss auf den objektiv- wie subjektiv-rechtlich flankierten Wettbewerbsprozess in dem durch sie eröffneten Folgemarkt nimmt (wettbewerbsdeterminierende Gestaltungsdimension).

Auf diesen beiden freiheitsgestaltenden Wirkungen der Regulierung setzt jedoch, gleichsam reflektorisch, noch eine dritte, nur mittelbar freiheitsgestaltende Dimension, auf. Begründet liegt sie in der sozialen Bedeutung des tatsächlichen Gegenstandes der Regulierung – der elektronischen Kommunikation selbst. Denn indem Regulierung auf die Wettbewerbssituation in der elektronischen Kommunikation insgesamt einwirkt, bewirkt sie zugleich, dass sich die tatsächlichen Handlungsräume Dritter und damit auch die Voraussetzungen zur Ausübung ihrer (grund-) rechtlich geschützten Freiheiten, soweit sie sich dazu als Endkunden der elektronischen Kommunikation bedienen (wollen oder müssen), *realiter* erweitern oder verringern.

V. Regulierung als Gefährdung der Freiheit?

1. Gemeinwohlprogrammierung des Wettbewerbs als (Haupt-) Gefahrenquelle

Auf die in einer hoheitlichen Kontrolle infrastruktureller Systeme angelegten spezifischen Steuerungs- und Gefährdungspotentiale für die Freiheit der auf sie angewiesenen Gesellschaft hat *Ernst Forsthoff* unter dem Blickwinkel einer „Konversion der Daseinsvorsorge in Herrschaftsmittel" bereits 1958 eindringlich hingewiesen.[39] Weil Regulierung nach dem eingangs zitierten Satz aus der Märkteempfehlung der Kommission indessen gerade darauf abzielt, „*im Interesse der Endnutzer* einen nachhaltigen Wettbewerb auf den Endkundenmärkten"[40] zu verwirklichen, der Eintritt einer Gefährdungslage insoweit also nicht zu befürchten ist, soll dieser dritte aufgezeigte Gestaltungszusammenhang im Folgenden jedoch nicht weiter vertieft werden.[41]

Die Erkenntnis dieser dritten Gestaltungsdimension leitet aber über zu den spezifischen Gefährdungspotentialen der Regulierung für die Freiheit, die im Blickpunkt dieses Beitrages stehen sollen. Denn in ihr liegt zugleich der wesentliche (politische) Grund für die zunehmend beobachtbare Durchdringung des Regulierungsrechts mit außerwettbewerblichen Gemeinwohlzielen, die – wie zu zeigen sein wird – ihrerseits wiederum die Hauptgefahrenquelle für die durch die Regulierung gestalteten Grundrechte der Marktakteure des Sektors der elektronischen Kommunikation und die dem Wettbewerbsprinzip immanente objektiv-rechtliche Wettbewerbsfreiheit ist. Konzeptionell begründet liegt das darin, dass die drei aufgezeigten Gestaltungsdimensionen der Regulierung durch das Recht derart miteinander verknüpft werden, dass die ersten beiden letztlich funktional in den Dienst der dritten aufgezeigten mittelbar freiheitsgestaltenden Di-

[39] *Forsthoff*, Daseinsvorsorge und Kommunen, S. 115, der dort davon spricht, dass eine „Konversion der Daseinsvorsorge in Herrschaftsmittel ... das gefährlichste Attentat auf die individuelle Freiheit ..." wäre.

[40] Vgl. Erwägungsgrund Nr. 2 der Märkteempfehlung (Hervorhebung durch den Verfasser).

[41] Unter dem Blickwinkel der hierin angelegten eudämonistischen Doktrin kritisch aber schon *Schorkopf*, Regulierung.

mension treten, welche dadurch den Rang der eigentlichen *ratio* der Regulierung erhält.

Zum Beleg dieser These bedarf zunächst der eingangs referierte Befund der weiteren Präzisierung, dass Regulierung Wettbewerb nicht nur herstellt, sondern auch gemeinwohlorientiert finalisiert.

Ersten Aufschluss gibt insofern ein Blick in die Rahmenrichtlinie. Neben dem Wettbewerbsziel sieht deren Artikel 8[42] vom „größtmöglichen Nutzen in Bezug auf Auswahl, Preise und Qualität“ für „die Nutzer, einschließlich behinderter Nutzer“[43], über den Verbraucherschutz[44] bis hin zum Aufbau und der Entwicklung transeuropäischer Netze[45] noch eine ganze Reihe weiterer – teils disparater – gemeinwohlbezogener Regulierungsziele vor. Hinzu kommt eine Anzahl regulatorischer Grundsätze.[46]

Zugleich stellt die Zugangsrichtlinie die Anwendung ihrer Abhilfemaßnahmen in das Entschließungs- und Auswahlermessen der Regulierungsbehörden, für deren Ausübung die Regulierungsziele und die regulatorischen Grundsätze wiederum die rechtlichen Maßstäbe setzen.[47] Wird das Ermessen nun pflichtgemäß ausgeübt[48], so folgt daraus ein Zweifaches: Auf der Ebene des Entschließungsermessens wird die Anwendung der nach ihrer Konzeption auf die Wettbewerbsermöglichung gerichteten Abhilfemaßnahmen durch die Regulierungsbehörde rechtlich unmittelbar an die Erwartung gekoppelt, dass der durch sie zu ermöglichende Wettbewerb positiv die in Art. 8 der Rahmenrichtlinie vorgesehenen exekutiv zu konkretisierenden Ziele hervorzubringen verspricht (wettbewerbsermöglichende Gestaltungsdimension). Auf der Ebene des Auswahlermessens wirkt dies insoweit fort, als der zu errichtende Wettbewerb – soweit dies mittels seiner regulativ zu setzenden Entstehungsbedingungen möglich ist – von vornherein final auf die Verwirklichung der zuvor bei der Betätigung des

---

[42] Art. 8 Abs. 2–4 Rahmenrichtlinie.

[43] Art. 8 Abs. 2 lit. a) Rahmenrichtlinie.

[44] Art. 8 Abs. 4 lit. b) Rahmenrichtlinie.

[45] Art. 8 Abs. 3 lit. b) Rahmenrichtlinie.

[46] Art. 8 Abs. 5 Rahmenrichtlinie.

[47] Art. 8 Abs. 1, Abs. 5 Rahmenrichtlinie; Zu den daraus resultierenden rechtlichen Schwierigkeiten beispielhaft anhand der funktionellen Trennung *Maurer*, Direktionskraft der Regulierungsziele, S. 83 ff.

[48] Vgl. aber den unter Ermessensgesichtspunkten rechtsstaatlich bedenklichen Einwurf *Holznagels* bei der Tagung der Vereinigung der Deutschen Staatsrechtslehrer vom 29. September bis 2. Oktober 2010 in Berlin, der sagte: „Ich kenne keine Regulierungsentscheidung, die den Kern von Marktregulierung betrifft, in der das Ziel des Verbraucherschutzes eine zentrale Rolle spielt.“ *Holznagel*, *Bernd*, Aussprache und Schlussworte, Schutz der Verbraucher durch Regulierungsrecht, in: Der Schutzauftrag des Rechts (Veröffentlichungen der Vereinigung der Deutschen Staatsrechtslehrer 70), Berlin/Boston 2011, S. 454 f.

Entschließungsermessens konkretisierten Ziele hin auszurichten ist (wettbewerbsdeterminierende Gestaltungsdimension).[49] Die Gemeinwohlziele werden dadurch schließlich zu den Gestaltungszielen der Regulierung (mittelbar freiheitsgestaltende Dimension), der Wettbewerb zu ihrem Transmissionsriemen.

Damit wird deutlich, welches wettbewerbspolitische Leitbild der Regulierung zugrunde liegt: Sie begreift Wettbewerb zwar im Ansatz durchaus als einen Mechanismus, der geeignet ist, Freiheit in Gemeinwohl zu übersetzen. Sie erhebt sich aber darüber hinaus zu einer „Optimierungsstrategie"[50]. Regulierung begnügt sich nicht mit reflexhaft aus dem Wettbewerb hervorgebrachten Gemeinwohlwirkungen. Sondern sie weist ihm vielmehr eine Doppelrolle zu: zum einen als Ziel, vor allem aber auch als Instrument, um über die in der wettbewerblichen Eigenrationalität bereits angelegten Gemeinwohlwirkungen hinaus aktiv politische Gestaltungsziele anzusteuern.[51]

Mit diesem ergebnisorientierten Ansatz nähert sich die Regulierung bis zu einem gewissen Grad der in der Unionspraxis im Bereich des allgemeinen Wettbewerbsrechts stetig wirkmächtiger werdenden Idee eines *more economic approach*.[52] Zugleich setzt sie sich konzeptionell jedoch auch deutlich von ihr ab.[53] Denn während die Kommission im Anwendungsbereich des allgemeinen Wettbewerbsrechts nach dem Gedanken des *more economic approach* – vereinfacht gesprochen – von einem hoheitlichen Einschreiten absieht, sofern mit Wettbewerbsbeschränkungen zugleich pri-

---

[49] Zu den Problemlagen bei der Berücksichtigung der vielschichtigen Regulierungsziele im Rahmen der Rechtsanwendung bereits *Maurer*, Direktionskraft der Regulierungsziele.

[50] Vgl. zu diesem Begriff *Kirchhof*, § 169. Erwerbsstreben und Maß des Rechts, S. 55; *ders.*, Der Staat als Garant und Gegner der Freiheit, S. 100 f.; ähnlich wie hier zur Regulierung *Eifert*, Regulierungsstrategien, S. 1374.

[51] In diesem Sinne bereits *Durner*, Schutz der Verbraucher, S. 431 f.; *Kersten*, Herstellung von Wettbewerb, S. 316 ff. sowie *Lepsius*, Ziele der Regulierung, S. 1057 und *ders.*, Verfassungsrechtlicher Rahmen, S. 146 ff.

[52] Vgl. zum *more economic approach* in grundsätzlicher Perspektive *Lademann*, Methodologie des more economic approach, S. 381–394; *Riesenkampff*, Vom Wettbewerbsschutz, S. 489–501; *Drexl*, Wettbewerbsverfassung, S. 918 ff.; *Kersten*, Herstellung von Wettbewerb, S. 297 ff.; *Ruffert*, Völkerrechtliche Impulse, S. 128 ff.; *Koenig*, Herstellung von Wettbewerb, S. 1086; *Di Fabio*, Wettbewerbsprinzip und Verfassung, S. 274; *Immenga*, Ökonomie und Recht, S. 356 ff.; *Möschel*, Handlungsfreiheit und Effizienzziele, S. 355 ff.; eine Nähe des *more economic approach* zum Regulierungsrecht in der Energiewirtschaft stellt her *Gärditz*, Europäisches Regulierungsverwaltungsrecht, S. 254 ff.

[53] Nicht differenziert genug daher die Ausführungen von *Gärditz*, Europäisches Regulierungsverwaltungsrecht, S. 254 ff.

vat generierte Effizienzgewinne einhergehen, geht es im Anwendungsbereich des Regulierungsrechts umgekehrt gerade darum, dem zunächst herzustellenden Wettbewerb eine gesteigerte Tendenz zu politisch erwünschten Effekten durch ein gezieltes Tätigwerden hoheitlich einzuimpfen. Handelt es sich im ersten Fall also um originär aus dem Markt stammende Resultate, die von der Kommission lediglich passiv duldend hingenommen werden, so werden diese im Anwendungsbereich der Regulierung einerseits zwar bereits in dessen Entstehungsbedingungen grundgelegt und insofern letztlich ebenfalls vom Markt hervorgebracht. Andererseits ist es aber eben erst die öffentliche Gewalt, welche sie aktiv zielgerichtet von außen an den Wettbewerbsprozess heranträgt und planvoll in diesen zu implementieren trachtet.

2. Regulierung als Gefährdung der Wettbewerbsfreiheit des objektiv-rechtlichen Wettbewerbsprinzips?

Diese Einsicht schärft den Blick für die Frage, inwieweit das Regulierungskonzept Gefahren für die im objektiv-rechtlichen Wettbewerbsprinzip gespeicherte Wettbewerbsfreiheit birgt.

Wird die Auferlegung von Abhilfemaßnahmen an Gemeinwohlerwartungen rückgebunden, so stellt das Regulierungsrecht seinen Beitrag zur Verwirklichung des objektiv-rechtlichen Wettbewerbsprinzips unter den Vorbehalt der Gemeinwohlförderlichkeit. Wenn die der Regulierung zugrundeliegende Prämisse richtig ist und es in ihrem Anwendungsbereich einerseits an den nötigen faktischen Freiheitsräumen potenzieller Wettbewerber fehlt, und Regulierung diese andererseits durch die Umverteilung der faktischen Freiheit marktmächtiger Unternehmen andererseits erst herstellen muss, dann ist sie *conditio-sine-qua-non* der Herausbildung von Wettbewerb. Im Lichte dieser Grundannahmen stellt sie mit ihrem Realisierungsbeitrag in ihrem Anwendungsbereich daher die Verwirklichung des objektiv-rechtlichen Wettbewerbsprinzips in einem existenziellen Sinne unter den Vorbehalt der positiven Gemeinwohlförderlichkeit seiner Realisation. Soweit regulative Abhilfemaßnahmen ergehen und Regulierung Wettbewerb ermöglicht, wird das objektiv-rechtliche Wettbewerbsprinzip vermittels der nach dem Regulierungsrecht zu setzenden Entstehungsbedingungen zugleich nur nach Maßgabe der zuvor exekutiv konkretisierten und regulativ in den Wettbewerb eingespeisten Regulierungsziele verwirklicht.

Materiell wird das unionsrechtliche Wettbewerbsprinzip durch Regulierung damit umfassend für die Verwirklichung von Gemeinwohlbelangen in Dienst gestellt. Zugleich reduziert sich seine Funktion dadurch auf die eines Bewirkungsmechanismus zur Verfolgung hoheitlicher Gestaltungsziele. Insoweit ist auch die ihm inhärente rechtliche Gewähr der Freiheit der

Wettbewerber letztlich zur Disposition der Regulierung gestellt. Ob hierin aus der Sicht des Rechts eine erhebliche Gefährdung dieser Wettbewerbsfreiheit angelegt ist, hängt indes entscheidend ab von der normativen Anschlussfähigkeit des objektiv-rechtlichen Wettbewerbsprinzips für einen solchen funktionalistischen Ansatz.

3. Regulierung als Gefährdung der grundrechtlichen Freiheit?

Ähnliche Fragen wirft Regulierung schließlich auch im Hinblick auf die Grundrechte der Wettbewerber auf. Allerdings verbirgt sich hier noch eine grundrechtsdogmatische Finesse.

3.1 Die Perspektive des marktmächtigen Unternehmens

Das gilt noch nicht für die Perspektive des regulierten marktmächtigen Unternehmens. Soweit es sich bei den Abhilfemaßnahmen um klassische Grundrechtseingriffe handelt, ist das Verhältnismäßigkeitsprinzip ihr zentraler Bewertungsmaßstab.[54] Vergleichbar der Situation im allgemeinen Wettbewerbsrecht werden die Grundrechte der marktmächtigen Unternehmen insofern überwiegend als schwache Rechtspositionen eingeordnet.[55] Angesichts der strukturellen Besonderheiten des Sektors und der Vielzahl der regulativ verfolgten unionsrechtlich anerkannten Gemeinwohlinteressen, zu denen neben dem Wettbewerbsprinzip und den Regulierungszielen des Art. 8 Rahmenrichtlinie grundsätzlich auch die Grundrechte der Wettbewerber gehören, ergibt sich nach herrschenden Rechtsmaßstäben regelmäßig eine Rechtfertigung der in den Abhilfemaßnahmen liegenden Grundrechtseingriffe.[56] Sind diese bereits gerechtfertigt, so muss Entsprechendes *a fortiori* für die nur mittelbar grundrechtsbeschränkenden Einwirkungen der Regulierung auf dem für den Wettbewerb geöffneten Folgemarkt gelten.

3.2 Die Perspektive des in den Markt strebenden Wettbewerbers

Ungleich schwieriger und weitgehend unterbelichtet geblieben ist demgegenüber bisher die Bestimmung der Bedeutung der Zugangsregulierung für die Grundrechte des in den Markt strebenden Wettbewerbers.

---

[54] Art. 52 Abs. 1 GRCh bzw. Art. 52 Abs. 3 GRCh.

[55] *Lepsius*, Verfassungsrechtlicher Rahmen, S. 177 und 197 ff.

[56] So für die Rechtslage unter den Grundrechten des Grundgesetzes ausführlich *Lepsius*, Verfassungsrechtlicher Rahmen, S. 173 ff. sowie zuvor schon *Kühling*, Sektorspezifische Regulierung, S. 486 ff.; *Berringer*, Regulierung, S. 161 ff., deren Ausführungen jedenfalls im Ergebnis auf die einschlägigen Grundrechte der Charta der Grundrechte der Europäischen Union übertragbar sein dürften.

Aus dessen Sicht entspricht dem auf die Anordnung von Netzzugang gerichteten Grundrechtseingriff auf Seiten des eingesessenen Unternehmens spiegelbildlich eine Förderung seiner unternehmerischen Freiheit. Ebenso wie dem Eingriff liegt auch ihr eine Ermessensentscheidung unter Berücksichtigung der Regulierungsziele zugrunde. Ebenso wie der Eingriff wird dadurch auch die Grundrechtsförderung normativ mit der Erwartung kurzgeschlossen, der zu ermöglichende Wettbewerb werde zuvor konkretisierte Gemeinwohlziele positiv hervorbringen. Im Unterschied zu dem Eingriff ist es auf Seiten des Wettbewerbers allerdings die *regulative Förderung* der unternehmerischen Freiheit, die regulierungsrechtlich zugleich unter den Vorbehalt der Gemeinwohldienlichkeit gestellt und gegenständlich daran ausgerichtet ist. Vergleichbar den Einwirkungen der Regulierung auf das objektiv-rechtliche Wettbewerbsprinzip wird damit auch die unternehmerische Freiheit des Wettbewerbers im Kern zu einer Freiheit nach Maßgabe der Regulierung.

Grundrechtsdogmatisch ist diese Konstellation allerdings schwer zu verarbeiten. Die klassisch abwehrrechtliche Dimension der unternehmerischen Freiheit[57] jedenfalls „passt“ nicht auf die spezifische Situation der Zugangsregulierung.[58] Zwar kanalisiert, determiniert und beschränkt Regulierung einerseits die Verhaltensmöglichkeiten des Wettbewerbers. Ein Grundrechtseingriff im klassischen Sinne ist hierin gleichwohl aber nicht angelegt, weil der Wettbewerber eben diese Verhaltensmöglichkeiten erst durch die Regulierung und damit in *a priori* beschränkter Form erhält, eine Bestandsaufnahme seiner realen Handlungsoptionen unter dem Grundrecht im Sinne eines Vorher-Nachher-Vergleichs also keinen negativen, sondern im Gegenteil sogar einen positiven Freiheitssaldo ausweist.

Aus grundrechtsdogmatischer Sicht nicht überzeugen kann es indes, wenn hieraus in offenkundiger argumentativer Parallele zu der Pflichtexemplarentscheidung des Bundesverfassungsgerichts[59] gefolgert wird, das Grundrecht der unternehmerischen Freiheit hänge als solches von der rechtlichen Regelung ab und entstehe daher von vornherein mit Gemeinwohlzielen belastet, so dass es prinzipiell als Regulierungsschranke ausscheide.[60] Denn diese Argumentation lässt zum einen außer Betracht, dass es sich bei der unternehmerischen Freiheit im Gegensatz zum Eigentum,

---

[57] Art. 51 Abs. 1 S. 2 Var. 1 GRCh.

[58] Insoweit ist *Lepsius'* Ausführungen in Bezug auf die Grundrechte des Grundgesetzes zuzustimmen. Vgl. dazu *Lepsius*, Verfassungsrechtlicher Rahmen, S. 177; vgl. zu den Grundrechtsfunktionen, insbesondere der abwehrrechtlichen Funktion der Unionsgrundrechte *Terhechte*, Konstitutionalisierung und Normativität, S. 49 54.

[59] BVerfGE 58, S. 137 (144).

[60] So in Bezug auf die Grundrechte des Grundgesetzes aber die Essenz der Ausführungen *Lepsius'*, Verfassungsrechtlicher Rahmen, S. 177.

das bei der Pflichtexemplarentscheidung den Prüfungsmaßstab bildete, keineswegs um ein normgeprägtes Grundrecht handelt, und zum anderen verkennt sie den Unterschied zwischen faktischer und grundrechtlicher Freiheit: Im Unterschied zur faktischen Freiheit nämlich, die auf Seiten der Wettbewerber in der Tat erst in einem existenziellen Sinne durch Regulierung geschaffen wird, besteht die grundrechtlich geschützte unternehmerische Freiheit als normative Freiheit gerade ungeachtet ihrer tatsächlichen Verwirklichungsaussichten.[61]

Eine rechtlich fundierte Aussage darüber, ob die Zugangsregulierung aufgrund ihres konzeptionellen Ansatzes eine Gefährdung für diese darstellt, ist damit freilich noch nicht verbunden. Mit dem Gesichtspunkt der tatsächlichen Verwirklichungschancen der unternehmerischen Freiheit ist jedoch ein entscheidender Anknüpfungspunkt angesprochen, aus dem sich unter den spezifischen Bedingungen der Zugangsregulierung grundrechtliche Maßstäbe für das regulative Handeln der öffentlichen Gewalt gewinnen lassen könnten.

Ihre innere Rechtfertigung gegenüber dem allgemeinen Wettbewerbsrecht und ihre äußere Rechtfertigung gegenüber den Grundrechten der marktmächtigen Unternehmen bezieht Regulierung aus der Prämisse, die materiellen Voraussetzungen für die Herausbildung von Wettbewerb erst schaffen zu müssen, weil potenzielle Wettbewerber nach dem Ergebnis des Drei-Kriterien-Tests daran gehindert sind, zu dem marktmächtigen Unternehmen in Konkurrenz zu treten.

Im Lichte dieser Prämisse führt der regulierungsspezifische Gemeinwohlvorbehalt jedenfalls dann zu grundrechtsdogmatischen Verschiebungen, wenn sich die unternehmerische Freiheit des Wettbewerbers angesichts der spezifischen Situation zu einer Schutzpflicht der Union verdichtet – die Zugangsregulierung also Ausdruck einer grundrechtlichen Schutzverpflichtung wäre.[62] Denn fordert die unternehmerische Freiheit hoheitlichen Schutz und stellt die Regulierung dessen Gewährung unter den Vorbehalt der Gemeinwohlförderlichkeit der Grundrechtsausübung und setzt sie, weiter, Bedingungen, die ihre Ausübung zusätzlich induktiv gemeinwohldienlich ausrichten, so wird sie dadurch letztlich nicht nur in eine Art Wohlverhaltensauftrag umgedeutet, der die Gewährung des

---

[61] Grundlegend zur Unterscheidung zwischen faktischer und rechtlicher Freiheit *Alexy*, Theorie der Grundrechte, S. 198–202 und 458–461 sowie *Borowski*, Grundrechte als Prinzipien, S. 289.

[62] Zweifelnd *Durner*, Schutz der Verbraucher, S. 427; unter dem Blickwinkel eines daraus folgenden „strengen Effizienzmaßstabs" für die Netzzugangsentgelte ablehnend *Ludwigs*, Maßstäbe und Methoden, S. 958; zur Schutzpflichtendimension der Grundrechte grundlegend *Szczekalla*, Schutzpflichten, S. 459–1066; *ders.* Funktionen der Grundrechte, S. 195–204.

Grundrechtsschutzes lediglich als eine Art *Vorschussprämie* auf ein hoheitlich gewolltes Verhalten erscheinen lässt. Sondern Regulierung beansprucht dann – hier überlagern sich faktische und normative Freiheit – in einem ursprünglichen Sinne auch die Definitionsmacht über ihren Inhalt. Angesichts der insoweit maßgeblichen Regulierungsziele würde die unternehmerische Freiheit dadurch letztlich umfassend in „gesellschaftsfunktional(er)“[63] Weise ausgedeutet und in Dienst genommen. Entgegen der europäischen Grundrechtsidee würde die individualbezogene Schutzrichtung des Grundrechts damit schließlich verformt.[64]

VI. Schluss

Ob und unter welchen Voraussetzungen den Grundrechten der Union in der Tat eine Schutzpflichtendimension zu entnehmen ist, ist bisher noch nicht abschließend geklärt. Während ihre Existenz im Schrifttum nahezu durchweg anerkannt wird, hat sich der Gerichtshof noch nicht ausdrücklich positioniert.[65] Immerhin boten einzelne Entscheidungen aber schon erste Anknüpfungspunkte, die sich im Sinne ihrer grundsätzlichen Anerkennung lesen lassen.[66] Auch seine inzwischen als gefestigt geltende Judikatur, nach der die Grundfreiheiten unter bestimmten Bedingungen zu Schutzpflichten erstarken können, weist in diese Richtung.[67] Die Grundrechtecharta gibt den Grundrechtsverpflichteten nunmehr neben dem Achtungsgebot auch positiv auf, die „Anwendung“ der Grundrechte zu „fördern“[68],

---

[63] So für die ähnlich gelagerte Rechtslage im Energiesektor *Gärditz*, Europäisches Regulierungsverwaltungsrecht, S. 261, allerdings ohne insofern zwischen dem marktmächtigen Unternehmen und dem Wettbewerber zu differenzieren und ohne auf die Schutzpflichtenproblematik einzugehen.

[64] Zur Individualbezogenheit der Europäischen Grundrechte *Franzius*, Verfassungsrechtsdenken, S. 88; zur europäischen Grundrechtsidee, *Starck*, § 33. Freiheitsidee, S. 4–7 und S. 11; aus der Sicht des (deutschen) Verfassungsstaates auch *Isensee*, § 71. Gemeinwohl im Verfassungsstaat, S. 58.

[65] Aus dem Schrifttum vgl. *Ehlers*, Allgemeine Lehren der Unionsgrundrechte, S. 461; vgl. auch die umfassende Untersuchung von *Szczekalla*, Schutzpflichten, S. 459–1066; *ders.* Funktionen der Grundrechte, S. 195–204.

[66] EuGH Rs. C-112/00 (*Schmidberger*), Slg. 2003, S. I-5694 (5718, Rn. 74); EuGH Rs. C-36/02 (*Omega*), Slg. 2004, S. I-9609 (9653, Rn. 35); dazu *Ehlers*, Allgemeine Lehren der Unionsgrundrechte, S. 461.

[67] EuGH, Rs. C-265/95 (*Kommission/Frankreich*), Slg. 1997, S. I-6959, (6998 f., Rn. 30 ff.); EuGH Rs. C-112/00 (*Schmidberger*), Slg. 2003, S. I-5694 (5713, Rn. 57); Vgl. dazu *Ehlers*, Allgemeine Lehren, S. 227–228; *Kingreen*, Grundfreiheiten, S. 746–748; *Kühling*, Grundrechte, S. 676.

[68] Art. 51 Abs. 1 S. 1, S. 2 Var. 2 GRCh, vgl. *Borowsky*, Art. 51 GRCh, Rn. 31 ff.

und enthält mit der „Traditionsregel“[69] schließlich eine Brücke, über welche eine einschlägige Rechtsprechung nationaler Gerichte Eingang in das Unionsrecht finden könnte.[70] Ist nach all dem grundsätzlich davon auszugehen, dass die Grundrechte der Union auch Schutzverpflichtungen statuieren (können), so sind die Voraussetzungen, unter denen dies der Fall ist, im Einzelnen gleichwohl weiterhin ungeklärt.

Soweit die Konzeption des Regulierungsrechts unter dem Blickwinkel des objektiv-rechtlichen Wettbewerbsprinzips die Frage nach der Freiheitsgerechtigkeit der Instrumentalisierung des Wettbewerbs aufwirft, fügt sie sich trotz der aufgezeigten konzeptionellen Unterschiede zum *more economic approach* ein in den größeren Zusammenhang des hinter dieser Idee stehenden Machtkampfes zwischen Vertretern offener Wettbewerbskonzepte und stärker ergebnisorientierten wohlfahrtstheoretischen Ansätzen um die Deutungshoheit über das unionsrechtliche Wettbewerbsprinzip.[71] Aus der Sicht des Rechts verdichtet sich die Frage letztlich dahingehend, ob der Wettbewerb, dessen Funktionsfähigkeit ein gewisses Maß faktischer Freiheit seiner Akteure erfordert, lediglich funktional als Bewirkungsmechanismus im Dienste der Verwirklichung übergeordneter Belange des gemeinen Wohls oder ob er umgekehrt zumindest auch im Interesse der ihm zugrundeliegenden Freiheit seiner Akteure objektiv-rechtlich geschützt ist.[72]

Wird insofern vorgebracht, der Wettbewerb sei „unmittelbarer Ausdruck der Freiheitlichkeit des zugrunde liegenden Ordnungssystems, das auf – grundrechtlich geschützter – Individualfreiheit“[73] beruhe, so ist dies als tatsächlicher Befund in einer dem Rechtsstaatsprinzip verpflichteten Ordnung sicherlich regelmäßig zutreffend. Ein argumentativer Umkehrschluss aber, der Wettbewerb sei deshalb gerade auch um der ihm zugrun-

---

[69] Art. 52 Abs. 4 GRCh.

[70] Vielbeachtete Entscheidungen des Bundesverfassungsgerichts zu grundrechtlichen Schutzpflichten im Zusammenhang mit der Berufsfreiheit sind etwa BVerfGE 81, S. 242 (255); BVerfGE 92, S. 26 (46).

[71] *Immenga*, Wettbewerbspolitik der Kommission, S. 601; *Drexl*, Wettbewerbsverfassung, S. 918 ff.; *Kersten*, Herstellung von Wettbewerb, S. 297 ff. m.w.N. in Fn. 39.

[72] In letzterem Sinne wohl *Lepsius*, Verfassungsrechtlicher Rahmen, S. 170: „Vom Vorrang einer wirtschaftsliberalen Politik wird nach Inkrafttreten der Lissaboner Vertragsänderungen definitiv nicht mehr die Rede sein können. An die Stelle der primären Verpflichtung auf eine ‚offene Marktwirtschaft mit freiem Wettbewerb‘ ... wird die *Verpflichtung auf die ‚wettbewerbsfähige soziale Marktwirtschaft‘* treten ...“ (*Hervorhebung im Original*).

[73] *Gärditz*, Europäisches Regulierungsverwaltungsrecht, S. 261 unter Verweis auf *Immenga*, Ökonomie und Recht, S. 356.

deliegenden Wettbewerbsfreiheit willen objektiv-rechtlich geschützt, ist in normativer Hinsicht jedoch keineswegs zwingend.[74]

Rechtsdogmatisch weiter führt demgegenüber ein Ansatz, der die Frage nicht gleichsam selbstreferenziell aus dem Wettbewerbsprinzip heraus zu beantworten trachtet, sondern der den Blick weitet und in systematischer Auslegung die Funktion des Wettbewerbs als objektiv-rechtliches Strukturprinzip des Binnenmarktes untersucht. So gestellt verweist die Frage nach der *ratio* des Wettbewerbsprinzips letztlich auf die Funktion des Binnenmarktes im Gefüge der Primärrechtsordnung der Europäischen Union zurück.

Mit den wirtschaftsverfassungsrechtlichen Neuerungen des Vertrages von Lissabon hat der zugrunde liegende Richtungsstreit daher eine Reihe neuer Impulse empfangen, deren rechtswissenschaftliche Verarbeitung noch andauert.[75] Skizziert werden hier nur zwei Grundlinien der Entwicklung, die zwar in einem gewissen Gegensatz zueinander stehen, deren Analyse aber gerade deshalb weiteren Aufschluss verspricht.

In der funktionalen Logik, der die Integrationsrechtsordnung der Europäischen Union zunächst folgte, war der Gemeinsame Markt das zentrale Mittel zum Zweck der Integration.[76] Im Kern hat dieser funktionalistische Ansatz die Entwicklung des Europäischen Integrationsverbandes von einer Wirtschaftsgemeinschaft hin zur Politischen Union lange überdauert. Noch der Vertrag von Nizza stellte den Gemeinsamen Markt explizit für die Verwirklichung bestimmter Ziele in Dienst.[77] Mit dem Vertrag von Lissabon wurde der Gemeinsame Markt nunmehr vollends in den Binnenmarkt übergeleitet.[78] Dabei ist er zugleich aus seiner zuvor explizit dienenden Funktion in Bezug auf die politischen Unionsziele herausgelöst und systematisch in ein Verhältnis der Gleichordnung zu diesen gesetzt worden.[79] Dieser Schritt wird zwar verbreitet als Aufwertung der politischen Dimen-

---

[74] Gerade wenn die dem Wettbewerb zugrundeliegende faktische Freiheit ohnehin grundrechtlich geschützt ist, lässt dies die These ihrer auch objektiv-rechtlichen Absicherung durch das Wettbewerbsprinzip um des Schutzes der Freiheit willen fraglich erscheinen, besteht insoweit doch regelmäßig kein zusätzliches Schutzbedürfnis. Dies lässt *Gärditz*, Europäisches Regulierungsverwaltungsrecht, S. 261 unberücksichtigt.

[75] Vgl. z.B. *Blanke*, Economic Constitution; *Weiß*, Wettbewerb und Daseinsvorsorge; *Storr*, Wirtschaftsverfassung und Daseinsvorsorge; *Luczak*, Europäische Wirtschaftsverfassung, S. 382–419; *Drexl*, Wettbewerbsverfassung, S. 905–918; *Nowak*, Wettbewerb und soziale Marktwirtschaft; *Müller-Graff*, Wirtschaftsverfassungsrechtliches Profil; *Terhechte*, Wandlungen der Wettbewerbsverfassung.

[76] Vgl. z.B. *Müller-Graff*, Wirtschaftsverfassungsrechtliches Profil, S. 174.

[77] Vgl. Art. 2 EGV-Nizza.

[78] Vgl. dazu *Schorkopf*, Europäischer Weg, S. 72 ff.; *Nowak*, Binnenmarktziel und Wirtschaftsverfassung, S. 132 ff.

[79] Art. 3 Abs. 3 UAbs. 1 EUV.

sion der Union gedeutet.[80] Angesichts der früheren Regelungssystematik muss er darüber hinaus aber auch als Neugewichtung des Binnenmarktzieles verstanden werden, durch die es gegenüber den übrigen Unionszielen mit einem rechtlich stärkeren Eigenstand ausgestattet werden sollte.[81] Nach der Konzeption des Primärrechts hat der Binnenmarkt mit zunehmender Politisierung der Union also einerseits als Instrument für die Verwirklichung ihrer politischen Ziele an Bedeutung verloren. Zugleich hat er ihnen gegenüber als Ziel und Politikbereich damit aber an Eigenständigkeit gewonnen. Wenn nach der rechtlichen Konstruktion der Verträge als *ratio* des Binnenmarktes damit die Verwirklichung bestimmter politischer Ziele aber nicht mehr im Vordergrund steht, ergibt sich daraus die Frage, welche Funktion ihm das Primärrecht nunmehr beimisst. Ein Indiz liefert die Aufnahme einiger Grundfreiheiten als besondere Ausprägungen der Berufsfreiheit in die Grundrechtecharta.[82] Zum einen wird auf diese Weise die bisher umstrittene Bindung der Union jedenfalls an diese Grundfreiheiten nunmehr außer Zweifel gestellt.[83] Zum anderen wird damit aber insbesondere auch erkennbar, dass der Binnenmarkt zumindest insoweit einen deutlichen Individualbezug aufweist – um der Freiheit des einzelnen Marktteilnehmers willen geschützt ist.

Dieser eher für eine freiheitliche Interpretation des Wettbewerbsprinzips sprechenden Neuausrichtung des Binnenmarktes gegenüber steht die Verbannung des Systems, „das den Wettbewerb ... vor Verfälschungen schützt“[84], aus dem unmittelbaren Text der Verträge in ein Protokoll[85] und der Ersatz der „offenen Marktwirtschaft mit freiem Wettbewerb“[86] durch die „in hohem Maße wettbewerbsfähige soziale Marktwirtschaft“[87] in den Zielbestimmungen der Verträge. In einem inneren Zusammenhang dazu zu sehen ist das seit dem Vertrag von Amsterdam verstärkte Bestreben, das unionsrechtliche Gemeinwirtschaftsmodell, die Dienstleistungen von all-

---

[80] So *Luczak*, Europäische Wirtschaftsverfassung, S. 402 f.; wohl auch *Ruffert*, Völkerrechtliche Impulse, S. 109; *Müller-Graff*, Wirtschaftsverfassungsrechtliches Profil, S. 179.

[81] In dieser Richtung *Wimmer/Müller*, Wirtschaftsrecht, S. 130.

[82] Arbeitnehmerfreizügigkeit, Niederlassungsfreiheit, Dienstleistungsfreiheit, Art. 15 Abs. 2 GRCh.

[83] Art. 51 Abs. 1 S. 1 GRCh.

[84] Art. 3 lit. g) EGV-Nizza.

[85] Protokoll Nr. 27 über den Binnenmarkt und den Wettbewerb, ABl. EG Nr. 83/309 vom 30. März 2010, das gem. Art. 51 EUV Bestandteil der Verträge ist.

[86] Art. 4 EGV-Nizza; vgl. aber heute noch Art. 119 Abs. 1 AEUV.

[87] Art. 3 Abs. 3 UAbs. 1 S. 2 EUV.

gemeinem wirtschaftlichem Interesse, primärrechtlich aufzuwerten.[88] Der neue Kopf der darauf bezogenen Vorschriften ist – systematisch symbolträchtig – nunmehr an der Stelle des früheren Binnenmarktartikels im allgemeinen Teil des Vertrags über die Arbeitsweise der Europäischen Union verortet (Art. 14 AEUV).[89] Damit beansprucht er grundsätzlich Beachtung für sämtliche Politiken der Union.[90] Inhaltlich verankert er die Dienste von allgemeinem wirtschaftlichem Interesse gleichberechtigt mit der Freiheit auf der Stufe ihrer gemeinsamen Werte und rückt ihre funktionale Bedeutung für den wirtschaftlichen, sozialen und territorialen Zusammenhalt in den Vordergrund – spricht von ihrem „Funktionieren" und ihren „Aufgaben". Der Erbringer der Dienstleistungen findet demgegenüber nicht einmal Erwähnung in der Vorschrift. Der Einzelne tritt gegenüber der Funktion also vollkommen zurück. In systematischer Zusammenschau mit der Legalausnahme des Art. 106 Abs. 2 S. 1 AEUV, der Unternehmen, die mit Diensten von allgemeinem wirtschaftlichem Interesse betraut sind, sogar teilweise von wettbewerbsrechtlichen Bindungen freistellt, könnte dies dahin zu verstehen sein, dass das primäre Unionsrecht das im Übrigen freiheitlich auszulegende Wettbewerbsprinzip gerade in Bezug auf gemeinwirtschaftlich relevante Bereiche, wie die elektronische Kommunikation, für eine instrumentelle Lesart, wie sie das Regulierungsrecht sekundärrechtlich verwirklicht, öffnen, seine grundsätzlich freiheitliche Schutzrichtung damit partiell zurücknehmen wollte.[91] Andererseits spricht gerade die wettbewerbliche Ausnahmebestimmung wiederum gegen eine solche Auslegung. Denn sieht das Primärrecht eine Ausnahme für Dienste von allgemeinem wirtschaftlichem Interesse unter der Voraussetzung eines Betrauungsaktes explizit nur im Einzelfall vor, so spricht dies im Umkehrschluss gerade gegen die Zulässigkeit einer regelhaft generalisierenden Indienstnahme des gesamten Wettbewerbes in dem betreffenden Sektor. Je nach

---

[88] *Blanke*, Economic Constitution, S. 727 ff.; *Simon*, Liberalisierung von Dienstleistungen, S. 183 ff.; *Danwitz*, Dienste von allgemeinem wirtschaftlichem Interesse, S. 117 ff.; *Storr*, Wirtschaftsverfassung und Daseinsvorsorge, S. 230 f.; *Weiß*, Wettbewerb und Daseinsvorsorge, S. 47–69; *Schorkopf*, Das Protokoll, S. 256–259; *Palm*, Berücksichtigung von Gemeinwohlbelangen, S. 102 und S. 116–126; *Voßkuhle*, Beteiligung Privater, S. 288 f.

[89] Darauf weist hin *Müller-Graff*, Wirtschaftsverfassungsrechtliches Profil, S. 181, der dies aber für Zufall hält („koinzidenterweise").

[90] Zum Gebot der Beachtung „wettbewerbsfremder Motive" aufgrund der Querschnittsklauseln der Art. 8–13 AEUV allgemein *Terhechte*, Wandlungen der Wettbewerbsverfassung, S. 190 f.

[91] In dieser Richtung wohl *Blanke*, Economic Constitution, S. 384 f.; *Krajewski*, Grundstrukturen, S. 178 f. m.w.N.; andeutungsweise auch *Weiß*, Wettbewerb und Daseinsvorsorge, S. 58 und 67.

Sichtweise verbliebe es somit bei einer grundsätzlich freiheitlichen Stoßrichtung des objektiv-rechtlichen Wettbewerbsprinzips.

Insgesamt deutlich geworden ist damit jedenfalls, dass das Regulierungsrecht der elektronischen Kommunikation in einem zumindest ambivalenten Verhältnis zur Freiheit steht. Um die Wettbewerbsfreiheit auf der einen Seite regulativ herstellen zu können, muss es diese angesichts der Interdependenz der Handlungsmöglichkeiten der Akteure im Wirtschaftsprozess notwendig auf der anderen Seite schmälern. Spiegelbildlich gilt dies für die Möglichkeiten der Grundrechtsausübung der Wettbewerber im Verhältnis zu den marktmächtigen Unternehmen. Angesichts der Gemeinwohlbezogenheit der Regulierung haben sich im Hinblick auf die dem objektiv-rechtlichen Wettbewerbsprinzip zugrundeliegende Wettbewerbsfreiheit und in Bezug auf die unternehmerische Freiheit der erst regulativ zur Teilnahme am Wirtschaftsprozess befähigten Wettbewerber contraintuitiv spezifische Gefährdungspotentiale offenbart, die aus der konzeptionellen Verbindung von Wettbewerbsermöglichung, -determinierung und Gemeinwohlorientierung der Regulierung herrühren. Daran erweist sich einmal mehr, dass faktische und rechtliche Freiheit nicht notwendig deckungsgleich sind – eine Erweiterung tatsächlicher Handlungsräume nicht notwendig auch rechtlich positiv zu Buche schlägt, sondern es insofern vielmehr geboten ist, präzise zwischen diesen Sphären zu differenzieren.

Ob das Regulierungsrecht der elektronischen Kommunikation vor diesem Hintergrund aber auch in Zukunft am Maßstab des Europäischen Primärrechts als Synthese aus Freiheit und Gemeinwohl wird gelten können, die Beurteilung, ob die regulierende öffentliche Gewalt also eher als Garant oder als Gegner der Freiheit in Erscheinung tritt, hängt schließlich maßgeblich von der weiteren rechtswissenschaftlichen Durchdringung des unionsrechtlichen Wettbewerbsprinzips im Lichte der mit dem Vertrag von Lissabon vorgenommenen Neujustierungen ab sowie von einer näheren Entfaltung der jedenfalls im Grundsatz bereits angelegten Dimension der Schutzpflichten der Grundrechte der Europäischen Union.

Literaturverzeichnis

Alexy, Robert: Theorie der Grundrechte (Studien und Materialien zur Verfassungsgerichtsbarkeit 28), 1. Aufl., Baden-Baden 1985.

Berringer, Christian: Regulierung als Erscheinungsform der Wirtschaftsaufsicht (Münchener Universitätsschriften. Reihe der Juristischen Fakultät 188), München 2004.

Blanke, Hermann-Josef: The Economic Constitution of the European Union, in: ders./Mangiameli, Stelio (Hg.): The European Union after Lisbon. Constitutional Basis, Economic Order and External Action, Berlin/Heidelberg 2012, S. 369–419.

Borowski, Martin: Grundrechte als Prinzipien: Die Unterscheidung von Prima-facie-Position und definitiver Position als fundamentaler Konstruktionsgrundsatz der

Grundrechte (Kieler rechtswissenschaftliche Abhandlungen N.F. 11), Baden-Baden 1998.

Borowsky, Martin: Art. 51 GRCh, in: Meyer, Jürgen (Hg.): Charta der Grundrechte der Europäischen Union, 3. Aufl., Baden-Baden 2011, S. 642–667.

Burgi, Martin: Das subjektive Recht im Energie-Regulierungsverwaltungsrecht, in: Deutsches Verwaltungsblatt, 121, 2006, S. 269–277.

Danwitz, Thomas von: Dienste von allgemeinem wirtschaftlichem Interesse in der europäischen Wettbewerbsordnung, in: Krautscheid, Andreas (Hg.): Die Daseinsvorsorge im Spannungsfeld von europäischem Wettbewerb und Gemeinwohl. Eine sektorspezifische Betrachtung, Wiesbaden 2009, S. 103–130.

Di Fabio, Udo: Wettbewerbsprinzip und Verfassung. Der freie Wettbewerb und die Verantwortung des Staates, in: Zeitschrift für Wettbewerbsrecht 5, 2007, S. 266–276.

Drexl, Josef: Wettbewerbsverfassung, in: Bogdandy, Armin von/Bast, Jürgen (Hg.): Europäisches Verfassungsrecht. Theoretische und dogmatische Grundzüge, 2. Aufl., Berlin/Heidelberg 2009, S. 905–958.

Durner, Wolfgang: Schutz der Verbraucher durch Regulierungsrecht, in: Der Schutzauftrag des Rechts. Berichte und Diskussionen auf der Tagung der Vereinigung der Deutschen Staatsrechtslehrer in Berlin vom 29. September bis 2. Oktober 2010 (Veröffentlichungen der Vereinigung der Deutschen Staatsrechtslehrer 70), Berlin/Boston 2011, S. 398–447.

Ehlers, Dirk: § 14. Allgemeine Lehren der Unionsgrundrechte, in: ders. (Hg.): Europäische Grundrechte und Grundfreiheiten, 3. Aufl., Berlin 2009, S. 443–484.

–: § 7. Allgemeine Lehren, in: ders. (Hg.): Europäische Grundrechte und Grundfreiheiten, 3. Aufl., Berlin 2009, S. 209–269.

Eifert, Martin: Regulierungsstrategien, in: Hoffmann-Riem, Wolfgang/Schmidt-Aßmann, Eberhard/Voßkuhle, Andreas (Hg.): Grundlagen des Verwaltungsrechts, Band I. Methoden, Maßstäbe, Aufgaben, Organisation, 2. Aufl., München 2012, S. 1319–1394.

Fehling, Michael: Regulierung als Staatsaufgabe im Gewährleistungsstaat Deutschland. Zu den Konturen eines Regulierungsverwaltungsrechts, in: Hill, Hermann (Hg.): Die Zukunft des öffentlichen Sektors (Verwaltungsressourcen und Verwaltungsstrukturen 5), Baden-Baden 2006, S. 91–111.

Forsthoff, Ernst: Die Daseinsvorsorge und die Kommunen, in: ders. (Hg.): Rechtsstaat im Wandel. Verfassungsrechtliche Abhandlungen 1950–1964, Stuttgart 1964, S. 111–128.

Franzius, Claudio: Europäisches Verfassungsrechtsdenken, Tübingen 2010.

Gärditz, Klaus Ferdinand: Europäisches Regulierungsverwaltungsrecht auf Abwegen, in: Archiv des öffentlichen Rechts, 135, 2010, S. 251–288.

–: „Regulierungsermessen“ und verwaltungsgerichtliche Kontrolle, Neue Zeitschrift für Verwaltungsrecht, 28, 2009, S. 1005–1011.

Huber, Peter Michael: Öffentliches Wirtschaftsrecht, in: Schmidt-Aßmann, Eberhard/Schoch, Friedrich (Hg.): Besonderes Verwaltungsrecht, 14. Aufl., Berlin 2008, S. 305–449.

Immenga, Ulrich: Die Wettbewerbspolitik der Kommission und ihr Richter, in: Europäische Zeitschrift für Wirtschaftsrecht, 2010, S. 601.

–: Ökonomie und Recht in der europäischen Wettbewerbspolitik, in: Zeitschrift für Wettbewerbsrecht 4, 2006, S. 346–365.

Isensee, Josef: § 71. Gemeinwohl im Verfassungsstaat, in: ders./Kirchhof, Paul (Hg.): Handbuch des Staatsrechts der Bundesrepublik Deutschland, Band IV. Aufgaben des Staates, 3. Aufl., Heidelberg et al. 2006, S. 3–79.

Kersten, Jens: Herstellung von Wettbewerb als Verwaltungsaufgabe, in: Gemeinwohl durch Wettbewerb. Berichte und Diskussionen auf der Tagung der Vereinigung der Deutschen Staatsrechtslehrer in Graz vom 7. bis 10. Oktober 2009 (Veröffentlichungen der Vereinigung der Deutschen Staatsrechtslehrer 69), Berlin/New York 2010, S. 288–340.

Kingreen, Thorsten: Grundfreiheiten, in: Bogdandy, Armin von/Bast, Jürgen (Hg.): Europäisches Verfassungsrecht. Theoretische und dogmatische Grundzüge, 2. Aufl., Berlin/Heidelberg 2009, S. 705–748.

Kirchhof, Paul: § 169. Erwerbsstreben und Maß des Rechts, in: Isensee, Josef/Kirchhof, Paul (Hg.): Handbuch des Staatsrechts der Bundesrepublik Deutschland, Band VIII. Grundrechte: Wirtschaft, Verfahren, Gleichheit, 3. Aufl., Heidelberg et al. 2010, S. 3–62.

–: Das Wettbewerbsrecht als Teil einer folgerichtigen und widerspruchsfreien Gesamtrechtsordnung, in: ders. (Hg.): Gemeinwohl und Wettbewerb, Heidelberg 2005.

–: Der Staat als Garant und Gegner der Freiheit. Von Privileg und Überfluss zu einer Kultur des Maßes (Schönburger Gespräche zu Staat und Recht), Paderborn 2004.

Knauff, Matthias: Die Daseinsvorsorge im Vertrag von Lissabon, in: Europarecht 45, 2010, S. 725–745.

Koenig, Christian: Herstellung von Wettbewerb als Verwaltungsaufgabe. Der Wettbewerbsbegriff als eingriffslegitimierendes Tatbestandsmerkmal der Regulierungsermächtigungsnorm, in: Deutsches Verwaltungsblatt 124, 2009, S. 1082–1089.

Krajewski, Markus: Grundstrukturen des Rechts öffentlicher Dienstleistungen, Berlin/Heidelberg 2011.

Kühling, Jürgen: Europäisches Telekommunikationsverwaltungsrecht, in: Terhechte, Jörg Philipp (Hg.): Verwaltungsrecht der Europäischen Union, Baden-Baden 2011, S. 881–929.

–: Grundrechte, in: Bogdandy, Armin von/Bast, Jürgen (Hg.): Europäisches Verfassungsrecht. Theoretische und dogmatische Grundzüge, 2. Aufl., Berlin/Heidelberg 2009, S. 657–704.

–: Sektorspezifische Regulierung in den Netzwirtschaften. Typologie, Wirtschaftsverwaltungsrecht, Wirtschaftsverfassungsrecht (Energie- und Infrastrukturrecht 4), München 2004.

Lademann, Rainer P.: Zur Methodologie des more economic approach im Kartellrecht, in: Bechtold, Stefan/Jickeli, Joachim/Rohe, Mathias (Hg.): Recht, Ordnung und Wettbewerb. Festschrift zum 70. Geburtstag von Wernhard Möschel, Baden-Baden 2011, S. 381–394.

Lepsius, Oliver: Ziele der Regulierung, in: Fehling, Michael/Ruffert Matthias (Hg.): Regulierungsrecht, Tübingen 2010, S. 1055–1086.

–: Verfassungsrechtlicher Rahmen der Regulierung, in: Fehling, Michael/Ruffert Matthias (Hg.): Regulierungsrecht, Tübingen 2010, S. 143–211.

Luczak, Jan-Marco: Die Europäische Wirtschaftsverfassung als Legitimationselement europäischer Integration. Ein Beitrag zur wirtschaftsverfassungsrechtlichen Analyse des EG-Vertrages unter Einbeziehung der Änderungen des Unionsrechts durch den Vertrag von Lissabon (Schriften zum europäischen Recht 140), Berlin 2009.

Ludwigs, Markus: Maßstäbe und Methoden der Entgeltregulierung im Spiegel europa- und verfassungsrechtlicher Vorgaben, in: Neue Zeitschrift für Verwaltungsrecht 27, 2008, S. 954–960.

Masing, Johannes: Grundstrukturen eines Regulierungsverwaltungsrechts. Regulierung netzbezogener Märkte am Beispiel Bahn, Post, Telekommunikation und Strom, in: Die Verwaltung 36, 2003, S. 1–32.

Maurer, Christian: Die Frage nach der Direktionskraft der Regulierungsziele. Ein Beitrag zur funktionellen Trennung im System des Europäischen Telekommunikationsrechts, in: Kurth, Matthias/Schmoeckel, Mathias (Hg.): Regulierung im Telekommunikationssektor. Chancen und Risiken im historischen Prozess (Rechtsordnung und Wirtschaftsgeschichte 2), Tübingen 2012, S. 83–99.

Mestmäcker, Ernst-Joachim: Schnittstellen von Wettbewerb und Regulierung im europäischen Recht, in: Gaitanides, Charlotte/Kadelbach, Stefan/Rodriguez Iglesias, Gil Carlos (Hg.): Europa und seine Verfassung. Festschrift für Manfred Zuleeg zum 70. Geburtstag, Baden-Baden 2005, S. 397–409.

Möschel, Wernhard: Wettbewerb zwischen Handlungsfreiheiten und Effizienzzielen, in: Engel, Christoph/Möschel, Wernhard (Hg.): Recht und spontane Ordnung. Festschrift für Ernst-Joachim Mestmäcker zum achtzigsten Geburtstag, Baden-Baden 2006, S. 355–369.

Müller-Graff, Peter-Christian: Das wirtschaftsverfassungsrechtliche Profil der EU nach Lissabon, in: Fastenrath, Ulrich/Nowak, Carsten (Hg.): Der Lissabonner Reformvertrag. Änderungsimpulse in einzelnen Rechts- und Politikbereichen (Tübinger Schriften zum internationalen und europäischen Recht 94), Berlin 2009, S. 173–185.

Mussler, Werner: Die Wirtschaftsverfassung der Europäischen Gemeinschaft im Wandel. Von Rom nach Maastricht (Wirtschaftsrecht und Wirtschaftspolitik 154), Baden-Baden 1998.

Nowak, Carsten: Wettbewerb und soziale Marktwirtschaft in den Regeln des Lissabonner Vertrags, in: Müller-Graff, Peter-Christian/Schwarze, Jürgen (Hg.): Neues Europäisches Wirtschafts- und Wettbewerbsrecht? (Europarecht, Beiheft 2), Baden-Baden 2011, S. 21–46.

–: Binnenmarktziel und Wirtschaftsverfassung der Europäischen Union vor und nach dem Reformvertrag von Lissabon, in: Schwarze, Jürgen/Hatje, Armin (Hg.): Der Reformvertrag von Lissabon (Europarecht, Beiheft 1), Baden-Baden 2009, S. 129–192.

Palm, Ulrich: Die Berücksichtigung von Gemeinwohlbelangen im europäischen Wettbewerbsrecht, in: Kirchhof, Paul (Hg.): Gemeinwohl und Wettbewerb, Heidelberg 2005, S. 101–127.

Riesenkampff, Alexander: Vom Wettbewerbsschutz zum Verbraucherschutz, in: Bechtold, Stefan/Jickeli, Joachim/Rohe, Mathias (Hg.): Recht, Ordnung und Wettbewerb. Festschrift zum 70. Geburtstag von Wernhard Möschel, Baden-Baden 2011, S. 489–501.

Röhl, Hans Christian: Soll das Recht der Regulierungsverwaltung übergreifend geregelt werden?. in: Juristenzeitung 61, 2006, S. 831–839.

Ruffert, Matthias: Völkerrechtliche Impulse und Rahmen des Europäischen Verfassungsrechts, in: Fehling, Michael/Ruffert Matthias (Hg.): Regulierungsrecht, Tübingen 2010, S. 95–142.

–: Zur Leistungsfähigkeit der Wirtschaftsverfassung, in: Archiv des öffentlichen Rechts 134, 2009, S. 197–239.

Rupp, Hans Heinrich: § 31. Die Unterscheidung von Staat und Gesellschaft, in: Isensee, Josef/Kirchhof, Paul (Hg.): Handbuch des Staatsrechts der Bundesrepublik Deutschland, Band II. Verfassungsstaat, 3. Aufl., Heidelberg 2004, S. 879–927.

Säcker, Franz Jürgen: Das Regulierungsrecht im Spannungsfeld von öffentlichem und privatem Recht. Zur Reform des deutschen Energie- und Telekommunikationsrechts, in: Archiv des öffentlichen Rechts 130, 2005, S. 180–224.

Schliesky, Utz: Öffentliches Wirtschaftsrecht. Deutsche und europäische Grundlagen, (Schaeffers Grundriß des Rechts und der Wirtschaft 29/4), 3. Aufl., Heidelberg et al. 2008.

Schmidt-Preuß, Matthias: Regulierung. Reflexionen aus Anlass der Liberalisierung im Strom- und Gassektor, in: Bauer, Hartmut/Czybulka, Detlef/Kahl, Wolfgang/ Voßkuhle, Andreas (Hg.): Wirtschaft im offenen Verfassungsstaat. Festschrift für Reiner Schmidt zum 70. Geburtstag, 2006, S. 547–559.

Schorkopf, Frank: Der Europäische Weg, Tübingen 2010.

–: Das Protokoll über Dienste von allgemeinem Interesse und seine Auswirkungen auf das öffentliche Wettbewerbsrecht, in: Wirtschaft und Verwaltung, 2008, S. 253–262.

–: Regulierung nach den Grundsätzen des Rechtsstaates. Zielvorstellungen guter Ordnung im neueren Verwaltungsrecht, in: Juristenzeitung 63, 2008, S. 20–29.

Simon, Sven: Liberalisierung von Dienstleistungen der Daseinsvorsorge im WTO- und EU-Recht (Jus Internationale et Europaeum 31), Tübingen 2009.

Starck, Christian: § 33. Grundrechtliche und demokratische Freiheitsidee, in: Isensee, Josef/Kirchhof, Paul (Hg.): Handbuch des Staatsrechts der Bundesrepublik Deutschland, Band III. Demokratie, Bundesorgane, 3. Aufl., Heidelberg 2005, S. 3–29.

Storr, Stefan: Europäische Wirtschaftsverfassung und Daseinsvorsorge, in: Fastenrath, Ulrich/Nowak, Carsten (Hg.): Der Lissabonner Reformvertrag. Änderungsimpulse in einzelnen Rechts- und Politikbereichen (Tübinger Schriften zum internationalen und europäischen Recht 94), Berlin 2009, S. 219–236.

Stumpf, Ulrich: Regulierungsinstrumente und Befugnisse bei der Regulierung marktbeherrschender Unternehmen am Beispiel des Telekommunikationssektors, in: Gramlich, Ludwig/Manger-Nestler, Cornelia (Hg.): Europäisierte Regulierungsstrukturen und –Netzwerke. Basis einer künftigen Infrastrukturvorsorge (Schriften des Arbeitskreises Europäische Integration e.V. 74), Baden-Baden 2011, S. 65–76.

Szczekalla, Peter: § 5. Funktionen der Grundrechte, in: Heselhaus, Sebastian M./Nowak, Carsten (Hg.): Handbuch der Europäischen Grundrechte, München 2006, S. 187–211.

–: Die sogenannten grundrechtlichen Schutzpflichten im deutschen und europäischen Recht. Inhalt und Reichweite einer „gemeineuropäischen Grundrechtsfunktion" (Schriften zum Europäischen Recht 87), Berlin 2002.

Terhechte, Jörg Philipp: Konstitutionalisierung und Normativität der europäischen Grundrechte, Tübingen 2011.

–: Wandlungen der europäischen Wettbewerbsverfassung, in: Fastenrath Ulrich/Nowak, Carsten (Hg.): Der Lissabonner Reformvertrag. Änderungsimpulse in einzelnen Rechts- und Politikbereichen (Tübinger Schriften zum internationalen und europäischen Recht 94), Berlin 2009, S. 187–204.

Vanberg, Viktor: „Wettbewerbsfreiheit" als Maßstab der Wettbewerbspolitik, in: Bechtold, Stefan/Jickeli, Joachim/Rohe, Mathias (Hg.): Recht, Ordnung und Wettbewerb. Festschrift zum 70. Geburtstag von Wernhard Möschel, Baden-Baden 2011, S. 829–841.

Voßkuhle, Andreas: Beteiligung Privater an der Wahrnehmung öffentlicher Aufgaben und staatliche Verantwortung, in: Berichte und Diskussionen auf der Tagung der Vereinigung der Deutschen Staatsrechtslehrer in St. Gallen vom 1. bis 5. Oktober 2002 (Veröffentlichungen der Vereinigung der Deutschen Staatsrechtslehrer 62), Berlin 2003, S. 266–335.

Weiß, Wolfgang: Das Verhältnis von Wettbewerb und Daseinsvorsorge nach Lissabon, in: Müller-Graff, Peter-Christian/Schwarze, Jürgen (Hg.): Neues Europäisches Wirtschafts- und Wettbewerbsrecht? (Europarecht, Beiheft 2), Baden-Baden 2011, S. 47–69.

Wimmer, Norbert/Müller, Thomas: Wirtschaftsrecht. International – Europäisch – National, 2. Aufl., Wien/New York 2012.

Sektion V

Abschlussdiskussion

Regulierung von Netzwerkindustrien vom 19. Jahrhundert bis heute

Impulsreferat aus ökonomischer und wirtschaftshistorischer Sicht

Rainer Fremdling

Ich habe an einer Reihe von Tagungen zu diesem Projekt teilgenommen und versuche nun, die Beiträge aus meiner Sicht so zusammenzuführen, dass sich daraus für die folgende Diskussion drei Thesen herauskristallisieren.

I. Ökonomisch-theoretischer Hintergrund

Im Kern geht es um die Netzwerkindustrien, wie die Eisenbahn oder die Telekommunikation, bei denen der Betrieb oder die Produktion, also Personen- und Güterverkehr oder Nachrichtenübermittlung, an räumlich verteilte Netzwerke oder Infrastrukturen gebunden sind.

Bei einer solchen Netzwerkindustrie handelt es sich nach gängiger Auffassung um ein *natürliches Monopol*. Einerseits zeichnet sich der natürliche Monopolist dadurch aus, dass er wegen der Größenvorteile kostengünstiger produziert als mehrere betrieblich getrennte Unternehmen. Andererseits droht den Kunden eines solchen Unternehmens eine Ausbeutung über monopolistisch gesetzte Preise, weil das Unternehmen definitionsgemäß ohne die disziplinierende Wirkung konkurrierender Unternehmen agieren und damit Monopolgewinne realisieren kann.

II. Fallbeispiel Eisenbahn

Die Problematik des natürlichen Monopols wurde schon klar bei dem neuen Verkehrsmittel des 19. Jahrhunderts, der Eisenbahn, erkannt

(*Schmoeckel*, *Michalczyk*, *Patt*, *Gehlen*).[1] Um bei *privaten* Eisenbahngesellschaften die Ausnutzung der Monopolmacht zu verhindern oder einzuschränken, wurden bereits im frühen 19. Jahrhundert gesetzliche Regelungen geschaffen:

Neben einer Preis- oder Tarifregulierung bzw. Missbrauchsaufsicht war man alternativ oder gleichzeitig bestrebt, das Monopol auf seinen Kern, den Schienenweg, zu beschränken. In diesem Fall musste das Netzwerk oder die Infrastruktur konkurrierenden Betreibern geöffnet werden. Nur der Zugang und die Zugangspreise zum Netzwerk wurden dann reguliert, während man darauf vertraute, dass der Wettbewerb auf der Schiene oder in der Infrastruktur hinreicht, um Monopolpreise zu verhindern.

Damit hatte die Eisenbahngesetzgebung im Prinzip schon im frühen 19. Jahrhundert die gegenwärtige, angeblich „moderne“ Regulierungstheorie theoretisch, rechtlich und praktisch konzipiert. Die praktische Umsetzung blieb allerdings unzulänglich, was weitgehend auch noch für heutige Eisenbahnnetzwerke, die konkurrierende Betreiber zulassen sollten, zutrifft.

Einen Aspekt jedoch hatte man weder bei der frühen Eisenbahngesetzgebung noch im Vorfeld zur preußischen Eisenbahnverstaatlichung um 1870 deutlich im Blick: nämlich die disziplinierende Wirkung des potentiellen Marktzutritts.[2]

Dass der Weg, über die Konzessionierung und den Aufbau paralleler Infrastrukturen konkurrierende Eisenbahntarife zu erlangen, letztlich wegen der hohen „sunk costs“ in einer Sackgasse enden müsste, wurde bei der Diskussion zur Neuordnung des preußischen Eisenbahnwesens um 1870 bereits erkannt.[3]

Somit bleibt festzuhalten, dass mit dem Aufkommen der Eisenbahn fast alle Elemente der heutigen Regulierung von Netzwerkindustrien schon entwickelt worden waren.

---

[1] In Klammern werden die Diskussionsteilnehmer genannt, die sich auf den Tagungen oder in Veröffentlichungen zu dem Projekt über das angeschnittene Thema äußerten. Die Nennungen sind nicht umfassend, da ich nicht alle Tagungen besuchte und mir folglich einige Beiträge entgangen sind.

[2] Die Durchsetzung des „Einpfennigtarifs“ für Massengüter (Kohle) auf preußischen Privatbahnen wurde 1852 allerdings mit der Drohung einer preußischen Staatsbahn durchgesetzt, auf Anweisung der Regierung andernfalls staatseigene Sonderzüge auf fremden Netzen fahren zu lassen.

[3] Wie in den USA und in Großbritannien geschah dies trotzdem in Preußen in den 1860er Jahren und auslaufend bis zur Verstaatlichung seit 1879.

III. Die Vereinigten Staaten als Regulierungsmodell

Bei den Tagungen spielte der Vergleich zwischen den USA und Deutschland (manchmal kam Großbritannien hinzu) eine wichtige Rolle. In der Regel unausgesprochen stand Deutschland dann stellvertretend für Kontinentaleuropa. Holzschnittartig kann für die Entwicklung seit dem späten 19. Jahrhundert folgendes gegenübergestellt werden:

In den USA dominierten in den Netzwerkindustrien Privatunternehmen; kontrolliert wurden sie durch eine Missbrauchsaufsicht und durch eine scharfe Monopol- bzw. Kartellgesetzgebung. Die Missbrauchsaufsicht wurde schon relativ früh durch erzwungene Aufspaltung von Gebietsmonopolen z.B. im Telefonsektor (*Rüberg*) ergänzt, um Wettbewerb zu schaffen.

In Deutschland (Kontinentaleuropa) setzte sich das staatsmonopolistische Leitbild durch (*Gehlen*). Gemeinwirtschaftliche Staatsmonopole dienten einer kollektiven Nutzenmaximierung bei bescheidenen Gewinnen (*Schorkopf*).

Die divergierenden Entwicklungen leiten sich aus unterschiedlichen ideologischen Grundlagen her:

In den USA herrschte die wirtschaftsliberale Doktrin vor, während Kontinentaleuropa durch eine etatistische Tradition, gepaart mit den neuen sozialistischen oder sozialdemokratischen Vorstellungen zur Wirtschaftsordnung, geprägt war.

Meine These ist allerdings, dass das Staatsmonopol in Kontinentaleuropa neben diesen hehren ideologisch begründeten Vorstellungen von Anfang an immer auch fiskalischen Zielen diente. Dafür lassen sich Länderbahnen im deutschen Kaiserreich ebenso anführen wie die Tarifregulierung des LKW-Verkehrs. Um die Einnahmen der Bahn vor Konkurrenz zu schützen, war sie 1931 von *Brüning* eingeführt worden und wurde bis zu den 1990er Jahren beibehalten. Darüber hinaus finanzierten kommunale Versorgungsmonopole häufig die Gemeindehaushalte (*Kopper*, *Gehlen*).

IV. Paradigmenwechsel zur „Deregulation" in den USA und zur Privatisierung der Staatsmonopole in Europa

Im letzten Drittel des 20. Jahrhunderts gerieten das traditionelle Regulierungsregime in den USA und schließlich auch die staatsmonopolistische Tradition in Kontinentaleuropa ins Wanken. In den USA wurde in den 1970er Jahren die überkommene Regulierung von Monopolen über die Missbrauchsaufsicht als zu schwach oder ineffizient bemängelt. Die fragmentierten Regulierungsbehörden führten ein kaum noch legitimiertes Eigenleben, nicht selten wurden sie von den zu regulierenden Unternehmen selbst kontrolliert (*Krieghoff*).

Unter dem Schlagwort „Deregulation“ (eben weil die Regulierung versagt hatte) kam es in den USA zu einer Neukonzeption des Wettbewerbs: Wettbewerb sei zu veranstalten oder zu simulieren, um das natürliche Monopol zu bekämpfen (*Schmoeckel*). Meines Erachtens lief der Paradigmenwechsel auf die alte Konzeption der ersten Eisenbahngesetze hinaus: Das Netz ist der Kern des natürlichen Monopols, während Nutzung und Zugang zum Netz offen für konkurrierende Unternehmen sein müssen. Staatliche Agenturen, wie die Bundesnetzagentur heute in Deutschland, müssen für offenen, diskriminierungsfreien Zugang zu den Netzen sorgen. Es darf keine Eintrittsschranken geben, damit zumindest potentieller Marktzutritt für konkurrierende Anbieter gewährleistet ist.

Seit den 1980er Jahren verbreiteten sich die amerikanischen Vorstellungen zunehmend in Europa, zuerst in wissenschaftlichen Kreisen und verzögert in der Politik. Treibende Kraft zur Umsetzung wurde die Europäische Kommission, die damit die in den EU-Verträgen postulierte offene Marktwirtschaft mit freiem Binnenmarkt voran brachte (*Maurer*, *Züll*).

Dabei übernahm man die zugrundeliegenden Ideen der amerikanischen „Deregulation“, während die eigenen europäischen, liberalen Wurzeln des frühen 19. Jahrhunderts in Vergessenheit geraten waren (*Michalczyk*, *Gehlen*).

Seit den 1990er Jahren gingen viele europäische Länder zur Privatisierung der Staatsmonopole über. Der Telekommunikationsbereich gestaltete sich erfolgreich nach neuen wettbewerblichen Strukturen um, während in anderen Netzwerkindustrien (Bahn, Elektrizität) lediglich ein privates Monopol an die Stelle des Staatsmonopols trat.

Wie lässt sich diese Teufelsaustreibung durch den Beelzebub erklären? Einige wirtschaftspolitischen Akteure scheinen die Hauptforderung der zugrundeliegenden Wettbewerbstheorie nicht verstanden zu haben: Diskriminierungsfreier Zugang zu den Netzen. Andere haben sich, aus welchem Grund auch immer, zu Verteidigern der Staatsmonopole verführen, überreden oder von Lobbyisten überzeugen lassen (*Schorkopf*, *Hardach*). Unter dem Deckmantel der „Privatisierung“, die als Deregulierung verkauft wurde, blieben die Monopolstrukturen bestehen. Eine Rolle bei dieser Strategie spielten sicher auch die Manager der Staatsbetriebe, die nicht selten vorher hochrangige Politiker gewesen waren. Letztlich aber dürfte es den schon angesprochenen fiskalischen Interessen der Gebietskörperschaften anzulasten sein, die einer konsequenten Ausrichtung auf das neue Wettbewerbsparadigma im Wege standen.

Um Wettbewerb zu ermöglichen, wäre es meines Erachtens im Prinzip gar nicht nötig gewesen, die Staatsmonopole zu privatisieren. Vielmehr hätte eine konsequente Trennung zwischen Netz und Nutzung der Infrastruktur die erwünschte Wirkung erbracht. Wenn der diskriminierungsfreie Zugang gewährleistet ist, spielt die Eigentumsfrage des Netzes gar keine Rolle mehr.

V. Revitalisierung gemeinwirtschaftlicher, staatlicher Unternehmen in Europa

Zeitgleich mit der Übernahme des Deregulierungsparadigmas aus den USA lebten bei uns in Europa insgesamt (neo-)liberale Ideen wieder auf: Der Rückzug des Staates und Etablierung möglichst freier Märkte. Seit 2008 kennen wir die verheerenden Auswirkungen dieser rigoros befolgten Doktrin auf den Finanzmärkten. Vielleicht markiert das Jahr 2008 eine historische Parallele zu 1874, als wirtschaftsliberale Ideen in Deutschland in Diskredit gerieten (*Gehlen*).

Regulierung geht grundsätzlich von der Überlegenheit des Marktmechanismus aus (*Züll*). Gegenüber dieser liberalen Wirtschaftsauffassung gilt in Europa weithin die Vorstellung, dass Dienstleistungen von allgemeinem Interesse nicht ohne weiteres dem Markt überlassen werden können oder sollen (*Krajewski*). Der Bogen zu öffentlichen Unternehmen, die gemeinwirtschaftlich handeln, ist dann schnell geschlagen (*Maurers* Hinweis auf die Entwicklung des Primären Unionsrechts seit dem Vertrag von Amsterdam). Aber selbst Protagonisten einer marktwirtschaftlich/wettbewerblich organisierten Unternehmenslandschaft gestehen zu, dass der Markt unabhängig vom natürlichen Monopol versagen kann. So flutete die Diskussion um öffentliche oder meritorische Güter über die Finanzwissenschaft aus den USA wieder zurück nach Europa (*Fuder*).

Die Netzwerkindustrien stehen demnach am Scheideweg: Liegt ihr Heil weiterhin in einem veranstalteten Wettbewerb? Oder soll das Staatsmonopol als gemeinwirtschaftliches Unternehmen wieder belebt werden? Diesen Weg beschreiten schon jetzt etliche Gemeinden durch die Rekommunalisierung ihrer Versorgungsbetriebe.

VI. Drei zusammenfassende Thesen als Diskussionsgrundlage

- Die ersten Eisenbahngesetze enthalten fast alle Elemente heutiger Regulierungsauffassung.
- In Europa hat man häufig Deregulierung mit Privatisierung der Staatsmonopole verwechselt.
- Es gibt eine europäische Alternative zum Deregulierungsparadigma: Nämlich die Wiederbelebung des Staatsmonopols als gemeinwirtschaftliches Unternehmen.

Autorenverzeichnis

Wolfang Clement: Bundesminister a.D.

PD Dr. *Peter Collin*: Max Planck Institut für europäische Rechtsgeschichte, Frankfurt am Main.

Prof. Dr. *Reiner Fremdling*: Rijksuniversiteit Groningen und Deutsches Institut für Wirtschaftsforschung, Berlin.

Katja Fuder: Wissenschaftliche Mitarbeiterin am Zentrum für Historische Grundlagen der Gegenwart der Rheinischen Friedrich-Wilhelms Universität Bonn sowie PhD Candidate im Economic History Department der London School of Economics and Political Sciences.

Dr. *Boris Gehlen*: Wissenschaftlicher Mitarbeiter am Institut für Geschichtswissenschaft, Abteilung Verfassungs-, Sozial und Wirtschaftsgeschichte, Rheinische Friedrich-Wilhelms-Universität Bonn.

Prof. Dr. *Gerd Hardach*: Fachbereich 06 Geschichte und Kulturwissenschaften, Wirtschafts- und Sozialgeschichte, Philipps-Universität Marburg.

Prof. Dr. *Michael Hüther*: Direktor des Instituts der Deutschen Wirtschaft, Köln.

Dr. *Jan Krancke*: Leiter Regulierungsstrategie und Ökonomie, Deutsche Telekom AG.

Niels Krieghoff, MSc (Econ): Wissenschaftlicher Mitarbeiter am Zentrum für Historische Grundlagen der Gegenwart der Rheinischen Friedrich-Wilhelms Universität Bonn sowie PhD Candidate im Economic History Department der London School of Economics and Political Sciences.

Christian Maurer, LL.M.oec.: Wissenschaftlicher Mitarbeiter am Institut für Völkerrecht und Europarecht, Abteilung Europarecht, Georg-August-Universität Göttingen.

Frank Miram: Wettbewerbs- und Regulierungsbeauftragter der Deutschen Bahn AG.

Markus Patt: Wissenschaftlicher Mitarbeiter des vom BMBF geförderten interdisziplinären Forschungsprojekts „Gestaltung der Freiheit – Regulierung von Wirtschaft zwischen historischer Prägung und Normierung" und Doktorand bei Prof. Dr. Mathias Schmoeckel.

Prof. Dr. *Albrecht Ritschl*: Lehrstuhl für Wirtschaftsgeschichte, London School of Economics, London.

Johannes Rüberg: Wissenschaftlicher Mitarbeiter des vom BMBF geförderten interdisziplinären Forschungsprojekts „Gestaltung der Freiheit – Regulierung von Wirtschaft zwischen historischer Prägung und Normierung" und Doktorand bei Prof. Dr. Mathias Schmoeckel.

Prof. Dr. *Mathias Schmoeckel*: Institut für Deutsche und Rheinische Rechtsgeschichte, Rheinische Friedrich-Wilhelms-Universität Bonn.

Prof. Dr. *Frank Schorkopf*: Institut für Völkerrecht und Europarecht, Abteilung Europarecht, Georg-August-Universität Göttingen.

Christian Schöning: Referent Regulierungsmanagement Konzern, Deutsche Bahn AG.

Prof. Dr. *Günther Schulz*: Lehrstuhl für Verfassungs-, Sozial und Wirtschaftsgeschichte, Rheinische Friedrich-Wilhelms-Universität Bonn.

Dr. *Miguel Vidal*: Senior Economist, Regulierungsstrategie und Ökonomie, Deutsche Telekom AG.

Thomas Züll: Wissenschaftlicher Mitarbeiter am Institut für Völkerrecht und Europarecht, Abteilung Europarecht, Georg-August-Universität Göttingen.

Personenverzeichnis

Stichwortverzeichnis

Rechtsordnung und Wirtschaftsgeschichte

Die Schriftenreihe *Rechtsordnung und Wirtschaftsgeschichte* ist an der Schnittstelle von Geschichte, Ökonomie und Recht angesiedelt. Sie gründet auf der Erkenntnis, dass einerseits die Rechtsordnung das Handeln von Marktakteuren strukturiert und Pfadabhängigkeiten begründet. Andererseits betont sie die Tatsache, dass die wirtschaftliche Dynamik, zumindest auf lange Sicht, neues Recht erzwingt oder hervorbringt. Die Schriftenreihe rückt damit drei Perspektiven des institutionellen Wandels in den Blickpunkt: Erstens analysiert sie Bedingungen und Folgen der Rechtssetzung für ökonomische Prozesse, zweitens untersucht sie die Entwicklung von Märkten und das Verhalten von Marktakteuren, um den Wandel von Rechtsordnungen zu erklären, und drittens nimmt sie – gleichsam als übergeordnete Perspektive – gesellschaftliche Wert- und Ordnungsvorstellungen in den Blick. Sie hebt damit auf die Kontingenz von Rechtsordnung und wirtschaftlichen Prozessen ab, betont aber zugleich die Wertgebundenheit rechtlicher und ökonomischer Ordnungen.

Die Herausgeber bieten mit der Reihe ein interdisziplinäres Forum für Arbeiten, die diese wechselseitige Abhängigkeit normativer Ordnungen und realwirtschaftlicher Entwicklungen sowie die ihnen zugrunde liegenden Ordnungsvorstellungen – in historischer Perspektive – analysieren. Sie fokussiert auf juristische, ökonomische, rechts- und wirtschaftshistorische Ansätze, ist aber generell offen für Beiträge aus den Nachbarwissenschaften, z.B. der Politikwissenschaft und der Soziologie.

Lieferbare Bände:

1 *Michalczyk, Roman:* Europäische Ursprünge der Regulierung von Wettbewerb. Eine rechtshistorische interdisziplinäre Suche nach einer europäischen Regulierungstradition am Beispiel der Entwicklung der Eisenbahn in England, Preußen und den USA. 2010. XIV, 302 Seiten. Leinen.

2 *Regulierung im Telekommunikationssektor.* Chancen und Risiken im historischen Prozess. Herausgegeben von *Matthias Kurth* und *Mathias Schmoeckel.* 2012. X, 143 Seiten. Fadengeheftete Broschur.

3 *Pierenkemper, Roger:* Kartellbußen aus rechtlicher und ökonomischer Sicht. Der Problemfall der Zementkartelle. 2012. XVII, 270 Seiten. Leinen.

4 *Demokratie und Wirtschaft.* Eine interdisziplinäre Herausforderung. Herausgegeben von *Boris Gehlen* und *Frank Schorkopf.* 2013. XII, 191 Seiten. Fadengeheftete Broschur.

5 *Das Recht der Industriellen Revolution.* Herausgegeben von *Matthias Maetschke, David von Mayenburg* und *Mathias Schmoeckel.* 2013. VIII, 265 Seiten. Fadengeheftete Broschur.

6 *Gestaltung der Freiheit.* Regulierung von Wirtschaft zwischen historischer Prägung und Normierung. Herausgegeben von *Frank Schorkopf, Mathias Schmoeckel, Günther Schulz* und *Albrecht Ritschl.* 2013. XIII, 301 Seiten. Fadengeheftete Broschur.